教育部高等学校旅游管理类专业教学指导委员会规划教材

主题公园开发与管理

ZHUTI GONGYUAN KAIFA YU GUANLI

◎ 编著 梁增贤

重庆大学出版社

内容提要

本书集成了中国近30年主题公园开发和管理的实践经验和理论研究成果,以编者多年来的教学实践、研究积累、规划开发、咨询经验和行业观察为基础,系统分析了主题公园的社会起源及其演变,梳理了全球主题公园产业发展的格局和趋势,借助丰富的案例,深入解析主题公园的战略管理、主题管理、盈利模式管理、投资和财务管理、市场评估和营销、季节性与游客管理、组织和人力资源管理、安全管理和社会责任、规划管理与配套建设以及外部影响及其调控等方面的管理知识和方法。

本书适合旅游管理、酒店管理(含俱乐部管理)、会展经济与管理和文化产业管理等专业的本科生、研究生作为教材使用,对从事旅游研究、休闲研究、城市规划、公园管理研究的高校教师、专家学者、研究生,各级政府和旅游主管部门行政人员,以及主题公园规划、开发、管理的企业人士也有帮助。

图书在版编目(CIP)数据

主题公园开发与管理 / 梁增贤编著. -- 重庆:重庆大学出版社,2019.1(2022.4重印)
教育部高等学校旅游管理类专业教学指导委员会规划教材
ISBN 978-7-5689-1068-2

Ⅰ.①主… Ⅱ.①梁… Ⅲ.①主题—公园—经营管理—高等学校—教材 Ⅳ.①G246

中国版本图书馆 CIP 数据核字(2018)第 171621 号

教育部高等学校旅游管理类专业教学指导委员会规划教材

主题公园开发与管理

梁增贤 编 著

策划编辑:马 宁 尚东亮

责任编辑:丁 佳 版式设计:丁 佳
责任校对:万清菊 责任印制:张 策

*

重庆大学出版社出版发行
出版人:饶帮华
社址:重庆市沙坪坝区大学城西路 21 号
邮编:401331
电话:(023)88617190 88617185(中小学)
传真:(023)88617186 88617166
网址:http://www.cqup.com.cn
邮箱:fxk@ cqup.com.cn(营销中心)
全国新华书店经销
重庆升光电力印务有限公司印刷

*

开本:787mm×1092mm 1/16 印张:17.75 字数:411千
2019 年 3 月第 1 版 2022 年 4 月第 3 次印刷
印数:6 001—9 000
ISBN 978-7-5689-1068-2 定价:45.50 元

编委会

一、出版背景

教材出版肩负着吸纳时代精神、传承知识体系、展望发展趋势的重任。本套旅游教材出版依托于当今发展的时代背景。

一是坚持立德树人,着力培养德、智、体、美全面发展的中国特色社会主义事业的合格建设者和可靠接班人。深入贯彻落实习近平新时代中国特色社会主义思想,以理想信念教育为核心,以社会主义核心价值观为引领,以全面提高学生综合能力为关键,努力提升教材思想性、科学性、时代性,让教材体现国家意志。

二是世界旅游产业发展强劲。旅游业已经发展成为全球经济中产业规模最大、发展势头最强劲的产业,其产业的关联带动作用受到全球众多国家或地区的高度重视,促使众多国家或地区将旅游业作为当地经济的支柱产业、先导产业、龙头产业,展示出充满活力的发展前景。

三是我国旅游教育日趋成熟。2012 年教育部将旅游管理类本科专业列为独立一级专业目录,下设旅游管理、酒店管理、会展经济与管理、旅游管理与服务教育 4 个二级专业。截至2016 年年底,全国开设旅游管理类本科的院校已达 604 所,其中,旅游管理专业 526 所,酒店管理专业 229 所,会展经济与管理专业 106 所,旅游管理与服务教育 31 所。旅游管理类教育的蓬勃发展,对旅游教材提出了新要求。

四是创新创业成为时代的主旋律。创新创业已成为当今社会经济发展的新动力,以思想观念更新、制度体制优化、技术方法创新、管理模式变革、资源重组整合、内外兼收并蓄等为特征的时代发展,需要旅游教材不断吸纳时代进步的智慧精华,不断体现社会经济发展的轨迹。

二、知识体系

本套旅游教材作为教育部高等学校旅游管理类专业教学指导委员会(以下简称"教指委")的规划教材,体现并反映了本届"教指委"的责任和使命。

一是反映旅游管理知识体系渐趋独立的趋势。经过近 30 年来的发展积累,旅游管理学科在依托地理学、经济学、管理学、历史学、文化学等学科发展的基础上,其知识的宽度与厚度在不断增加,旅游管理知识逐渐摆脱早期对其他学科的依附而不断显示其知识体系成长的独立性。

二是构筑旅游管理核心知识体系。旅游活动无论是作为空间上的运行体系，还是经济上的产业体系，抑或是社会生活的组成部分，其本质都是旅游者、旅游目的地、旅游接待业三者的交互活动，旅游知识体系应该而且必须反映这种活动的性质与特征，这是建立旅游知识体系的根基。

三是构建旅游管理类专业核心课程。作为高等院校的一个专业类别，旅游管理类专业需要有自身的核心课程，以旅游学概论、旅游目的地管理、旅游消费者行为、旅游接待业作为旅游管理大类专业核心课程，旅游管理、酒店管理、会展经济与管理、旅游管理与服务教育4个专业再确立3门核心课程，由此构成旅游管理类"4+3"的核心课程体系。确定专业核心课程，既是其他管理类专业成功且可行的做法，也是旅游管理类专业走向成熟的标志。

三、教材特点

本套教材由教育部高等学校旅游管理类专业教学指导委员会组织策划和编写出版，自2015年启动至今历时3年，汇聚了全国一批知名旅游院校的专家教授。本套教材体现出以下特点：

一是准确反映国家教学质量标准的要求。《旅游管理类本科专业教学质量国家标准》既是旅游管理类本科专业的设置标准，也是旅游管理类本科专业的建设标准，还是旅游管理类本科专业的评估标准，其重点内容是确立了旅游管理类专业"4+3"核心课程体系。"4"即旅游学概论、旅游目的地管理、旅游消费者行为、旅游接待业；"3"即旅游管理专业(旅游经济学、旅游规划与开发、旅游法)、酒店管理专业(酒店管理概论、酒店运营管理、酒店客户管理)、会展经济与管理专业(会展概论、会展策划与管理、会展营销)的核心课程。

二是汇聚全国知名旅游院校的专家教授。本套教材作者由"教指委"近20名委员牵头，全国旅游教育界知名专家和教授，以及旅游业界专业人士合力编写。作者队伍专业背景深厚，教学经验丰富，研究成果丰硕，教材编写质量可靠，通过邀请优秀知名专家和教授担纲编写，以保证教材的水平和质量。

三是依托"互联网+"的技术支撑。本套教材依托"互联网+"，结合线上线下两个层面，在内容中广泛应用二维码技术关联扩展教学资源，如导入知识拓展、听力音频、视频、案例等内容，以弥补教材固化的缺陷。同时也启动了将各门课程搬到数字资源教学平台的工作，实现网上备课与教学、在线即测即评，以及配套教师上课所需的教学计划书、教学PPT、案例、试题、实训实践题，以及教学串讲视频等，以增强教材的生动性和立体性。

本套教材在组织策划和编写出版过程中，得到了教育部高等学校旅游管理类专业教学指导委员会各位委员、业内专家、业界精英以及重庆大学出版社的广泛支持与积极参与，在此一并表示衷心的感谢！希望本套教材能够满足旅游管理教育发展新形势下的新要求，能够为中国旅游教育及教材建设的开拓创新贡献力量。

教育部高等学校旅游管理类专业教学指导委员会

2018年4月

前言

　　中国主题公园产业若从1983年开业的中山"长江乐园"算起，到深圳"锦绣中华"的神话，欢乐谷的全国连锁布局、长隆的崛起、方特的突起，以及海昌和宋城分别专注于海洋动物和影视演艺，加之迪士尼乐园、环球影城布局香港、上海和北京，已经走过30多年历程，进入全球化竞争时代。一方面，中国主题公园品牌迅速崛起，不仅有传统的旅游企业集团，而且万达、恒大等房地产企业也加入进来；另一方面，国际品牌主题公园纷纷布局中国，除已有的迪士尼、环球影城外，六旗、雪松市集、默林娱乐等企业也在以不同的合作方式加紧进军中国市场。中国已经成为全球主题公园产业增长最快的国家之一。2016年，全球主要主题公园的市场增长率为4.3%，其中很大一部分增长来自中国。今天，有3家来自中国的主题公园企业集团位列全球前十，13家中国主题公园的接待量位列亚太地区前20名。未来5年，中国新增主题公园将超过50个。中国主题公园的专业化程度不断提升，投资规模不断增加，管理要求不断提高，对管理人才的需求也在不断加大。

　　2013年起，中山大学旅游学院应中国主题公园管理人才的需求，开设了《主题公园管理》课程，笔者一直担任主讲。为了让学生能够理论联系实际，学院每年派出大量学生到深圳欢乐谷、珠海长隆海洋王国等主题公园开展为期两个月的实习，并与美国奥兰多迪士尼合作，每年派出若干学生到迪士尼乐园实习半年，至今已经实施4年。一批具有主题公园管理专业知识和实践经验的本科毕业生已经走上工作岗位。作为主讲人，笔者从2007年开始从事主题公园研究，先后跟随董观志教授、保继刚教授开展相关课题研究，相继完成了关于主题公园的硕士、博士论文，并发表了一系列有关主题公园研究的论文，与华侨城集团、中国旅游集团（前身是港中旅集团）、长隆集团建立了良好关系，对主题公园管理的实践具有深刻的了解。多年来，笔者深知中国主题公园管理缺乏专业的知识、技术和方法，更缺乏专业性、针对性强的教材。现有的一些主题公园相关的教材和专著，要么套用管理学的大理论稍作调整，针对性不强，缺乏实践验证；要么过于学术或泛泛而谈，学生难以得其要领。

　　不同于一般旅游景区，主题公园是土地集约型、资本密集型、技术密集型、劳动密集型和游客密集型景区。一个占地 500 亩①的主题公园一年可能要挤进 350 万人,旺季一天最高要接待超过 5 万人,这对主题公园的开发、规划和管理提出了很高的要求,需要专门的知识和方法。中国主题公园的管理知识和方法最初来源于一线实践,而非课堂教学。华侨城集团、中国旅游集团、长隆集团等企业进行了长期的摸索,自成体系。国外亦如此,也没有专业教材,相应的培训材料和管理指南皆掌握在一线企业手里。显然,主题公园企业才是主题公园管理最好的"课堂",然而这样的"课堂"传教太慢,系统性、专业性和稳定性缺乏保障,加之主题公园管理人员流动率较高,中国新增的主题公园又很多,这种传统的传授制很难满足中国主题公园产业快速增长的管理人才需求。

2015 年年底,笔者受教育部高等学校旅游管理类专业教学指导委员会邀请,编写一本关于主题公园管理的"十三五"规划教材,面向本科院校学生。接此重任,深知其对中国主题公园未来发展之重要意义,笔者开展了系列调研,走访了一些主题公园企业,访谈企业高管,深入管理一线,期间主持和参与了几项主题公园课题,为本书成稿提供了基础素材。综合而言,本书的知识和方法主要来源于:第一,多年课堂教学经验的积累,在对讲义进行持续更新的基础上,将核心内容转化为本书;第二,十余年研究成果的积累,从主题公园的容量管理和游客管理、旅游流季节性和营销、主题公园就业、主题公园影响,到主题公园与城市发展均有一手研究成果;第三,多年的规划和管理咨询服务,为了解主题公园运营管理提供了全面、深度可视的窗口;第四,长期的行业观察,与业内人士进行了广泛而深入的交流,对相应知识和方法进行了验证。与此同时,保继刚院长和学院同事以及在主题公园管理一线的毕业生的建议给予了本书极大的增益。

此书定名为《主题公园开发与管理》,一方面源于课程设置需要,另一方面则源于笔者深知主题公园规划开发与运营管理密不可分。如果公园规划开发存在硬伤,后期的运营管理将面临巨大困难,此例颇多。开发即管理,管理涉开发,书中为此单列一章强调规划管理之重要性。当然,关于主题公园区位选址、场地规划、分区设置、功能布局、景观设计等规划开发内容,在此并未全面详述。这是另一门偏理工科的系统知识和方法,需另立一书以详解。

本书的成稿,首先要感谢保继刚教授和董观志教授。二位教授在主题公园领域为我及本书提供了诸多指导和帮助。感谢中国旅游研究院陈文杰院长,华侨城集团古诗韵博士和王刚博士,以及深圳圭派的马嘉骏老师,开辟了我了解一线管理的路径。感谢张朝枝教授和 *The Global Theme Park Industry* 的作者西班牙罗维拉-威尔吉利大学的 Salvador Anton Clavé 教授给予的帮助。最后要感谢中国旅游集团、华侨城集团、长隆集团、迪士尼集团,及其下属主题公园为编者调研提供的帮助。

梁增贤

广州康乐园

2018 年 3 月 26 日

---

① 1 亩 ≈ 666.667 平方米,下同。

目 录

第1章　主题公园的社会起源与演变 ……………………………… 1

1.1　市集娱乐与欧洲公园 ………………………………………… 1

1.2　世界博览会的娱乐化 ………………………………………… 4

1.3　美国游乐园的兴衰史 ………………………………………… 6

1.4　影视动漫发展的启示 ………………………………………… 9

1.5　现代主题公园的诞生 ………………………………………… 10

1.6　主题公园的特征和类型 ……………………………………… 12

本章小结 …………………………………………………………… 13

复习思考题 ………………………………………………………… 14

第2章　主题公园的产业格局与趋势 ……………………………… 15

2.1　全球主题公园的产业格局 …………………………………… 15

2.2　北美主题公园演化与扩张 …………………………………… 18

2.3　欧洲主题公园兼并与重组 …………………………………… 20

2.4　亚洲主题公园的迅速崛起 …………………………………… 23

2.5　其他地区主题公园的发展 …………………………………… 24

2.6　全球主题公园的发展趋势 …………………………………… 26

本章小结 …………………………………………………………… 27

复习思考题 ………………………………………………………… 27

第3章　主题公园的战略管理 ……………………………………… 30

3.1　华特迪士尼的全球化战略 …………………………………… 30

3.2　默林娱乐横向一体化战略 …………………………………… 36

3.3　环球影城纵向一体化战略 …………………………………… 40

3.4　六旗规模化连锁发展战略 ┄┄┄┄┄┄┄┄┄┄┄┄┄┄┄┄┄┄┄┄┄┄┄┄┄┄┄┄ 44

3.5　华侨城"旅游+地产"战略 ┄┄┄┄┄┄┄┄┄┄┄┄┄┄┄┄┄┄┄┄┄┄┄┄┄┄ 48

3.6　雪松市集城市级主题公园战略 ┄┄┄┄┄┄┄┄┄┄┄┄┄┄┄┄┄┄┄┄┄┄ 53

本章小结 ┄┄ 55

复习思考题 ┄┄┄┄┄┄┄┄┄┄┄┄┄┄┄┄┄┄┄┄┄┄┄┄┄┄┄┄┄┄┄┄┄┄┄┄┄┄ 56

第4章　主题公园的主题管理 ┄┄┄┄┄┄┄┄┄┄┄┄┄┄┄┄┄┄┄┄┄┄┄┄┄┄┄ 57

4.1　主题的作用 ┄┄┄┄┄┄┄┄┄┄┄┄┄┄┄┄┄┄┄┄┄┄┄┄┄┄┄┄┄┄┄┄┄┄┄ 57

4.2　主题的选择 ┄┄┄┄┄┄┄┄┄┄┄┄┄┄┄┄┄┄┄┄┄┄┄┄┄┄┄┄┄┄┄┄┄┄┄ 59

4.3　主题的分区 ┄┄┄┄┄┄┄┄┄┄┄┄┄┄┄┄┄┄┄┄┄┄┄┄┄┄┄┄┄┄┄┄┄┄┄ 62

4.4　主题的更新 ┄┄┄┄┄┄┄┄┄┄┄┄┄┄┄┄┄┄┄┄┄┄┄┄┄┄┄┄┄┄┄┄┄┄┄ 65

本章小结 ┄┄ 68

复习思考题 ┄┄┄┄┄┄┄┄┄┄┄┄┄┄┄┄┄┄┄┄┄┄┄┄┄┄┄┄┄┄┄┄┄┄┄┄┄┄ 69

第5章　主题公园产品项目的选择 ┄┄┄┄┄┄┄┄┄┄┄┄┄┄┄┄┄┄┄┄┄┄┄ 70

5.1　乘骑器械项目的选配 ┄┄┄┄┄┄┄┄┄┄┄┄┄┄┄┄┄┄┄┄┄┄┄┄┄┄┄┄ 70

5.2　演艺活动项目的策划 ┄┄┄┄┄┄┄┄┄┄┄┄┄┄┄┄┄┄┄┄┄┄┄┄┄┄┄┄ 75

5.3　水上项目的配比设置 ┄┄┄┄┄┄┄┄┄┄┄┄┄┄┄┄┄┄┄┄┄┄┄┄┄┄┄┄ 79

5.4　餐饮与购物设施配比 ┄┄┄┄┄┄┄┄┄┄┄┄┄┄┄┄┄┄┄┄┄┄┄┄┄┄┄┄ 82

本章小结 ┄┄ 89

复习思考题 ┄┄┄┄┄┄┄┄┄┄┄┄┄┄┄┄┄┄┄┄┄┄┄┄┄┄┄┄┄┄┄┄┄┄┄┄┄┄ 90

第6章　主题公园的盈利模式管理 ┄┄┄┄┄┄┄┄┄┄┄┄┄┄┄┄┄┄┄┄┄┄┄ 91

6.1　盈利模式的基本概念与理念 ┄┄┄┄┄┄┄┄┄┄┄┄┄┄┄┄┄┄┄┄┄┄ 91

6.2　主题公园的利润来源分析 ┄┄┄┄┄┄┄┄┄┄┄┄┄┄┄┄┄┄┄┄┄┄┄ 96

6.3　主题公园盈利模式管理 ┄┄┄┄┄┄┄┄┄┄┄┄┄┄┄┄┄┄┄┄┄┄┄┄ 103

本章小结 ┄┄┄┄┄┄┄┄┄┄┄┄┄┄┄┄┄┄┄┄┄┄┄┄┄┄┄┄┄┄┄┄┄┄┄┄┄ 110

复习思考题 ┄┄┄┄┄┄┄┄┄┄┄┄┄┄┄┄┄┄┄┄┄┄┄┄┄┄┄┄┄┄┄┄┄┄┄┄ 111

第7章　主题公园的投资与财务管理 ┄┄┄┄┄┄┄┄┄┄┄┄┄┄┄┄┄┄┄ 112

7.1　主题公园投资的盈亏平衡分析 ┄┄┄┄┄┄┄┄┄┄┄┄┄┄┄┄┄┄ 112

7.2　基于盈亏平衡的投资与财务模拟 ┄┄┄┄┄┄┄┄┄┄┄┄┄┄┄┄ 117

7.3　主题公园投资和财务状况分析 ┄┄┄┄┄┄┄┄┄┄┄┄┄┄┄┄┄ 118

7.4　主题公园更新的计划与节奏 ┄┄┄┄┄┄┄┄┄┄┄┄┄┄┄┄┄┄┄ 121

本章小结 ┄┄┄┄┄┄┄┄┄┄┄┄┄┄┄┄┄┄┄┄┄┄┄┄┄┄┄┄┄┄┄┄┄┄┄┄┄ 124

复习思考题 ·· 125

第 8 章 主题公园的合格市场与市场评估 ······································ 126
8.1 主题公园的合格市场 ··· 126
8.2 主题公园市场渗透率 ··· 132
8.3 主题公园市场重游率 ··· 140
本章小结 ·· 144
复习思考题 ·· 145

第 9 章 主题公园的季节性与游客管理 ·· 147
9.1 主题公园季节性的理论与方法 ··· 147
9.2 主题公园的首期效应 ··· 150
9.3 主题公园的年际波动 ··· 150
9.4 主题公园的月际波动 ··· 154
9.5 主题公园的周内波动 ··· 155
9.6 主题公园的日内波动 ··· 157
9.7 主题公园的游客管理 ··· 158
本章小结 ·· 160
复习思考题 ·· 161

第 10 章 主题公园的市场细分与营销 ··· 163
10.1 主题公园市场营销的理论与方法 ·· 163
10.2 主题公园的细分市场 ·· 169
10.3 主题公园市场营销计划 ··· 174
10.4 主题公园会员制与会员市场 ·· 180
本章小结 ·· 187
复习思考题 ·· 187

第 11 章 主题公园组织结构与人力资源管理 ·································· 190
11.1 主题公园的组织结构 ·· 190
11.2 主题公园就业的特征 ·· 195
11.3 主题公园的人力资源管理 ··· 199
本章小结 ·· 211
复习思考题 ·· 211

第 12 章　主题公园的安全管理与社会责任 ·········· 213

12.1　主题公园的安全风险 ·········· 213
12.2　主题公园的安全管理 ·········· 218
12.3　主题公园的社会责任 ·········· 224
本章小结 ·········· 227
复习思考题 ·········· 228

第 13 章　主题公园规划管理与配套建设 ·········· 230

13.1　主题公园规划与规划管理 ·········· 230
13.2　区域和城市规划中的主题公园 ·········· 239
13.3　主题公园与旅游地产 ·········· 245
13.4　主题公园的配套建设 ·········· 252
本章小结 ·········· 254
复习思考题 ·········· 255

第 14 章　主题公园的外部影响与调控 ·········· 258

14.1　主题公园的社会经济影响 ·········· 258
14.2　主题公园的社会文化影响 ·········· 264
14.3　主题公园的环境影响 ·········· 266
本章小结 ·········· 270
复习思考题 ·········· 270

第1章
主题公园的社会起源与演变

现代主题公园由欧洲早期的市集娱乐、欧洲公园、博览会以及美国游乐园发展而来,应用影视动画的再现技术,并在全球发展中融入地方元素,逐渐成为当代最受欢迎的城市娱乐空间之一。那么,主题公园与游乐园有何区别? 主题公园发展演变与整个社会经济环境的变化有何关系? 技术进步如何推动主题公园娱乐更新? 当代主题公园有哪些类型? 具有哪些特点? 迪士尼乐园对世界主题公园产业的贡献是什么?

【本章学习目标】

1. 了解主题公园的起源及其演化。
2. 了解迪士尼乐园的历史意义和作用。
3. 掌握主题公园的本质,了解主题公园与游乐园的区别。
4. 学会分析社会经济发展、技术进步等因素对主题公园发展的影响。

1.1　市集娱乐与欧洲公园

现代主题公园起于 1955 年 7 月 17 日在美国阿纳海姆开业的迪士尼乐园,但现代主题公园的物质形态和文化元素可以追溯到欧洲中世纪的市集娱乐(Fairs),后来在其演化发展过程中,汲取了欧洲公园的场地设计、世界博览会的主题化、美国游乐园(Amusement Park)的游乐要素以及影视动漫的再现手法,逐渐形成符合现代大都市城市娱乐需求的游乐空间。游乐空间(Amusement Scape)从市集到游乐园再到主题公园的演化历程,实际上反映了欧美社会从农业社会、工业社会到后工业社会的变迁,见表 1.1。

表 1.1　西方国家游乐区的发展阶段

比较项目	前现代	现代	现代晚期
社会形态	农业社会	工业社会	后工业社会
形式	市集	游乐园	主题公园
案例	伦敦圣巴多罗买市集	纽约科尼岛	佛罗里达迪士尼世界
地点	街区	海滨	郊区
边界	开放的	半开放的	封闭的
时间	宗教节庆的	季节性的	全年性的
动机	庆祝宗教节日/商品交换	利益/文明化/娱乐消遣	分红/工作/快乐
目的	表现	教育/文化	娱乐
参与者	朝圣者/乡下人	工人阶层	中产阶层
市场控制	共同体	垄断者	供不应求
交通	步行/马车	无轨电车	汽车/飞机
表现样式	寓言故事	现实故事	超现实/幻象
产品	由谁生产	为谁生产	消费者/促销
模仿原型	教堂/君主	上流社会	日常生活/科技
动物形象	猪	大象	老鼠
年代	1500—1850	1850—1960	1960 至今

资料来源：Botterill, 1997:46,有调整。

　　在中世纪的欧洲,交易规模小、交易频率低,城市是农业社会的中心,南来北往的商旅、朝圣者定期汇聚于城市的市集,进行集中贸易,吸引了大批城市居民和进城的乡下人。市集是临时的,商旅需要花费数天到达,并在短暂停留售卖之后,转到下一个城市市集。欧洲中世纪市集的起源可以追溯到古罗马时期。最古老的欧洲中世纪市集是出现于 630 年的巴黎圣德尼斯(Saint-Denis)市集,每年的 10 月 3 日后举行 4 周。进入 12 世纪,欧洲市集开始进入繁荣期,最著名的市集当属 12—13 世纪法国的香槟市集(Champagne Fairs),不仅交易货物的种类和数量增加了,市集上还开始出现一些表演各种杂耍、展示各国新奇玩意的娱乐艺人。香槟市集是当时法国东部香槟(Champagne)和布里耶(Brie)地区几个城市年度巡回系列市集的统称,吸引了来自欧洲各国乃至中东地区的商旅、朝圣者和艺人。每到市集日,城市居民以及乡下人携幼扶老聚集于此,购买生活所需物,欣赏奇货和异国表演。这种年度集中式的聚会甚至会持续到夜晚,成为城市居民一年中最向往的娱乐时光,市集日甚至演变成一些城市的年度狂欢节,保留至今。

　　到中世纪末,随着贸易量和交易频率的增加,市集逐渐在一些城市固定下来,成为长期的、综合的贸易场所,如 15 世纪尼德兰的安特卫普市集(Antwerp Fair),并最终演变成交易所。16 世纪末,阿姆斯特丹交易所的建立成为西欧商业向近代转变的重要标志之一。此后,欧洲其他较为重要的商业城市,如威尼斯、热那亚、伦敦等陆续建起了多功能的国际商品交易所。因此,安特卫普和阿姆斯特丹的商品交易所是西欧商业史上的里程碑。伴随着交易所的建立,商业空间变得专业化,市集娱乐作为附属品在这些交易所有零星分布。市集娱乐培养了欧洲人集中娱乐的习惯,并建立了娱乐与商业的天然联系,并被后来的主题公园所传承。

18 世纪中叶开启的工业革命不仅改变了欧洲的城市和经济格局,也重塑了城市娱乐的形式和内容。首先,"圈地运动"将人们赶到城市,城市人口规模暴增,人口密度上升;其次,机械化大生产解放和发展了劳动力,城市工人的闲暇时间比农业社会时期增加;再次,富余的劳动剩余为人们的休闲娱乐享受提供了可能;最后,技术革命为城市娱乐带来了新的体验。这一切导致了欧洲工业社会时期的一大矛盾,即日益增长的城市休闲娱乐需求与严重短缺的城市休闲娱乐供给之间的矛盾。为了解决这一矛盾,一些国家将皇家园林或贵族园林改造成市政公园,例如英国和法国。

工业化背景下,公园和花园的建立是城市化的反映。无论是原生态的,还是经改造的自然,均变成了一种城市空间,社会试图通过保留它、把它融入城市或发挥它的休闲作用等途径来接近它。起初,这些公园或花园只是欧洲封建贵族独享的城市空间。随着工业革命的深化,新兴资产阶级崛起,工人阶层成为城市大众,而贵族逐渐走向没落。贵族的公园、庄园或者花园要么开放给新兴阶层,要么干脆被收购并加以改造后成为供大众使用的城市空间。其中最具特色的是沃克斯豪尔花园(Vauxhall Gardens),1661 年最初创建时叫"新春天花园",1728 年更名为"沃克斯豪尔花园"。1785 年,沃克斯豪尔花园向市民,主要是贵族和新兴资本家开放,并收取一定的门票(最初是 1 先令),且要求着盛装入园。开放的沃克斯豪尔花园并未进行过多改造,在中世纪欧洲规整几何园林的基础上,加入了走钢丝、热气球、音乐会和烟火表演这些活动,见图 1.1。

图 1.1　沃克斯豪尔花园内的娱乐表演(1779 年)

图片来源:Rowlandson 1779,收藏于美国国会图书馆(ID ppmsca. 05671)。

1843 年,位于丹麦哥本哈根的蒂沃利公园(Tivoli Gardens)以全新设计建造的方式开业,最初只是群众集会、跳舞、看表演和听音乐的场所,后来逐渐加入游乐项目,至今仍然营业,成为欧洲最著名的主题公园之一。2016 年,蒂沃利公园接待游客 464 万人,接待量位列欧洲第五。① 由于公共资金有限,市政府不可能投入过多的资金用于公园的建设,需吸引民间资本。同时,人们已经逐渐意识到房地产会因为公园的开发而升值。早在 19 世纪初,英国地方政府创造性地建立了"公园+房地产"的开发模式,用房地产销售和收取地产升值税等方式,反哺公园投资和日常运营。英国伦敦的摄政公园(Regent's Park)和利物浦的伯肯黑德公园(Birkenhead Park)是当时的典范。以伯肯黑德公园为例,政府投资 1 340 万美元购买 225 英亩②土地,其中 125 英亩用于建设伯肯黑德公园,剩余 100 英亩用于开发房地产。最终房地产销售收入 2 190 万美元,不仅支付了公园的建设费用和土地成本,且有巨额盈余,还能从未来的房产税中获得持续的收入用以支付公园的发展,是一项获利的投资。欧洲公园通过改造自然,加入人文要素,在城市有限的空间集中布局休闲娱乐项目的城市休闲空间建设的方式迅速被世界其他地方学习,并成为后来游乐园和主题公园发展的参照。

1.2　世界博览会的娱乐化

除了新建的公园,欧洲传统的市集、交易所乃至博览会也呈现娱乐化。进入 19 世纪,欧洲市集演变成国际化的博览会,市集娱乐业逐渐变化。传统博览会的主要功能是交换商品,而新的博览会旨在鼓励消费,并展现进步的思想、新的意识形态和革命性的技术创新。在这样的背景下,不仅是采购商,游客也成为博览会的主要市场,见表 1.2。

表 1.2　第二次世界大战之前的世界博览会

年份	地点	名称	面积/公顷③	游客量/百万人次
1851	伦敦	万国工业工程博览会	10.4	6
1855	巴黎	工业世界博览会	13.6	5.1
1862	伦敦	1862 年国际展览会	10	6.2
1867	巴黎	世界博览会	50	11
1873	维也纳	维也纳世界展览会	250	7.2
1876	费城	百年博览会	175	10.1
1878	巴黎	世界博览会	70	16

---

①　TEA/AECOM. The Global Attractions Attendance Report for 2016［R］. Themed Entertainment Association（TEA）, 2017.

②　1 英亩＝0.004 0469 平方千米,下同。

③　1 公顷＝0.01 平方千米,下同。

续表

年份	地点	名称	面积/公顷	游客量/百万人次
1879	悉尼	悉尼国际博览会	6	1.1
1880	墨尔本	国际博览会	19.2	1.3
1888	巴塞罗那	巴塞罗那世界博览会	N/A①	N/A
1889	巴黎	世界博览会	90	32.2
1893	芝加哥	哥伦布世界博览会	278	27.3
1900	巴黎	世界博览会	69.2	6.1
1904	圣路易斯	路易斯安那购买博览会	508	19.6
1906	米兰	国际展览会	100	5.5
1910	布鲁塞尔	环球国际展览会	88	13
1911	都灵	产业与劳动力的国际展览会	98.8	4
1913	根特	工业世博会	123.6	11
1915	旧金山	巴拿马太平洋万国博览会	254	18
1929	巴塞罗那	巴塞罗那国际展览会	120	N/A
1933	芝加哥	百年国际展览会	169.6	48.7
1935	布鲁塞尔	布鲁塞尔环球国际展览会	125	20
1937	巴黎	国际艺术与现代生活技术展览会	100	34
1939	纽约	纽约世界博览会	486.4	44.9

资料来源：Canogar，1992。

　　1893 年在芝加哥召开的世博会是第一届为游乐活动开辟独立空间——大道乐园（Midway Plaisance）的世博会。1 000 米长的步行大道布满了表演和民营企业运行游戏的商店。Zukin（1995：56）认为，芝加哥博览会启发了华特·迪士尼，令他产生了为人们创造一个获得快乐和知识的娱乐空间的想法。大道乐园内最著名的就是摩天轮。这个摩天轮高 80 米，有 36 个车厢，每个车厢可以载 60 人，最多可承载 2 160 人。博览会期间，145 万人次以每人每次 50 美分的票价，享受 20 分钟摩天轮的震撼，见图 1.2。芝加哥世界博览会首次建立了统一的卫生清洁系统，并建设了大型的内部交通体验网络，推行广告，更为重要的是，这次博览会按照不同国家或地区划分主题分区，大道乐园内拥有开罗的标志性街道、波斯宫殿、土耳其村、日本市集、基拉韦厄火山、维也纳咖啡馆以及埃菲尔铁塔的微缩模型。这种主题分区的理念被后来的主题公园所借鉴。

　　芝加哥世界博览会的成功，证明了在 19 世纪末的欧美，已经有数以百万计的人们愿意为了娱乐而消费，他们甚至乐于为此进行一次长途旅行。铁路、电车公司、酒店、餐馆、酒厂

---

　　①　N/A 意为未找到数据。

图 1.2　1893 年芝加哥世博会的摩天轮

图片来源:《纽约时报》。

以及各式各样的相关企业纷纷参与进来,配合这场娱乐盛会。

　　1939 年,美国纽约世界博览会以"未来"为主题,创建了未来时代景观,大量应用了对天空乃至太空世界的想象。其中,最受欢迎的是一个名叫"未来世界(Futurama)"的奇观,它是一个巨大的可移动的立体场景,表达了当时人们对 1960 年这一未来时代的想象。它里面有一条 480 米长的传送轨道,足以让游客欣赏 15 分钟的未来世界。有资料称,"未来世界"平均每天接待游客 2.7 万人次。这些关于未来世界的想象来源于当时盛行的勒·柯布西耶(Le Corbusier)的乌托邦式城市的构想,他们将城市混沌的空间变得有序、清晰,将可控区域与混乱的环境区分开。也正是在这一次博览会,人们才真正意识到"主题"的巨大魅力。新的城市消费者不再局限于将金钱花费在具体的工具效用上,他们需要有主题想象的体验,需要能够表达他们思想、地位、声望和意志的休闲娱乐。博览会娱乐空间不仅是一个消费空间,更是一个别具意义的场所。

1.3　美国游乐园的兴衰史

　　游乐园是工业社会的产物。现代游乐园经历了早期欧洲的孵化,最终在一些滨海旅游度假胜地形成,成为城市市民周末一日游的去处,如英国的布莱克浦(Blackpool)和美国的科尼岛(Coney Island)。20 世纪的前 20 年,以科尼岛为代表的美国游乐园产业发展达到了高峰。科尼岛位于美国纽约市布鲁克林区,是长岛最南端的一片沙洲,约长 4 英里①、宽 1.5 英

---

①　1 英里＝1.609 344 千米,下同。

里,原本是一座海岛,其面向大西洋的海滩是美国知名的休闲娱乐区域。1860—1870 年,铁路可以抵达科尼岛,同时渡轮航线也在科尼岛开通,纽约市民可以方便地抵达科尼岛。科尼岛位于当时世界上最有前途的大都市的沿海地带,拥有滨海旅游的神奇魅力。这时期,岛上开始建设大型饭店和公众及私人海滩、野营地,科尼岛逐渐成为滨海度假胜地。随着美国经济的发展和私家车的普及,科尼岛的旅游价值进一步提升,赛马场、游乐园等娱乐设施相继设立,赌场、色情行业也开始进驻科尼岛。20 世纪初的科尼岛,成为美国市民和欧洲移民娱乐及逃避战乱的高科技体验天堂。从月球到海洋深处,科尼岛把世界变为超越日常生活的神奇所在——一个通过模拟景观和节目造就的壮丽景象。立体模型和图像吸引人们的眼球,同时机械游乐设施给人们带来全新的体验。东方建筑、电灯和机械设备的大量使用效法了芝加哥世博会的大道乐园。通常用于工业生产的技术转而用于休闲娱乐,这改变了人们的行为习惯。技术、幻觉和心理学一起创建了一个通过有别于人们日常生活的特点和对固有文化的蔑视来吸引游客的文化产品。科尼岛构建的休闲娱乐逐渐被新兴中产阶级所接受,并为不能出国旅行的工人阶级提供具有异国情调的替代性选择。

科尼岛由 4 个大型游乐园,即海狮乐园(Sea Lion Park)、障碍赛马乐园(Steeplechase Park)、月神乐园(Luna Land)、梦境乐园(Dreamland,建于 1911 年)和一系列小型游乐园(室)组成。从 1880 年到第二次世界大战期间,科尼岛一直是美国最大的游乐区,每年吸引几百万名游客,见图 1.3。

图 1.3 20 世纪初期的科尼岛三大游乐园

图片来源:科尼岛旅游官网。

海狮乐园建于 1895 年,占地 16 英亩,是一个封闭的收费乐园,据说是北美第一个封闭的永久性游乐园。乐园并非采取全园通票制,而是分项收费制,游客游玩哪个项目,就单独购买哪个项目的票。这种分项收费制后来被其他游乐园广泛借鉴,成为游乐园收费的主要模式。海狮乐园面积很小,最主要的游乐就是类似今天深圳欢乐谷"激流勇进"的项目。由于乐园无法扩大面积和更新游乐设备,且面临新建的障碍赛马乐园和月神乐园的激烈竞争,到 1903 年,海狮乐园不得不被月神乐园收购。

图 1.4　海狮乐园
图片来源:科尼岛旅游官网,拍摄于 1897 年。

障碍赛马乐园建于 1897 年,是当时科尼岛上具有划时代意义的游乐园,引领了整个美国游乐园产业的发展,也是三大游乐园中经营时间最长的。乐园借鉴了芝加哥世界博览会摩天轮的成功经验,也建设了一个巨大的摩天轮、障碍赛马道以及一个可以让游客从高空伞降的铁塔。这些项目应用了最新的机械科技,带给游客全新的娱乐体验,备受市场青睐。然而,1907 年,由于乐园使用了不稳定的电器设备引发了大火,整个园区几乎被烧毁。1909 年,重建后的障碍赛马乐园再次开业,之后乐园又经历了 1936 年和 1939 年两次大火。乐园艰难维持经营,一直到 1964 年倒闭。高科技在重塑人类娱乐体验的同时,也潜藏着巨大的风险。

月神乐园于 1902 年在原先海狮乐园的基础上建成,对于游乐园和主题公园产业而言,同样具有划时代意义。与之前的游乐园不同,月神乐园广泛使用电器设备,光电灯就超过 25万盏。月神公园成为能够日夜运营的游乐园,其所营造的夜景极具吸引力;加上引进了来自世界各地的建筑景观和民族表演,以及丰富的乘骑设备,月神乐园成为真正意义上的大型游乐园。此后不久,月神乐园成为游乐园品牌,在全美各地,乃至欧洲、亚洲新建。月神乐园几乎成为那个时代游乐园的代名词。然而,早期使用的电器并不稳定,电灯容易爆炸起火。1944 年,连续的大火将月神乐园的大部分项目焚毁,在艰难维持两年后,1946 年宣布倒闭。与月神乐园类似,梦想乐园建于 1903 年,广泛使用电器设备,同样也因电器失火被焚毁,于1911 年倒闭。

第二次世界大战后,游乐园在北美一些城市陆续走向衰退,最后演变为整个产业的衰退。其中的原因有乐园自身的问题,但更重要的是整个产业在北美所面临的市场环境和经

图 1.5 障碍赛马乐园

图片来源:科尼岛旅游官网,拍摄于 1903 年。

营条件发生了根本性改变。首先,随着经济的快速发展,一些大城市开始转型为后工业社会,人们的文化需求和生活方式发生很大改变,单纯的乘骑器械游乐很难吸引年轻人;其次,传统的游乐园设备雷同很难创造差异,普遍存在着卫生、安全和管理问题;再次,第二次世界大战后以中产阶层消费为核心的城市休闲娱乐市场成为主体,他们更倾向富有主题和文化想象的娱乐。在当时有声电影和彩色电视陆续推出的大背景下,传统游乐园的娱乐方式已经过时了。

1.4　影视动漫发展的启示

尽管仍有学者认为主题公园与之前的游乐园一样,同样可以满足人们游乐、逃避、释放、幻想、情感和家庭活动的需求(Nye,1981),但主题公园产生并发展于后工业社会。后工业社会,人们倾向于寻求快速变化的娱乐体验,类似 Urry 所说的 3 分钟文化(three-minute culture)(Urry,2002),媒体总是诱导公众追求新异体验。在那个时代,变化最快,也最吸引公众的是有声影视。在 1915 年好莱坞环球影城开放后,卡尔·拉姆勒(Carl Laemmle)用 25 美分的低价吸引人们前来参观电影制片厂,甚至在厂区内售卖快餐给游客。这创造了一种新的娱乐可能。环球影城最早意识到可以将影视场景、技术和影像作品应用到公园娱乐中,在公园中以影像的方式再现电影情节,实现主题化。然而,最为成功的显然是华特·迪士尼。华特·迪士尼也是一位影视创作者,尤擅长将艺术作品应用到公园中。迪士尼创造性地将影视作品与公园互动,超越游乐园呆板的器械娱乐,通过主题化的场景激发游客的幻想,形成主题体验。尽管迪士尼乐园 1955 年开业当天并不算成功,但其经营模式是划时代的。传统游乐园并不注重环境氛围(因为环境本身不能带来直接利润),将大量的游乐器械堆积在狭小的空间,每个项目单独收费。主题公园则采取通票制,精心营造主题环境,游客可以在舒适、安全、有序和轻松的环境中游乐。更重要的是,主题公园需要长期持续的投入以维持其吸引力,让游客的每一次到访都有新鲜感。

主题公园的戏剧性元素受到影视动画概念的启发,被作为一种即兴艺术进行表演或者由适当变装的主题公园员工通过表演进行有力的放大。因此,融合了影视动画的游乐园具有主题文化的体验,游乐园的核心吸引力不再是简单的乘骑器械项目,而是与影视动画紧密联系的影视场景、人物角色、空间想象和主题演出所塑造的主题体验。电视和迪士尼乐园运营方式相似,都是通过萃取、提炼和重组产生一种全新的、反地理学的空间,其结果是一种能提供简化和净化体验的高度管制、完全综合性的空间。此外,不仅影院语言概念性地支配着主题公园的设计,影院从一开始变成现在这样的娱乐区域基本元素,其本身也经历着巨大的变化。20 世纪初,巴黎世界博览会使得影院的可普及性得以广泛传播。每天有超过 5 000人观看卢米埃尔兄弟的电影。巴黎世界博览会就已经想到用圆形建筑的环形内圆周容纳一面超大屏幕,4 个投影仪同时工作,屏幕上显示的全景图像就像巴黎、尼斯、比亚里茨、突尼斯、南安普顿和巴塞罗那上空的热气球。

因此,影视动漫重构了游乐园的吸引力体系,带来了新的体验。今天,许多主题公园企业集团都来自影视动漫产业或大众传媒相关的产业,这不仅反映了影视动漫与主题公园的紧密关系,而且也说明影视动漫客观上推动了游乐园向主题公园娱乐的转化。

1.5　现代主题公园的诞生

现代主题公园直接来源于游乐园,但主题公园也因为它本身的结构、组成和概念,与游乐园存在本质的区别。主题公园是一种与后现代资本主义社会需求相适应的娱乐文化产品,并且这个产品只有在这个背景下才有意义。1955 年,美国迪士尼乐园的出现,标志着主题公园产业时代的到来。这并不是因为迪士尼乐园是第一个主题公园,而是因为迪士尼乐园对整个主题公园产业发展的影响最深刻也最广泛。在迪士尼乐园出现以前,基于一个主题的主题公园早就存在了,这就是美国的诺氏果园(Knott's Berry Farm)。诺氏果园一开始是森林水果的销售点,在 20 世纪 20 年代到 50 年代初逐渐被瓦尔特·诺特改造成一个主题公园,如今由雪松会娱乐公司运营。诺氏果园有一个鲜明的主题,并以此包装所有的乘骑器械项目,但没有进行主题分区,项目是散布在园区内的。

华特·迪士尼最初的想法是在制片厂旁边建一个略大于 3 公顷,供儿童使用的游乐园。孩子们在游乐园内可以和最喜欢的卡通人物拍照。然而,在那个游乐园产业衰退的时代,募集资金投建新的游乐园是非常困难的。1952 年,这个想法终于被实现了。华特·迪士尼提出了在阿纳海姆开发一个价值 1 500 万美元的乐园的方案,约 65 公顷种有橙子树的区域的一半将被作为乐园的初始用地。迪士尼乐园剔除了所有的杂耍、博彩和动物表演等传统游乐园的项目,更多地强调主题化和景观设计。与此同时,他引进了控制人流量的精细方法。

在迪士尼乐园内,游客进入了一种布置在主干道的末端"集散点",在睡美人城堡的前面,用一种遥控可以决定他们是否去探险世界、灰熊山谷、梦境乐园或者明日世界。在这一点上,通过一系列的场景和形象转化,主题体验就产生了。电影作品中的常见元素、电视屏幕中可能出现的时空变化仅仅通过从这一主题区域到另一主题区域的移动就实现了。

事实上,迪士尼乐园之所以会被认为是第一个主题公园,也是因为它把多个主题结合起来,而不是构建单一主题,并有明确的主题分区和游览节奏。这是一个经过完全系统设计的主题体验。因此,本质上说,游乐园吸引力的核心是乘骑器械、文化表演等游乐项目,而主题公园的核心吸引力是主题体验。除了本质概念上的差异,表现形式上也有所不同。相较于游乐园将大量景点集中在一个相对较小的区域内展示,并且每一个景点都有一张独立的门票,主题公园是将少数景点放在一个大规模的、不产生直接收益的景观环境内,以套票或全包价的方式运营。主题公园会比游乐园花更多的钱在那些似乎不会产生直接经济效益的主题景观和文化要素的建设上,通过精心处理和节奏安排,为游客营造一种特殊的主题体验感。位于奥兰多冒险岛上的环球影城就是一个鲜明的例子。这是一个感情色彩浓厚、景点密集的集约型主题公园,其主题景观效果就像环球影城动画中的某一个场景,游客置身其中,体验不同的乘骑器械,就好像电影人物在经历某种故事情节,从而获得主题体验。

从运营和设计层面上看,主题公园的独特之处还在于它的管理、叙事和战略整合,它们是与其他传播媒介、娱乐交通方式同源的。主题公园在运营管理上的每一个细节,都是为了营造一种具有主题体验的时空场景,同时,它还是一个被精心设计且高度协调的消费空间。主题公园运营管理的关键不仅是游乐项目,还包括有主题包装的相关商品(食物和纪念品)和体验(建筑、游客项目和表演)的销售。因此,主题公园内部管理的是整个主题体验链条。主题公园可以被塑造成一个具有鲜明特色的、象征性的微观世界,主张完整的情感体验,是一个具备多个自身同类符号的娱乐场所,商业性质强,且和媒体形象塑造密切相关。主题公园将传递非原真性作为常态,是一个消费的乌托邦。

美国德州的六旗乐园是第二个成功的主题公园。六旗乐园于 1961 年开业,位于达拉斯和沃斯堡之间,占地 212 英亩,初始投资为 1 000 万美元。乐园以多个拥有主题包装的大型过山车为主要吸引点,无论从游客数量还是第一年的收益来看都是非常成功的。乐园处于各大城镇都能方便到达的交通线上,重点在刺激的过山车、全区的洁净、彻底的维护和良好的主题化,还实行全园通票制。最为重要的是,六旗乐园于 20 世纪 70 年代迅速向北美其他城市扩张,开创了将主题公园概念模式化的新时代。

主题公园并不一定比游乐园好,两种类型的乐园可以同时存在,这取决于所在的城市和所面对的市场。一方面,将有限的投资大量用于不会产生直接经济效益的主题景观去构建一个虚无缥缈的主题体验是有巨大风险的,早期这类失败的例子并不鲜见。另一方面,主题公园也存在管理不善,卫生恶劣的问题,这不是只有游乐园才有。迪士尼乐园开张的首日其实是个灾难日:大量游客没有被妥善安置;公园最初的 11 台过山车中有好几个不能安全运行;训练不足的员工还无法周到地接待游客等。这些问题并不是换一个概念就解决的。

1.6 主题公园的特征和类型

主题公园首先在北美得到推广。到 20 世纪 80 年代末,北美每年接待超过 100 万名游客的主题公园有 30 个(Lyon,1987),除一个在加拿大外,其他都集中在美国。欧洲有 21 个大型主题公园(Brown & Church,1987),至 1990 年日本已有 14 个大型主题公园开业。1989 年 9 月 21 日深圳锦绣中华开业,标志着中国真正意义上的主题公园产业的诞生。时至今日,主题公园的概念已经相对稳定,具有鲜明的特征,并在全球化扩张的过程中演化出多种类型。

主题公园是具有鲜明主题,并围绕主题人为建造而成具有主题体验的休闲娱乐空间,其核心吸引力是主题体验。从技术定义上说,主题公园一般具有如下特征:①有决定园区的娱乐形式选择的主题化特征;②包含一个或多个主题分区;③是一种有组织的封闭空间;④有足够大的容量以吸引家庭市场;⑤有足够的乘骑游乐设施、表演和交通设施以确保 5 ~ 7 小时的平均游玩时间;⑥呈现一种娱乐休闲的氛围形式;⑦有固定的商业功能区配套(涉及食品、饮料店和纪念品商店);⑧有高质量的产品、服务、园区维护和清洁标准;⑨对园区生产和游客的消费过程进行集中管理;⑩一般使用全园通票制。

根据占地规模、投资规模以及主要的客源市场范围,主题公园可以划分为 4 种类型:目的地级主题公园、区域级主题公园、城市级主题公园和社区级主题公园,见表 1.3。

表 1.3 主题公园的类型

类型	投资/百万欧元	游客/百万人次	吸引物数量/个	市场范围
目的地级	超过 250	大于 3.5	超过 55	游客需求量超过 50%
区域级	100 ~ 250	1.5 ~ 3.5	35 ~ 50	游客需求量达到 25%
城市级	80 ~ 100	0.75 ~ 1.5	25 ~ 35	95% 的游客来自本地城市区域
社区级	80 ~ 100	小于 0.75	多变的	多变的

资料来源:Clave,2007。

然而,这个标准是较早时期的参数,在中国,相应的投资可能更大,游客量也更大,市场半径也不能完全参考美国标准。

目的地级公园的代表是迪士尼乐园,主要以吸引中远程市场为主,且包含较大比例的专程游客,其中很多人会停留一晚。因而整个主题公园的游乐项目设计包含白天和夜间娱乐,并配套足够的餐饮和酒店,足以让游客停留一天一夜,甚至多天。园区需要提供夜间娱乐项目(包括从烟花会演到声光节目等不同类型的项目)、特别的节事活动和在酒店周边布置新的娱乐设施。外围建设可能包括酒店、商业区、水上乐园、其他主题公园和(或)休闲公园,以及大规模的综合性商业集中带(包括电影院、仿真器、家庭娱乐中心、餐馆和住宅区等)。这一类型的主题公园投资规模巨大,通常超过 60 亿元人民币,每年产生超过 500 万人次的游客量。它们通常对影响游客出游的经济、社会和政治因素的变化非常敏感,一般布局在经济发达、人流密集的大都市圈。

区域级主题公园以欢乐谷系列主题公园为代表,以3小时车程范围内的市场为核心。区域级主题公园的游客停留时间一般在5~7小时,投资在10亿~30亿元人民币,每年产生游客量在200万~500万人次。这类主题公园虽然不以接待过夜游客为主,但也可能配套1~2个酒店和若干餐厅,主要布局在经济较为发达,人口相对密集的大城市。值得注意的是,多个区域级主题公园如果配套足够的餐饮和住宿,也可能形成旅游目的地。

城市级主题公园以华强方特乐园为代表,主要吸引2小时车程范围内的市场。这类公园的游客停留时间平均在3~5小时,部分公园也可能达到7小时。它们的投资规模相对较小,一般控制在5亿~15亿元人民币,每年产生的游客量在50万~200万人次,通常不接待过夜游客,但仍会配套餐厅。这类公园主要布局在经济并不算发达,人口相对密集的中国二、三线城市,甚至四线城市。

社区级主题公园主要包括儿童职业体验园、儿童乐园等投资规模只有几千万,最多不超过3亿元的公园,游客量一般在每年20万~50万人次,主要以2~13岁的儿童为目标市场。由于投资规模小,门槛游客量要求低,这类主题公园适宜布局的城市非常多,大都市的许多社区都可以建设。

主题公园在城市有限的土地中人为建设出一个具有主题体验的城市娱乐空间。在这样的消费空间里,社会生产关系被隐藏在制度结构中,而用于刺激消费的生产过程则在被放大后呈现给游客。

- 主题公园的概念源于欧洲市集娱乐、欧洲公园设计、世界博览会娱乐和游乐园。
- 主题公园产业的诞生和演化与其所在国家和地区的经济发展、社会环境、技术和管理水平有密切关系。
- 美国游乐园产业的兴衰与美国社会经济环境,尤其是城市居民休闲娱乐需求的变化密切相关。
- 主题公园的核心吸引力是主题体验,而游乐园的核心吸引力是游乐项目。
- 迪士尼乐园是主题公园产业诞生的标志。
- 主题公园是具有鲜明主题,并围绕主题人为建造而成具有主题体验的休闲娱乐空间。
- 主题公园可以划分为4种类型:目的地级、区域级、城市级和社区级。

复习思考题

1. 欧洲市集娱乐、欧洲公园、世界博览会和游乐园分别为主题公园提供了哪些启示？

2. 为什么主题公园首先诞生在美国而不是欧洲？

3. 影视动漫对主题公园的诞生和发展有何影响？

参考文献

［1］Botterill, J. The "fairest" of the fairs: a history of fairs, amusement parks and theme parks ［D］. British Columbia: Master of Arts Thesis, Simon Fraser University, 1997.

［2］Brown J, Church A. Theme parks in Europe［J］. Trave and Tourism Analyst, 1987(2): 35-46.

［3］Canogar, D. Ciudades efimeras. Exposiciones universales: espectaculo ytecnologia ［M］. Spain, Madrid: Julio Ollero, 1992.

［4］Clave S A. The Global Theme Park Industry［M］. Cambridge: CABI, 2007.

［5］Lyon R. Theme parks in the USA［J］. Trave and Tourism Analyst, 1987(1): 31-43.

［6］Nye R B. Eight ways of looking at an amusement park［J］. The Journal of Popular Culture, 1981, 15(1): 63-75.

［7］Urry J. The Tourist Gaze (2nd ed)［M］. London: Sage, 2002.

［8］Zukin, S. Learning from Disney World ［M］// The Cultures of Cities, Massachusetts: Blackwell, Cambridge, 1995: 48-77.

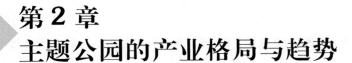

第2章
主题公园的产业格局与趋势

全球化时代,主题公园产业的发展逐渐从欧美走向亚非拉国家,新兴国家成为发展的热点地区。在以中国为代表的亚洲地区主题公园产业快速发展的背景下,全球主题公园产业的格局面临重构。主题公园的新类型、新形式和新模式不断涌现,产业发展步入快车道。在这样的背景下,全球主题公园的发展面临怎样的新格局、新趋势?各个地区主题公园产业呈现何种演化趋势?中国未来主题公园产业将走向何方?

【本章学习目标】

1. 熟悉全球主题公园产业的演化历程和现实格局。
2. 了解北美和欧洲主题公园产业的现状。
3. 熟悉亚洲,尤其是中国主题公园产业的现状和发展趋势。
4. 学会分析判断中国未来主题公园产业的发展。

2.1　全球主题公园的产业格局

自 1955 年 7 月 17 日美国阿纳海姆的迪士尼乐园开业以来,主题公园迅速走向产业化,并向全球扩张。1946—1964 年,美国在这 18 年间婴儿潮人口高达 7 800 万人,为 20 世纪七八十年代主题公园产业的快速发展提供了充足的潜在市场。从 20 世纪 80 年代开始,北美人口出生率迅速下降,潜在市场增长放缓,主题公园市场趋于稳定,美国主题公园品牌不得不走出美国,主题公园产业的发展从此步入全球化时代。主题公园的全球化首先发生在一些经济发达,人口密集的国家和地区,例如当时的北美、西欧以及亚洲的日本。在 20 世纪 80 年代中期,亚洲和西欧的部分国家和地区满足了开发主题公园的条件。日本东京和法国巴黎分别于 1983 年和 1992 年新建了迪士尼乐园。与此同时,西欧国家自有的主题公园品牌也不断发展,逐渐向二三线城市布局。在新兴的亚洲市场,主题公园则刚刚起步。1988—

1992年,美国主题公园产业在整体保持上升的过程中,内部出现了轻微的调整,主题公园产业逐渐走向集中,重点布局在美国的阳光地带,如加利福尼亚和佛罗里达,而在北部的五大湖区也集中布局。欧洲和亚洲(主要是日本和韩国)的主题公园产业发展迅速,大型主题公园迅速形成,见表2.1。

表2.1　1993—2005年各地区排名前十的主题公园和全球排名前50的主题公园游客量变化趋势

单位:百万人次

年份	北美地区	占比/%	欧洲地区	占比/%	亚太地区	占比/%	其他地区	占比/%	全球	占比/%
1993	69 550	—	36 817	—	53 218	—	15 000	—	213 511	—
1994	67 330	3.2	35 050	-4.8	62 292	17.0	15 400	2.7	222 057	4.0
1995	76 400	13.5	38 218	9.0	55 144	-11.5	1 390	-9.4	224 931	1.3
1996	80 973	6.0	40 100	4.9	58 103	5.4	13 700	-1.8	233 145	3.6
1997	84 611	4.5	42 350	5.6	59 656	2.7	14 807	8.1	242 868	4.2
1998	82 191	-2.9	39 766	-6.1	54 895	-8.0	16 720	12.9	233 395	-3.9
1999	81 650	-0.7	42 220	6.2	58 300	6.2	15 521	-7.2	240 217	2.9
2000	86 600	6.1	42 600	0.9	58 315	0.0	15 165	-2.3	245 118	2.0
2001	79 923	-7.7	42 973	0.9	65 146	11.7	15 214	0.3	250 515	2.2
2002	78 216	-2.1	41 330	-3.8	69 132	6.1	15 785	3.7	250 951	0.2
2003	77 571	-0.8	40 135	-2.9	68 120	-1.5	15 393	-2.5	247 062	-1.5
2004	83 240	7.3	41 240	2.8	68 850	1.1	15 360	-0.2	252 400	2.2
2005	85 527	2.7	42 150	2.2	65 030	-8.5	11 959	-22.1	253 081	2.2

数据来源:Amusement Business。

从20世纪90年代初到21世纪初,全球主题公园产业格局发生了根本性变化,产业发展的重心从欧美地区逐渐转向亚太地区,亚太地区所占的产业份额不断攀升。在21世纪的前十年,北美地区的市场已经成熟,美国主题公园的访问人次是世界平均水平的2倍,比欧洲地区高出50%,比亚太地区高出10%(Clave,2007)。几家公司集中垄断了众多主题公园,并采取多样化经营和国际扩张的战略,近年来不断向亚太地区的新兴国家实施品牌扩张战略。过去的十年里,欧洲主题公园在资本的推动下,完成了一系列兼并重组,逐渐形成几个主题公园企业巨头。与此同时,欧洲市场也呈现多元化发展,主题公园产业正根据欧洲的人口特征(居住区域分布)、社会特征(消费模式)、经济特征(收入分配差异)进行动态性的调整和重新定位。一方面,更多的主题公园将在中东欧国家建设;另一方面,欧洲主题公园将青睐于中小型化发展。在亚太地区,以中国为首的主题公园产业发展迅速。该地区正在逐渐形成一批主题公园企业集团,以特定的模式向其他地区扩张。在世界其他地区,由于经济发展不平衡不稳定,主题公园产业的发展尚处于调整阶段,增长趋势初现。总体而言,全球主题公园产业的发展呈现明显的地区不平衡,见表 2.2。

表 2.2　世界各地主题公园产业发展阶段一览表

年代	北美地区	欧洲地区	亚太地区	其他地区
1950	起步期			
1960	发展期	起步期		
1970	扩张期	发展期	起步期	
1980	成熟期	扩张期	发展期	起步期
1990	集中化期	适应期	扩张期	发展期
2000	多样化期	调整期	选择性发展期	扩张期
2010	品牌扩张期	集中化期	品牌培育期	调整期

资料来源:保继刚,2015。

到 2015 年,全球主题公园产业格局已经发生了根本性的改变,北美地区主题公园产业份额下降到不足五成,亚太地区持续增长,已占到 42%,而欧洲及其他地区仅占 11%,形成北美与亚太双雄的格局,见图 2.1。

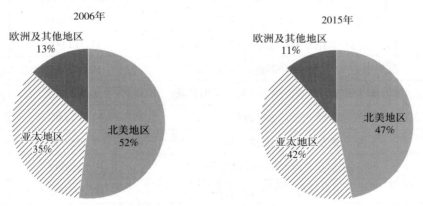

图 2.1　2006 年和 2015 年全球主题公园的产业格局

数据来源:TEA/AECOM. The Global Attractions Attendance Report for 2015[R], Themed Entertainment Association (TEA),2016。

当前,全球主题公园产业已经形成多个大型企业集团,包括迪士尼、默林娱乐、环球影城、华侨城、六旗、雪松市集、长隆、海洋世界公园与娱乐公司等。2016 年,全球前十大主题公园企业集团共计接待游客 4.4 亿人次,比 2015 年增长 5.2%,其中迪士尼占全球 55% 的市场份额,而环球影城占 17% 的市场份额,为全球最大的两家主题公园企业集团。2016 年,美国佛罗里达的迪士尼魔幻王国(Magic Kingdom)接待游客 2 039.5 万人次,成为全球第一个年接待量超过 2 000 万人次的单体主题公园,而中国珠海横琴长隆海洋世界也接待了 847.4 万人次,位列全球的第 12 位,成为中国游客量最高的主题公园①。

2.2 北美主题公园演化与扩张

北美地区是主题公园产业诞生并发展最为密集的地区。北美地区大型主题公园主要布局在美国加利福尼亚州和佛罗里达州两个气候适宜的"阳光地带"。主题公园娱乐已成为美国民众日常生活的一部分,到主题公园游玩成为一项日常休闲消费。与欧洲不同,北美国家的历史较短,文化积淀较少,缺乏历史遗迹和长期的休闲娱乐文化的积累,除了国家公园等自然资源为主的景区,北美普遍缺乏人文景区。主题公园便很容易成为北美最重要的人文旅游景区之一。因此,美国主题公园拥有较高的市场渗透率和重游率。如表 2.3 所示,北美地区大型主题公园的游客量很高,排名前十的主题公园除了奥兰多佛罗里达州海洋世界,年接待量都超过 700 万人次,且都保持 4.0% 以上的增长率,而超过千万游客流的主题公园竟高达 5 个,且全部来自迪士尼公司。

表 2.3　2016 年北美地区十大主题公园游客量及增长率

排名	主题公园	游客量/人次	增长率/%
1	佛罗里达州布纳维斯塔湖迪士尼魔法王国	20 395 000	−0.5
2	加利福尼亚州阿纳海姆迪士尼乐园	17 943 000	−1.8
3	佛罗里达州布纳维斯塔湖迪士尼未来世界	11 712 000	−0.7
4	佛罗里达州布纳维斯塔湖迪士尼动物王国	10 844 000	−0.7
5	佛罗里达州布纳维斯塔湖迪士尼好莱坞影城	10 776 000	−0.5
6	佛罗里达州奥兰多环球影城	9 998 000	4.3
7	佛罗里达州奥兰多环球冒险岛	9 362 000	6.5
8	加利福尼亚州阿纳海姆冒险乐园	9 295 000	−0.9
9	加利福尼亚州好莱坞环球影城	8 086 000	13.9
10	佛罗里达州奥兰多海洋世界	4 402 000	−7.9
总计		112 813 000	

资料来源:TEA/AECOM. The Global Attractions Attendance Report for 2016［R］, Themed Entertainment Association (TEA),2017。

---

① TEA/AECOM. The Global Attractions Attendance Report for 2016［R］. Themed Entertainment Association (TEA), 2017.

北美排名前十的主题公园全部位于佛罗里达州（7个）和加利福尼亚州（3个），且都来自华特迪士尼（6个）、环球影城（3个）和海洋世界公园与娱乐公司（1个）北美三大主题公园企业集团。2016年，这十大主题公园接待游客1.13亿人次，超过十大主题公园企业集团年接待量的四分之一。这些数据反映了美国主题公园市场的规模以及华特迪士尼公司（简称迪士尼）在北美地区的地位。此外，中等规模的区域级主题公园在北美地区也得到了很好的发展，包括海洋世界公园与娱乐公司、六旗集团、雪松市集在内的主题公园企业集团在区域级，甚至城市级主题公园发展上不仅具有品牌吸引力，还具备强大的产业规模。目前，北美地区市场主要集中在几家大型企业集团，如华特迪士尼、环球影城、六旗集团、雪松市集和海洋世界公园与娱乐公司。

美国是成熟市场，市场格局稳定，增长缓慢，新增的收益主要来源于向外的品牌扩张。1983年4月15日由迪士尼集团和日本梓设计公司合作建造的东京迪士尼在日本千叶县浦安市开业。该公园投资约10亿美元，是迪士尼集团授权日本东方乐园（Oriental Land）株式会社开发并运营的度假区。尝到甜头的迪士尼集团开始意识到其品牌价值和乐园的全球吸引力，在加紧全球布局的同时，合作模式上更强调控制权和收益权。1992年4月12日开业的巴黎迪士尼乐园由欧洲迪士尼SCA拥有和负责运营，迪士尼集团持有该公司少量的股权①。2005年9月12日，投资额更大的香港迪士尼乐园开业。该公园由香港特区政府和迪士尼集团合伙成立的香港国际主题公园有限公司投资和运营管理。1999年香港迪士尼乐园度假区的兴建费用预算为141亿港元，其中特区政府注资57亿港元、借款61亿港元，迪士尼集团负担23亿港元的商业借款。2016年6月16日，投资高达340亿元人民币的上海迪士尼乐园正式开园，上海市政府和迪士尼集团的合作开发模式与香港类似，上海申迪集团拥有57%股权，迪士尼集团拥有43%股权。2016年，华特迪士尼集团旗下的主题公园共计接待游客1.40亿人次，同比增长1.8%，稳居全球第一。

环球影城集团是另一家著名的北美主题公园集团，其主题公园业务由旗下的环球主题公园和度假区公司负责运营。环球影城集团一直致力于在新兴市场，尤其是亚洲市场的扩张。位于日本大阪市的日本环球影城于2001年3月31日开业，成为环球影城在美国本土以外的第一家主题公园。2010年3月18日，投资43.2亿美元的新加坡环球影城在新加坡圣淘沙名胜世界内开业，成为亚洲第二个环球影城。目前，环球影城迪拜乐园、韩国环球影城、莫斯科环球影城、中国北京环球影城已经在建设中。2016年，环球影城接待游客超过4736万人次，增长5.5%，位列全球第三。

六旗集团由传统的游乐园发展起来，目前总部在得克萨斯州的大草原城（Grand Prairie），以大规模使用游乐器械著称，但主题化程度较低，且以中型主题公园为主。由于美国大众对传统游乐园逐渐失去兴趣，六旗集团旗下数量庞大的游乐园短时间内难以调整，集团从1998年起一直亏损，仅2004年一年集团就出售或者关停了9家公园。2005—2007年，先后关闭了休斯敦的航天公园，出售了3家水上公园和4家陆上公园。2009年又受全球金

---

① 根据该公司2013年年报，迪士尼集团持有39.78%股权，Saudi Prince Alwaleed公司持有10%，剩下的50.22%为其他持股人所有。

融海啸冲击,六旗集团申请破产保护,负债超过24亿美元。2010年5月3日,六旗集团成功重组。2016年,六旗集团加快在全球的品牌输出战略,开始进军中国市场,与国内企业合作,在重庆等地正在合作建设中国六旗公园。2016年,六旗集团旗下的公园接待游客3 011万人次,位列全球第六。

雪松市集娱乐公司主要经营以游乐器械为主的主题公园,而海洋世界公园与娱乐公司擅长开发水公园和海洋公园,两者基本都布局在北美地区,但近年来已经开始关注美国本土以外的新兴市场。雪松市集成立于1983年,总部设在俄亥俄州的桑达斯基,目前拥有11个主题化的游乐园、2个室外水公园和1个室内水公园,雪松点游乐园(Cedar Point)是该集团旗下最著名的主题公园品牌。2016年,雪松集团旗下主题公园共计接待游客2 511万人次,位列全球第八。海洋世界公园与娱乐公司的前身是布希娱乐集团(Busch Entertainment),主要以海洋世界闻名于世,重点面向家庭娱乐市场,目前在美国拥有11个主题公园,总部设在佛罗里达的奥兰多。2009年10月,安海斯-布希集团(Anheuser-Busch)将布希旗下所有主题公园业务出售给私募基金巨头黑石集团(Blackstone Group),双方于2009年年底达成收购协议,随即黑石集团将布希娱乐集团改名为海洋世界公园与娱乐公司(Sea World Parks & Entertainment)。2016年,海洋世界公园与娱乐公司旗下主题公园接待游客达到2 200万人次,位列全球第九。

北美主题公园产业具有以下四个特点:第一,成熟稳定。经过几十年的发展演化,北美主题公园市场稳定,游客的重游率和渗透率都很高,北美主题公园市场的波动主要受宏观经济因素的影响,近年来增长率处于低位平稳状态,增长缓慢。北美主题公园产业也非常成熟,形成了几个具有全球影响力的主题公园品牌,配套产业齐全,管理体制和技术先进,游客体验较好。第二,知识产权。拥有丰富且具有吸引力的知识产权是美国主题公园产业的一大特点。许多欧洲乃至亚太地区的主题公园都没有像样的主题知识产权,更缺乏将这些主题知识产权转化为娱乐体验的能力。美国不仅拥有主题知识产权,而且拥有完整的产业转化体系和设计能力。第三,目的地化。美国主题公园的开发基本上是集群式发展,形成旅游目的地,能够让游客停留数日,游玩多个主题公园。除了加利福尼亚州和佛罗里达州以外,得克萨斯州的主题公园也呈现目的地化发展。北美主题公园的发展不仅是以销售一个7小时的体验为目标的活动,而且是将游玩主题公园变成一种休闲度假体验。第四,多元化。尽管美国主题公园侧重于目的地化发展,但多元化的主题公园在美国各大城市都能看到,包括目的地级、区域级、城市级甚至社区级的主题公园。

2.3 欧洲主题公园兼并与重组

20世纪70年代,欧洲主题公园发展主要集中在中部和北部地区,面向家庭游客的新一代中型区域级主题公园开始大规模出现,例如德国鲁斯特欧罗巴乐园。到20世纪80年代中期,欧洲主题公园产业已经初具规模,而迪士尼乐园布局欧洲的消息一出,欧洲掀起了新一轮主题公园开发浪潮,被称为欧洲主题公园的扩张期。这一时期开发主题公园速度最快的是法国,仅 1987 年就有著名的马来波利斯乐园(Mirapolis)、塞格弗利斯乐园(Zygofolis)和未来世界影视乐园(Futuroscope)开业,这些乐园除了未来世界影视乐园能接待 100 万人次以外,其他都只有几十万人次的游客量。20 世纪 90 年代巴黎迪士尼乐园的开业,刺激了新一轮开发浪潮,欧洲主题公园开始呈现资本密集、技术密集和大中型目的级发展态势,全园通票制也在欧洲盛行起来。许多欧洲原有的主题公园开始增加乘骑游乐项目,扩大餐饮和购物配比,且在公园外围开发更多的商业空间以及主题酒店等休闲度假设施。借助北美主题公园发展的理念,欧洲主题公园重新定义了主题体验。尽管没有北美庞大的市场规模,也不如北美主题公园产业成熟,但欧洲作为主题公园发展较早,产品较为多样的地区,其主题公园产业可以视为相对独立的完整系统。欧洲也有主题公园发展所需的完整产业链,但不同的是,欧洲的主题公园以中小规模为主,见表2.4。

表 2.4   2016 年欧洲地区十大主题公园游客量及增长率

排名	主题公园	游客量/人次	增长率/%
1	法国巴黎迪士尼乐园	8 400 000	−14.2
2	德国鲁斯特欧罗巴乐园	5 600 000	1.8
3	法国巴黎华特迪士尼影城	4 970 000	−1.6
4	荷兰卡茨赫弗尔埃夫特林乐园	4 764 000	1.8
5	丹麦哥本哈根蒂沃利公园	4 640 000	−2.0
6	西班牙萨洛冒险港乐园	3 650 000	1.4
7	瑞典哥德堡里瑟本乐园	3 070 000	0.6
8	意大利加尔达加达云霄乐园	2 880 000	1.1
9	英国温莎乐高乐园	2 220 000	8.3
10	英国斯塔福德奥尔顿塔乐园	2 183 000	−3.0
总计		40 194 000	

资料来源:TEA/AECOM. The Global Attractions Attendance Report for 2016 [R]. Themed Entertainment Association (TEA),2017。

欧洲排名前十的主题公园主要位于西欧国家(8 个)和少数北欧国家(2 个)。2015 年,欧洲前十的主题公园共计接待 4 019.4 万人次,只有北美地区前十的主题公园游客量总和的35.6%。其中,法国巴黎迪士尼乐园一枝独秀,游客量超过 800 万人次,是排名第二的德国鲁斯特欧罗巴乐园游客量的一倍还多。欧洲主题公园侧重于中小型发展路线,但并不意味着其盈利状况不好。欧洲许多小型主题公园的收入及其增长率表现可能比许多大型主题公园都要好。1990—2005 年,欧洲主题公园数量从 62 个增加到 92 个,全欧洲的主题公园游客量从 6 100 万人次增加到 1.13 亿人次,而收入则由 11.04 亿美元增加到 24.86 亿美元。与全球同期主题公园产业的发展水平相比,欧洲的公园数量增长了 48.4%,而全球的主题公园数量增长 57.4%;欧洲的游客量增长了 85.2%,而全球的游客量同比上升了 96.1%。欧洲地区无论是公园数量的增长还是游客量的增长都低于全球平均水平,但欧洲在这一时期的主题公园收入上升了25.2%,远高于全球74.7%的收入增长率,欧洲人均为主题公园带来的收入上升了22.2%,而全球这一数值却下降了2.4%(Clave,2007)。从这个意义上说,欧洲主题公园的盈利状况和产业效率远高于全球其他地区。

近年来,欧洲主题公园产业刚刚经历了一轮兼并重组。英国的默林娱乐集团(Merlin Entertainments Group)是目前全球第二大主题公园企业集团,也是英国私募基金巨头黑石集团控股的子公司。2005年,默林娱乐集团相继收购了英国、德国、美国加利福尼亚州以及丹麦的4个乐高乐园,随后成立新的默林娱乐集团。随后,该集团于2006年收购了意大利加达云霄乐园(Gardaland),2007年收购杜莎集团(Tussauds Group),此外还收购了艾顿塔、切斯顿探险世界、黑池欢乐海滩、索普公园。新的默林娱乐集团仅仅用了3年时间便使规模扩大了10多倍。目前,默林娱乐集团在全球17个国家拥有75个景区。2016年,默林娱乐集团旗下的主题公园共计接待游客6 220万人次。欧洲另一家著名的主题公园巨头是团圆娱乐集团(Parques Reunidos),总部设在西班牙的马德里,目前是欧洲第二大主题公园企业集团。2007年,该集团被欧洲大型私募基金公司康多富(Candover Investments)收购,并注入大量资本,组建新的团圆娱乐集团。2007年,集团先后收购了美国一批历史悠久的主题公园公司——肯尼坞娱乐公司(Kennywood Entertainment Company)、荷兰梦幻仙境(Dutch Wonderland)和宫廷娱乐公司(Palace Entertainment)[①]。2014年,团圆娱乐集团旗下主题公园共计接待游客2 220.6万人次的,同比下降14.6%,位列当年全球第八位。然而,2015年,持续低迷的团圆娱乐集团已经跌出了全球前十大主题公园企业集团行列。

欧洲主题公园产业也具有四个特点:第一,中小型化。欧洲主题公园呈现中小型化的特点,游客量大都集中在25万~80万人次。第二,兼并重组。在过去的10年间,如同黑石集团、康多福一样的全球资本大鳄通过吞并、扩大等方式组建大型主题公园集团,并通过娱乐全球化在世界各地抢占市场。欧洲主题公园从自由竞争市场进入垄断竞争市场,过去上百家小型主题公园运营商通过兼并、收购等方式组成大型主题公园集团,市场逐渐集中在少数集团公司手中。第三,非必要休闲娱乐项目。与美国人不同,对于大多数欧洲人而言,他们有更多更具文化体验性且更经济实惠的休闲娱乐方式可供选择。主题公园仅仅是他们众多选择中的一个,而且是非必要的选择。主题公园很难成为欧洲人日常生活的一部分。第四,主题概念的多元化。欧洲有更多可供选择的文化主题,人们也乐于从当地文化中寻找契合的符号、形象和表征进行消费。欧洲的主题公园开发商也试图将乡村景观、文化遗产、环境教育和宗教仪式融入主题公园体验中,使之变得更加丰富多彩。

---

① 2006年2月27日,宫廷娱乐公司先是被一家私募基金公司MidOcean Partners收购。2007年8月24日,团圆集团又从MidOcean Partners手中以3.3亿美元的价格购入,至此宫廷娱乐公司属于团圆集团。

2.4　亚洲主题公园的迅速崛起

近年来,亚洲主题公园产业发展迅速,使亚太地区逐渐成为全球最重要的主题公园市场。首先引领亚洲主题公园发展的是日本。20世纪60年代,随着战后日本经济的腾飞,人们对城市娱乐体验的需求增加,日本开始兴建一批主题公园。其中,长岛温泉乐园(Nagashima Spa Land)就是典型。长岛温泉乐园建于1966年,以乘骑器械为主要吸引物,内设有日本最大的温泉设施。该公园一直经营良好,2016年接待游客585万人次,位列亚洲地区第九位。1977年开业的香港海洋公园也是亚洲主题公园的杰出代表。2005年受香港迪士尼乐园的竞争,该公园新增投资,游乐项目和景点从原来的35个扩充到80个,2016年接待游客599.6万人次。

早期亚洲主题公园的开发规模较小,主要布局在经济最发达的城市,其经营规模和体量无法与北美主题公园相提并论,在主题化上更是相去甚远。1983年,日本引进迪士尼品牌建设了东京迪士尼度假区,包括东京迪士尼乐园和迪士尼海洋世界,并配套了迪士尼的主题酒店,一次性构建了一个完整的主题公园目的地系统。之后亚洲主题公园开发进入区域级和目的地级等大中型主题公园开发时代。2005年,亚太地区已经拥有125个年接待量超过50万人次的主题公园,比美国还多。2000—2005年,亚太地区50万人次级的主题公园占了全球份额的35%,游客数量从1.88亿增加到2.33亿,市场份额从2000年的34.5%增加2005年的38.4%。然而,虽然亚太地区主题公园数量和游客量都增加了,但单位游客的人均收入却从2000年的23.49美元下降到21.56美元,比当时世界平均水平还低了13.5%。这种下降趋势一直持续到21世纪的前几年。这与主题公园在新兴的低收入国家市场布局以及亚太地区旅游者的消费习惯有关。

随着中国经济的快速发展和城市化进程的加快,中国主题公园需求不断扩大,近年来也逐渐培育出一批主题公园企业集团,如华侨城集团、长隆集团、华强集团和海昌集团等,它们旗下的欢乐谷系列、长隆系列、方特系列主题公园品牌也备受市场青睐。亚洲地区主题公园的快速发展得益于消费市场的增长。这里是世界经济增长最快的地区,人口快速向城市集聚,城市休闲娱乐需求激增。只要投资合理,开发得当,在经济相对发达的亚洲城市,主题公园就能够获得较好的效益。可以预见,随着地区经济的进一步发展,以及亚洲其他国家,如泰国、马来西亚、越南、印度尼西亚等国家的发展,亚洲主题公园仍将面临较长时期的快速增长。当前,亚太地区游客量最高的主题公园都布局在中日韩三个亚洲最大的经济体,见表2.5。

表 2.5　2016 年亚太地区十大主题公园游客量及增长率

排名	主题公园	游客量/人次	增长率/%
1	日本东京迪士尼乐园	16 540 000	−0.4
2	日本大阪环球影城	14 500 000	4.3
3	日本东京迪士尼海洋世界	13 460 000	−1.0
4	中国珠海长隆海洋王国	8 474 000	13.2
5	韩国首尔乐天世界	8 150 000	11.5
6	韩国京畿道爱宝乐园	7 200 000	−3.0
7	中国香港迪士尼乐园	6 100 000	−10.3
8	中国香港海洋公园	5 996 000	−18.8
9	日本桑名长岛温泉乐园	5 850 000	−0.3
10	中国上海迪士尼乐园	5 600 000	—
	总计	93 665 000	

资料来源：TEA/AECOM. The Global Attractions Attendance Report for 2016［R］. Themed Entertainment Association
（TEA），2017。

亚太地区的主题公园产业发展呈现多元化发展态势，既包括大型目的地级主题公园，也有区域级、城市级和社区级主题公园。华特迪士尼和环球影城的主题公园也颇受亚太地区市场的欢迎。亚太地区是一个多元复杂的市场。一方面，基于欧美理念引入的主题公园开发需要适应亚太地区的消费文化和习惯。对于中国市场而言，最为重要的特点就是游客园内的二次消费普遍偏低，人们习惯自带食品饮料入园。因此，中国主题公园主要依赖门票收入，往往占到 80% 甚至 90%。另一方面，亚太地区国家间差异较大，主题公园开发必须创新模式，包括直接引进、复制、模仿、创新等，并结合房地产开发、商业综合体建设、主题社区发展进行。在中国，主题公园房地产模式曾经一度备受推崇，掀起了主题公园开发的浪潮。在亚太地区，许多主题公园的投资往往来源于地方政府、国有企业、民营企业甚至个人。在大多数情况下，政府参与和帮助创造有利投资条件以及采取鼓励措施是吸引私营企业投资主题公园产业的重要因素。

亚太地区主题公园产业处于高速发展期，国家间差异较大，很难呈现一致的特点。总的来说，一方面，亚太地区作为全球最具吸引力的主题公园市场，正在吸引来自欧美的主题公园企业集团的布局，必将引入国际最新、最成熟的主题公园开发理念、开发和管理，引领新一轮产业革命；另一方面，亚太地区本土主题公园品牌不断崛起，部分企业集团已经开始走出本国，寻求新的发展空间。简言之，亚太地区将成为主题公园产业全球和地方的角力场。

2.5　其他地区主题公园的发展

在世界的其他地区，拉美地区是主题公园行业发展的热点，而非洲大陆的主题公园产业还处于起步状态。拉美地区主题公园起步较早,但发展缓慢,主要受制于拉美地区国家经济的困境。受美国文化的影响,最先发展主题公园的是墨西哥和巴西。1973 年,巴西圣保罗开设了两家具有影响力的主题公园:霍皮哈瑞乐园(Hopi Hari)和游乐中心(Playcenter),其中霍皮哈瑞乐园 2016 年还接待了 146.8 万名游客,位列拉美地区第四。这一波巴西主题公园开发浪潮一直持续到 20 世纪 80 年代末期,主题公园在巴西各大主要城市都有布局。然而,进入 20 世纪 90 年代之后,由于巴西经济的波动,主题公园产业发展缓慢。墨西哥的情况要好一些,因为他们的乐园不仅能够吸引本国市场,还吸引来自美国的入境游客。墨西哥一些主题公园就是由美国企业投资的,六旗集团也在墨西哥城建设了六旗乐园(2000 年),该乐园 2016 年接待游客 248.6 万人次,位列拉美地区第一,见表 2.6。

表 2.6　2016 年拉美地区十大主题公园游客量及增长率

排名	主题公园	游客量/人次	增长率/%
1	墨西哥墨西哥城六旗乐园	2 486 000	5.0
2	巴西圣卡塔琳娜贝托卡雷罗世界	2 080 000	4.0
3	墨西哥墨西哥城查普特佩克乐园	1 591 000	0.4
4	巴西圣保罗霍皮哈瑞乐园	1 468 000	-12.0
5	墨西哥坎昆西卡莱特乐园	1 401 000	8.9
6	墨西哥蒙特雷芝麻广场乐园	1 221 000	0.0
7	危地马拉危地马拉城佩特帕世界	1 220 000	1.8
8	哥伦比亚波哥大世界冒险乐园	1 180 000	-15.0
9	智利圣地亚哥奇幻世界	1 085 000	8.2
10	哥伦比亚国家咖啡主题公园	1 050 000	5.0
	总计	14 782 000	

资料来源:TEA/AECOM. The Global Attractions Attendance Report for 2016 [R]. Themed Entertainment Association (TEA),2017。

1999 年墨西哥开放外资投资主题公园后,北美主题公园企业纷纷以各种投资合作方式进入墨西哥,在墨西哥掀起了一轮开发主题公园的浪潮。2000 年六旗乐园在墨西哥开业后,迫使拉美地区主题公园产业转型升级,按照国际质量标准来运营主题公园。

除拉美地区之外的世界其他地区的主题公园发展仍处于分散、缓慢的进程中。一些伊斯兰国家和地区甚至不鼓励发展主题公园这类公共娱乐项目。此外,战乱、经济不景气、内部政治不稳定都使主题公园产业在这些国家和地区的发展受到限制。在中东和非洲地区,阿联酋的迪拜以及南非的约翰内斯堡是两个发展主题公园较积极的城市。迪拜致力于在中东地区打造世界级的娱乐中心,目前迪拜已经拥有 3 家 50 万人次级的水上乐园,即冒险水世界(140 万人次)、疯狂河道(71.5 万人次)和亚斯水世界(65 万人次)。与此同时,迪拜正在打造一个综合性主题公园度假区,包括迪拜 Motiongate、宝莱坞乐园以及迪拜乐高主题公园3个主题公园。在南非,黄金城(Gold Reef City)和失落之城(Lost City)是两个非常著名的主题公园。这些公园都充分利用了非洲土著文化与西方淘金文化主题,借助现代乘骑器械项目,给游客带来了特殊的主题体验。

2.6 全球主题公园的发展趋势

　　展望未来,北美地区在很长一段时期仍是世界主题公园发展的中心,新的主题体验和游乐设备将不断创新,服务体验也将不断提升。然而,限于该地区人口增长缓慢,经济发展相对高位低速,潜在市场规模增长不大,市场渗透率上升缓慢,北美地区主题公园产业总体上增长较为低速、平稳。同时,北美地区也将成为主题公园品牌、管理的输出地,不断引领世界潮流。欧洲将持续保持低位增长,主题公园的规模不会很大,仍以中小型区域级、城市级主题公园为主,但依托丰富的文化底蕴和良好的乡村农业,将创新出更多类型的主题公园体验。欧洲未来也可能输出主题公园品牌和管理,尤其是中小型主题公园品牌。

　　亚太地区仍然是增长最快的市场,尤其是中国主题公园产业的发展将进入一个新的阶段,中国主题公园品牌可能走向世界。与此同时,东南亚、南亚地区的主题公园市场也有着巨大的潜力。泰国、马来西亚、印度尼西亚都是人口密集,经济快速发展的国家,主题公园产业已经初步形成。印度人口众多,中产阶层也占有很大比例,但印度主题公园产业的发展相对滞后。目前,印度国内的主题公园主要以中小型主题公园为主,区域级主题公园鲜见,而像迪士尼乐园那样的目的地级主题公园尚未进行开发。随着印度经济的发展,国民收入水平的提高和闲暇时间的增加,未来印度将成为主题公园产业发展的一片新的热土。在迪拜的影响下,近年来中东地区的主题公园也有了新的发展。卡塔尔、巴林和阿曼等国家都开始效仿迪拜的做法,通过开发主题公园促进旅游业和现代娱乐业的发展,激发城市经济活力。

　　澳大利亚的主题公园产业起步很早。1912年开业的墨尔本月神公园(Luna Park Melbourne)一直营业至今,是目前全球仍在营业的最古老的月神公园。悉尼的月神公园1935年开业,一直营业至今。截至第二次世界大战前,澳大利亚一共建设了5个月神公园,新西兰建设了1个,目前仅上述两家一直营业至今。然而,澳大利亚真正意义上的主题公园是位于黄金海岸布里斯班南部的梦幻世界(Dream World),这家公园由澳大利亚本土的开发商于1981年投资建成。20世纪80年代开始,一批主题公园陆续在黄金海岸沿线布局,除了梦幻世界以外,还包括激浪世界(White Water World)、海洋世界(Sea World)、天堂农庄(Paradise Country)、华纳兄弟电影世界(Warner Bros. Movie World)和澳野奇观(Australian Outback Spectacular)等,成为全球最主要的主题公园度假区之一。

本章小结

- 全球主题公园产业形成了以北美、欧洲和亚太地区为主的三个集中发展区域。

- 北美主题公园产业主要布局在佛罗里达州和加利福尼亚州，以目的地化模式开发，市场成熟稳定，增长缓慢，产业体系完善，知识产权丰富，品牌突出，产品多元化；近年逐渐走向品牌扩张的道路。

- 北美主题公园企业包括华特迪士尼、环球影城、六旗集团、雪松市集和海洋世界公园与娱乐公司，其中华特迪士尼和环球影城最具影响力。

- 欧洲的主题公园以中小型主题公园为主，在过去十年刚刚完成了一轮产业的兼并重组，形成默林娱乐、团圆娱乐等企业集团。主题公园并非欧洲人休闲娱乐的必要选择，欧洲主题公园的市场渗透率普遍不高。

- 亚洲主题公园产业发展迅速，国家和地区间差异明显。中国是目前主题公园产业发展最快的国家，未来仍有较大的增长空间。

- 国家经济、政治、安全、人口、技术、宗教、社会文化、消费习惯和休闲娱乐选择是影响主题公园产业发展布局的宏观因素。

复习思考题

1. 为什么主题公园在北美地区规模最大，品牌最多，类型最丰富？

2. 请比较主题公园在北美地区、欧洲地区和亚太地区发展的异同。

3. 中国未来十年主题公园产业将呈现怎样的发展趋势？

【延伸阅读】

中国主题公园的发展历程

保继刚（2015）

中国主题公园的发展呈现明显的阶段性，从1978年改革开放到如今经历了3个发展阶段，每个发展阶段都有其独特的时代背景。

1. 快速工业化背景下的游乐园

1978年的改革开放引发了新一轮工业化，资源的配置方式开始脱离计划经济轨道，进入市场机制。这一时期积极引进"三来一补"等合资经济，轻工业首先在珠江三角洲等地区"先试先行"。与此同时，放宽的劳动力转移政策使得20世纪80年代初的中国呈现"孔雀东南飞"的局面。于是，一场快速工业化在我国东南沿海城市展开，伴随而来的是人口的快速集聚和大刀阔斧的城市化进程，一些城市"真正"进入工业社会。

20世纪80年代初期，中国游乐园首先在一些老重工业城市和新兴加工工业城市出现，如吉林的大庆市和广东的中山市等。1983年7月15日，规模巨大，设施先进的中山市长江乐园开业，并取得良好的效益，被誉为中国（不包括港、澳、台地区）第一个大型器械游乐园。随后几年，全国各地争相效仿，或新建、或改建、或在原有市政公园基础上增加游乐设施，一时间全国主要城市都拥有各种类型的游乐园。其中，比较著名的有北京的石景山游乐园（1986年开业）、上海的锦江乐园（1985年开业）、广州的东方乐园（1985年开业）、珠海的珍珠乐园（1985年开业）、深圳的深圳湾游乐场（1984年开业）和香蜜湖中国娱乐城（1985年开业）。这一时期建设的大都为无主题包装的游乐园，投资规模小，主要满足儿童和家庭市场的娱乐需求，但不注重产品更新，逐渐被市场淘汰。以广东省为例，这一时期建设的19个游乐园或微缩景观有18个亏本，只有1个勉强经营（保继刚，1994）。游乐园满足了那个时代城市普通大众的基本娱乐需求，其后来所呈现的衰退是市场需求变迁下的一种市场选择。

2. 特殊历史时期影响下的微缩景观

20世纪80年代中后期改革开放以来一系列政治经济和对外政策的变革在影响政府国际政治和外交诉求的同时，引发了民族文化的自觉和社会心理的变迁，掀起了中国主题公园产业对民族文化的挖掘和对外展示的风潮。1989年开业的锦绣中华选择以中国传统文化为主题，邀请国内外艺术大师精心规划设计，园区管理有序、环境整洁、服务周到，受到国内外市场的青睐。开业的前几年，锦绣中华的境外市场比例都在15%左右，1991年更是高达17.17%（保继刚，1994）。以中国传统文化为主题的微缩景观主题公园不仅满足了当时政治文化和社会心理诉求，也带来了良好的经济效益。于是，各地以中国古典名著和民俗文化为主题的微缩景观迅速发展，全国各地大力兴建"西游记宫""大观园""三国城""民族园"之类的微缩景观，而深圳华侨城也相继建成了中国民俗文化村（1991年开业）和世界之窗（1994年开业）。然而，这种特殊政治经济背景所带来的并不是一种长期稳定的市场，加上大多数项目盲目模仿、粗制滥造，许多项目开业不久便门可罗雀，甚至倒闭。这次浪潮从根本上缺乏理性的驱动力，一些项目的开发也并非出于经济考虑。由于没有大规模市场需求的持续支撑，微缩景观走向衰落也必然表现为资本和市场选择的结果。

3. 快速城市化背景下的主题公园

中国加入世界贸易组织后,经济全球化与地方政府企业化深刻影响着中国主题公园产业的发展。一方面,我国沿海大城市普遍呈现快速城市化,城市规模越来越大,传统工业开发区主导的城市空间扩张方式受到越来越多的质疑;另一方面,大都市经济结构转型升级,呈现明显的第三产业倾向,以旅游业为主导的城市空间拓展方式受到青睐。因此,这一时期的主题公园发展得到政府和企业的大力支持。第三轮发展浪潮以 1996 年深圳欢乐谷的筹建为标志。这一阶段开发的主题公园得到了地方资本的有力支持,开发理念新、投资规模大、技术含量高、主题化程度高、类型趋于多元化。著名的主题公园包括上海的环球乐园(1996 年开业)、美国梦幻乐园(1996 年开业),苏州的福禄贝尔(1996 年开业)、苏州乐园(1997 年开业),杭州的杭州乐园(1999 年开业),深圳的未来时代(1998 年开业),广州的飞龙世界(1994 年开业)、世界大观(1995 年开业)、航天奇观(1997 年开业)等。然而,这次主题公园发展浪潮后来又被证明是一场大泡沫。原因一方面是主题公园的发展并没有强大的市场支撑,很多项目没有进行科学的可行性研究,甚至一些项目由地方企业或农民集资建设(如广州的世界大观和航天奇观),更谈不上科学运营和管理;另一方面,主题公园开发作为企业型政府城市空间拓展的新策略,受到房地产商的盲目追风,后期持续的更新投入不足。

参考文献

[1] Clave S. A. The Global Theme Park Industry[R]. Cambridge：CABI, 2007.

[2] TEA/AECOM. The Global Attractions Attendance Report for 2016[R]. Themed Entertainment Association (TEA), 2017.

[3] 保继刚. 深圳、珠海大型主题公园布局研究[J]. 热带地理, 1994, 14(3): 266-272.

[4] 保继刚, 等. 中国主题公园研究[M]. 北京:科学出版社, 2015.

第3章
主题公园的战略管理

　　主题公园品牌众多,在北美、欧洲和亚太地区竞争激烈,主题公园企业的战略管理至关重要。战略管理需要重点回答三个问题:我们在哪里? 我们去哪里? 我们如何行动? 战略管理就是根据外部环境和内部资源条件确定企业目标,保证目标的正确落实并使企业使命最终得以实现的一个持续不断的动态过程。明茨伯格(Henry Mintzberg)从五个角度对企业战略的定义进行了解析,从企业发展历程看,战略表现为一种发展模式(pattern);从企业未来的发展看,战略是一种长期计划(plan);从企业的产业选择看,战略表现为一种定位(position);从企业价值和文化看,战略是一种观念(perspective);而从企业在竞争中的表现看,战略是一种计谋(ploy)。本章将从多个角度,以全球主要主题公园企业集团为案例,剖析这些主题公园企业所采取的战略管理。

【本章学习目标】

1. 熟悉战略管理的基本概念和明茨伯格的 5P 理论。
2. 熟悉战略管理的基本流程和战略重点。
3. 了解全球主要主题公园企业集团所采取的战略管理。
4. 学会制订企业的战略管理。

3.1　华特迪士尼的全球化战略

　　华特迪士尼公司是一家总部位于美国的跨国大众传媒和娱乐集团公司,目前是全球第二大传媒公司,其主题公园业务则是全球第一。华特迪士尼公司创立于 1923 年,由华特·迪士尼及其兄罗伊·迪士尼创建。90 多年来,迪士尼经过不断发展创新,其业务由最初的电影动画片,逐渐扩展到主题公园、电视、网络以及其他娱乐等多个领域,成为传媒与娱乐的"巨无霸"。

总体上,迪士尼在主题公园领域的发展战略可以划分为三个层次:第一层次是实现多业务领域互补与共进的相关多元化战略;第二层次是推动迪士尼全球扩张的稳健选择的本土化战略;第三层次是实现主题公园品牌价值和可持续经营的内部经营战略,包括提高游客的重游率、增加游客在公园内的停留时间以及增加单位游客的消费。

3.1.1　相关多元化战略

相关多元化战略是指进入与公司现有业务在价值链上拥有竞争性的、有价值的"战略匹配关系"的新业务。迪士尼的相关多元化战略主要呈现为同心相关多元化战略,即迪士尼以卡通电影为核心业务,围绕卡通动漫和影视娱乐所形成的知识产权优势和品牌价值,充分利用该产品在技术、市场上的优势和特长,不断向外扩散,生产多种产品,充实产品系列结构的战略。迪士尼的这种战略具有以下五大优势:

第一,可以将影视动漫所形成的文化价值和品牌认同转移到其他业务领域;第二,能够将不同业务领域的相关活动整合在一起,降低成本;第三,可以在新的业务中经营迪士尼品牌的信誉和市场;第四,以能够创建有价值有竞争能力的协作方式实施相关的价值链活动;第五,可以将投资者风险分散于更广大的业务基础上。

目前,迪士尼拥有五大业务领域,分别是影视娱乐、迪士尼消费品、迪士尼互动、主题公园和度假区以及媒体网络。2017 年,迪士尼年度总收入为 551.37 亿美元,其中主题公园和度假区业务领域为 184.15 亿美元,占公司总收入的 33.40%,见表 3.1。

表 3.1　迪士尼公园年度总收入

单位:百万美元

年度	影视娱乐	迪士尼消费品	迪士尼互动	主题公园和度假区	媒体网络	总计
2008	7 348	2 415	719	11 504	15 857	37 843
2009	6 136	2 425	712	10 667	16 209	36 149
2010	6 701	2 678	761	10 761	17 162	38 063
2011	6 351	3 049	982	11 797	18 714	40 893
2012	5 825	3 252	845	12 920	19 436	42 278
2013	5 979	3 555	1 064	14 087	20 356	45 041
2014	7 278	3 985	1 299	15 099	21 152	48 813
2015	7 366	4 499	1 174	16 162	23 264	52 465
2016	9 441	5 528		16 974	23 689	55 632
2017	8 379	4 833		18 415	23 510	55 137

数据来源:The Walt Disney Company reports fourth quarter and full year earnings for fiscal 2008—2017。

1927 年,《幸运的兔子奥斯华》成为迪士尼公司的第一部奥斯华卡通系列作品。1928 年11 月,《威利汽船》首映,这是世界第一部有声动画片,也是米老鼠诞生的标志,迪士尼因米老鼠的创造而名扬全美乃至全世界。经过近20年的起步阶段,迪士尼受到第二次世界大战的冲击。珍珠港事件的第二天,公司在加州的片厂就被美军强行征用,原本要刊登《小飞象》的《时代》周刊封面也不得不刊登"珍珠港事件"。

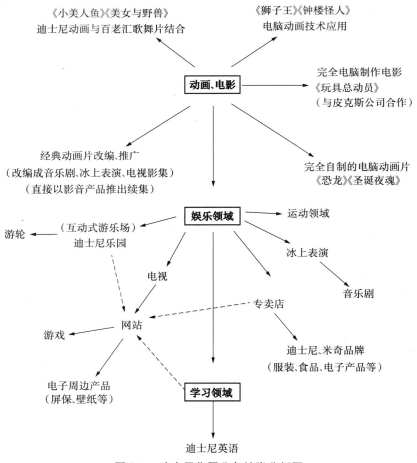

图3.1　迪士尼集团业务扩张分析图

第二次世界大战后,迪士尼迎来了发展的黄金时期。1950年,迪士尼推出动画片《仙履奇缘》,之后迪士尼又推出当初因战争原因而停摆的《爱丽丝梦游仙境》和《小飞侠》,更在1955年推出的《小姐与流氓》里,首度把动画场景由幻想王国搬到现实都会当中。在这一黄金时期,迪士尼还拍了许多真人主演的电影,以及许多关于野生动植物的纪录片,1950年推出的《金银岛》是迪士尼影史上第一部完全由真人主演的电影。随后迪士尼的娱乐王国扩张得更大,1955年加州迪士尼乐园正式开幕,而开幕前一年迪士尼为了帮即将开业的迪士尼乐园宣传,就已经在美国国家广播公司(ABC)买下一时段,每周播出一集名为 *Disneyland* 的节目,每集都是在介绍迪士尼乐园。

然而,华特·迪士尼1966年去世后,迪士尼公司开始面临失去创意的窘境,1971年,其兄长罗伊·迪士尼在完成建造佛罗里达迪士尼世界的梦想后也去世了,公司顿时陷入前所未有的困境,动画工作为了寻找新方向必须进行摸索。20世纪80年代,迪士尼进一步向多元化发展,迪士尼公司的全名也从原来的 Walt Disney Picture Company 改为 The Walt Disney Company。1983 年,东京迪士尼乐园在距离东京市中心 6 英里的市郊开幕,这是迪士尼第一个美国境外的主题乐园。电影《小美人鱼》的成功也确立了迪士尼电影业务发展的新方向。此后,迪士尼不断拓展业务领域,成功跨入各娱乐领域,从乐园到游轮、从电视到网站、从冰上表演到音乐剧,其他还有专卖店、互动式游乐场、运动球队等,迪士尼已成为娱乐界的龙头。

表 3.2　迪士尼公园业务领域介绍

业务领域	主要子公司	业务介绍
影视娱乐	华特迪士尼影片、试金石影片、漫威电影公司、迪士尼自然电影公司、皮克斯动画公司、华特迪士尼动画工作室、迪士尼音乐集团、迪士尼戏剧集团和卢斯卡电影公司等。	负责生产各种影片、生产动画片、录制电视节目和上演舞台剧。除自己创作的作品外,公司还购买其他厂商的影视片向影院、电视台和家庭录影带市场销售。集团名下的各个发行、录像、国际公司代理迪士尼的电影、电视、音像节目在美国和世界各国发行的业务。迄今为止,迪士尼旗下的影业公司制作了几千部动画作品、电影以及唱片。
主题乐园与度假区	洛杉矶迪士尼乐园、华特迪士尼乐园、巴黎迪士尼乐园、东京迪士尼乐园、香港迪士尼乐园和上海迪士尼乐园共六大主题公园。	包括魔术王国、迪士尼影城和伊波科中心等若干主题公园,同时,还提供餐饮、销售旅游纪念品、经营度假村、交通运输、住宿和其他服务行业。并把米老鼠、唐老鸭等动画人物和故事情节搬到迪士尼乐园里建造新的场景。
媒体网络	美国广播公司(ABC)、娱乐与体育节目电视网(ESPN)和迪士尼频道等几百家电视台。	电视台或者各个频道主要的收入来源于广告、签约用户和授权转播等方式,同时还提供电视、图书、网络等一系列版权产品。
迪士尼消费品与互动业务	遍布世界各地的授权商及特许经营商家,如中国普天信息产业集团公司(手机)、上海利昱国际贸易有限公司(家居用品)等。	往往通过授权或者自营的方式在世界范围内围绕影视节目制作音像带、玩具、纪念品、书籍等相关产品和开发影视代表场景及相应的旅游景点等。

迪士尼以影视动漫为核心,以主题乐园与度假区、媒体网络、迪士尼消费品为三条链身的产业链,利用品牌开发各种衍生品,使得产业价值链延长,并获得更广泛的赢利空间。例如,迪士尼的主题公园是基于动漫和影视为文化主题,逐渐孵化出多个主题公园品牌,如我们最为熟悉的迪士尼乐园、未来世界、迪士尼好莱坞影城等,而目前进行全球扩张输出的只有迪士尼乐园。影视动漫文化主题的应用不仅仅局限于主题公园,在主题商品和酒店方面也同样如此。迪士尼旗下也拥有多个主题酒店品牌,仅美国奥兰多迪士尼度假区一地,就有20 多家迪士尼自有品牌的主题酒店和俱乐部。

3.1.2　稳健本土化战略

迪士尼主题公园业务的全球扩张,采取的是稳健本土化战略。所谓本土化战略是指公司的海外子公司在东道国从事生产和经营活动时,为迅速适应东道国的经济、文化、政治环境,淡化企业的母国色彩,在人员、资金、产品零部件的来源、技术开发等方面都实施当地化策略,使其成为地道的当地公司。迪士尼的本土化战略的核心是资本的本土化,即充分利用当地资本开发主题公园。这里衍生出两种模式:一种是类似东京迪士尼的仅输出知识产权,收取知识产权使用费的低参与本土化战略;另一种是类似香港迪士尼和上海迪士尼这种高度参与本土化战略,不仅输出文化主题等知识产权,而且从主题公园的设计、投资、建设到运营管理等全程参与,并参与最终的利润分配。

1983 年 4 月 15 日,东京迪士尼在日本千叶县浦安市开业。该乐园当时总投资为 1 500 亿日元(约 10 亿美元),随后将近 20 年时间又投入了超过 2 000 亿日元用于更新、扩建,是迪士尼集团开业最早、经营最好、影响最大的海外项目。东京迪士尼度假区包括东京迪士尼乐园和东京迪士尼海洋世界两大主题乐园,由日本东方乐园株式会社向迪士尼集团购买主题授权,并持有及负责运营东京迪士尼度假区,并不属于迪士尼所有。迪士尼公司在东京迪士尼项目中所采取的低参与本土化战略是基于当时迪士尼集团资源、条件和能力以及对海外扩张经验不足等因素考量做出的。20 世纪 70 年代,迪士尼两位创始人相继离世,公司业务一度陷入停顿,而当时的美国娱乐界被一股并购热潮横扫。迪士尼的相关多元化也刚刚实施,对于海外扩张准备不足,也缺乏经验,更缺乏资本。当时,迪士尼影视动漫已经在亚洲家喻户晓,而亚洲低廉的劳动成本、强大的地方资本和庞大的潜在市场吸引着迪士尼公司的海外扩张。从这个意义上说,迪士尼的海外扩张在最初的阶段,多少有些被动。

东京迪士尼的成功,让迪士尼集团开始意识到其品牌价值和乐园的全球吸引力,在加紧全球布局的同时,调整了海外扩张的战略,采取了高度参与的本土化战略。1992 年 4 月 12 日开业的巴黎迪士尼乐园由欧洲迪士尼 SCA 拥有和负责运营,迪士尼集团持有该公司少量的股权。2005 年 9 月 12 日,投资额更大的香港迪士尼乐园开业。该公园由香港特区政府和迪士尼集团合伙成立的香港国际主题公园有限公司投资和运营管理。由于当时竹篙湾尚未开发,香港特区政府需要额外投资 136 亿港元建设包括外联道路、两个公众码头、公共交通转驳处、港铁迪士尼线、警岗、消防局、渠务和排污设施,以及平整一块面积为 300 公顷的土地。① 香港特区政府没有向迪士尼提供免费土地或现金补贴。香港迪士尼乐园度假区用地的地契年期为 50 年,继有 50 年的续约权。②

2009 年,上海市政府宣布上海迪士尼项目申请报告已经获国家有关部门核准,预计总投资 244 亿元人民币。根据已经公布的信息,上海申迪集团拥有 57% 的股权,迪士尼集团拥有 43% 的股权,然而双方具体的出资额、出资比例以及收益结构并未公布。③ 上海迪士尼乐园于 2011 年开工建设,2016 年 6 月 16 日,正式开园。迪士尼集团公司公布的 2014 年度财政报告指出,上海迪士尼度假区的总投资将上升到 340 亿元人民币,包括上海迪士尼乐园,共

---

① 香港特别行政区经济局旅游事务署有关香港迪士尼乐园计划的介绍文件,1999 年 11 月 3 日。
② 香港特别行政区库务局香港迪士尼乐园的融资及财政效益,1999 年 11 月 8 日。
③ 上海市人民政府新闻办公室于 2009 年 11 月 4 日授权宣布的情况。

计 1 220 间客房的两个主题酒店,一个零售、餐饮和娱乐的综合体,以及一个户外游憩空间。迪士尼乐园内部拥有六大主题园区:米奇大街、奇想花园、探险岛、宝藏湾、明日世界、梦幻世界。上海迪士尼乐园的投资结构与香港迪士尼很类似,主要是本土企业投资,其余是迪士尼知识产权输出、规划设计输出、管理输出等有形物质和无形服务的入股,当然也包括少量的实际资金投入。在这样的战略架构下,迪士尼海外扩张的风险被大大降低,呈现稳健的态势。在实际开发中,由于迪士尼主导了整个开发过程,在规划设计、设备选型、材料购买、施工建设等环节,迪士尼都有机会从中获利。

迪士尼稳健本土化战略的另一个稳健是扩张内容选择的稳健性。迪士尼旗下有很多个主题公园品牌,包括迪士尼乐园、未来世界、动物王国、魔幻王国和迪士尼好莱坞影城等,而其选择对外扩张的只有开业时间最长、产品运营最为稳定的迪士尼乐园。这种扩张选择在最大程度上降低了企业在适应当地国情和市场环境上的风险。

3.1.3　内部经营战略

迪士尼主题公园内部经营战略有三个关键点:提高游客的重游率、增加游客在公园内的停留时间以及增加单位游客的消费。由于大多数主题公园主要依赖 2 小时车程范围内的市场,而这个范围内市场人口是相对固定的,公园要保持较高的游客量,就必须提高游客的重游率。美国迪士尼旗下的主题公园重游率很高,在日本东京迪士尼乐园重游率更是高达90%。迪士尼乐园的高重游率主要通过持续更新产品和项目、针对特定市场群体做持续营销以及提高公园的主题体验性来培育顾客忠诚度,从而激发重游。

增加游客在公园内的停留时间以及增加单位游客的消费是迪士尼的两大主要经营重点。增加游客的停留时间就意味着有可能提高单位游客的消费水平。迪士尼主要通过以下几种方式来实现:

第一,丰富产品、项目和活动内容。游客在园区内有充足的选择,让其不仅需要停留很长时间来游玩,而且还需要多次游玩。因此,迪士尼主题公园的项目往往多达 50 项以上,有些甚至超过 100 项。

第二,通过活动时间安排来调整。例如,迪士尼乐园内各种表演秀总是根据游客的客流规律来设置,其最主要的园内巡回游行主要设置在下午游客最可能大规模出园的时间段,通过巡游把游客引导到人较少的区域。迪士尼乐园最著名的烟火表演安排在晚饭之后,为了看这场表演,大多数游客必须在园区内就餐。

第三,通过迪士尼的主题商品来增加园内二次消费。迪士尼的主题商品是具有鲜明 IP 的,价格也不菲。大多数游客进园后都会购买一些主题商品。

当然,进入中国市场的迪士尼乐园,其内部经营战略也有所调整。重游率也很重要,但并不是主要的战略诉求。与此同时,面对中国游客园内二次消费较低的市场现实,迪士尼乐园在增加游客在公园内的停留时间以及增加单位游客的消费方面仍需提升。

3.2　默林娱乐横向一体化战略

默林娱乐集团成立于1999年,总部设在英国的普尔。默林娱乐集团在全球范围内经营着度海德公园、索普公园度假村、华威城堡、奥尔顿塔主题公园、切辛顿冒险世界、加达云霄乐园6个品牌的主题公园;杜莎夫人蜡像馆、摩天轮品牌、海洋公园、地下城市、乐高体验中心、布莱克浦塔、野生动物公园、澳大利亚树顶的冒险、霍瑟姆高山度假区、佛斯奎克山10个中途景点;温莎乐高乐园、比伦德乐高乐园、马来西亚乐高乐园、佛罗里达乐高乐园、德高乐高乐园、加利福尼亚乐高乐园6个乐高乐园。默林娱乐集团在全球四大洲24个国家范围内运营着124个景点、13间酒店以及5个度假村。2016年,默林娱乐接待游客6 120万人次,位列全球第二,仅次于迪士尼集团。①

3.2.1　默林娱乐面临的战略环境

默林娱乐是一家总部位于欧洲,主要产品和市场也在欧洲的主题公园企业集团。诚如第2章所述,欧洲的主题公园产业起步较早,发展较慢,呈现中小型化发展为主的态势。欧洲主题公园品牌很多,分散在不同国家和地区,彼此之间独立经营,缺乏规模效应,在全球化竞争时代,无法与北美主题公园巨头相抗衡。迪士尼进入法国巴黎,客观上刺激了欧洲主题公园产业的重组。在过去的10年时间里,如同黑石集团、康多福一样的全球资本大鳄通过吞并、扩大等方式组建大型主题公园集团,并通过娱乐全球化向世界各地抢占市场。欧洲主题公园从自由竞争市场进入垄断竞争市场,从过去上百家的小型主题公园运营商通过兼并、收购等方式组成大型主题公园集团,市场越来越集中在少数集团公司手中。

欧洲的主题公园产业已经被传统地定义为高度分裂的产业,将近85%的欧洲主题公园是独立的。具体而言,2005年欧洲主要的10家主题公园和游乐园,只有巴黎迪士尼主题公园(2005年游客量1 020万)和奥尔顿塔主题公园(2005年游客量240万)达到世界级主题公园和游乐园的水平。考虑到迪士尼在欧洲的知名度影响,2005年拥有1 380万游客量的杜莎夫人蜡像馆(它与奥尔顿塔同属默林娱乐公司旗下)事实上是欧洲最重要的公园企业集团。余下的欧洲十大公园属于一个个特点各异的企业家组织,他们按照家族企业排序,例如拥有德国欧罗巴公园(2005年游客量395万)的麦克家族,以及金融机构加泰罗尼亚储蓄银行旗下拥有西班牙的冒险港主题公园(2005年游客量335万)。值得一提的是英国黑潭的大型主题公园(2005年游客量600万)的运营商黑潭欢乐海岸也在绍斯波特开发了第二家游乐园。

1992年,迪士尼乐园在巴黎郊区建成开业,尽管开业初期的欧洲第一个迪士尼经营未达

---

① TEA/AECOM. The Global Attractions Attendance Report for 2016［R］. Themed Entertainment Association（TEA）, 2017.

到预期效果，但其对整个欧洲主题公园产业的影响是深远的。过去欧洲的主题公园"散、小、弱"的格局被打破，在强大资本的推动下，欧洲主题公园产业出现了一系列兼并重组。在这样的背景下，1998 年 12 月，尼克·瓦尼、安德鲁·卡尔和其他一些 Vardon Attractions 的高级管理团队成员通过安佰深集团（Apax Partners）的资助成立了默林娱乐集团。然而，尽管安佰深集团是当时欧洲最大的私募股权投资机构，但其主要投资领域是电信、信息技术、医疗保健、媒体和零售，对主题公园产业的把握不足，前景也不看好。2004 年安佰深集团将默林娱乐集团公司卖给了爱马仕私募基金（Hermes Private Equity）。然而，爱马仕私募基金对默林的主题公园业务并不重视，以致瓦尼提出要收购拥有极高品牌价值的乐高乐园时，爱马仕私募基金无动于衷，并且不想在主题公园产业领域投资过多。

2005 年，爱马仕私募基金将默林娱乐集团股份以 1.1 亿欧元的价格卖给黑石基金（Blackstone Group）。这次交易后，默林娱乐所坚持的主题公园产业受到了黑石集团的重视。黑石集团喜欢投资那些不被看好相对冷门的，但在新兴市场具有潜在吸引力的产业。黑石集团投资的企业清单上涉及有线电视、乡村蜂窝电话、炼油、汽车零件、芯片、房地产、酒店、旅游、博彩、医院和食品等行业。同年，黑石集团出资 2.5 亿欧元，控股了乐高乐园集团，并将其并入默林娱乐集团的业务中。与此同时，乐高乐园集团原有的投资方 KIRKBI AS 则自然而然地成了默林娱乐集团的股东之一，详见表 3.3。

表 3.3　默林娱乐集团主要控股方情况

控股方	准入前		根据官方要求的普通股		准入后	
	股份	占比/%	股份	占比/%	股份	占比/%
KIRKBI	325 830 511	34.3	22 156 475	6.8	303 674 036	29.9
黑石集团	303 852 219	32.0	76 443 524	25.2	227 408 695	22.4
CVC Holdco	250 262 839	26.3	62 961 440	25.2	187 301 399	18.4
Share Plan Nominee	70 054 431	7.4	26 441 948	37.9	43 296 197	4.3

数据来源：2013 Merlin IPO prospectus。

欧洲两大主题公园控股集团的强强联合，加上黑石集团在资本领域的实力，默林娱乐具备了在欧洲实施横向一体化的条件，主要表现在以下几个方面：第一，欧洲主题公园众多，但分散、小型化，彼此间竞争激烈，加之迪士尼的进入，客观上造成了欧洲主题公园产业的激烈竞争。第二，主题公园产业是具有规模经济效应的，大型设备的设计费和相应的运营成本可以通过规模化、连锁化进行分摊。第三，迪士尼进入欧洲后，主题公园重新被市场认知，其增长潜力有目共睹，加之当时欧洲经济的复苏，以及东南欧经济的快速发展，整个产业具有较大的潜力。第四，对于横向一体化而言，主题公园产业发展所需要的技术和人力资源在欧洲都是现成的，只要资金到位，整合就水到渠成。

3.2.2　默林娱乐横向一体化战略

默林娱乐成立后在不断寻求机会发展实力，并在国内国际打造多样化的集团形象，希望能够为游客提供难忘、有趣、互动并有教育意义的体验，特别是那些家庭和青年人游客。默林娱乐集团最终希望他们能成为关注趣味学习的全球优质品牌。默林娱乐集团在被黑石收购之后,确定了横向一体化的扩张战略。横向一体化战略又称"水平一体化",是指企业收购或兼并同类产品生产企业以扩大经营规模的成长战略。横向一体化战略的实质是提高系统的结构级别,致力于做大做强。它的优点是实现企业的规模经济,降低产品成本,巩固市场地位,提高竞争优势,减少竞争对手。

2007 年 5 月 22 日,默林娱乐以 10 亿欧元的价格正式收购杜莎集团,杜莎集团所属的蜡像馆(Madame Tussauds)、伦敦眼(London Eye)、切辛顿冒险世界(Chessington World of Adventures)、奥尔顿塔(Alton Towers)、索普公园(Thorpe Park)及海德公园(Heide Park)都被并入默林娱乐。随后,默林娱乐获得了迪拜国际资本(Dubai International Capital)的注资,进一步加快了收购的步伐。

2010 年 1 月 15 日,默林娱乐进军北美,收购了佛罗里达州温特黑文的一家主题公园柏树花园(Cypress Gardens),将其并入乐高乐园,并改称佛罗里达州乐高乐园(Legoland Florida),于 2011 年开幕。这一举动使佛罗里达州的这个乐园成了世界第五大乐高乐园。2010 年年末,默林娱乐宣布将购买澳大利亚和新西兰的华纳威秀主题公园(Village Roadshow Theme Parks),这一交易包含澳大利亚的悉尼海洋生物水族馆、悉尼野生动物世界、曼利海洋生物保护区、悉尼塔和考拉画廊(Koala Gallery)以及新西兰的凯利塔尔顿海洋生物水族馆。2011 年 3 月 3 日交易完成。紧随其后,默林娱乐又以 1.4 亿美元的价格买下了 Under Water World、墨尔本水族馆、菲尔斯小溪高山度假地、霍瑟姆高山度假地、Otway Fly、Illawarra Fly、釜山水族馆和暹罗海洋世界。

默林娱乐集团同时注重地域的扩展,注重户外景区和户内景区数量的合理配比,并且在国内和国际游客的比例上,也颇为重视,以减少交易的波动性,保证可靠的投资回报。基于 2013 年的数据,在地理分布上,默林在英国、欧洲、北美、亚太地区的占比分别为 39%、26%、21% 和 14%,在四大洲上的分布相对较为平均,保证了地域的多样性和均衡发展,见表 3.4。

表 3.4　默林娱乐集团旗下主要主题公园

主题公园	位置	开业年份	收购年份
奥尔顿塔乐园	英国斯塔福德	1980	2007
切辛顿冒险世界	英国切辛顿	1987	2007
加达云霄乐园	意大利卡斯特努沃德加尔达	1975	2006
海特公园	德国下萨克森索尔陶	1978	2007
比伦德乐高乐园	丹麦比伦德	1968	2005
加利福尼亚州乐高乐园	美国加利福尼亚	1999	2005
德国乐高乐园	德国京茨堡	2002	2005
迪拜乐高乐园	阿联酋迪拜	2016	—
佛罗里达州乐高乐园	美国佛罗里达	2011	2011
马来西亚乐高乐园	马来西亚新山市	2012	—

续表

主题公园	位置	开业年份	收购年份
温莎乐高乐园	英国温莎	1996	2005
索普公园	英国萨里	1979	2007
华威城堡	英国华威	1978	2007

注:作者据相关资料整理。

但是默林娱乐横向一体化的缺点也非常明显。默林娱乐跨国的横向一体化整合了不同国家和地区的不同主题,企业文化整合和塑造面临巨大困难,产品质量难以控制,产品之间的协调关系非常复杂,难以形成产业链。事实上,今天的默林娱乐集团,除了旗下完整收购过来的乐高乐园体系以及杜莎夫人蜡像馆体系,其他主题公园品牌影响力较弱,产业链不算完整。

3.2.3　乐高乐园的混合消费战略

乐高乐园是乐高集团旗下的连锁主题公园,也是欧洲最著名、最古老的主题公园之一。乐高集团成立于 1932 年,总部位于丹麦的比伦德,是一家拥有 80 多年品牌声誉的主题公园企业。2005 年,默林娱乐集团出资收购了乐高乐园的部分股权,包括 4 个乐高乐园和拥有 176 间客房的酒店,这使得默林娱乐一跃成为世界第二大主题公园企业集团,见表 3.5。

表 3.5　欧美 4 个乐高乐园收购前状况一览表(2004 年)

	国家	开业年份	每年开放天数	游客量/百万人次
比伦德乐高乐园	丹麦	1968	215	1.53
温莎乐高乐园	英国	1996	215	1.37
加利福尼亚州乐高乐园	美国	1999	300	1.42
德国乐高乐园	德国	2002	215	1.45

数据来源:默林娱乐集团企业年报(2005)。

乐高乐园系列主题公园由丹麦比伦德的基尔克克里斯金森家族成立的乐高集团创建。它作为世界上顶尖的玩具制造公司之一而出名,并且名列欧洲五大统一品牌之中(将近 3 亿人玩过乐高积木)。乐高乐园代表了公司的策略,即通过其产品向乐高顾客展示他希望传递的价值。乐高乐园的市场针对性很强,主要是欧美的家庭游客(拥有年龄较小的孩子的家庭为主),乐高乐园为家庭提供扮演无论是海盗、探险家、消防人员,或者其他孩子们向往的角色的机会,让孩子们的想象力在奇妙的乐高世界里自由奔驰,梦想成真。这里有专门为孩子们设计的云霄飞车,酷炫的建筑挑战,体验各式互动魅力的独一无二的组合,也有使人尖叫连连的过山车,让观众身临其境的表演和其他设施。每一个充满趣味的角落都有着别样的惊喜,有生动的音乐和精确得令人惊讶的乐高积木模型。乐高乐园可以使每个家庭成员都乐在其中,还能一起享受许多乐趣。2004 年,在丹麦比伦德、英国温莎、美国加利福尼亚和德国京茨堡都有了乐高乐园,其游客总量达 560 万人次。比伦德乐高乐园是第一家乐高乐园,在其建设中用了 4 200 万块积木。比伦德乐高乐园距离哥本哈根 3 小时车程,而到德国仅需要 1.5 小时车程。

时至今日,从单体主题公园的游客量而言,乐高乐园的游客量并不算大,都是中小型规模主题公园游客流。然而,乐高乐园的文化品牌价值很大,业务领域也很宽。除了玩具,该公司还生产电视节目、教学材料、书籍、视频游戏和电脑游戏软件。1992 年该公司在美国明尼阿波利斯市开了第一家购物中心——乐高幻想中心,接着 1997 年在奥兰多迪士尼世界开了第二家。

为了促进主题公园的混合性消费,各地区的乐高乐园通过附加的主题化住宿和景点,进行了较大规模的酒店设施扩增及景点更新,以建设目的地景区为方向进行转变。除 2013 年在加利福尼亚乐高乐园新增酒店外,2014 年德国乐高乐园的 Knight's Castle hotel 增加了 69 间客房。而丹麦比伦德乐高乐园也将继续在现有酒店基础上增加住宿,同时现有的酒店标间也在进行升级和主题化。近几年乐高乐园有明显的酒店扩增倾向,加之加利福尼亚乐高酒店第一年运营的大获成功,2015 年佛罗里达州乐高乐园在临近入口的位置新建立了一个拥有 152 间客房的酒店。

乐高乐园对酒店设施有着较为严格的把控,默林有专业的酒店团队,由当地建筑师和项目管理专家组成,在建立加利福尼亚乐高酒店时借助温莎乐高酒店的建设管理经验和建筑计划,为酒店顾客设计无瑕疵的体验,同时也极为提倡酒店设备利用最大化设计。乐高乐园除在欧美占有市场外,2012 年开始进驻亚洲市场——马来西亚乐高开始营业。自开业后,其游客数量远远超过预期,水上公园也在 2013 年 10 月份开始运营;11 月,马来西亚乐高拥有 249 间客房的酒店开张,所有的投资均由合作方赞助。2016 年,位于迪拜主题乐园度假村的乐高乐园也开业了,成为全球第七家、中东地区第一家乐高乐园。乐高乐园早期的 5 家公园基本采用"自投自营"模式,而从马来西亚项目开始,乐高乐园引入了合同管理模式。

3.3　环球影城纵向一体化战略

环球影业集团由一个小电影院逐渐成长为集影视、主题公园、唱片等业务于一体的大集团,其旗下的好莱坞环球影城主题公园更是世界上唯一能与迪士尼乐园媲美的主题公园品牌。环球影业集团的主业是影视制作,主题公园则是其纵向一体化战略延伸的一个产业领域。今天,环球影业仍有众多可供使用的电影 IP 并未转化为主题公园产品,其电影 IP 的转化和应用方面,与迪士尼集团相比仍有一定的差距,这主要取决于主题公园在环球影业战略布局中的定位。事实上,在美国,类似环球影业集团拥有庞大吸引力电影 IP 资源的影视巨头很多,如 20 世纪福克斯(20th Century Fox)、华纳兄弟(Warner Bros)、哥伦比亚(Columbia)影业等。尤其是 20 世纪福克斯集团,其旗下的电影如《阿凡达》《星球大战》《X 战警》《冰河世纪》《机器人》和《猩球崛起》等,是非常适合转化为主题公园 IP 的。然而,这些影视巨头中,仅有少数类似环球影城和迪士尼集团会将其延伸至主题公园领域。这样的纵向一体化延伸,主要考虑的是企业所积累的战略资源和能力。

3.3.1　环球影业积累的战略资源

1912 年 4 月 30 日,环球电影制片公司(Universal Film Manufacturing Company,以下简称"环球电影公司")在纽约成立。这家新公司由莱姆勒的独立制片公司、纽约电影公司(New York Motion Picture Company)、雷克斯电影公司(Rex Motion Pictures)和鲍尔斯电影公司(Powers Motion Pictures)联合创办。1912 年 8 月 15 日,环球电影制片公司将业务扩展到美国西海岸,在圣费尔南多谷租用了部分普罗威登斯农场,集中发展西海岸业务,并在圣费尔南多谷购置更多地产。1915 年 3 月 15 日,占地 230 英亩的环球电影制片厂建成正式开业。环球电影制片厂是当时世界上首个致力于电影制作的独立社区。在之后很长一段时间里,环球公司的制片厂都是好莱坞规模最大的,而且对游人开放,但却没有改造为独立的主题公园。随着环球电影公司制作的电影不断增加,"有声电影"的逐渐普及,制片人要求游客不要产生噪声,于是环球电影制片厂在 20 世纪 20 年代后期暂停对游客开放。

1946 年环球电影制片公司与国际电影公司(International Pictures)合并,国际电影公司接管制片业务,并将公司改名为环球国际(Universal-International)。然而环球电影公司发展并不顺利,1936 年,创始人卡尔·莱姆勒(Carl Laemmle)退休后,公司几度易手,发展颇为不顺。1952 年,环球电影公司被英国迪卡唱片公司并购。1958 年,美国音乐公司(MCA)又买下了环球电影公司占地 1.5 平方公里的制片厂,两家公司越走越近。1962 年,美国音乐公司合并了环球电影公司,新公司名为 MCA 环球。新东家带来了环球梦寐以求的东西,美国音乐公司所有的客户,包括导演和明星,实际上都可以为环球所用。在随后的几十年时间里,MCA 环球逐渐成为全球最主要的几家电影制片公司,其电影制片厂规模不断扩大,并在全球布局,吸引了广大影迷。公司决定在环球影业的名下集中精力生产影视作品,同时在与娱乐业相关的其他产业中获得多元化收益。为达到这一目的,它于 1969 年购买了在丹佛、科罗瓦多的哥伦比亚储蓄与贷款以及史宾塞礼物的零售店网络。1964 年,在创始人拉默尔持续的先锋首创精神影响下,公司再一次允许游客前往电影制作场地,创造了环球影业胚芽期的第一家主题公园——环球影城。

MCA 环球使得公司在电影制片方面步入快车道,陆续发行了许多票房很好的影片。随着 MCA 环球电影的吸引力增强,慕名而来参观电影制片厂的影迷和游客逐渐增多,公司在游览业务上逐渐增加新的体验项目,管理队伍也不断专业化。1964 年 7 月,环球影城之旅与"魅力游览车"一同向公众开放,主题公园业务正式开始运营。1966 年,公司在观光内容中增加了与片场道具合影等业务。1967 年,专门为游客建设的环球观光之旅娱乐中心开幕,为观众带来西部特技表演。1972 年,环球圆形剧场正式启用,首场演出是现场音乐剧《耶稣基督万世巨星》。随后的时间,MCA 环球在电影制片厂的园区内不断增加和更新游览和观赏内容,包括现场音乐剧《耶稣基督万世巨星》《星际争霸战》(*The Battle of Galactica*)的特效、《千面之国》(*The Land of a Thousand Faces*)化妆表演、外景火灾和迈阿密警探动作秀(Miami Vice Action Spectacular)以及"大地震"体验项目等。许多新增加的项目并非仅仅是利用制作影片遗留下来的场景进行简单改造,还直接专门为游客体验量身定制主题体验项目。

经过几十年的缓慢积累,MCA 环球逐渐积累了将电影主题 IP 转化为主题公园体验的技术能力和人才资源,并逐渐固定下一些受到游客普遍好评的产品和项目。1990 年 6 月,位于奥兰多的佛罗里达环球影城正式揭幕,这座影城由 MCA 环球和兰克集团共同出资建立,是完全独立的、专门为游客建造的影视主题公园。奥兰多环球影城共由两个乐园组成(佛罗里达环球影城与冒险岛乐园),此外还有一个娱乐复合设施(City Walk)和三间洛伊斯饭店,见图 3.2。

图 3.2　奥兰多环球影城游览图

3.3.2　环球影城纵向一体化战略

纵向一体化战略是指企业在两个可能的方向上扩展现有经营业务的一种发展战略,包括前向一体化和后向一体化。纵向一体化战略具有明显的优势,包括节约交易成本的经济性,内部控制和协调的经济性,提供了进一步熟悉上游或下游经营相关技术的机会,可以使关键的投入资源和销售渠道控制在自己手中,从而使行业的新进入者望而却步。

事实上,合并后的 MCA 环球公司的收益一直到 20 世纪 70 年代还主要依靠电视节目收益,直到制作出像《大白鲨》与《机场》这样的电影,才将电视业务的成功复制到电影屏幕上。20 世纪 70 年代中期,公司历史上首次实现了电影业务的收益超过电视业务。同时,20 世纪70 年代初,好莱坞环球影城已经成为全美最大旅游吸引点之一。除了作为主题公园的旅游景区外,它还包含了办公综合体、酒店、餐厅、圆形剧场,当然也有放映着很多美国音乐公司制作的电影的电影院。1973 年,MCA 环球买下了约塞米蒂公园和库里公司,同时也赢得了约塞米蒂国家公园的独家运营权。另外,公司并购了一些出版公司。1981 年,MCA 环球在奥兰多购买了 170 公顷土地,并于 20 世纪 80 年代末在这片土地上建成了第二家主题公园,直接与奥兰多的迪士尼公园形成了竞争。1986 年,它购入了影城剧场公司 50% 的股份,一家负责放映电影的公司。紧接着它又分别于 1987 年和 1988 年购买了纽约电视网络和摩通唱片的重要业务。

1996 年,MCA 环球更名为环球影业。1998 年,环球影业占据全美 45% 的市场份额,与索尼一起合并了影城剧场工作室。施格兰购买了宝丽金公司的份额,与环球的音乐部门整合了自身的潜在资源,创立了环球音乐集团,将公司独立出来在商业领域占据领导位置。2000 年 12 月,施格兰、卡纳尔和威望迪融合形成了威望迪环球。同月,新公司变卖了施格兰的葡萄酒以及酒精饮料业务。威望迪是一家法国公司,于 1853 年创建,致力于提供城市公共服务。1980—1998 年,它对准废物、能源、交通、建筑、电信、多媒体模式教育出版物、电视、网络以及财产业务通过国际化和差异化获取利润,到 1998 年以后才闻名于世。接着施格兰获得了 3 400 万美元的投资,威望迪也以此进入娱乐业。威望迪明确表达创造三个领域协同发展战略,即内容的集合、对角线营销以及最优化网络分销。它致力于建立起分销渠道(网络、电视、电话)与内容(视频游戏、电影院、音乐、教育和文学)之间的联系。在这一联系中所有娱乐主导的商业链将实现更大价值。通过这一方式,它也希望扩大环球影业的品牌定位,成为电影电视制作分销产业的领导者以及成为关于主题公园度假胜地议题的世界性的榜样。

威望迪环球 2002 年又购买了美国网络公司的电影院以及电视资产。同年,威望迪环球公司调整重建了它的商业单元,创建了新的公司将其命名为威望迪环球娱乐,使环球影业集团更加完整,这次分化调整促进了电影院电影的制作和分销,运营着 4 个美国有线电视频道以及在一些其他国家电视频道也获得收益的环球电话集团,还有环球公园和休闲胜地。2002 年,环球公园和度假村为威望迪环球娱乐贡献了 14%(8.71 亿美元)的营业额,这其中主题公园占到了 45% ~ 50% 。除了主题公园、酒店、城市步行街,环球公园和度假村也包括了史宾塞礼物的线下商店和线上服务链的产业链。为了进入主题公园产业领域,集团公司投资 21 亿美元用于开发奥兰多的环球影城主题公园,另外投资 5 亿美元与日本公司合资建设大阪环球影城主题公园。

20 世纪 90 年代,环球影业开始了全球扩张。1994 年,就像 MCA 发展部一样,公司在日本歌山县首先建立了欧罗巴港主题公园。然而,其真正意义上的第一个扩张成功的案例是日本大阪的环球影城主题公园。日本大阪的环球影城远离东京迪士尼乐园,距离其 150 千米以内生活着 3 500 万居民,具有庞大的潜在市场。大阪环球影城设计与美国奥兰多的环球影城相近,有部分机动游戏,包括《侏罗纪公园》河流探险、《未来战士》《蜘蛛侠》《大白鲨探险》《E.T 之旅》等。整体规划分纽约区、好莱坞区、旧金山区、侏罗纪公园、史努比摄影室、环礁湖、水世界、亲善村、欧兹乐园等主题。2001 年,位于大阪的日本环球影城于 3 月 31 日盛大开幕。仅仅 37 天后,公园的观光人数便创下全球新高,成为有史以来入园人数最快突破 100 万的主题公园。2010 年 5 月 28 日,耗资 43.2 亿美元兴建,位于圣淘沙名胜世界的新加坡环球影城开业,其业主是云顶集团,环球影城公司仅仅是运营管理方。新加坡环球影城总共设有 24 个游乐设施和景点,其中 18 个是专为新加坡设计或改造的。

利用纵向一体化所构筑的坚实产业链,以及环球影城集团所拥有的强大、丰富的 IP 资源,环球影城主题公园完全有资源和能力在全球扩张的进程中建立自己的独特优势。然而,对于一家仍然以影视制作为主业的企业集团而言,主题公园领域仅仅是其业务延伸的一个领域。企业有这样的资源和能力,并不意味着它就会去做这样的事情。企业还要从整个集团的产业布局中定位,从整个主题公园行业的竞争中选择,从现有主题公园运营的实际效果中做出判断。

3.4　六旗规模化连锁发展战略

在北美,家喻户晓的主题公园除了迪士尼乐园,还有六旗乐园。自从 20 世纪 60 年代出现在娱乐市场,六旗作为一个品牌在美国有很高的辨识度。年龄范围在 16 ~ 24 岁的人群中,这种辨识度可以媲美迪士尼、耐克和麦当劳这些品牌。六旗乐园是一个以乘骑器械为主要吸引物的游乐园,是世界上最大(数量最多)的主题公园连锁品牌,总部位于得克萨斯州的大草原城(Grand Prairie),在北美管理着 18 家公园,主要业务是主题公园和水上乐园,名字来源于 1961 年建立的第一个主题公园——得克萨斯六旗(Six Flags over Texas)。六旗乐园凭借各种各样的娱乐设施包括世界级的木制、钢制过山车,刺激的水上公园,具有魔幻色彩的魔山小镇和与动物近距离接触,惊悚节日等特色活动吸引着大量游客。六旗集团的发展战略与其依赖的乘骑器械项目紧密相关。乘骑器械项目包括轨道项目(过山车)和平台项目(如跳楼机),其投资成本主要包括设计成本和建造成本。如果一台乘骑设备只用于一个主题公园,那么这家主题公园将承担全部的设计和建造成本。然而,如果一台乘骑器械设备可以同时应用于多个主题公园,那么各个公园就可以平摊设计和建造成本。如果一家主题公园企业的主要吸引物是乘骑器械,它就需要大量的设备,那么规模化连锁发展战略,将能够大规模节约企业投资成本。更为重要的是,许多六旗乐园拥有多台甚至十多台大型过山车,游客一次入园不可能全部游玩,这无疑诱发游客的重游,从而使得主题公园具有持续吸引力。这就是六旗乐园长盛不衰的发展逻辑。

3.4.1　六旗的规模化连锁发展

1961 年,六旗集团在美国得克萨斯州成立了第一家六旗乐园。它的创始人安格斯·韦恩是一位从事石油与房地产行业的商人,没有任何影视动画制作和公园度假区开发经验。实际上,韦恩是第一个将主题体验引入游乐园的实际操作者,影响了当时一批游乐园的改造浪潮。这家公司一直仅专注于主题公园领域,并未实施纵向一体化战略。

1982 年,百利制造公司收购了六旗公司。百利是一家致力于大西洋城、拉斯维加斯和雷诺博彩业的娱乐公司,其业务包括设计、制造和销售赌场设备、游戏机器和视频游戏以及健身行业。百利还收购了位于杰克逊和新泽西州的大冒险乐园。1984 年,百利从万豪集团手中收购了位于伊利诺伊州格尼市的大美国乐园。20 世纪 80 年代中期,拥有着七大乐园(大冒险乐园、六旗魔术山、得克萨斯州的六旗乐园、美国中部的六旗乐园、六旗大美国乐园、佐治亚州的六旗乐园以及阿斯特罗世界）的百利集团成了美国主题公园的巨头,足以与迪士尼集团抗衡。然而到了 1987 年,百利将其所有的主题公园都卖给了韦斯雷公司,原因在于主题公园业务的收益不是公司全球收益中占主导地位的部分,而其要求的资本投资、运营以及管理远超企业所能提供的资源。主题公园的收益具有季节性,再加上因天气和经济环境所造成的收益波动,这些都不是企业愿意承担的风险。

1991 年,六旗被华纳兄弟娱乐公司收购,1995 年,时代华纳又将六旗公司51% 的股份出售给波士顿的一家金融合资企业,这家企业成为六旗乐园之后 3 年的所有者,直至它们被首相公园所收购。首相公园的前身是泰尔柯,一家完全致力于房地产业的公司,于 1996—1997 年期间,收购了丹佛的艾利契花园、萨克拉巴托,康科德的美国水上乐园,奥尔巴尼的水花大逃亡王国,斯普林菲尔德的滨江和路易斯维尔的肯塔基王国。1998 年六旗公园的收购使得首相公园成为区域公园的主要运营商,并且成为该行业的标杆。通过这次收购,首相公园不仅收购了六旗的所有设备,最重要的是收购了一个品牌。事实上,2000 年,首相公司决定保留六旗品牌作为公司的资源。

在 20 世纪 90 年代末和 2000 年初,六旗集团也尝试横向一体化战略和多元化发展战略。它的主要行动是收购了经典公园,以及他们的改进与适应,然而收购结果低于他们的预期。1999 年,它收购了墨西哥的雷诺冒险公司,2000—2002 年,在美国收购了亚特兰大的暴浪公司、魔法乡村,俄亥俄州海洋世界和白水公司,新奥尔良的花城水上公园和爵士园,以及加拿大蒙特利尔的拉龙德。同时,六旗集团对其园内的经营也进行了改进,主要是针对新时期游客青睐主题体验的大背景,对原有游乐园性质的项目进行升级改造。改造的效果是明显的。1992—1998 年,六旗乐园获得了更大的访问量、在公园内更长时间的停留、更好的收入和更高的利润率。在此期间,六旗乐园在全球的游客量增加了 70.2%（从 531.8 万到 905.3 万）,收入增加了 90.7%（从 1.37 亿美元到 2.61 亿美元）,税息折旧及摊销前利润增加了 355.7%（从 2 300 万美元到 1.04 亿美元）。具体而言,六旗乐园的游客消费中,人均消费必须要有 5～6 美元的增长（从 2 美元到 3 美元作为门票价格的增加,2 美元来自动漫人物纳入公园刺激后增加的销售,食物和饮料的销售从 1 美元增加到 2 美元）。六旗乐园在欧洲的连锁扩张也非常明显。1998—2004 年,六旗乐园收购了 6 个公园,分布在法国、比利时、荷兰等国家。其中,最重要的收购是瓦利比集团。瓦利比是欧洲最重要的休闲娱乐集团,1994 年的游客量超过 1 800 万人次。到 2005 年,六旗集团在全球拥有数十家主题公园和水公园,布局在北美、欧洲、亚洲以及拉美（见表3.6）。

表 3.6　2005 年六旗旗下主要主题公园一览表

六旗旗下的主题公园	地理位置	类型	主要市场/百万人次	次级市场/百万人次	占地面积/英亩
六旗魔术山	洛杉矶	主题公园	10.6	17.7	262
六旗飓风港	洛杉矶	水上乐园	10.6	17.6	
六旗海洋世界	旧金山	主题公园	5.7	10.7	135

续表

六旗旗下的主题公园	地理位置	类型	主要市场/百万人次	次级市场/百万人次	占地面积/英亩
六旗水上世界	康考德	水上乐园	7.6	11.3	21
六旗水上世界	萨克拉曼多	水上乐园	3.2	10.9	14
六旗游乐园	丹佛	主题公园加水上乐园	2.9	3.9	67
六旗在格鲁吉亚	亚特兰大	主题公园	4.8	7.8	290
六旗白水乐园	亚特兰大	水上乐园	4.8	7.8	69
六旗大美洲乐园	芝加哥	主题公园加水上乐园	8.8	13.5	324
六旗肯塔基王国	路易维尔	主题公园加水上乐园	1.5	4.8	59
六旗新奥尔良乐园	新奥尔良	主题公园	1.6	3.1	140
六旗美洲乐园	巴尔的摩港	主题公园加水上乐园	7.4	12.4	523
六旗新英格兰乐园	斯普林菲尔德	主题公园加水上乐园	3.2	15.8	263
六旗圣路易斯乐园	圣路易斯	主题公园加水上乐园	2.7	3.9	503
六旗大冒险乐园		主题公园	14.3	28.1	—
六旗飓风港	杰克逊	水上乐园	14.3	28.1	2 279
六旗野生探险乐园		动物园	14.3	28.1	—
六旗达湖乐园[a]	布法罗	主题公园加水上乐园	2.1	3.1	978
逃离水花四溅王国[b]	莱克乔治	主题公园加水上乐园	1.1	3.2	351
怀恩多特湖	哥伦布	水上乐园	2.2	6.8	18
边境城市	俄克拉何马城	主题公园	1.3	2.6	113
白水湾	俄克拉何马城	水上乐园	1.3	2.6	21
六旗在得克萨斯	阿灵顿	主题公园	5.7	6.8	197
六旗飓风港	阿灵顿	水上乐园	5.7	6.8	47
六旗得克萨斯嘉年华	圣安东尼奥	主题公园加水上乐园	2.0	3.6	216

续表

六旗旗下的主题公园	地理位置	类型	主要市场/百万人次	次级市场/百万人次	占地面积/英亩
六旗泼水镇	休斯敦	水上乐园	5.1	6.3	60
巨浪魔法村	西雅图	水上乐园	3.5	4.6	66
轮舞	蒙特利尔	主题公园	4.3	5.8	146
六旗墨西哥乐园	墨西哥城	主题公园	无法获得	30	107

注:a.包括六旗达湖酒店和露营度假村。b.包括六旗大逃离小屋和室内水上乐园。

主要市场:50英里内数百万常住居民人口。次级市场:100英里内数百万常住居民人口。主题公园加水上乐园:主题公园加上免费的水上乐园。

3.4.2 六旗的衰退与兼并重组

2004年,六旗经营出现问题,开始关闭甚至卖出旗下公园,以减缓公司债务增加的速度。2004年3月10日,六旗出售了其位于欧洲地区的所有主题公园给派拉蒙公司。同年4月,六旗决定出售六旗冒险世界品牌。整个2004年,六旗依靠所有出售的公园获得3.45亿美元的收益。然而,变卖了盈利资产的六旗在2005年变得更加糟糕。2005年,在一场股权争夺战后,六旗又不得不在9月12日关闭太空世界,并于该年度末拆除。这个红极一时的太空世界最后仅卖得7 700万美元。2005年11月22日,六旗更换了首席执行官。

2006年,在更换了管理层之后,六旗的股价仍旧一路下滑,于是六旗继续出售旗下乐园(边境城市和白水湾),并宣布关闭俄克拉何马州的办事处,将其总部转移至纽约。同年6月,六旗又宣布将出售旗下的6家乐园(Elitch花园、达里恩湖、位于加利福尼亚州的水上世界、位于华盛顿州费德勒尔韦的魔法村、位于得克萨斯州休斯敦的泼水镇)。最值得注意的是,六旗魔术山也被宣布即将出售。2007年1月11日,六旗魔术山和剩下的6个公园被以3.12亿美元的价格卖给了CNL Lifestyle Properties公司。但是同年6月19日,六旗却宣布其购买了DCP 40%的股权。

糟糕的状况还在继续,在之后的管理团队管理的几年里,公司的现金流以每年1.2亿美元的速度在下降。2008年10月,六旗被警告其股值已经跌破纽约交易所(以下简称"纽交所")要求的最低股值。2008—2009年的金融危机更使其雪上加霜,2009年4月被纽交所摘牌,这使六旗不得不于同年6月13日申请破产保护,但同时六旗发布了一份声明表示公司将继续正常运营并进行重组。同年8月21日,六旗的重组声明宣布债权人即银行将拥有公司92%的股份。2010年5月3日,六旗正式脱离破产保护,宣布计划在纽交所发行新的股票。

通过兼并重组,六旗存活了下来,其发展战略也一再调整,核心业务变化很大。六旗的发展战略主要有两大方面构成:第一,乘骑设备的规模化和专业化战略。2003—2005年,六旗开始实施乘骑设备的发展战略。众所周知,六旗旗下的主题公园以丰富的娱乐设施而著

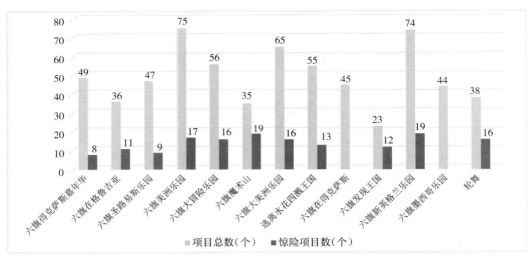

图3.3 六旗主要主题公园乘骑设备配置比较

资料来源:作者通过整理文献数据所得。

称,而最具代表性的,则是技术含量很高的过山车项目,见图3.3。六旗的主题公园往往在一家公园内配置十几台过山车,游客不可能一次玩遍全部过山车,这无形中增加了游客重游的可行性。与此同时,大型过山车的广泛使用,也成为该企业的核心竞争力之一。第二,专注于单一市场、单一需求实现连锁发展。主题公园的潜在市场分散在不同城市,这为专注于区域级和城市级主题公园的六旗的发展奠定市场基础。除了出售欧洲公园,为了专注于单一市场,2004年六旗冒险世界还被以1.45亿美元的价格出售给雪松市集。主题公园分散的潜在市场,成就了像六旗这样的公司。在连锁发展之后,规模化优势逐渐凸显出来,同样的设备、同样的设计、同样的服务可以同时在多家公园实现,平摊了产品的开发成本。与此同时,相关的职业经理人可以像大型连锁酒店一样,在不同的六旗公园之间轮转,提高职业经理人的能力。

然而,乘骑器械项目有着明显的季节性和细分市场,使用旺季往往在一年中的第二季度和第三季度,在寒冷的冬天几乎没有任何市场。如果在第二季度和第三季度的旺季阶段遇上了恶劣天气,六旗公园的运营效益就会波动很大。

3.5　华侨城"旅游+地产"战略

1980年,深圳被确定为经济特区。深圳华侨城所属地块原为华侨农场,归沙河华侨企业公司管理。1979年,改革开放的试点首先在深圳进行。深圳的发展缺乏资金、技术和人才。1981年,光明农场沙河分场成立沙河华侨企业公司,以"蛇口模式"为样本,积极引进劳动密集型的加工业,发展地方经济。1982年,华侨城原所在地的沙河华侨企业公司升级为局级单位,并直属国务院侨办领导。1985年2月,经国务院批准,沙河华侨农场4.8平方千米的土地被设为开发区。同年 11 月,深圳特区华侨城经济发展总公司成立,由马志民担任指挥部主任,全面领导开发区的建设,将沙河华侨企业公司所辖范围正式改名为"华侨城"①。华侨城集团是隶属国务院国资委管理的大型中央企业之一。2016 年,华侨城集团旗下景区接待游客 3 227 万人次,位列全球主题公园企业集团的第四位②。

3.5.1　多元化发展战略与主题公园的成功

1985 年,经国务院批准,由香港中旅集团参照招商局开发蛇口的模式投资开发兴建华侨城。马志民被任命为华侨城建设指挥部主任。他第一次带领集团的一些中高层干部来到占地 4.8 平方千米,原是一片不毛之地的华侨城考察。那时候,大家默不作声,对这块土地的开发普遍悲观,缺乏信心;一些广东省的领导甚至认为这对马志民先生而言可能是一个包袱。这是一块不被看好的土地,当时的深圳,东有罗湖、西有蛇口,都是开发热土,蛇口还创造了"蛇口模式"。两块热土之间是一条由 107 国道刚刚扩建而来的深南路(深南大道的前身)。华侨城介于两者之间,属于城乡接合部,距离机场、港口和口岸都比较远,交通并不方便,土地经济价值较低,潜在租金水平和实际租金水平都很低。华侨城的地块,北有山坡,中间是丘陵,南部是滨海滩涂,按照当时蛇口工业区开发的经验,进行"三通一平"的投入也不小。以当时的眼光,这确实不是一块理想的开发用地。

事实上,当时的华侨城不仅"三通一平"需要付出巨大代价,破坏生态环境,而且可以预见即使"三通一平",也无法与蛇口和罗湖的开发区竞争外资。华侨城聘请了新加坡著名规划师孟大强来为华侨城做规划。孟大强的规划尊重自然地形地貌,强调交通、尺度和变化,体现生活气息,生活、生产融为一体。1986 年,华侨城通过了第一部规划《华侨城总体规划》,该规划执行了将近 20 年,奠定了华侨城腾飞的基础。

一开始,华侨城集团尝试了很多产业。华侨城最早成立的是园林绿化公司,最早的建设是恢复山体绿化。有项目的地块建设项目,没有项目的地块暂时做绿化。房地产公司是 1986 年才成立的,当时注册资本只有 50 万元,主要负责为工厂职工配套和建设职工宿舍。当然,也会面向来自港澳地区的管理者建设部分商品房。1987,第一个商品房社区"东方花园"建成,被誉为当时深圳最好的别墅。1990 年 11 月,"海景花园"一举成功,这是华侨城首次建设的高层建筑。之后陆续开发"湖滨花园""桂花苑""中旅广场"等房地产项目,华侨城的房地产业务就是这样逐步建立起来的。

尽管如此,作为开发区,招商引资、建设工业项目,仍是华侨城的主要发展方向,重点设计轻工业、电器制造。位于深圳华侨城的广东光明华侨电子工业公司,是中国改革开放后诞生的第一家中外合资电子企业,初始投资 4 300 万港元。1980 年整合其他电子制造企业,成立了康佳集团。1991 年,康佳集团改组为中外公众股份制公司。1992 年,康佳 A、B 股股票

---

① 华侨城创立初期,国务院侨办直属的另一家企业香港中旅集团以其每年 1/3 的利润作为华侨城的初始开发投资。因此,后期华侨城从港中旅脱离后,早期投资的 3 个主题公园香港中旅集团都是最大股东。华侨城 LOGO 上的"华侨城"字样为 1985 年年底中共中央总书记胡耀邦同志亲笔题写。

② TEA/AECOM. The Global Attractions Attendance Report for 2016 [R], Themed Entertainment Association (TEA), 2017.

同时在深圳证券交易所上市,企业主要从事彩色电视机、手机、白色家电、生活电器、LED、机顶盒及相关产品的研发、制造和销售,兼及精密模具、注塑件、高频头、印制板、变压器及手机电池等配套业务。到 1994 年止,深圳华侨城引进项目 76 个,总投资 20 亿港元,拥有企业 101 家,涉及彩电、手表、相机、手机、网络产品、主题公园、旅游景区、房地产、金融、酒店、旅游商品、旅行社、日用品、电子商务等十几个业务领域。此时,华侨城集团曾一度想继续引进大型工业项目,涉足汽车制造、集装箱制造,甚至塑料制品制造等领域,将华侨城建成一个大型工业园区。然而,华侨城并没有那么做,而是转向了旅游业发展,这得益于主题公园在华侨城的成功。

20 世纪 80 年代中期,中国主题公园产业刚刚经历了一次"游乐园"浪潮,正处于衰退期,全国各地经营不景气甚至倒闭的游乐园很多。其中,比较著名的有北京的石景山游乐园(1986 年开业)、上海的锦江乐园(1985 年开业)、广州的东方乐园(1985 年开业)、珠海的珍珠乐园(1985 年开业)、深圳的深圳湾游乐场(1984 年开业)和香蜜湖中国娱乐城(1985 年开业)。这一时期建设的大都为无主题包装的游乐园,投资规模小,主要满足儿童和家庭市场的娱乐需求,但不注重产品更新,逐渐被市场淘汰。广东省这一时期建设的 19 个游乐园或微缩景观有 18 个亏本,只有 1 个勉强经营(保继刚,1994)。

1986 年,在马志民的主持下,锦绣中华主题公园的规划和设计工作迅速展开。为了真实再现经典景观的风格、结构和艺术价值,锦绣中华的所有景观均邀请原物所在地的文物研究部门和古建筑施工单位联合建造。锦绣中华的规划、设计和建设集结了当时中国一流的古建筑学专家、雕塑艺术家、园林工艺专家。全国 20 多个省市,2 000 多名技术工程人员千里迢迢,赶赴现场(唐军,1989)。锦绣中华于 1987 年 12 月破土动工,1989 年建成,81 个景点均按中国版图分布,大部分按 1∶15 的比例复制。锦绣中华建成时的总投资为 1 亿元人民币,于 1989 年 9 月正式开放,当年便接待游客 91 万人次。1990 年,锦绣中华的纯利润达到 5 600 万元,接待游客超 310 万人次,当年就收回了全部投资。1992 年邓小平同志参观了锦绣中华,并对锦绣中华的开发给予高度评价。这一事件不仅坚定和鼓舞了马志民和华侨城人继续开发主题公园的信心,也刺激了全国一轮大规模的锦绣中华考察热潮。1992 年,锦绣中华的游客量达到了历史上的最高峰——325 万人次,至今没有再超越过。锦绣中华开业的前五年(1989—1994 年)共接待游客 1 465.02 万人次,其中,国内游客 1 224.79 万人次,境外游客 240.23 万人次;1990—1993 年 4 个完整财政年度的营业收入共计 3.93 亿元人民币(保继刚,1996)。这在当时主题公园产业,乃至世界主题公园产业都是一个神话。

有了主题公园的成功实验,工业项目尽管量大面广,但任何一个项目在全国来比较都不具有领先优势。这对于一个致力于成为中国领先企业的华侨城而言,不是一个最优的选择。经过缜密的思考,华侨城做了重大战略调整,不再做卖地的地主,而是将手中的土地资源转化为土地资本,做土地一级和二级开发,成为资本企业,依托现有的房地产和主题公园的成功业务,打造旅游城概念,用"旅游+地产"走向全国。

3.5.2 "旅游+地产"战略与主题公园扩张

从 1994 年开始,华侨城放弃了多元化发展战略,收缩业务领域。1994 年到 1996 年间,华侨城先后关停并转 40 多家子公司,一部分实施关停,一部分工业企业转入了康佳集团,盘活资本 9 000 多万元,将主要业务聚焦于旅游业(主题公园)、房地产和电子工业(康佳集团)。这样做是有原因的,华侨城聘请了科尔尼公司做了企业的战略规划。

在科尔尼提供的《华侨城集团战略评估报告》中,对市场吸引力和华侨城竞争力的分析结果表明,目前华侨城集团的现有资产组合不尽理想,主要原因在于业务领域分散,缺乏产业联动,各个业务又难以在各自领域占有领先地位,这样的业务结构并不利于企业集中资源和能力做跨越式发展。根据科尔尼判断,华侨城集团当时具备竞争力和发展潜力的产业领域主要是旅游业、消费类电子产品和房地产三大产业。

华侨城集团的旅游业增长迅速,1997—1999 年销售收入年均增长率 33%,销售利润率从 1997 年的 15% 提高到 1999 年的 29%,1999 年创净利润约 5 000 万元人民币。[①]与此同时,锦绣中华、世界之窗等主题公园已经成为中国旅游业的典范,具有行业标杆作用,处于领先地位。根据科尔尼的判断,在未来的几十年,中国的旅游业将持续高速发展,华侨城当时所拥有的旅游产品和管理经验使其在迅速发展的旅游行业中处于十分有利的地位。因此,发展和扩大旅游业是华侨城的主要方向。当然,华侨城集团的旅游业内部也需要做出重大调整。华侨城旅游业务在协同效益、跨地区发展和进入新业务等三方面不尽完善。例如,子公司之间在采购、经营和市场营销上没有取得协同效益,没有形成品牌效益。对跨地域发展项目没有系统、主动地寻找,而是等着项目上门,然而守株待兔的模式已经过时了。目前旅游业务中的旅行社、主题公园、旅游景区(非主题公园)、酒店、旅游商品之间缺乏必要的产业联系。当时的四个主题公园、酒店、旅游商品公司以及旅行社等,行政和资产分属于不同的子公司。显然,旅游业内部的分散经营必须进行整合,塑造品牌,整体打造。值得注意的是,旅游是一个长线投资项目,大笔资金进入,需要较长时期才能收回,有时候甚至无法收回投资。这就需要另一个短期回报的业务作为补充。

华侨城房地产业务的发展也不错,销售收入在深圳市同行业排名第四,1997—1999 年销售收入年均增长 10%,销售利润率从 1997 年的 31% 提高到 1999 年的 37%。与此同时,根据科尔尼的判断,中国住宅房产市场具有很大发展潜力,品牌优势和规模经济正在逐渐形成。这给当时处于有利地位的华侨城房地产提供了良好的发展机遇。然而,华侨城集团的房地产业务过于局限于深圳华侨城范围内,且过于专注高端住宅的商品化开发。华侨城必须走出深圳,发展对不同环境的适应能力非常必要,重点培育企业在策划、营销和销售方面的能力。值得注意的是,当时的房地产企业已经初步具备品牌效益,在开发模式上具有独特性。例如,万达专注商业地产,借助万达影业形成了万达广场模式,在全国攻城略地。华润有万象城模式,做高端商业地产,而华侨城走出去,也需要自己的模式。“旅游+地产”的“旅游城”模式由此提出。

借助“旅游城”概念,华侨城可以以“旅游+地产”的战略在全国各地拿地,将主题公园、旅游配套产业、房地产以及配套商业和文化设施整合为一个房地产概念,进行整体开发。

对大多数中国人而言,主题公园代表了一种高品质的城市生活,是现代城市文明的象

---

① 华侨城控股股份有限公司数据。

征。人们更愿意为临近公园的房子支付比其他地方类似房子更高的费用。主题公园对周边房地产的影响主要体现在所产生的经济、社会和环境价值上。公园的开发能够招来人流,为社区吸引商业投资和富裕人口提供相对优势。主题公园周边的社区人文环境要比普通社区更为"城市化"。公园和其他开放空间的社会效益是多元变化的,它涉及人们日常生活的方方面面。主题公园对周边房地产的影响,尤其是对房地产价值的提升表现为购买者对房地产价值的感知和认可。这种由主题公园创造,且不由主题公园本身享用的价值,通常被称为外部经济效益,当这种效益被周边房地产部分吸收(房地产不可能完全吸收外部经济效益),并产生增值,这一过程称为邻近效应。1995 年,华侨城的绿化率高达 46.94%,达到世界一流社区的水平。优美的环境,使华侨城的住宅商品房始终走俏,升值很快。1988—1992 年,深圳华侨城房地产开发公司,开发各类房屋 238 栋,建筑面积 95 万平方米,其中商品房近 20 万平方米。无论是高层楼宇,还是花园别墅,卖价均比邻近的沙河地区高 30% 左右。表 3.7 是深圳特区 1988—1992 年分区多层商品住宅综合售价。罗湖是深圳中心商务区(CBD),福田是次中心,南山离当时深圳的城市中心区最远,然而,南山区却是整个深圳特区的地理中心所在。华侨城位于福田与南山之间,按地租原理,商品房的价格是罗湖最高,福田次之,华侨城最低,1988—1990 年 3 年的情况符合这个规律。罗湖区商品房售价最高,每平方米多层住宅售价分别是 3 063.8 港元、3 937.9 港元和 4 948 港元。福田区商品房基本与罗湖区持平,分别是 3 078 港元、3 904 港元和 4 898 港元。南山区商品房分别为 2 300 港元、2 700 港元和 3 100 港元,这 3 年的平均售价只有罗湖区的 68%。华侨城的商品房价格最低,分别是 2 015 港元、2 495 港元和 2 665 港元,3 年平均售价只有罗湖区的 60%。1989 年深圳锦绣中华开业后,情况发生了突变。1991 年,华侨城房地产的售价比 1990 年上升了131.41%,每平方米升至 6 167 港元,相当于罗湖区的 92.32%,远远高出南山区 49.25%。到了 1992 年,华侨城商品房售价提高到 7 556 港元,相当于罗湖区的 98.23%,基本与之持平,并且高出福田区 4.49%,高出南山区 25.93%。

表 3.7 深圳特区 1988—1992 年多层商品住宅综合售价

时间	罗湖		福田		南山		华侨城	
	售价/港元	增长率/%	售价/港元	增长率/%	售价/港元	增长率/%	售价/港元	增长率/%
1988	3 063.8	—	3 078	—	2 300	—	2 015	—
1989	3 937.9	28.53	3 904	26.84	2 700	17.39	2 495	18.86
1990	4 948	25.65	4 898	25.46	3 100	14.81	2 665	6.81
1991	6 680	35.00	6 539	33.50	4 132	33.29	6 167	131.41
1992	7 692	15.15	7 231	10.58	6 000	45.21	7 556	22.52

资料来源:转引自保继刚,1995。

主题公园创造的良好环境和带来的大量客源促进了房地产的开发和增值,美国华盛顿城市土地研究所的有关研究表明,主题公园可带动地价上涨 3～4 倍。主题公园对周边房地产的增值作用成为一些房地产企业追逐的目标,临近主题公园是新开发楼盘营销宣传上的亮点。

借助"旅游+地产"的模式,华侨城先后在北京、上海、武汉、成都、天津、重庆等城市布局,逐渐建立起企业的战略优势。

3.6　雪松市集城市级主题公园战略

雪松市集(Cedar Fair Entertainment)成立于1983年,1987年在纽约上市,2006年集团以12.4亿美元收购派拉蒙娱乐公司及其旗下5家公司,总部设在美国俄亥俄州的雪松会娱乐公司,是一个经营水上乐园和游艺娱乐行业的集团公司,目前拥有并经营着12个游乐园,9个户外水上公园,1个室内水上乐园和10个酒店。这些公园位于俄亥俄州、加利福尼亚州、北卡罗来纳州、南卡罗来纳州、弗吉尼亚州、宾夕法尼亚州、明尼苏达州、密苏里州、密歇根州、多伦多州、安大略省。2016年,雪松市集旗下主题公园接待游客2 510.4万人次,位列全球第八[①]。雪松市集在主题公园的吸引力构成方面跟六旗集团的很相似,都是以乘骑器械为主。在过山车的数量和惊险指数方面,六旗与杉点乐园(雪松市集旗下品牌)是北美市场主要的竞争对手,如过山车最高时速的世界纪录前15名,六旗占5席,杉点乐园占3席;过山车反转次数最多的世界前15名中,六旗占6席,杉点乐园占4席。雪松市集主要聚焦于家庭游客,开发城市级主题公园。各游乐园和公园及各项娱乐设施大多以合伙经营管理为主。雪松市集最早是做度假区开发的,逐渐进入主题公园领域。由于没有强大的资本支撑,也没有像迪士尼那样的整个产业链依托,在美国也不大可能像华侨城那样走"旅游+地产"模式,雪松市集避开在大城市大市场与迪士尼、环球影城等大企业的正面交锋,选择了一条在中等城市或大城市周边做城市级主题公园的发展战略,即在单一业务领域(主题公园)做市场拓展战略(从家庭市场走向青少年市场、大众市场)。

3.6.1　单一业务领域的形成

雪松市集旗下的著名主题公园品牌杉点乐园于1870年开业,当时只是一个度假区。在后来漫长的时期,这个专注于家庭休闲娱乐市场的杉点公园一直没有采取扩张战略。1974年,雪松市集在密歇根州的剑桥镇提出了开发第一个游乐园。然而这个计划在1975年就被放弃了。1978年,雪松市集收购了著名的山谷公园(Valley Fair)游乐园。这家公园位于明尼苏达州,占地51公顷,1976年建成,当时拥有75台过山车和其他游乐项目,成为雪松市集最受欢迎的公园之一。今天,雪松市集的Cedar Fair中,Cedar指的是杉点公园,而Fair则指的是山谷公园。1983年,雪松市集正式成立,致力于发展主题公园业务。

杉点乐园一直被认为是一家运营得比较好的独立的主题公园。然而,雪松市集的主题

---

①　TEA/AECOM. The Global Attractions Attendance Report for 2016[R]. Themed Entertainment Association (TEA), 2017.

公园业务发展却一直很缓慢。没有资本、没有技术、没有人才也没有产业链支撑,靠手上仅有的主题公园想进行滚动扩张非常困难。直至 1992 年,雪松市集才收购了位于加利福尼亚州的多尼主题公园(Dorney Park)。1995 年,雪松市集又收购了欢乐世界(Worlds of Fun)。最引人关注的是 1997 年,雪松市集从诺氏家族手中收购了号称美国第一家主题公园的诺氏果园。诺氏果园于 1940 年起由诺氏家族经营,位于加州的布埃纳帕克,2016 年接待游客 401.4 万人次。诺氏果园被认为是美国第一家主题公园,整个园区有一个统一的主题,但没有划分子主题区。在加利福尼亚州的迪士尼主题公园群以及环球影城竞争下,它是唯一一家仍旧能保持全年开放并且能够和杉点乐园一样拥有酒店的主题乐园。借助这一次收购,雪松市集才拥有了全年运营的游乐园,成为真正意义上的主题公园企业集团。

3.6.2　市场拓展战略的扩张

只有拥有巨大金融资本的企业才能维持产业进步的过程,特别是主题公园,因为它们对资本要求很高。这个现实导致了主题公园产业只会被少数公司所控制。这种现象在 20 世纪 80 年代的美国就已经成型。这一时期,迪士尼逐渐整合上下游产业链成为唯一一个能够维持一个巨大的增长率和开展新投资的企业集团。与此同时,环球影城也加快了它的扩张步伐,走向了亚洲。在这一波兼并重组过后,许多传统的主题公园企业消失了,包括塔夫脱广播公司、马里奥特公司、巴利制造公司和哈考特·布雷斯·朱万诺维奇。塔夫脱广播公司曾经也是涉足主题公园的娱乐企业。1973 年,辛辛那提的国王岛就是其第一个主题公园。塔夫脱广播公司本身是一家有线电视以及传媒公司,同时拥有另一个景点的游乐园——科尼岛。它在主题公园产业中所赚取的利润全数投入到用于展示哈娜巴贝拉这一卡通形象的设施中,希望像迪士尼那样做上游产业的延伸。1975 年,塔夫脱广播公司收购了一家小型主题公园——快乐风。1982 年,主题公园业务创造的收入占塔夫脱广播公司 36% 的总收入以及 28% 的总利润。然而,由于在成本控制和运营管理上的不足,成本居高不下,加之企业是在上下游产业延伸,公园数量规模较少,无法平摊许多开发成本,主题公园业务拉低了整个企业的利润。塔夫脱广播公司最终将主题公园业务出售,退出了主题公园产业。显然,盲目效仿迪士尼延伸上下游产业链是具有风险的。

在这样的背景下,雪松市集要么加快扩张的步伐,要么等着被其他公司收购。雪松市集最终选择了扩张,但并不像迪士尼那样沿着上下游产业链扩张,而是根据现有市场,实施开发相邻市场需求的市场拓展战略。1999 年,在南加利福尼亚州,雪松市集针对市场开发了一个全新的水公园——诺氏水城(Knott's Soak City),随后又相继在丘拉维斯塔(Chula Vista in 2000)和棕榈泉(Palm Springs in 2001)布局。这种针对家庭市场和青少年群体的水公园大受欢迎,成为雪松市集新的盈利点。2004 年,雪松市集又开发出了室内游乐园——失落海湾(Castaway Bay)。这个公园以热带海岛为主题,全年可以运营,不受季节影响。

在传统的主题公园领域,2004 年雪松市集进行了一次更大的收购。雪松市集以 1.45 亿美元的价格收购了六旗集团的冒险世界,并将其更名为吉嘉湖乐园(Geauga Lake)。通过收购以及在相邻市场的拓展战略,雪松市集迅速做大。到 2005 年,雪松市集已经迅速成为美国第三大主题公园企业集团。表 3.8 显示了在 1997—2005 年雪松市集旗下主题公园的游客数量增长(包括派拉蒙公园的)。

表 3.8　1997—2005 年雪松市集主题公园的客流增量情况

单位:百万人次

主题公园	1997	1998	1999	2000	2001	2002	2003	2004	2005
派拉蒙加拿大仙境[a]	2.860	3.025	2.975	2.975	2.975	2.826	2.628	3.420	3.660
诺氏果园	3.650	3.400	3.600	3.456	3.589	3.624	3.479	3.510	3.600
派拉蒙国王岛[a]	3.300	3.400	3.325	3.200	3.350	3.182	3.278	3.510	3.330
杉点乐园	3.200	3.400	3.300	3.432	3.100	3.250	3.300	3.170	3.110
派拉蒙国王统治乐园[a]	2.270	2.325	2.210	2.150	2.250	2.092	2.100	2.180	2.220
派拉蒙快乐风主题公园	1.850	1.875	1.900	1.900	1.850	1.850	1.770	2.010	2.130
派拉蒙大美国游乐园[a]	2.250	2.050	1.875	1.800	1.750	1.820	1.911	1.930	2.070
多尼主题乐园	1.300	1.300	1.400	1.260	1.510	1.600	1.400	1.430	1.500
吉嘉湖乐园[b]	1.300	1.300	1.200	1.700	2.750	2.150	1.500	0.680	0.700
童话山谷乐园	1.200	1.200	1.000	1.050	1.100	1.050	1.100	1.040	5.990
乐趣缤纷世界乐园	1.100	1.200	1.000	1.000	0.900	0.940	0.880	0.890	5.800
密歇根冒险乐园	—	—	—	—	0.430	0.420	0.480	0.470	0.550

注:a. 2006 年起为雪松市集所有;b. 由六旗运营直至 2004 年被雪松市集收购。

数据来源:Amusement Business。

本章小结

- 华特迪士尼的发展主要采取了相关多元化战略、稳健的本土化战略和内部经营战略,其中相关多元化战略主要沿着产业链上下游进行拓展。
- 默林娱乐依托强大的资本,采取了横向一体化战略,通过兼并收购同类主题公园做强做大,形成规模效益和品牌价值。
- 环球影城以影视娱乐为核心,采取纵向一体化战略,通过主题公园将影视价值延伸,逐步建立起主题公园目的地。
- 六旗专注于乘骑器械游乐园,通过连锁扩张战略,逐步建立起数量庞大的主题公园群,发挥了企业在产品、技术等方面的专业化优势,实现规模效益。
- 华侨城集团通过"旅游+地产"的发展模式,实现了企业从单一区域走向全国布局的大战略,通过地产反哺主题公园,利用主题公园的增值效益提升房地产价值,主题公园与房地产实现投资互补。

- 雪松市集专注于城市级主题公园,根据现有市场需求,逐步拓展相邻市场,打造满足相关市场的主题公园产品,形成规模优势。

复习思考题

1. 为什么环球影城不采取横向一体化战略?

2. 除了"旅游+地产"模式,华侨城集团还可以采取哪些发展战略? 并陈述利弊。

3. 主题公园企业的纵向一体化战略需要具备哪些条件?

4. 主题公园企业的海外扩张需要考虑哪些问题? 可以采取哪些战略?

参考文献

[1] Chadwick G F. The Park and the Town:Public Landscape in the 19th and 20th Centuries [M]. London:Architectural Press,1966.

[2] Conway H. People's Parks:The Design and Development of Victorian Parks in Britain [M]. Cambridge:Cambridge University Press,1991.

[3] Crompton J L. Designing golf courses to optimize proximate property values[J]. Managing Leisure,2000,5(4):192-199.

[4] Olmsted F L,Kimball T. Frederick Law Olmsted,landscape architect,1822-1903[M]. New York:Benjamin Blom,1970.

[5] 保继刚.大型主题公园布局初步研究[J].地理研究,1994,13(3):83-89.

[6] 保继刚.深圳市主题公园的发展、客源市场及旅游者行为研究[J].建筑师,1996(70):4-20.

[7] 唐军.深湾畔世界最大微缩实景文化旅游区[J].东南文化,1989(Z1):255-257.

第4章
主题公园的主题管理

　　主题体验是主题公园的核心吸引力,也是各个主题公园企业的核心竞争力所在。主题对于主题公园而言有什么作用?什么样的主题最具有吸引力?不同的主题是否对应不同的细分市场?一个主题公园如何在既定的城市选址和细分市场定位下,确定一个合适的主题?更为重要的是,主题是如何在空间中展开的?主题又是如何在产品和服务体验中呈现的?主题公园的管理如何能够实现上述效果?从全球来看,主要的主题公园企业是如何选择主题、表现主题和设定主题分区的?本章将从主题的作用、主题的选择、主题的分区和主题的更新四个方面,以全球主要主题公园为案例,剖析主题公园主题管理的关键问题。

【本章学习目标】

　　1.熟悉主题管理的主要内容和要点。

　　2.熟悉主题的作用和表现方式。

　　3.掌握主题分区和功能布局。

　　4.了解主要主题公园的主题选择和应用。

4.1　主题的作用

　　主题公园的核心吸引力是主题体验,而主题就是一切体验的源泉。主题公园将象征性资本转化为生产性资本,是通过提供一个恰当的富有层次和结构的叙事来完成的,这个文化叙事就是主题。一个精细的主题公园从建筑、景观、游乐项目、演艺活动、服务甚至管理都围绕既定的主题展开。要实现这一切,就必须有一套系统的主题管理。主题管理涉及主题孵化、选择、转化、应用、管理和营销,各个环节相辅相成,相互影响。我们将主题管理付诸主题公园的过程称为"主题化"。主题化不仅是围绕一个主题建设独有的具有物理和象征意义的建筑和景观,它还要改造服务流程和管理模式,以提供软性的主题体验。主题化的目的是围绕一个单一概念化的主题,为游客提供主题体验。

主题可以来源于传说、故事、电影、电视、广告、小说、动漫,甚至诗词等,在人群中广泛传播,具有较多的爱好者,在群众中具有较高的知名度,能够激发人们游览主题公园的欲望。米老鼠和唐老鸭的故事就是迪士尼最早的主题。20 世纪 50 年代在加州建设的迪士尼乐园就围绕这个故事情节展开。从园区的主题形象物、建筑、景观、服装、游乐项目、演艺活动,甚至主题商品、餐饮和住宿,无不体现了米老鼠和唐老鸭的主题。由于米老鼠和唐老鸭的故事在迪士尼乐园建成之前就已经在美国家喻户晓,迪士尼乐园开业之后,自然形成了一批因为主题吸引而来的游客。游客在主题公园里循序渐进,按照故事情节缓慢展开的时空体验中不断吸收和强化这个主题,周边的建筑、景观、服务和管理也配合行动,从而使游客获得比普通游乐园更高的文化价值体验。主题公园设计者会使用大量的、各式各样的人工制造品、材料、风格、建筑样式和展品。因此,主题公园的主题化意味着提供具有内涵的产品以及建立可供消费的象征性需求。

4.1.1　主题是消费内容

主题是主题公园消费的核心体验,也是消费内容。围绕主题背后所承载的故事、剧情、线索和文化,主题公园不仅能够对其建筑和景观的表现形式进行主题化改造,还能将服务和管理等流程重塑,以实现主题的互动。在一个主题公园内,每一个主题化的节点、景点、观景点、店铺的设置都不仅是为了创建一个理想的客观形象,更是为了创造一个能贯穿整个园区,使各组成部分具有具象化的主题叙事。因此,主题化意味着在创造或再创造的世界的时空上建立运作的基础。从这个意义上,主题的选择是一方面,更关键的是如何将主题转化为主题体验。主题转化就是将主题转化为可供消费的内容。主题转化就是在营造主题娱乐氛围和体验时,利用故事情节、景观场面、娱乐科技来制造主题幻想,形成和激发游客潜在的消费冲动,与游客内心潜在的对主题故事的设想进行连接,让游客游离在主题虚拟的现实和真实的现场体验之间。这正是主题体验的精华所在,它能够营造独特的气氛和引起顾客在心理上的共鸣。

4.1.2　主题构建空间结构

主题故事是按照故事情节展开的,包括起因、发展、高潮、结局、尾声。现代主题公园在规划设计上,总是按照故事情节分剧情、分片区展开,引导每一个游客按照既定的空间顺序进行游览,从而达到完整体验。主题公园的发展需要通过一种让消费者感觉到园区是一个完整、连贯、自我满足的世界的方式,进行生产和消费过程组织化。每个公园采用的叙事方式都应该按特定顺序排列,不断流动,而所有公园都能根据这种流动来进行游客流动和行为的控制,从而实现良好的游客管理。一旦确定了主题,主题公园的空间分区、排序和结构基本就确定了。特别指出的是,在中国,许多游客游览主题公园总是一入园就奔着最受欢迎的过山车等大型乘骑器械开始游览,整个既定的游览顺序被打乱,这样的游客很难体验到主题的空间叙事性。

4.1.3　主题提供营销卖点

每一种主题,意味着一类细分市场,主题确定了,市场也就基本确定了。主题的选择主要依据目标市场的喜好而定,恰当的公园主题能够通过营销手段连接市场。营销必须选择能够表达主题和到达市场的渠道和技术手段,很多时候,主题营销先于主题公园开业。如果在主题公园开业之前,公园的主题还没有深入人心,没有在受众中形成共鸣,那么在公园开业之后,主题的吸引力很难显现。主题内容为营销提供了丰富的素材,包括主题形象物、色彩、形态、情节、故事线索、语言等。这些素材成为主题营销的卖点,通过电视广告、户外广告、社交媒体、口碑、渠道营销等方式传播出去,招徕游客。尽管主题决定了细分市场,但同一个内容也可以根据不同游客的兴趣以不同的方式进行主题化,从而在一定范围和程度内进行调整。

4.1.4　主题确定服务和管理

服务和管理的流程及内容也可以由主题提供,这是主题化最难实现,也最需要创意的部分。传统的景区企业尽可能将服务流程和管理模式标准化,从而形成一系列服务和管理标准,这些标准只有在有人违反它们的时候游客才会感知到。基层管理者和员工只需要按部就班,就能达到服务和管理效果。然而,对于主题体验期待更高的游客而言,标准化服务和管理远远不能满足他们。因此,在主题管理中,公园需要进行一定的服务体验设计和管理流程再造,而不是刻板地执行标准。迪士尼乐园在日常管理中运用科技手段,掌握恰当的时机,高效并且合理地实现了文化体验。例如,在提供餐饮服务时,员工穿着主题服装,用动画语言跟顾客交流,并提供主题化的餐食,让游客感觉自己就在动画主题中。一些乐园的管理者还扮成卡通警长,以动画卡通的行为模式处理公园内的事务。尽管这些主题化的流程不一定比标准化的流程更有效,但它却能够为游客提供特殊体验,让人印象深刻,从而提高游客满意度。

主题的作用很多,主题化程度越高,主题体验越强烈,但由此带来的管理成本提高和管理风险加大也需要权衡。从公园管理的角度来看,主题叙述的最终目的是使游客自然而然地产生消费行为,最大限度地实现顾客愉悦。主题化的好处是多方面的。主题化能够为游客了解公园内容和品质提供依据,增加游客的重游率,刺激游客增加消费,也能够提高公园的辨识度,增加竞争力。

4.2　主题的选择

主题,别称 IP(Intellectual property),可以是主题公园企业自己孵化的,例如迪士尼的主题基本是迪士尼公司通过动漫和影视制作孵化出来的。主题也可以通过购买电影、电视、动漫的知识产权而得来。无论如何获得,主题的选择必须与公园的目标市场相一致。主题公园不可能选择一个不受其目标市场欢迎的主题。一个好的主题,应该具有以下特征:一是主题要足够丰富、清晰和易于定义,能够通过建筑、景观、服务和管理等方面展示出来。二是主题要有一定的弹性和成长性,一方面,主题可以再进一步细分,能够落到不同的子分区、子项目和商品上;另一方面,主题还可以不断延伸,从而产生新的内涵,以适应未来可能的新需求。三是主题必须是能够适应游玩、动画和娱乐的变化的,尤其是能够抓住目标市场求新、求异的心理,在形式和内容上能够推陈出新。四是主题必须具有个性,能够与其他公园的主题鲜明地区分开来,展现公园的独特之处。这个个性正是主题公园的核心主题体验。五是主题必须使主题公园的营销策略、市场定位、主题形象、空间规划和动画设计在整体上具有连贯性、一致性。

在现实运营的主题公园中,最为普遍的主题选择来源于海洋、动植物、科幻、影视、动漫、民俗文化等。这些主题主要包括以下类型:冒险、未来、国际、自然、奇幻、历史文化、电影动漫,见表4.1。

表4.1　不同的主题分类及其要素

类型	要素
冒险	兴奋与刺激、恐惧、神秘、刺激的游乐设施
未来	社会与科技进步、发现、科技的探索、激光、机器人、科学、科幻小说
国际	世界风情、国际村庄、微型复制品、科学发现、万国博览会、国际都市
自然	动物、花卉展览、园艺展览、景观绿化、海洋生物、自然奇观、海洋、野生动物
奇幻	动画片、卡通人物、童年的魅力、儿童游乐园、童话故事、魔法、虚构故事、神鬼传说
历史文化	原始文化、真实还原、文化遗产、种族文化、金矿文化、历史氛围、民俗文化
电影	美国西部电影、韩剧、喜剧、动作电影、商业电影、特技表演

一个主题的选择对于主题公园来说极其重要。这是因为主题是极具诱惑力的,能够吸引游客前来。实际上,当游客选择游览一个主题公园时,主题是他们考虑的一个重要方面。除此之外,主题的选择和一些特定的需求是有重要关联的。公园的主题一般都是非常受欢迎的,一些主题公园在建设之前,已经为其主题打下了良好的市场基础。例如迪士尼和环球影城,两个主题公园企业都拥有众多可选的主题,因为它们每年都出品一系列备受市场欢迎的电影和动画。当然,在市场上也有一些主题,虽然不是企业刻意打造,但却拥有悠久的历史文化,在民众中拥有极高的认知度,例如西游记、红楼梦、三国演义、水浒传等。在中国,选择这类历史文化主题是有风险的。一方面,过去几十年将上述主题用于主题公园建设的案例很多,失败案例也很多,民众对其转化为主题公园并不抱乐观态度;另一方面,由于主题转化的方式和手段落后,而民众的期待值又很高,导致很难做出受到市场认可的主题公园。

选择地方文化用于开发当地的主题公园也要谨慎。事实上,应用传统文化和地方民俗建设主题公园能够获得成功的屈指可数,位于深圳的锦绣中华就是一个成功案例。1989年开业的锦绣中华,投资1亿元人民币,不到一年的时间便收回成本,成为主题公园开发的成功典范（保继刚，1994）。然而，这类以传统文化为主题的公园之所以在深圳能够取得成功，除了锦绣中华以高标准、高起点开发以外，更重要的原因还是当时的时代背景和深圳这个中国窗口城市的地理区位。在中国其他城市以地方传统文化为主题建设的主题公园，大多都失败了。其中，很重要的原因是主题公园主要面向 2 小时车程范围内的本地市场，本地市场是不太会为以本地文化为主题的公园重复出游的。如果他们希望体验本地文化，可以选择更具有原真性的本地村落、古镇。尽管如此，主题公园在建设中也必须融入本地文化元素。例如，美国的迪士尼乐园也从加州的历史遗迹中引入了许多特殊的地方文化。武汉欢乐谷增加了欢乐江城主题区，成都欢乐谷设置了巴蜀迷情主题区，上海欢乐谷开发了上海滩主题区。这些具有地方文化元素的主题区不仅丰富了主题公园的文化体验，也容易获得本地居民的认可。

市场是不断变化的，人们对主题的偏好也与时俱进。这是因为：第一，随着人们出游经验的提高，好奇心会促使人们选择更新奇的主题。一部分人宁可为未知的新主题买单，也不会重复游览已经熟知的主题。第二，随着教育的发展，以及知识获取的便捷，人们对有价值体验的认知也在不断变化，品位越高，要求更高。第三，随着科学技术的发展，许多新奇的游乐器械和游乐方式出现，为主题的表达提供了更多的可能性。人们更愿意尝试新的东西。第四，新媒体、新社交所提供的新的消费内容迫切需要主题公园所提供的主题做出调整，以呼应新市场已习惯的网络社交行为。由于上述原因，当代主题公园的主题选择变得越来越困难，对主题公园的主题管理产生了一系列影响：主题变换的速度和频率加快；主题产品之间的竞争加剧；主题的市场针对性加强；主题转化的程度更深。

尽管如此，一些主题仍然备受欢迎，见图 4.1。其中，互动性的冒险、奇幻和神秘、影视、未来科幻等仍然是人们最欢迎的主题。

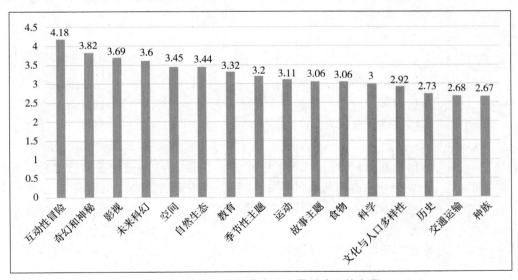

图 4.1　主题公园经营者认为最受欢迎的主题

资料来源：Milman，2001。

4.3　主题的分区

任何主题,只有转化为实际体验,落实到具体空间之上,才能发挥它的作用。主题在公园的空间上呈现,主要有3种做法:

4.3.1　一个公园只有一个大主题,不分区

早期华纳兄弟依托电影制片厂规划建设的主题公园就是根据一部影片、一个大主题,构建一个主题公园。美国第一家主题公园是 1920 年开业的诺氏果园。诺氏果园占地 160 英亩,位于美国加利福尼亚州的普安那公园,为雪松市集所有。2016 年,该公园接待游客 401.4 万人次,位列北美主题公园的第 12 位[①]。该公园在最初的设计中并没有主题分区设置,全园表现一个果园农庄的主题,主要面向家庭游客。目前诺氏果园拥有 35 个乘骑器械项目,包括过山车、家庭乘骑、儿童乘骑、水上乘骑和历史乘骑,共雇用 10 000 名员工,包括全职和季节性员工(Clave,2007)。

图 4.2　诺氏果园游览图

---

①　TEA/AECOM. The Global Attractions Attendance Report for 2016 [R]. Themed Entertainment Association (TEA), 2017.

4.3.2　一个公园划分为不同的子主题分区

将主题公园划分为不同的子主题分区是主题公园设计和开发常用的方式。例如,香港迪士尼乐园就划分为 7 个主题园区,分别为美国小镇大街、探险世界、幻想世界、明日世界、玩具总动员大本营、灰熊山谷及迷离庄园,其中灰熊山谷和迷离庄园为全球独有,见图 4.3。

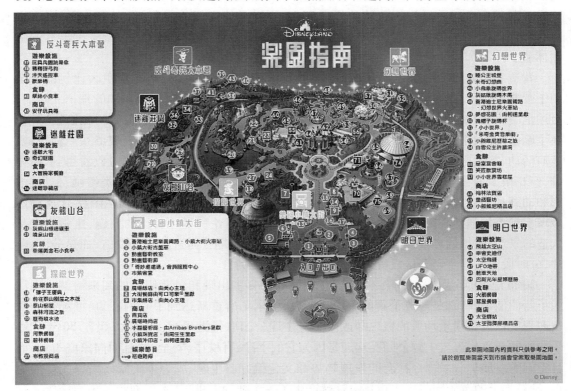

图 4.3　香港迪士尼乐园的主题分区

同样,北京欢乐谷也由 7 个子主题分区组成:峡湾森林、亚特兰蒂斯、失落玛雅、爱琴港、香格里拉、蚂蚁王国和欢乐时光。珠海的海洋王国也分为 8 个子主题区,包括以惊险刺激为主的雨林飞翔,以世界顶级娱乐观赏为主的海洋奇观,适合儿童游乐为主的以及合家游玩的缤纷世界,以海豚观赏为主的海豚湾,以冰雪设计为主的极地探险,以水为主题的海象山,以表演为主的横琴海,以迎宾、观光、购物休闲为主的海洋大街。8 个不同主题区有不同的子主题故事,从景观、建筑、项目活动到服务体验都给游客带来不一样的感受。

主题公园划分为不同子主题区,优点主要有 4 个:一是主题公园所针对的目标市场仍然是多元的,可再细分的,它们之间也有不同的体验需求。子主题分区能够为不同群体提供多样的、高品质的主题体验。二是子主题分区的设立能够为主题的表征提供更多空间,从而营造文化多样性。这种文化多样性也客观地增强了公园的吸引力。三是不同的子主题分区设置不同的子主题,布局特定的乘骑器械和演艺活动,便于公园有针对性地协调管理。四是子主题分区也有利于主题公园未来的分区更新及改造。公园的扩建或更新改造通常就是以一个子主题分区进行的。

4.3.3　能够季节性变换主题的公园

这是一种按照季节变化进行主题化包装的主题公园,类似于嘉年华。嘉年华是起源于欧洲的一种民间狂欢活动,最早可以追溯到 1294 年的威尼斯。如今,嘉年华逐渐从一个传统节日,变成包括大型游乐设施在内,辅以各种文化艺术活动形式的公众娱乐盛会。嘉年华是针对特定节日主题进行包装的娱乐狂欢,不受具体空间的限制,可以有分区,也可以没有分区。同一个节庆主题,在不同城市、不同区域,有不同的表现形式,产生了丰富的主题体验。

营造主题的成本是非常高的。主题化程度越高,意味着公园需要花费更大比例的资金用于营造难以产生直接经济收益,甚至会增加运营成本的景观、建筑、服务和管理上。然而,上述消费内容在主题上的连贯性和表现力,却能够极大地带给游客主题体验和愉悦感受。在主题公园内,主题化的表现是对主题的标的物进行微缩,增加色彩和表现形式。相应地,表演活动、餐饮服务、商品销售等都配合主题展开。这就是主题化,游客们可以看得到、摸得着,但花很少的钱在上面,它们无处不在。除此之外,因为是以幻想故事、各类漫画、传说、电影和动画片为主题,公园并不需要掩饰它的不真实,而是进一步使用夸张的手法,让这种虚拟现实感更加强烈。因此,在主题公园里,人们不会去讨论所谓原真性的问题,这根本就是人造的景观、虚拟的环境。因此,不可能一次性对整个主题公园进行更新改造,而是分区、分片、分时段改造。主题分区设置为这种改造提供了便利。

20 世纪 50 年代,高额的资本收入、休闲时间的再度出现和付费假期的到来给游乐园注入了新的能量,特别是形成了新的定位。所以,娱乐场所重新达到了它们在 20 世纪初的受欢迎程度。但是娱乐场所的概念却改变了。主题公园取代游乐园,成为 20 世纪 50 年代娱乐场所的新兴代表。主题公园受欢迎是因为它们干净、有秩序、安全,并且面向家庭市场,而且它们的发展契合了当今社会的发展趋势和文化偏好。主题,成为今天家庭娱乐关切的焦点,没有主题的游乐园将失去市场。这就产生了一个新的需求,许多早期的游乐园希望通过主题化来转型为主题公园。

先有公园再有主题,还是先有主题再有公园?这是一个主题管理的关键问题。迪士尼乐园是华特·迪士尼先生利用早已家喻户晓的米老鼠和唐老鸭等迪士尼自有的动画主题通过几年的研发,才转化为主题公园。从这个案例来说,迪士尼是先有主题,再根据主题营建主题公园。然而,现实中有很多早期的游乐园需要主题化改造,还有许多主题公园刚刚建好,却还没有恰当的主题。于是,许多主题公园是先有公园,再包装主题。实际上,先有公园,再进行主题的包装难度远远高于先有主题,再有公园。因为,公司不仅要先找到恰当的主题,把主题转化为现实体验,而这个体验还必须跟已有公园的景观、建筑、项目、服务和管理相契合。可见难度系数之大。

4.4　主题的更新

　　主题需要适时更新,以保持公园的持续吸引力。随着时代的发展和市场口味变化的加速,主题更新的速度和节奏都在加快。通常,一个主题以及承载它的景观、建筑、项目和服务在公园运营 5 年后要进行小规模更新,在运营超过 10 年后要进行大规模改造,甚至替换。当然,有些主题是常年不撤换的,比如迪士尼的米老鼠和唐老鸭,但也需要一定的内容和形式更新,以适应新的娱乐体验。与此同时,有一些主题就经常更新,且更新的频率很快,这与其所选用的主题有密切关系。

4.4.1　影响主题更新的因素

　　影响主题更新程度和速度的因素很多,主要有以下几个:

1）游客

　　受到新媒体的教化,游客偏好变化很快,求新求异的心理比以往任何时候都更加强烈;与此同时,"一分钟热度"使得许多游客不会长期聚焦于某一点。

2）同业者

　　主题公园产品层出不穷,几乎每天都有新的娱乐体验诞生,主题公园之间的竞争变得越来越激烈,这迫使公园不得不随时做出调整。

3）技术

　　新技术总是在不断革新,过山车从 2D、3D、4D 进化到 5D,新的虚拟现实技术也不断应用。新的技术带来新的体验,主题公园不可能视而不见。

4）替代者

　　主题公园毕竟是一项消费较高的城市娱乐项目,其他性价比更高、体验性更强的替代性娱乐项目对主题公园的冲击很大。

5）政策

　　一些国家和地区的政策,也迫使主题公园需要适时更新主题公园项目,以期达到环保节能、科学安全的新标准。

6）新市场

　　中国的人口在不断增长,也在不断分化,对消费内容的偏好产生了巨大而多样的细分市场,新的市场产生新的需求,代际差异越来越大,代际间隔却越来越短,上一代人喜欢的,下一代人并不一定喜欢。

7）职员

职员也是创新的主体,尤其是演艺活动的参与者,他们熟知游客的喜好,不断更新剧目,建议公园进行改造。

8）资本

资本总是追求新的投资,主题公园只有新增亮点,才会获得新的现金流,才会吸引新的投资。资本几乎不会对市场玩厌了的产品进行投资。

Milman（2001）根据对美国主题公园经营者的访谈,提出了几个会影响北美主题公园未来发展的关键因素,如表4.2所示。消费者偏好的变化、整体宏观经济的波动,以及人力资源的变化,都深刻影响着主题公园的发展。然而,对于中国这个经济处于高速发展,主题公园产业还处于上升阶段的国情而言,对主题公园产业影响最大的是消费者,还有宏观经济的波动。

表4.2　美国经营者对未来主题公园影响因素的排序

因素	感知到的重要性（1~5分）
消费者	4.34
经济动力	4.13
职员	3.88
人口动力	3.79
竞争者	3.73
娱乐的可替代选择	3.62
技术动力	3.57
当地社区	3.36
社会文化动力	3.27
政策动力	3.05
供应商	2.72
特殊利益群体	2.67
行业协会	2.66

资料来源：Milman, 2001。

主题公园已经成为许多中国家庭休闲娱乐消费的重要选择。尽管以目前中国普通民众的消费能力而言,还不能像美国家庭那样将主题公园当作一个日常消费。然而,由于中国的人口基数大,家庭数量众多,中国的主题公园收入规模相当可观。因此,过去10年,中国的主题公园产业获得巨大发展,新建了大量的主题公园。然而,要想在众多主题公园中脱颖而出,主题的鲜明特征以及由此带来的主题形象的独特性,是各个主题公园区别于其他主题公园获得市场的关键所在。当大家都拥有主题的时候,公园竞争的关键就在于谁的主题更有吸引力,以及谁的主题转化为体验做得最好。

4.4.2　主题更新的形式

为了让主题更有吸引力,主题更新必不可少,而主题更新的形式无非有 3 种:

1)使用一个新的主题

使用一个新的主题并不是整个公园更换一个新的主题,而是公园中某一个子主题分区更换一个新的主题。更换新主题的成本较高,风险也很大。因为更换一个新的主题意味着已有的场地、景观、建筑、服务、人员都要重新设计。当然,也有在现有主题公园外新建一个子主题分区,使用一个新主题的做法,如香港迪士尼乐园。通常,使用一个新的主题,就意味着放弃一个旧的主题。旧的主题要么已经失宠,市场不再青睐;要么已经没有更新改造的可能,或者更新改造的成本远高于使用新的主题。此时,使用一个新的主题是合理的。

2)在原有主题上延伸

在原有的主题上延伸、拓展,是主题更新最常用的方法。通过增加一个项目、增加一种故事情节、增加一个活动场景、丰富一种表现形式,都可以达到主题延伸的效果。主题延伸并不是放弃原有主题项目,而是对原有主题项目进行一定的优化,并在原有主题内容中找到新的转化点,形成新的体验。

3)在原有主题上叠加

在原有主题上叠加新的主题,要求前后两个主题是相互切合、关联的,通常是一个故事的上下部,或者一个系列主题的两个不同内容。与主题的延伸不同,主题的叠加不需要过多地考虑现有主题的状况,而是依据一定的空间关系,增加新的主题,融合到原有主题中。类似于在子主题分区中,再细分子主题分区。

当前,主题公园的主题更新加快,主题竞争也很激烈。在这样的背景下,主题公园要么拥有鲜明的、有绝对吸引力的主题 IP,要么具有高超的主题体验的转化能力,能够用恰当的项目和环境展现主题。今天,主题公园的主题更新变得越发困难。大型乘骑器械设备是非常昂贵的,一些高科技的新娱乐技术的费用惊人,如虚拟现实技术(虽然设备不一定贵,但内容很贵,而且要经常更换)、人机互动体验等。这些大型设备很容易吸引人们第一次出游,但却很难刺激人们第二次重游,尤其是年轻人市场。年轻人不大会为他们业已游玩过的项目再付款。因此,更换乘骑器械等大型项目的成本对于主题公园来说过于昂贵了。更换主题似乎更为合理、经济。然而,更换主题也有可能涉及更换承载主题的乘骑器械项目,其难度也不亚于仅仅更换器械设备。当然,如果更新主题只是更新"包装",那么这或许是最经济、最快捷的方式,但对游客体验的增益而言,效果并不明显。

4.4.3　主题更新的方向

在实际中,许多主题公园企业在主题更新上的关注点并不一样,主题更新的方向也有所

不同,但总体上都是聚焦于市场需求的变化而进行更新,大体有3种策略:

1)聚焦于单一细分市场

这种策略的目标是将主题公园的主题吸引由原来广域市场聚焦到能够产生核心价值的细分市场。当前,游玩主题公园的市场主题是青年市场和家庭市场。这两类市场规模最大、重游率最高,是主题公园消费的主体。然而,这两类市场之间也存在矛盾,例如带较小儿童的家庭市场不大可能游玩过于刺激的乘骑器械;而青年市场也不会进儿童乐园玩滑梯。两类冲突的市场意味着公园某些主题项目对某类群体是无效的。为了提高公园项目的有效性,针对单一市场的主题更新是一个重要方式。

2)拓展市场吸引范围

这种策略与聚焦于单一市场的策略正好相反。主题更新的方向不是放弃非核心市场,而是在现有市场基础上,通过主题更新吸引新的市场,从而扩大市场吸引范围。拓展市场吸引范围策略的使用是有前提的。一方面,主题公园足够大,能够同时容纳多个主题分区;另一方面,新吸引的市场要与原有的市场在主题体验偏好上有较多的相同点。否则就有可能变成什么市场都想争取,结果每一个争取来的市场在主题公园内都得不到满足。

3)聚焦于主题体验转化能力

这种策略不是聚焦于某一个新的主题,而是聚焦于如何提高主题体验的转化能力,将原有的主题通过新设备、新想法、新技术形成新的体验。持有这种观点的公园认为,它们所拥有的主题没有问题,仍具有市场吸引力,公园之所以需要主题更新,主要是因为目前承载主题的体验过于陈旧,已经跟不上市场需求的变化。事实上,主题是较为容易通过孵化或购买获得的,但是主题体验的转化却是主题公园的核心竞争力之一。有好的主题,不一定能够转化为好的体验。

本章小结

- 主题是主题公园的关键,也是主题公园的消费内容,它能够构建空间结构,提供营销卖点,确定服务和管理的内容和流程。
- 主题管理涉及主题孵化、选择、转化、应用、管理和营销,各个环节相辅相成,相互影响。
- 最为普遍的主题选择来源于海洋、动植物、科幻、影视、动漫、民俗文化等。这些主题主要包括以下类型:冒险、未来、国际、自然、奇幻、历史文化、电影动漫。
- 主题分区在空间呈现上主要有3种:一是一个公园只有一个大主题,不分区;二是一个公园划分为不同的子主题分区;三是能够季节性变换主题的公园。

- 主题需要适时更新,影响主题更新程度和速度的因素主要包括游客、同业者、技术、替代者、政策、新市场、职员和资本。
- 主题更新的方式主要包括使用一个新的主题、在原有主题上延伸和在原有主题上叠加3种。
- 主题更新的方向主要有3个:聚焦于单一细分市场、拓展市场吸引范围、聚焦于主题体验转化能力。

复习思考题

1. 迪士尼乐园和环球影城的主题是什么?它们之间有何区别?它们各有哪些优劣?

2. 先有公园再包装主题会有哪些困难?请举出一个先建设公园,再包装主题的公园的例子。

3. 回想你到访过的主题公园,你见过哪些主题服务体验?除了建筑、景观、项目、服务,你还见过哪些主题化的内容?

4. 主题公园的主题化程度越高越好吗?请说明你的理由。

5. 请说说长隆欢乐世界、深圳欢乐谷、芜湖方特欢乐世界的主题是什么?它们是如何表现主题的?与迪士尼乐园相比,它们在主题化方面有哪些优劣?

参考文献

［1］Clave S A. The Global Theme Park Industry［R］. Cambridge：CABI, 2007.

［2］Milman A. The future of the theme park and attraction industry：a management perspective［J］. Journal of Travel Research, 2001, 40(2)：139-147.

［3］保继刚. 大型主题公园布局初步研究［J］. 地理研究, 1994, 13(3)：83-89.

［4］保继刚. 深圳、珠海大型主题公园布局研究［J］. 热带地理, 1994, 14(3)：266-272.

第5章
主题公园产品项目的选择

　　主题是需要载体的,主题体验根本上需要一系列产品、项目、活动、餐饮、购物等实际项目来呈现。一个主题公园产品项目的总体数量以多少为宜? 各类项目的合理配比是多少? 过山车是主题公园必需的吗? 一个主题公园应该设置多少台大型过山车? 演艺活动除了是一种体验之外,还有什么作用? 主题公园的用地有限,土地是集约利用的,水体面积应该设置多大? 南方地区和北方地区是否有差别? 水上项目的数量和设置比例是多少? 室内项目和室外项目各有什么优劣? 一个公园应该如何确定室内和室外项目比例? 游乐项目、餐饮和购物的数量和空间配比是多少? 中国的主题公园在上述产品项目的规划设计中,能否直接参考欧美主题公园的经验? 本章将主题公园的产品项目分为乘骑器械、演艺活动、水上项目、服务体验、室内外项目、餐饮购物,分别讲解各类产品项目的数量和空间配比、开发要点等。

【本章学习目标】

　　1.了解各类产品项目的数量配比原则和要求。
　　2.熟悉主要乘骑器械项目的设置要求。
　　3.掌握游乐项目、餐饮、购物等项目设计要求。
　　4.了解各类产品项目的管理方法和要求。

5.1　乘骑器械项目的选配

　　乘骑器械(Rides)是主题公园最重要的游乐载体,也是主题体验最重要的体现。一些大型的乘骑器械甚至超过主题本身,成为主题公园最为核心的吸引物。乘骑器械通常分为平台乘骑(Flat rides)和轨道乘骑(Gravity rides)两种。一些学者又将平台乘骑单独划分出垂直乘骑(Vertical rides)。

5.1.1　平台乘骑

平台乘骑就是在一个平台上固定,通过机械动力促使设备旋转、回旋、翻腾等,让游客产生刺激体验的设备。平台乘骑具有占用园区面积比较小、单位设备的造价相对较低、容量适中、刺激性和娱乐性可以多种选择、设备类型丰富、易于主题包装等特点,是主题公园乘骑器械的主要选择,在数量上往往是最多的。最为著名的平台乘骑就是旋转木马,此外还有龙卷风暴、碰碰车等。深圳欢乐谷欢乐时光区的欢乐风火轮(中国第一座"三维"旋转项目)、UFO、发现者(大摆锤)、龙卷风(亚洲首个悬挂式能量风暴)、激光战车(碰碰车)等,都是平台乘骑项目。

图 5.1　平台乘骑示例

5.1.2　轨道乘骑

轨道乘骑又称重力乘骑,最早是指利用重力沿着轨道滑行的设备,现在发展为利用设备本身的动力进行轨道滑行运动。最常见的轨道乘骑就是过山车和水上滑道项目。水上滑道项目目前国内的厂商也能生产,尽管体量可以很大,但由于技术难度不大,往往不需要动力,因而造价比较低。因此,一般大量使用水上滑道项目的水上乐园,其造价都不会很高。过山车的价格就相对较高,尤其是使用技术难度较高的设备,其造价往往是以亿元人民币计算的,分为木制过山车和钢制过山车,全球以钢制过山车为主,见表 5.1。

表 5.1　全球过山车统计一览表(2018)

大洲	木制		钢制								总和
	普通坐式	雪橇式	反转式	宽翼型	悬挂式	普通坐式	站立式	管道式	雪橇式	飞行式	
总数	184	1	155	23	47	4 173	11	4	8	24	4 630
亚洲	22		70	5	19	2 148	4	4		8	2 280
北美洲	122	1	47	11	7	683	5		3	11	890
南美洲	1		5		4	165					175
欧洲	37		28	7	17	1 080	2		5	5	1 181

续表

大洲	木制		钢制								总和
	普通坐式	雪橇式	反转式	宽翼型	悬挂式	普通坐式	站立式	管道式	雪橇式	飞行式	
大洋洲	2		2			24					28
非洲			3			73					76

资料来源:杜安·马登网。

　　木制过山车是指除基础部位外全由木头拼接而成的过山车,是最古老的过山车。在欧美国家,一般主题公园都会有 1~2 台木制过山车。木制过山车所形成的景观效果较好,对木头的要求很苛刻,需坚硬、防虫、防腐蚀。木制过山车在运行中会发出碰撞声,让人感觉更惊险更刺激。木制过山车几乎都没有翻转运动,只有大大小小的山坡和扭转。乘客可以在车辆中体验到强烈的失重感、跌宕感。木制过山车通常只有腿部束缚,这让游客的上半身可以自由活动。目前,中国欢乐谷系列主题公园在上海、武汉等地以及安徽芜湖方特的东方神画都使用了木制过山车。

　　由于没有翻转效果,也不可能做成极端的垂直下降,木制过山车并不追求高度、落差或速度上的刺激体验。目前,全球速度最快的木制过山车是美国田纳西州多莉山主题公园(Dollywood)的 Lightning Rod,速度也仅为 117.5 千米/小时,与钢制过山车(超过 200 千米/小时)相差甚远。全球最高的木制过山车是韩国爱宝乐园的 Texpress,高度为 56 米。长度是木制过山车的关键指标,长度越长,价格越高,占地面积越大。目前,全球最长的木制过山车超过 2 000 米,运行时间长,体量很大。全球木制过山车长度排名见表 5.2。

表 5.2　全球木制过山车长度排名(2018)

名次	长度/米	过山车	主题公园(国家/地区)	开放时间
1	2 243	Beast	Kings Island (美国俄亥俄)	1979. 4. 14
2	1 963.5	Voyage	Holiday World (美国印第安纳)	2006. 5. 6
3	1 641	T Express	Everland (韩国京畿道)	2008. 3. 14
4	1 640.7	Shivering Timbers	Michigan's Adventure (美国密歇根)	1998
5	1 600	Jupiter	Kijima Kogen (日本别府)	1992
6	1 557.8	竹林绿蟒	南昌万达乐园(中国南昌)	2016. 5. 28
7	1 468.2	木质过山车	大侠谷(中国深圳)	2011. 7. 19
8	1 446.6	Hades 360	Mt. Olympus Water & Theme Park (美国威斯康星)	2005. 5. 14
9	1 440.2	Boulder Dash	Lake Compounce (美国康涅狄格)	2000. 5. 21
10	1 417.3	American Eagle	Six Flags Great America (美国伊利诺斯)	1981. 5. 23

资料来源:杜安·马登网。

图 5.2　安徽芜湖方特东方神画的木制过山车（丛林飞龙）

根据表 5.1 可知,钢制过山车才是当今世界上使用最广泛的过山车,全球共有 4 445 台。其中,普通坐式钢制过山车是主流,全球数量多达 4 173 台,占钢制过山车总数的 93.9%。中国是过山车的主要拥有国。截至 2018 年,中国过山车总数为 1 242 台,占全球过山车总量的 27.9%;其中钢制过山车为 1 228 台,占全球钢制过山车的 27.6%。中国过山车数量最多的是广东省,高达 174 台;其次是山东省,为 87 台。

美国第一台过山车诞生于 1884 年的科尼岛(Coney island)。随着 20 世纪 50 年代钢管轨道的引入,过山车领域发生了巨大变化。钢制过山车逐渐取代木制过山车成为过山车的主流。一个基本的过山车构造中,包含了爬升、滑落、倒转(儿童过山车没有倒转),其轨道的设计不一定是一个完整的回圈,也可以设计为车体在轨道上的运行方式为来回移动。在钢制过山车中,列车车厢既可以像传统的木制过山车那样停留在轨道上,也可以像滑雪缆车那样吊挂在车厢顶部的轨道上。在悬挂式过山车中,悬挂的列车能以一个转动接头为轴进行摆动,从而增加了一种向两侧的运动。而在悬挂翻转式过山车中,悬挂的列车则稳固地连接在轨道上,使设计师能更准确地控制车厢的运动方式。随着科技的进步,过山车的动力、结构发生了很大的改变,出现了多种类型的过山车,主要有以下几种类型:

1)按照车厢类型划分

过山车按照车厢类型可以分为 4D 过山车(4th Dimension roller coaster)、雪橇式过山车(Bobsled roller coaster)、俯冲式过山车(Dive roller coaster)、悬挂式过山车(Floorless roller coaster)、飞翔式过山车(Flying roller coaster)、倒立式过山车(Inverted roller coaster)、矿山车式过山车(Mine Train roller coaster)、摩托车式过山车(Motorbike roller coaster)、管道式过山车(Pipeline roller coaster)、侧向摩擦式过山车(Side friction roller coaster)、旋转式过山车(Spinning roller coaster)、站立式过山车(Stand-up roller coaster)、障碍赛跑式过山车(Steeplechase roller coaster)、悬浮式过山车(Suspended roller coaster)、弗吉尼亚舞式过山车(Virginia Reel roller coaster)、双翼式过山车(Wing roller coaster)。

2）按照轨道类型划分

过山车按照轨道类型可以分为回旋轨道（Boomerang roller coaster）、螺旋轨道（Corkscrew roller coaster）、双轨轨道（Dual-tracked roller coaster）、8字形轨道（Figure 8 roller coaster）、来回轨道（Out and Back roller coaster）、穿梭轨道（Shuttle roller coaster）、贴地轨道（Terrain roller coaster）、缠绕轨道（Twister roller coaster）、垂直轨道（Vertical Drop roller coaster）、鼠飚轨道（Wild Mouse roller coaster）。

3）按照动力类型划分

按照动力类型，过山车可分为牵引式过山车（Chain-lift/cable lift/Elevator lift/Ferris Wheel lift roller coaster）、弹射式过山车（Launched roller coaster）、动力式过山车（Powered roller coaster）。

表5.3　全球钢制过山车速度排名（2018）

排名	速度/公里·小时⁻¹	过山车	主题公园（国家/地区）	开放时间
1	240	Formula Rossa	Ferrari World Abu Dhabi（阿联酋迪拜）	2010.11.4
2	206	Kingda Ka	Six Flags Great Adventure（美国新泽西）	2005.5.21
3	193.1	Top Thrill Dragster	Cedar Point（美国俄亥俄桑达斯基）	2003.5.4
4	179.9	Red Force	Ferrari Land（西班牙塔拉戈纳萨洛）	2017.4.7
	179.9	Do-Dodonpa	Fuji-Q Highland（日本山梨县富士吉田）	2001.12.21
5	160.9	Superman	Six Flags Magic Mountain（美国加州瓦伦西亚）	1997.3.15
		Tower of Terror II	Dreamworld（澳大利亚昆士兰）	1997
	160	Ring Racer	Nürburgring（德国莱茵兰-普法尔茨）	2013.10.31
6	152.9	Fury 325	Carowinds（美国北卡莱罗纳）	2015.3.28
		Steel Dragon 2000	Nagashima Spa Land（日本长岛）	2000.8.1
7	149.7	Millennium Force	Cedar Point（美国俄亥俄桑达斯基）	2000.5.13
8	148.1	Leviathan	Canada's Wonderland（加拿大安大略省）	2012.5.6
9	144.8	Intimidator 305	Kings Dominion（美国弗吉尼亚）	2010.4.2
10	141.9	Hyperion	Energylandia（波兰小波兰省）	2018

资料来源：杜安·马登网。

惊险刺激的过山车是主题公园的标志，几乎没有哪个主题公园是没有过山车的。然而，过山车的数量并非越多越好。一方面，过山车的造价很高，占地面积也较大，过多的过山车意味着占用公园更多的投资和有限的土地；另一方面，游客一次游玩能够乘坐的过山车数量是有限的。不仅因为需要排队等候的时间有限，更重要的是过山车带来的刺激体验对人身体的耐受程度是有影响的。一般地,主题公园游客在一天内游玩的大型过山车不会超过 4 台。当然,一些主题公园可能设置超过 10 台过山车,以吸引游客重游,如六旗和雪松市集的主题公园。它们的设计理念之一就是既然游客一天内玩不了 4 台过山车,那就让他再来,从而增加游客的重游率。

表 5.4   全球钢制过山车高度排名(2018)

排名	高度/米	过山车	主题公园(国家/地区)	开放日期
1	139	Kingda Ka	Six Flags Great Adventure (美国新泽西)	2005. 5. 21
2	128	Top Thrill Dragster	Cedar Point (美国俄亥俄)	2003. 5. 4
3	126. 5	Superman	Six Flags Magic Mountain (美国加利福尼亚)	1997. 3. 15
4	115	Tower of Terror II	Dreamworld (澳大利亚昆士兰)	1997
5	112	Red Force	Ferrari Land (西班牙塔拉戈纳)	2017. 4. 7
6	99. 1	Fury 325	Carowinds (美国北卡莱罗纳)	2015. 3. 28
7	97	Steel Dragon 2000	Nagashima Spa Land (日本长岛)	2000. 8. 1
8	94. 5	Millennium Force	Cedar Point (美国俄亥俄)	2000. 5. 13
9	93. 3	Leviathan	Canada's Wonderland (加拿大安大略)	2012. 5. 6
10	93	Intimidator 305	Kings Dominion (美国弗吉尼亚)	2010. 4. 2

资料来源:杜安·马登网。

过山车的安全性是管理的重点。一般地,每台过山车一周都会停检一次,每半年都会小维护一次,每年都会大维护一次。由于过山车是主题公园的主要项目,停检和维护一般选择在一周里游客流最小的时候,以及一年中的淡季。每次停检或维修都要提前告知潜在游客。事实上,过山车尽管时有事故发生,但总体安全性很高。根据美国消费者产品安全委员会(CPSC)和六旗游乐园(Six Flags)的调查显示,2001 年搭乘过山车的死亡率约为十五亿分之一。

5.2   演艺活动项目的策划

演艺活动是主题公园必备的项目,甚至许多休闲度假区也有演艺活动,包括各种大型演出、场景(实景)演出、巡回演出、街头演艺等。在中国,主题公园里的演艺活动比山水实景演艺出现得更早,形式更多样。中国主题公园演艺活动最早可以追溯到 1991 年在深圳锦绣中华竹楼剧场上演的《请到锦绣中华来》。它是锦绣中华第一台大型歌舞晚会,包括瑶族《瑶山乐舞》、苗族《芦笙舞》、蒙古族《送亲歌》、景颇族《木脑纵歌》等,来自天山南北、内蒙古草原、西双版纳丛林、白山黑水的浓郁民族风格、精湛的表演技艺,质朴、豪迈、明净、旷达,饱含东方神韵。整个演出队伍都是来自全国各地最专业的表演团队,演出的艺术水准非常高,场面很震撼。1994年开业的世界之窗推出的第一台大型广场歌舞晚会——《狂欢之夜》,包括日本樱花舞、印度婆罗多舞、埃及古典舞、俄罗斯民间舞、夏威夷草裙舞、美国百老汇歌舞、西班牙斗牛舞等。它汇集了世界各民族精彩舞段,展现了多姿多彩的世界风情。

主题公园里的演艺活动本质上与其他类型的演艺活动是一致的,在发展规律、市场针对性和产品特点方面有很多共性。早期的主题公园演艺都布局在主题公园内,依托主题公园,与主题公园其他类型项目相结合,分享主题公园的游客流。主题公园内的演艺活动主要是为了活跃主题公园氛围,丰富游客体验,同时具备引导游客流动的功能。随着时间的推移,一些大型的主题演艺活动甚至具备单独吸引游客的能力,逐渐从主题公园分离出来,形成独立的剧场,如长隆的大马戏、华侨城的大剧场等,成为独立的主题演艺项目,是主题公园(集群)重要的一环。

在中国,几乎所有主题公园都有演艺活动。然而不同的主题公园企业所具备的资源和条件不同,发展演艺活动的方式、路径、运营渠道、主题内容、成本控制也有所不同。

我国主题公园演艺活动做得最早、艺术专业水准较高的是中国旅游集团(原香港中国旅行社集团)和华侨城集团。这两个国有企业拥有中国专业表演团队资源,较容易招募到国内外最专业的表演演员。因此,无论是中国旅游集团在锦绣中华、中国民俗文化村、世界之窗深圳海泉湾系列度假区的演艺活动,还是华侨城集团在欢乐谷系列主题公园的大型表演活动,其追求的艺术效果和演艺的专业水准都比较高,见图5.3。

图5.3 华侨城大型实景演出《金面王朝》

主题化程度最高、互动体验性最强、娱乐性较好的则是迪士尼乐园的演艺活动。无论是香港还是上海的迪士尼乐园,演艺活动都在园区内,主要通过主题动画、人物表演活动、科幻投影等方式展示故事情节。迪士尼乐园的演艺活动非常注重娱乐性和互动参与性,置入大量与游客互动的环境和情节,让游客身临其境。游客在演艺活动进行中也并非完全静止地坐着,可能是站着,也可能出现3D效果,见图5.4。

如果从经营的实际效果看,宋城集团的演艺活动和长隆集团的大马戏是目前中国比较好的。宋城演艺成功打造了"宋城"和"千古情"品牌,产业链覆盖旅游休闲、现场娱乐、互联

图 5.4　上海迪士尼乐园的《风暴来临：杰克船长之惊天特技大冒险》

网娱乐，是世界大型的线上和线下演艺企业。目前，宋城演艺旗下拥有 30 个各类型剧院，约 65 000 个座位，超过世界两大戏剧中心之一的伦敦西区全部剧院的座位总数。目前宋城演艺已建成和在建杭州、三亚、丽江、九寨、上海、桂林、张家界、西安、龙泉山等数十个大旅游区、三十大主题公园、上百台千古情及演艺秀，并拥有宋城六间房、宋城中国演艺谷等数十个文化娱乐项目。宋城演艺的运营模式就是依托成熟剧目，在不同城市进行地方化调整，形成规模优势，演员跨区流动，剧目跨城变换，实现在不同城市的常换常新，保持持续吸引力。

图 5.5　宋城演艺的《宋城千古情》

　　长隆的大马戏独树一帜，已经成为独立的演艺项目，与广州长隆野生动物园、欢乐世界等形成了日游野生动物园（或欢乐世界）、夜赏大马戏的综合体验。2014 年，广州长隆国际大马戏演艺项目接待观众 140 万人次，票房收入高达 5.8 亿元，收入远高于其他同类演艺项目。长隆大马戏利用长隆独有的动物资源，融合杂技和惊险表演，以娱乐性取胜。

　　主题演艺活动的策划需要关注以下几个方面：

　　第一，在艺术追求上要有所取舍。艺术性是一切主题演艺活动的基本属性，也是区别于街头表演的关键所在。然而，过分追求艺术性有时候会适得其反。主题公园的演艺活动主要是针对家庭游客、青少年游客日常休闲娱乐，注重主题演艺的参与性、互动性和娱乐性，形成主题体验。从这个意义上说，如果主题演艺的策划过分追求高品位的艺术享受，其市场受众必然与主题公园主体市场不一，大量的投资不一定能够带来良好的效益。

　　第二，在投入产出上要有市场基础。近年来，主题演艺活动的投资越来越大，过亿的投

图 5.6　长隆大马戏

资比比皆是。例如,早期华侨城集团在锦绣中华和中国民俗文化村的演艺活动投资也就千万计,而今《金面王朝》的投资就超过 2 亿元。一些公园甚至单个剧目的投资就过亿。由于主题演艺需要常换常新,如果演艺活动不能实现连锁经营的规模效益以分摊投资,加之没有良好的上座率,投资风险是很大的。

第三,在演艺内容上要有差异特色。演艺活动本质上要有差异,一方面要跟主题公园内其他演艺活动形成差异;另一方面要与其他主题公园的演艺活动形成差异。目前市场上大量模仿性的类印象、仿印象、亚印象作品横空出世,艺术造诣良莠互见、参差不齐,给人复制、移植或雷同之感。如果一个区域内有两场内容题材相似程度较高的演艺,这样的竞争不仅大家赚不了钱,也扰乱了市场的秩序,极易陷入价格战。演艺活动的主题内容选择要与主题公园的主题相一致。如果主题有差异了,那么演艺活动的差异化就有了参考。

第四,在经营成本上要有所控制。不像过山车等固定设备,投入和运营成本相对固定,演艺活动的经营成本弹性很大。演艺活动是舞台硬件投入较大、人工成本较高的项目。相应地,变换剧目就意味着换舞台和换演员,而新增的剧情也就意味着更多的投入。更为重要的是,演员只是每天特定时段表演一两场,如果不能让演员分摊其他演出,人员成本也非常高。与此同时,过分追求专业团队、著名导演、大型设备,也会造成较高的运营成本。此外,设备运行、市场渠道开拓、产品的更新,都需要耗费大量资金,因而从投资到运营都需要严控成本。

第五,在演艺内容上要有所更新。演艺活动以内容为王,要想吸引游客重游,必须在演艺内容上不断推陈出新,形成新的吸引力,让游客常看常新。然而,更多、更频繁的更新,就意味着更高的投入。因此,主题公园演艺活动的更新,需要注意节奏和更新方式。一方面,演艺的更新要根据游客重游规律进行,节奏控制要适中。大型剧目一般要 2~3 年更新一次,中型剧目一般要 1~2 年更新一次,一些小型剧目则更新得更频繁。另一方面,演艺活动的更新不一定是更新全部内容,可以是主题不变,更新部分情节;可以是演艺团队改变;当然,也可以是主题改变。通常,主题改变要和整个主题分区的调整相一致。

此外,主题公园的巡游表演和街头表演也是演艺活动的主要组成部分。上述演员一般就是大型演出的演员,轮换形式出演。巡游表演和街头表演具有很高的互动性和参与性,历来是主题公园重视的项目,见图 5.7。

图 5.7　上海迪士尼乐园的巡游表演

5.3　水上项目的配比设置

水上项目分为两种类型,一类是亲水体验项目,即游客需要在水中游乐的项目;另一类是近水体验项目,包括各种近水观演活动以及需要游客感受刺激的水上体验但又不需要下水的乘骑器械,如激流勇进。前者对水温非常敏感,如果主题公园使用的不是温水,那么这类水上项目在气温较低的季节就必须停运。后者则不然,即使在南方的冬天,也是可以开展的。水上项目可以是主题公园的某个子分区,也可以独立出来,形成水公园(water park)。水公园是主题公园的一种类型,它以亲水项目和近水项目为主要吸引物,包括游泳池、水滑梯、喷水池(水上运动场)、漂流河道、水上演艺等项目。水公园最早诞生于 20 世纪 40 年代的美国,包括室内水公园和室外水公园两种类型。其中,最著名的室内水公园就是 1985 年在加拿大阿尔伯省的埃德蒙顿市的西埃德蒙顿购物中心水公园。

图 5.8　西埃德蒙顿购物中心水公园

　　最近几年,广州长隆水上乐园、重庆加勒比水上世界、欢乐水魔方连锁品牌、成都国色天香水上公园、苏州乐园水上世界、武汉玛雅海滩水公园等,已经成为中国著名的水公园。其中,广州长隆水上乐园 2016 年接待游客 253.8 万人次,同比增长 7.9%,位列全球水公园的第一名。2017 年美国主题娱乐联盟 TEA 和美国 AECOM 集团联合发布的全球水公园统计报告显示,2016 年全球前 20 名的水公园共计接待游客 2 968.8 万人次,园均接待 148.44 万人次,见表 5.5。从这个数据上看,水公园的接待量并不大。游客量超过 200 万人次的水公园就能够名列全球前茅,与一般的主题公园比不了。然而,水公园与一般的主题公园不同,受气温和水温的影响,水公园每年的营业时间比较短。在中国南方,一般水公园的营业时间从 4 月下旬开始到"十一"过后结束,营业天数仅为 160～170 天。如果再除去恶劣天气(如台风、暴雨、雾霾等),实际营业的天数更少。更为重要的是,北方的营业天数远比南方短,因而北方的水公园倾向于建设室内水公园,以维持较长的营业时间。

表 5.5　全球水公园游客量排名(2016 年)

水公园	国家/地区	增长率/%	2016 年/人次	2015 年/人次
长隆水上乐园	中国广州	7.9	2 538 000	2 352 000
迪士尼世界飓风湾	美国奥兰多	-0.7	2 277 000	2 294 000
迪士尼世界暴雪海滩	美国奥兰多	-0.8	2 091 000	2 107 000
THERMAS DOS LARANJAIS	巴西奥林匹亚	11.2	1 959 000	1 761 000
巴哈马水世界冒险乐园	巴哈马天堂岛	0.0	1 868 000	1 868 000
加勒比湾水公园	韩国京畿道	8.1	1 550 000	1 434 000
水上乐园	美国奥兰多	-4.0	1 536 000	1 600 000
海洋世界	韩国京畿道	-2.4	1 473 000	1 509 000
水世界冒险乐园	阿联酋迪拜	2.1	1 430 000	1 400 000
HOT PARK RIO QUENTE	巴西卡达斯诺瓦斯	7.2	1 381 000	1 288 000

资料来源:TEA & AECOM. The Global Attractions Attendance Report for 2016 [R], Themed Entertainment Association
　　　　(TEA), 2017。

几乎所有的主题公园都有水上项目,而完全独立的水公园则主要分布在亚洲和美洲的阳光地带。水公园的开发和管理,主要有以下 6 个要点:

第一,水公园主要选址在气候温暖的地区。独立的水公园主要依赖于各种水上项目,而亲水项目则必不可少。亲水项目需要游客下水游泳,那么水温是否适宜就十分重要。全球大多数水公园都是季节性营业的,即只在一年中的温暖季节营业。由于热带和亚热带温暖季节比较长,水公园大多布局于此。

第二,水公园通常是度假区或目的地的一部分。独立的水公园通常是整个度假区或主题公园群落的一部分,很少作为单独的项目出现,而是作为旅游综合体开发的一个部分。这是因为:一方面,水公园的实际游玩时间比较短,且主要集中在夜间消费,与其他类型景区能够形成互补;另一方面,水公园作为独立的吸引物,其吸引力较小,单一的水公园很难对较远距离的市场产生吸引。

第三,亲水项目和近水项目配比要恰当。亲水项目需要游客下水游泳,天气太冷或太热都影响实际下水游客的数量。夏天往往是亲水项目的旺季,然而夏天天气太热,白天实际下水的人并不多,主要是傍晚到晚上是高峰期,给游客管理和容量管理带来困难。近水项目可以有效分摊亲水项目的客流。因此,亲水项目和近水项目需要在开发和管理上作互补设置,且近水项目数量远大于亲水项目。

第四,配套设施和服务要合理规划和管理。水公园的近水项目和亲水项目不是单独设置的,而是需要配套相应的设施和服务,形成综合消费。随着水公园的面积不断扩大,公园设计更趋人性化,在游泳池及游乐设施区之外,加入其他功能区域,如餐饮区、休息区、休闲娱乐区等缓冲区。

第五,服务和管理人员的配比要恰当。水公园的安全管理至关重要,每年都有一些水公园爆出游客溺水的事件。一般地,水公园整体的工作人员与游客的配置比例为 1∶20,即 20 名游客需要配置 1 名员工。因此,一个日均游客量为 1 万人的水公园,至少需要 500 名员工。然而,一些重要区域,则需要配置更多的员工,如游泳池的配置比例甚至高于 1∶10。只有恰当的员工、游客配置比例,水公园的安全管理才有基础保障。

第六,水公园室内与室外项目的合理配比。独立的水公园除去土地费用,其本体的投资并不高。由于水公园年营业时间短,设施设备长期闲置,折旧率比一般的游乐器械高,折旧期相应较短。过高的投资将导致水公园无法在折旧期内收回成本。室内项目比室外项目投资大,需要建设外围建筑,一般公园都尽可能避免建设室内水公园。一般地,北方地区室内水公园比例高于南方地区水公园。

主题公园内部的水上项目开发和管理也可以参照独立水公园的开发和管理经验。一般地,主题公园只会拿出一个分区做水上项目。考虑到水上项目在一天中的傍晚和夜晚才是游客流高峰,因此国内一些主题公园将水上项目设置为一个独立的分区,以方便单独收取门票,如欢乐谷的玛雅水公园。水上演艺项目是一个投资风险较高的项目,这类项目的投资比较高,占用的园区面积也比较大(需要一个较大的湖区和近水观演台),如果没有惊险刺激的水上场景表演或独特的水上动物表演,很难吸引足够的游客。

5.4 餐饮与购物设施配比

主题公园内的餐饮与购物需要与主题公园在主题、容量和空间分布上相互协调。在不同的国家和地区,主题公园游客的消费习惯并不一样,而不同主题公园的市场针对性也有所差异,这决定了各个主题公园餐饮、购物和游乐项目之间的主题设定、容量配比和空间分布存在一定的差异。我们一般把游客到达主题公园之后产生的门票以外的个人消费称为主题公园"二次消费"。由于一些主题公园,尤其是美国的主题公园在公园外有很多餐饮、娱乐、购物等消费空间,因此二次消费又分为园内二次消费和园外二次消费。在美国,主题公园的二次消费量很大,二次消费占游客总消费的比例很高。所以,许多美国主题公园通过降低门票消费(如发行会员卡、提供门票优惠)吸引更多游客的到来,通过游客的二次消费来获得较高的收益。日本东京迪士尼的游客二次消费比例也很高。日本普通游客到访迪士尼乐园的重游率很高,往往超过80%,而游客园内二次消费能够占到游客总消费的50%以上。许多年轻游客进入迪士尼,就扮成卡通人物的造型游玩一整天,在园内就餐、购物。因此,迪士尼乐园在上述地区的园内餐饮和购物点的数量配比较高,基本按照1∶1∶1来配置游乐项目、餐饮点和购物点,见表5.6。

表5.6 迪士尼主题公园餐饮与购物设施配比

主题公园		游乐项目		餐饮点		购物点	
		数量	百分比/%	数量	百分比/%	数量	百分比/%
洛杉矶迪士尼乐园		54	38	31	23	51	37.5
奥兰多迪士尼世界	魔幻王国	42	34.7	31	25.6	48	39.7
	未来世界	25	31	22	28	33	41
东京迪士尼乐园		30	31	28	29	39	40

资料来源:保继刚,2015。

然而,上述情况在中国内地和中国香港则有所不同。在中国内地,主题公园游客的园内二次消费比例很低。大多数主题公园除门票外的收入不足总收入的80%。许多主题公园游客都倾向于携带大量的餐食入园,出园的时候也不购买主题商品。造成这种现象的原因很多,主要有以下三个方面:第一,许多主题公园的商品价格过高,而主题商品又缺乏个性和创意,无法激发游客的购买欲望,无法刺激游客消费。第二,中国内地游客长期以来倾向于携带餐食出游,不仅是去主题公园,去其他景点也如此。这已经固化成为出游习惯。第三,餐饮与购物设施和服务的体验性太差,与主题公园整体的主题氛围不相符,又没有特殊之处,游客不会在主题公园内为毫无主题体验的东西消费。

因此,针对不同国家和地区,主题公园的餐饮和购物需求的估算、空间的分布和主题的策划要有相应的调整。

5.4.1　餐饮与购物设置的一般规律

尽管存在诸多差异,主题公园的餐饮和购物的配比和管理仍有一些可循的规律:

1)主题商品与非主题商品要区别管理

主题餐饮和主题商品是依据主题公园的主题进行主题化包装,具有一定主题体验的产品和服务,其价格不仅包括产品和服务本身的功能价值,还应该有主题价值。因此,主题商品要比普通商品贵。非主题商品实际上就是没有主题体验的产品和服务,游客也可以在园区外购买。这类商品的价格一般与园区外的价格无差别,即使有,差别也很小。

2)购物点要按照入园和出园时段布局

游客入园后一般按照设计路线靠右行走,从右往左按照空间顺序游玩整个主题公园。因此,在入园的阶段,游客不会马上购物,即使有购物,也只是购买能够穿扮的主题饰品、衣服和道具。因此,在入园大道的右侧,通常不布局大型购物点,但在出园大道的右侧,则集中布局大型购物点,甚至游客必须经过购物点才能出园。因为游客购买商品集中在出园阶段。

3)主题商品要与子主题分区和项目协调

主题公园一般会在大型乘骑项目的出口区域布局与该项目主题相关的商品,主题公园也会根据各个不同的子主题分区设置不同主题的商品。某些主题商品只能在特定的主题子分区购买到。更为重要的是,主题公园还会根据公园节庆活动提供特定季节的主题商品。

4)餐饮点需要根据游客的消费习惯布局

游客在入园时段只会购买一些饮料、点心等快速餐饮,不会停留消费。一般在午餐时段,游客会走到主题公园的第二或第三个主题分区。因此,在这两个分区需要布局大量餐饮点,并提供足够的弹性餐饮供给容量,因为大量游客会集中在这个时间用午餐。最后两个分区可能是游客晚餐时段的就餐点,相应的餐饮点布局有所侧重。

5)餐饮和购物要设置足够的弹性供给量

主题公园游客流的季节性很显著,淡旺季分明,加上游客在园内餐饮和购物消费又相对集中,这就要求主题公园的餐饮和购物要设置足够的弹性供给量。例如,一些餐厅在固定的餐位之外,还应该能够提供20% ~ 50%的弹性座位供给量。同时,主题公园还可以在旺季增设流动餐饮点,为游客提供快餐。

5.4.2　餐饮点的估计与管理

主题公园的餐饮需求量规划基于“一天”来设计。如果进餐时间(随文化背景变化,美国、欧洲、亚洲各不相同)的游客量峰值被计算出来,那么这一时间段内希望进餐的游客比例也能被估计出来。对于北美的公园来说,这一比例的平均值是 35%。这个数据意味着每个小时餐饮服务的需求量也许能明确。这些服务必须分布在不同类型的餐饮点上。另一方面,由于服务类型的不同,一顿饭的持续时间也会不同,因此,每个小时预估的服务点数量也有所不同。比如在美国,一顿自助餐平均需要 38 分钟,美食餐厅需要 60 分钟,小吃需要 15 分钟,自助服务需要 22 分钟(Clave,2007)。这些决定了平均每个顾客需要的现金数量、座位数量、排队队列数和空间,还决定了与餐饮服务相关的设施需求量(供应量、储备量、配送、加工和菜单)以及其选址和服务流程。在任何情况下,需要表明的是很多东西,比如已经提到的餐饮,受文化环境等众多因素制约。一般情况下,对于北美的公园,有效的原则和参数不能直接应用在世界其他地方。比如,西班牙美食餐厅预估所需的服务容量和用餐持续时长要高于北美。在中国,各地的消费文化也不尽相同,相应的就餐时间估计也需要因地制宜。

主题公园餐饮需求的估计和餐饮规划、设计、建设和管理的流程如图 5.9 所示。早期的主题公园,食物往往不是主要考虑因素,大部分时间游客只是尽快吃完,这样就可以继续游玩主题公园的项目。如今,游客对主题公园园内用餐的需求开始提升,主题公园也尝试为他们提供各种选择,餐馆和菜单的种类变得更加丰富。主题公园的餐饮逐渐成为游客主题体验的一部分。华特迪士尼世界拥有 475 家餐馆、售货亭和食品店,提供各式美食。与此同时,一些主题公园也举办美食节,以吸引游客就餐。如迪士尼的未来世界主题公园的食物与葡萄酒节现在已经成了长达 62 天的节庆,吸引来自全球各地的游客。很多迪士尼餐馆也进行了扩张,为游客提供更多的餐食。迪士尼乐园还会为一些特殊人群提供个性化的小吃。随着餐饮从功能性消费转变为体验性消费,相应的餐饮需求规模、需求层次和需求的空间分布也发生了变化。最为直观的指标是,游客在餐饮点消费的时间比以往更长。在这样的背景下,餐饮需求的估计以及空间分布需要遵循图 5.9 所示的流程。

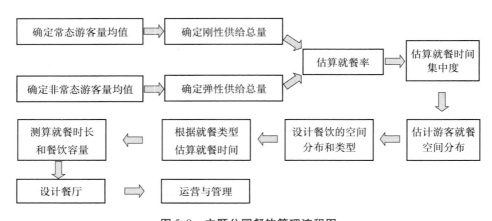

图 5.9　主题公园餐饮管理流程图

根据图 5.9 可知,主题公园首先要确定常态游客量均值以计算刚性供给总量,而所谓刚性餐饮供给总量就是主题公园平季每日或全年日平均的餐饮需求量。这个刚性的供给总量与以下几个因素相关：一是刚性供给，满足常态游客量下的餐饮需求；二是刚性供给量 $=\int$（略高于平均的游客量，就餐概率）；三是刚性座位量 $=\int$（刚性供给量、人均就餐时间、供应时长、就餐集中度）。

根据上述关系，人均就餐时间越长，座位设计数量越多；餐厅餐饮供应时间越长，座位设计数量越少；游客就餐集中度越高，座位设计数量越多；游客的就餐率越高，座位设计数量越多。

弹性餐饮供给总量是满足主题公园旺季"额外"新增的就餐量。一般而言，每周的周末、节假日、主题公园庆典活动等都是旺季需求。游客量比平时多出一倍，甚至几倍。因此，主题公园必须设定足够的弹性供给量以满足倍增的就餐需求。这个弹性的供给总量与以下几个因素相关：一是弹性供给，满足非常态游客量下的额外餐饮需求（旺季、特殊事件）；二是弹性供给量 $=\int$（非常态的额外游客量，额外群体就餐概率）；三是弹性座位量 $=\int$（弹性供给量、人均就餐时间、供应时长、就餐集中度）。

同上，人均就餐时间越长，座位设计数量越多；餐厅餐饮供应时间越长，座位设计数量越少；游客就餐集中度越高，座位设计数量越多；游客的就餐率越高，座位设计数量越多。

图 5.10 新加坡环球影城的流动餐饮点和餐厅弹性供给座位
资料来源：作者拍摄。

此外，主题公园餐饮点的运营管理还有一系列管理参数可供参考。

①餐厅定员＝座位数×餐次×计划期天数，反映餐厅接待能力。

②职工人数＝（期初人数+期末人数）/2，反映计划期人员数量。

③座位利用率＝日就餐人次/餐厅座位数×100%，反映日均座位周转次数。

④餐厅上座率＝计划期接待人次/同期餐厅定员×100%，反映接待能力每餐利用程度。

⑤餐饮成本率＝原材料成本额/营业收入×100%，反映餐饮成本水平。

⑥销售利润率＝销售利润额/销售收入×100%，反映餐饮销售利润水平。

⑦职工接客量＝客人就餐人次/餐厅（厨房）职工人数，职工劳动程度。

⑧门面价值计算公式：保本点＝每天固定开支（房租+水电+税收+人工+杂项）。

⑨保本点×保本营业额＝1÷预定毛利率。

⑩保本营业额÷平均每客消费÷每天的保本上座率＝平均每桌餐位数。

一般地，主题公园里有4种基本的餐饮服务：小吃店、快餐、自助餐和美食餐厅。贩卖小吃的小亭，一般根据其所在位置的公园主题的节点来装饰，用以满足冲动性消费需求，在游客途经时消费。快餐店提供更加一致的产品，在游客进入餐厅或闲逛经过时消费。自助餐厅提供自助服务和有限能力接待团体。美食餐厅可能是主题化的，提供传统餐厅的服务，其分布根据估算容量和每个主题区域的人流量而定。在此基础上，餐厅类型还存在一些变化。比如，迪士尼有以下类型的餐饮服务：美食餐厅、自助餐、快餐、外卖小吃、表演餐厅、宴会餐厅、机构餐厅和自动贩卖机。

5.4.3　购物点的设计与管理

餐厅和商店的选址通常依照游客的消费需求和行为，主要位于进出公园的道路和主题区域的主要集散中心内。一般商店大多集中分布在靠近公园进出口的位置，游客为了留下纪念通常在离开公园时购买一些东西，或者在进入公园时购买一些特定的东西（比如胶卷）。其他冲动性消费的地方则遍布公园各处，比如每个主题节点通常有致力于叙述观点的商店。从娱乐体验的角度来看，每个主题区域服务项目（包括餐饮和商店）的布局与满足顾客的消费心理相关。在一定程度上，这些服务项目有助于延迟游客在主题区域间的转移。

主题公园购物分为园内购买园内消费的商品和需要带回家留作纪念的商品。二者有着本质区别。园内消费的商品主要是一些小型的主题商品，游客穿扮在身上，戴上道具游玩一天。然而，当游客回家后，这类主题商品可能不再使用，也不会拿来送人。另一类则是可以称之为纪念品或礼品的主题商品。游客购买这类商品主要是在出园的时间段，往往不会一入园就购买这些商品。因此，根据游客的这些消费行为和规律，购物点的设计与管理也就有所不同，主要分为3个类型，见表5.7。

表5.7　主题公园购物点的类型和设计要求

购物场所	服务能力	人员配置	店面规模	经营内容
小型购物点	服务半径：50米 到达时间：1分钟 交易次数：400次/天	2～3人	9～15平方米，略大于流动摊点	简约类购物点，主要经营饮料和小吃，同时可以销售小型主题商品和纪念品
中型购物点	服务半径：100米 到达时间：2分钟 交易次数：800次/天	4～6人	16～50平方米，部分店面外加户外茶座，面积不计入店面	综合类购物点或主题商品专卖店，主要经营饮料、小吃和主题商品，部分依托游乐器械的购物点可以提供摄影服务
大型购物点	服务半径：200米 到达时间：5分钟内 交易次数：1 500次/天	7人以上	超过50平方米，出口区店面要适当加大	大型综合类购物点，主要经营主题商品，兼营饮料和小吃，提供其他相关服务

通常,大型购物点只会设置在出园的主干道附近,是出园人流必经之地。每个乘骑器械项目或者受欢迎的演艺活动项目的必经出口,也都设置相应的购物点,但主要是中型购物点。其他区域会遍布一些小型购物点。除此以外,在主题公园的旺季,公园还会增设一些流动购物点,以方便游客购买,见图 5.11。

图 5.11　新加坡环球影城的流动购物车

资料来源:作者拍摄。

主题公园的购物点可以是主题公园的自有品牌,依据公园主题延伸开发相关商品和服务。这类购物点由于与公园主题契合,是主题体验的一部分。在这方面,迪士尼乐园和环球影城做得比较好,这两个系列的主题公园的主题商品销售都比较好。一些主题公园也会引进有一定主题的购物品牌店。环球影城主题公园就拥有一批自有品牌的购物点,主题商品的种类很多,并根据电影主题不断变换,保持了持续的吸引力。例如,位于日本大阪的环球影城于 2001 年 3 月 31 日开幕。该主题公园主要定位为女性和家庭市场,尤其是亲子市场。日本环球影城的商店按照主题分为旧金山、哈利·波特的魔法世界、环球奇境等 8 个部分,其中环球奇境主题乐园中融合了日本人气卡通人物 Hello Kitty,粉红色的商店吸引了无数游客的目光,见表 5.8。

表 5.8　日本环球影城购物点一览表

主题分区	购物点
旧金山	旧金山糖果店
哈利·波特的魔法世界	桑科的恶作剧商店、蜂蜜公爵、奥利凡德魔杖店、聪明农场魔术品店、猫头鹰邮局 & 猫头鹰小屋、德维与班吉巫师用品商店、风雅牌巫师服装店、费尔奇没收来物品的商店
环球奇境	史努比摄影棚商品屋、芝麻街儿童商店、Hello Kitty 的丝带时尚精品店、Hello Kitty 的照相屋、大鸟和厄尼的精品店和游戏房
纽约	蜘蛛侠纪念品店、蜘蛛侠列车照相馆、神奇蜘蛛侠的好机会照相馆、梦幻照片、环球影城纪念品店、电影画廊、园区内庆典活动

续表

主题分区	购物点
好莱坞	影城纪念品店东部、影城纪念品店西部、外景棚装饰品店、环球影城百货商店、比佛利山庄纪念品店、罗帝欧大道礼品屋、加州糖果饼干店、卡通人物4U、Hello Kitty知名款式、莫比的幸运屋、影城风格、摄影屋、好莱坞派对、4D电影商品屋、梦幻太空车站、气球、花生专区商店等
小镇亲善村	亲善岛礼品屋、大白鲨照相馆、亲善村漫步道游戏、好莱坞电影化妆
侏罗纪公园	侏罗纪公园纪念品店、侏罗纪公园列车照相馆、飞天翼龙照相
小黄人乐园	粉丝商店、小黄人欢乐商店、甜蜜俘房、香蕉晾台、宇宙杀手、动手做美食、幸运照相馆、小黄人拉力游戏

资料来源:日本环球影城官网,数据查询日期为 2018 年 4 月 27 日。

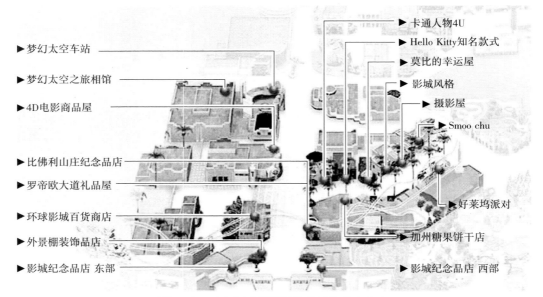

图 5.12　日本环球影城好莱坞区购物点分布

资料来源:日本环球影城网站。

　　根据图 5.12 可知,购物点在整个主题公园各个子分区的分布并不是均匀分布的,而是根据游客一天游玩的时空规律来安排的。其中,环球影城的好莱坞区是园区的出入口,布局了大量的购物店,尤其是该分区的左侧,为园区出园的主要通道,也是出园人流的主要方向,布局了大型的、综合的购物点。

本章小结

- 乘骑器械是主题公园最重要的游乐载体，也是主题体验最重要的体现，通常分为平台乘骑和轨道乘骑两种。

- 平台乘骑具有占用的园区面积比较小、单位设备的造价相对较低、容量适中、刺激性和娱乐性可以有多种选择、设备类型丰富、易于主题包装等特点，是主题公园乘骑器械的主要选择，在数量上往往是最多的。

- 过山车的造价很高，占地面积也较大，游客一次游玩能够乘坐的过山车数量是有限的。一般地，主题公园游客在一天内游玩的大型过山车的数量不会超过 4 台。

- 过山车的安全性是管理的重点。一般地，每台过山车一周都会停检一次，每半年都会小维护一次，每年都会大维护一次。

- 动物演艺项目、人员演艺项目和卡通演艺项目在开发、管理和体验的区别是什么？

- 演艺活动在艺术追求上要有所取舍，在投入产出上要有市场基础，在演艺内容上要有差异特色，在经营成本上要有所控制，在演艺内容上要有所更新。

- 水上项目分为亲水体验项目和近水体验项目，前者对水温非常敏感，这类水上项目在气温较低的季节就必须停业。后者即使在南方的冬天，也可以开展。

- 水公园主要选址在气候温暖的地区，经常作为度假区或目的地的一部分，亲水项目和近水项目要恰当配比，配套设施和服务要合理规划和管理，服务和管理人员的配比要恰当，水公园室内与室外项目要合理配比。

- 主题公园内的餐饮与购物需要与主题公园在主题、容量和空间分布上相互协调。在不同的国家和地区，主题公园游客的消费习惯并不一样，而不同的主题公园的市场针对性也有所差异，这决定了各个主题公园餐饮、购物和游乐项目之间的主题设定、容量配比和空间分布存在一定的差异。

- 主题公园二次消费是指游客到达主题公园之后产生的门票以外的个人消费，分为园内二次消费和园外二次消费。欧美主题公园游客的二次消费很高，而中国（不包括港、澳、台地区）主题公园游客的二次消费很低。

- 餐饮与购物点规划和管理的一般规律：主题商品与非主题商品要

区别管理、购物点要按照入园和出园时段布局、主题商品要与子主题分区和项目协调、餐饮点需要根据游客的消费习惯布局、餐饮和购物要设置足够的弹性供给量。

复习思考题

1.通过实地考察一家中国的主题公园，了解和比较该主题公园各类商品的价格与园区外同类商品的差价。

2.主题公园的水上项目或者独立的水公园能否使用温泉水建设？有什么利弊？

3.如何提高乘骑器械项目的安全管理水准？

4.餐饮点是自营还是外包？利弊在哪里？请举例说明。

5.演艺活动管理的关键是什么？以人表演为主、以动物表演为主、以卡通表演为主的演艺活动有什么区别？

参考文献

[1] Clave S A. The Global Theme Park Industry[R]. Cambridge：CABI,2007.

[2] 保继刚,等.中国主题公园研究[M].北京:科学出版社,2015.

第6章
主题公园的盈利模式管理

盈利模式(Profit Model)是管理学的重要研究对象之一。主题公园的盈利模式指按照利益相关者划分的公园收入结构、成本结构以及相应的目标利润。它是主题公园通过自身以及相关利益者资源的整合并形成的一种实现价值创造、价值获取、利益分配的组织机制及商业架构。盈利模式管理就是实现上述目标的管理过程,通俗地说就是主题公园如何通过有效的运营管理实现赚钱的目的。在实践中,大多数主题公园主要依靠门票收入维持经营,门票就是其最主要的利润来源。此外,一些景区可以通过场地租赁、输出管理、出让知识产权等方式,也能获得利润,且收入不菲。不同的盈利模式,决定了主题公园管理的重点,也决定了公园采取何种策略以维持可持续经营。那么,主题公园的盈利点有哪些?不同主题公园的盈利结构如何? 它们是如何实现盈利的? 主题公园如何设计一个可持续的盈利模式?

【本章学习目标】

1.熟悉盈利点、盈利结构、盈利模式等概念。

2.熟悉盈利模式管理的基本流程和管理重点。

3.了解全球主要主题公园企业所采取的盈利模式。

4.学会制订主题公园的盈利模式管理。

6.1　盈利模式的基本概念与理念

主题公园盈利模式、运营模式和营销模式的最大区别在于思维模式的差异。运营模式是为了把主题公园管理好,营销模式是为了把主题公园产品卖出去,而盈利模式是为了把钱赚回来。对于一个景区而言,赚钱的方式是很多的,一方面,主题公园可以像迪士尼那样做成百年老店,保持持久品牌,还能卖出知识产权和输出管理,大家都模仿它;另一方面,主题公园也可以赚"快钱"。主题公园或多或少都有首期效应,即开业的前两年,由于新、奇、特,总会有市场买账。赚"快钱"就是在开业的前两年,杀鸡取卵式地快速收回投资成本,后期经营是否可持续不管。两种方式都能够盈利,关键是企业的战略是什么?企业想要什么?盈利的目的是什么?

6.1.1　净利润与现金流

盈利的概念包含两个方面:净利润和现金流。净利润是企业一定时期实现的用货币表现的最终财务成果,反映了企业的经营业绩和财务能力。它是以权责发生制为基础,依据收入同费用的配比和因果关系而形成的。净利润是指在利润总额中按规定交纳了所得税后公司的利润留成。净利润的多寡取决于两个因素,一是利润总额,二是所得税费用。由于所得税费用相对固定,净利润的主要决定因素是利润总额,而利润总额由运营成本和运营收入决定。现金流是指企业在一定会计期间按照现金收付实现制,通过一定经济活动(包括经营活动、投资活动、筹资活动和非经常性项目)而产生的现金流入、现金流出及其总量情况的总称,即企业一定时期的现金和现金等价物的流入和流出的数量,反映的是企业现金的实际进出。

一般而言,一个正常运营的主题公园都拥有良好的现金流,因为每天都有大量游客购票入园。然而,由于各个主题公园的投资成本和运营成本的差异,其利润就存在很大不同,净利润可能为负数。例如,香港迪士尼乐园就拥有良好的现金流。香港迪士尼乐园门票价格高达 499 港元,每年都有超过 600 万人次的游客购票入园,产生超过 40 亿港元的营业收入,平均下来每天都拥有超过千万港元的良好现金流。然而,香港迪士尼乐园初始投资高达 141 亿港元,还不算香港特区政府为此配套的 136 亿港元的外围基础设施投资。香港迪士尼乐园公布的业绩报告显示,其年均折旧和摊销费用在 8 亿港元左右,2008—2013 年,香港迪士尼乐园累计净亏损为 34.93 亿港元,累计完成折旧和摊销费用高达 47.98 亿港元。直到2012 年,香港迪士尼乐园获得总收入 42.72 亿港元,才破纪录地实现年度净利润 1.09 亿港元,首次实现盈亏平衡(保继刚,2015)。

那么,对于主题公园而言,盈利的重点放在现金流还是净利润取决于企业的整体战略和公园目前的经营状况。现金流的内涵本质代表了主题公园每年拥有可以自由支配的现金。主题公园在日常经营过程中必须购买原材料、聘请员工、消耗能源,这些都是主题公园必需的现金开销,反映在运营成本里面。同样,主题公园也必须有一定的资本性支出,构建维护景观和主题建筑、乘骑器械等游乐设备,保证主题公园的正常运转,这也是刚性的。因此,主题公园在经营的过程中获得的现金流,扣除上述两类必要的现金流开销,剩下的就是企业的自由现金流,可以任由企业支配。主题公园可自由支配的现金流可以用于扩大再生产,也可以用于提高品质,例如,投入乘骑器械和其他游乐设备的更新、改造,以增加吸引力;提高技术研发和管理研发,提高生产效率;雇用更多的员工,提高服务水平;追加营销投入,扩大市场影响力和知名度;扩大相关物质的采购和储备,提高公园的抗风险能力;建设新的子分区或增建游乐项目,扩大主题公园接待容量;投资证券、房地产以及周边配套项目,扩大综合盈利能力;偿还公园债务,减少利息支出;通过发放红利或回购股份把富余资金派发给投资者;

兼并其他的主题公园或者上下游企业。

判断一家主题公园的价值,很重要的方面就是看这家主题公园能够产生多少可自由支配的现金流。然而,现金流并不反映主题公园的盈亏状况。主题公园还是要争取盈利,获得足够的净利润。净利润很重要,但是只考虑净利润,不投入搞研发、不投入产品更新、不做广告,费用是降下来了,利润上去了,但是这样的经营方式是短期行为,对主题公园长期的发展并非好事。如果对明年、后年、更长远一些的战略不投入,在当年就会反映成利润,形成很好的净利润报表,但可能危害主题公园的可持续发展。因此,任何主题公园都需要在净利润和现金流之间寻求平衡,只要二者协调,主题公园才能维持吸引力,保持可持续经营状态。

6.1.2   利润来源与利润过程

主题公园的利润来源包括景区内部和景区外部盈利,景区内部的利润来源主要依靠主题公园自身运营管理获得的利润,而景区外部的利润来源则是依靠景区外围配套以及从合作企业获得的利润,与景区自身经营管理没有直接关系。

1)景区利润来源

(1)景区内部的利润点

景区内部的利润点包括门票、餐饮、购物(包括主题商品)、交通、场地租赁、广告赞助、项目服务(会议、聚会、婚礼)、捐赠、品牌收益、资金运作。

(2)景区外部的利润点

景区外部的利润点包括主题酒店、主题餐厅、主题社区(旅游房地产)、创意设计公司、旅游策划/规划公司、旅行社、管理输出、知识产权出让。

由此可知,主题公园的利润来源是多元化的,其中门票、餐饮、购物和住宿是主题公园最重要的几个利润来源。

2)景区利润过程

不同类型利润来源的组合,形成了不同的利润结构,决定了主题公园所建立的盈利模式,由此导致不同的利润生产过程,见图 6.1。

主题公园的利润生产过程与企业制定的目标紧密相关。根据主题公园的战略目标,主题公园会根据自身情况,选择几个重要的、可能的利润来源进行重点管理,通过相应的管理措施和营销计划,促进生产和服务,获取利润。

6.1.3   盈利结构与盈利模式

盈利结构的确定是对利润来源的选择。一个主题公园选择何种利润来源是其主要的目标,取决于主题公园自身条件和外部状况。如果主题公园是个初创的公园,没有品牌可言,谈不上输出管理和知识产权出让,加之又没有外围的酒店、餐饮、购物街区、旅游房地产等配套,那么主题公园的盈利结构就不得不依赖于景区内部利润来源。

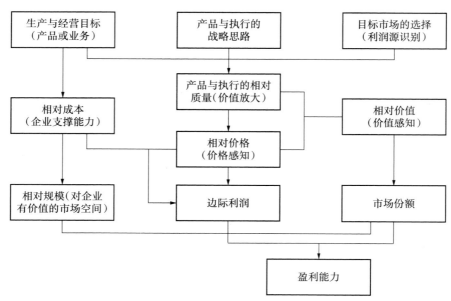

图 6.1　利润的生产过程

1）主题公园的盈利结构

诚如上一章所述,中国主题公园游客的二次消费很低。因此,对中国(不含港、澳、台地区)的主题公园而言,门票是其最主要的利润来源。以门票为主的盈利结构决定了中国大多数主题公园在盈利模式上不会降低对门票收益的追求。

一些景区,不以门票收益为核心收益,而是通过免票吸引更多的游客到来,通过增加到访游客的二次消费获得收益。这种盈利结构是趋势,也受到游客的欢迎,但要实现这种结构,主题公园或其他景区需要具备一些条件:第一,主题公园或其他景区有足够的、多样的餐饮、购物、住宿供游客选择,游客愿意为此消费。第二,餐饮、购物和住宿等相关收益能够全部或部分由免票的景区获得,以弥补景区日常经营管理的成本。第三,上述消费局限在一个相对封闭的区域范围内,使得利润由特定范围内的组织、机构、企业和社区获得,不外溢到其他区域。

显然,符合上述条件的主题公园需要在更高层面、更大区域进行利益协调。毕竟,主题公园是企业,是以盈利为目的,主题公园不能从门票中获益,就必须在其他方面得到补偿,这是理所应当的。

然而,有一些盈利结构虽然对于企业而言合情合理,但对于整个社会经济而言,是有损害的,对整个主题公园产业也无益。在过去十年,旅游房地产概念备受推崇,许多地方政府为了争取主题公园项目,不惜降低土地价格以争取房地产企业投资主题公园。地方政府往往给房地产开发商远多于主题公园建设所需的低价土地。房地产开发商拿到土地后,一部分按照预先的承诺建设主题公园,另一方面快速地开发房地产项目。通过房地产项目的获利弥补主题公园投资。从这个意义上说,对于开发商而言,主题公园整体是个成本中心,而外围的房地产项目才是利润中心。在这种模式下的主题公园,要么是低标准建设的"豆腐渣"工程,要么是半途而废的"半拉子工程",要么就是建好后走人的"包袱工程"。这种模式对整个社会经济和主题公园产业都产生了很大的负面影响。

2)主题公园的盈利模式

不同企业,有不同的盈利模式,即使是相同的盈利结构,也可能采取不同的盈利模式。主题公园企业主要有以下几种盈利模式,一些企业可能同时采取多种盈利模式。

（1）产品盈利模式

对于主题公园而言,不断更新、更换产品是最习惯的经营方式。景区从一个项目逐渐扩大到多个项目,从一个主题分区增加到多个主题分区。每个分区深耕细作,不断提升产品和服务的品质。这类型主题公园并不急于连锁扩张,而是做好一个公园,致力于成为百年老店。换句话说,产品盈利模式就是经营要素都围绕建立产品差异化的核心竞争力而进行配置,以扩大和保持景区吸引力。

采取这种盈利模式的主题公园,由于产品和服务的品质较好,吸引力较强,经营较为可持续,除门票收入外,还会有一定比例的餐饮、购物等收入。当然,也有一些主题公园由于其特定的类型或投资模式,无法实现连锁扩张或规模经营,只能深耕细作,不断挖掘产品的附加值,提高单位游客的消费和重游率,如深圳的世界之窗。

（2）规模盈利模式

在景区发展最好或最坏的时候,主题公园往往选择规模盈利模式,即扩大盈利的规模。一方面,主题公园可以通过扩建、改建等方式,提高吸引力,增加游客量,以扩大盈利。香港海洋公园就是如此。2003 年,先后经历了金融危机及"非典"的海洋公园当年亏损超过 2 亿港元。2005 年,海洋公园开始了大规模的园区改造,翻新景点,增加游乐设施等。扩建后的香港海洋公园的游客量一度超过新建成的香港迪士尼乐园。另一方面,主题公园还可以通过连锁经营,从一个公园扩建到多个公园,实现利润的规模化,最为典型的就是欢乐谷。随着迪士尼落户香港,欢乐谷感到了竞争压力,相继落户北京、上海、成都、武汉、天津、重庆。各地的欢乐谷共享公园的规划设计、主题景观和设施设备,极大地降低了开发成本,从而产生规模利润。

（3）品牌盈利模式

品牌盈利模式就是通过构建旅游品牌获取品牌竞争力,赚取品牌收益。许多景区在日常经营中为了出名或者赶时髦建立自己的品牌,投入了很多资源和力量造势,结果花了很多钱之后发现自己并未获得理想中的品牌溢价能力。品牌盈利模式的前提是有品牌价值。如果一个主题公园自己都没运营好,毫无主题体验,就很难形成品牌价值,不值得他人借鉴。

迪士尼和环球影城的品牌价值很高,许多地方都希望引进这两家世界知名的主题公园品牌。由于迪士尼和环球影城不可能在所有城市都建立新的度假区,因此,通过品牌输出或知识产权转让等方式,可以在不建设主题公园的情况下实现品牌盈利。例如,在中国的主要城市都有迪士尼品牌的商店,它们不一定开设在公园里,也可以开设在商场和购物中心。除了主题商品,迪士尼品牌还可以出让给一些与其有一致目标市场的其他类型企业,如家教中心、儿童文具等。

（4）混合盈利模式

混合盈利模式就是具有相同消费需求和能力的人，促使其在不同的服务项目或者服务平台上消费，在基本投入不变的情况下，收入增加带来盈利增加。即主题公园将一些与经营范围相关的业务纳入自己的经营流程中来，通过结盟或者统一开发的方式达到客户共享，资源共赢的目标。

混合盈利模式的基础是混合消费，即游客一次出游的目的是混合的，需求也是混合的。一般游客到访主题公园后，会对周边的餐饮、购物和住宿设施产生需求。如果主题公园能够一体化开发或者通过整合的方式将周边的相关配套和服务纳入经营范围，那么主题公园就能够提高单位游客的收益水平。因此，现代的主题公园开发基本都是综合开发，即除了主题公园以外，还相应地配套主题酒店、主题购物街、主题餐厅，甚至主题房地产，以满足游客多元化的消费需求。

（5）平台盈利模式

平台盈利模式就是搭建一个主题公园的平台，公园里面从乘骑器械、餐饮到购物、住宿甚至游客管理都可以外包出去，由不同的企业参与。主题公园的管理方仅提供场地维护、营销宣传、总体物业管理。在这个模式中，平台的搭建和维护是关键，而招商则是主要的工作。平台盈利模式将其他企业或个人拉到自己的队伍来，赚取加盟费和"物业费"，让其他企业承担经营风险。景区自身具备的产品、品牌进行系统包装后，通过向外部召集加入者来放大盈利量，获取快速的升值能力。

现代主题公园采取平台盈利模式的比较多，但只是作为一种辅助模式，重点是吸引其他企业参与主题公园外围的项目经营，而非园内项目。平台盈利模式有效地降低了公园的经营风险，形成轻资产运营，做到"专业的人做专业的事赚专业的钱"。

6.2 主题公园的利润来源分析

主题公园相较于其他景区，利润来源有一定的特殊性和规律性。主题公园最主要的利润来源是门票、餐饮和购物，外围的住宿收益在一些主题公园项目中不一定归为公园总收益。本节将重点分析各种利润来源的情况、特点和管理重点。

6.2.1 门票

门票是所有景区的传统利润来源，也是主题公园最为常用的收益方式。当前，门票的收取方式主要包括以下几种：

1）全园通票制

游客购买通票可以游玩园区内所有游乐项目（不包括餐饮、购物）。

2）项目独票制

游客可能以较低门票或者免票入园,仅需要单独购买想要游玩的项目。

3）项目联票制

游客可能以较低门票或者免票入园,购买多个项目(一般为几个热点项目附带多个冷门项目销售,按照市场人群类型设置)的联票。

4）项目积点制

游客入园时需要购买一定的积点卡,不同的游乐项目所需要积点不同,积点卡根据积点数量分为不同面值,积点不够可以充值。

5）会员卡制

针对会员市场开设的优惠"门票",根据使用条件分为年卡、月卡、终身卡、家庭卡、情侣卡、亲子卡、单人卡等。

6）混合票制

混合票制即一个主题公园可能采取以上多种门票制度。

早期的游乐园主要采取项目独票制。游乐园里建设了许多游乐项目,这些项目可能分属于不同的投资主体,游乐园只是提供了一个场地或说平台。游客入园后,可以根据喜好,选择需要游玩的项目再购买相应的项目门票。然而,项目独票制无形中增加了人工成本,降低了游客的游玩效率。六旗乐园在 20 世纪 60 年代实行游客参观公园通过项目独票制来收费。因为每一个独立项目都需要配备收费窗口和收费人员,而游客游玩每一个项目都需要排队购票,再排队入园,耗费大量的时间。随后,一些公园把游客必玩的项目,或者游客游玩关联度较高的项目整合成为一张联票,游客购买这种联票,就可以游玩多个项目。联票的关联项目很有讲究,热点与冷点要搭配,联票要针对特定细分市场。项目积点制又是一个进步,它不再将游客局限于少数项目,而是在积点范围内,让游客自由组合。这样做的前提是,各个项目在积点分配方面能够达成一致。上述门票制度,主要是游乐园时期的模式。进入主题公园时代,公园吸引游客的核心从项目转向主题体验,项目本身的体验价值下降,而主题环境的价值上升。游客更愿意为体验环境买单。因此,绝大多数主题公园放弃了项目票制,转而采取全园通票制。游客购买一张门票,就可以游玩整个园区的所有项目。为了鼓励游客重游,培养游客忠诚度,一些主题公园逐渐推出了会员卡制。通过建立会员制度,让游客以非常优惠的价格入园,鼓励游客园内二次消费,从而赚取利润。尽管门票仍然是主题公园最主要的利润来源,但一些主题公园已经有意识地降低门票价格这个入园门槛,让更多的游客入园,通过其他消费来弥补门票利润缺口。

门票价格和会员卡价格的设置,要考虑公园的投入产出效益、市场消费水平和可接受价格以及地区居民消费习惯,见表 6.1。门票的价格设置要与当地目标市场的消费能力相当。

过高的门票价格设置可能不会影响第一批游客,但会影响游客的重游率,无形中提高了游客对公园的期望值。当公园无法提供期望的产品和服务时,这种高门票的负面作用就会被放大,甚至影响公园的可持续经营。过低的门票价格设置同样会影响公园的合理收入,拉低公园的品牌价值。公园从低价不断提高,也存在较大的风险。

表 6.1 2017 年中国部分主题公园年卡会员费用比较

主题公园	成年单人卡	成人门票	成人门票:成年单人卡	所在城市月人均GDP(2016)	门票占月人均GDP 比重/%
深圳欢乐谷	880 元	230 元	1:3.83	13 950.9 元	1.65
北京欢乐谷	780 元	260 元	1:3	9 583.3 元	2.71
上海欢乐谷	488 元	215 元	1:2.27	9 466.7 元	2.27
成都欢乐谷	780 元	230 元	1:3.39	7 696 元	2.99
香港海洋公园	924 港元	438 港元	1:2.11	28 233.8 港元	1.55
香港迪士尼乐园	1 178 港元	589 港元	1:2	28 233.8 港元	2.09

注:数据来源于各个主题公园官方网站和当地政府官方网站,查询日期为 2017 年 8 月 11 日。成人门票皆为 1 日门票。香港迪士尼和香港海洋公园采取较为细分年卡会员制,其中香港迪士尼成年单人卡分为白金卡、金卡和银卡 3 种,成人价格分别为 3 348 港元、1 888 港元和 1 178 港元,由此推算成人门票与成年单人卡的比值分别为:1:5.68、1:3.21 和 1:2;而香港海洋公园分为优越卡、金卡和银卡 3 种,成人价格分别为 2 300 港元、1 199 港元和 924 港元,由此推算成人门票与成年单人卡的比值分别为 1:5.25、1:2.74 和 1:2.11。

主题公园年卡价格的设置,以成年单人卡计,通常是标准成人一日门票的 3 倍左右。越临近市区,年卡会员到达公园越便利,主题公园越有吸引力,年卡的价格就会越高。深圳欢乐谷和成都欢乐谷都位于市中心区,交通便利,周围又有大型住宅小区,年卡设置过低,销量就增大,就会产生一些经常到主题公园但其实不是游玩主题公园的健身者。上海欢乐谷位于城郊度假区内,周边住宅小区较少,公共交通较远,年卡会员每天频繁到访的可能性低,此时就可以设置较低的年卡费用。

中国主题公园的会员卡制度推行并不乐观,不像美国主题公园那样普遍。以欢乐谷系列为例,欢乐谷在深圳、北京、上海和成都等地都推行了年卡,但每年的年卡销售量与各个公园超过 300 万人次的游客量相比,微不足道。中国会员卡制度的推行面临一系列障碍:第一,中国主题公园游客的二次消费比例很低,会员卡制度旨在降低门票门槛,这导致公园无法从二次消费中"回本"。第二,目前各个主题公园会员卡制度除了体现在门票优惠外,在其他会员权益方面难以让人体验会员特权。第三,各个主题公园企业推销会员卡的模式较为陈旧,市场对这样的产品了解不多。

会员卡制度需要考虑两个关键指标:重游率和续卡率。会员的重游率主要反映会员卡在一年度中的使用次数。如表 6.2 所示,年卡会员一年中使用年卡的次数约为 5.5 次,在欢乐谷推出的 4 种类型年卡中,单人行年卡使用次数最高,超过 6.5 次,而合家欢的使用次数最低,均低于 4 次。

表 6.2　2012 年深圳、北京欢乐谷年卡会员年卡使用次数比较

主题公园	单人行	亲子卡	情侣卡	合家欢	平均
深圳欢乐谷	8.38	5.10	5.84	3.14	5.62
北京欢乐谷	6.68	5.47	5.53	3.72	5.35
平均	7.53	5.29	5.69	3.43	5.48

注:转引自古诗韵、保继刚,2013。资料来源于深圳欢乐谷、北京欢乐谷提供的年卡使用统计报告。年卡使用率＝刷卡次数/年卡销售量,由于入园时每进入 1 人刷 1 次卡,因而在统计时情侣卡按 2 人次计算、亲子游按 2 人次计算、合家欢按 3 人次计算,故在计算年卡使用率时要除以相应的次数。

中国主题公园的续卡率也不高。以深圳欢乐谷 2010 年的续卡情况为例,单人行卡、亲子卡、情侣卡和合家欢卡的续卡率分别为 3.48%、10.09%、5.61% 和 8.70%,平均续卡率仅为 5.10%。影响会员续卡的因素主要有两方面原因:第一,主题公园的吸引力。如果主题公园不能持续更新产品和服务,那么其吸引力就会逐渐减弱,追求新奇和刺激的年卡会员可能会丢失。第二,随着会员的家庭生命周期变化导致需求变化,这对情侣卡、亲子卡和合家欢卡影响较大。随着家长和孩子的年龄增长,对不同类型的主题公园兴趣可能发生变化。

6.2.2　餐饮与购物

餐饮和购物是主题公园另外两项重要的利润来源。与其他景区的餐饮和购物不同,主题公园的餐饮和购物需要一定的主题包装,甚至提供一些产品和服务的主题体验。主题化程度越高,餐饮和购物的附加值越高,反之则越低。这意味着,如果主题公园提供的餐饮和购物并没有主题化,没有额外的体验,那么它的价格不应该按照主题产品和服务定价,只能按照普通的餐饮和购物定价。

主题餐饮和商品的开发不同于一般商品类开发,它面向特定的消费群体市场,除了要具备娱乐性、可操作性和社会性之外,它还肩负着传达主题体验内涵的重要任务。主题商品对主题公园而言具有以下作用:第一,增加园内二次消费。具备知识产权和独特主题文化的主题商品价格比一般商品高,利润也相当可观。如果商品获得市场认可,将为主题公园带来可观收益。第二,主题商品能够提升主题公园的主题体验,增加游客认可度和重游率。主题商品本质上是主题体验的一部分,没有主题商品的主题公园是不完整的。然而,只有获得市场认可的主题商品才能吸引游客重游。第三,主题商品满足游客一定的艺术审美要求。主题商品是主题公园对外界的传播工具,粗制滥造的商品只能降低消费者对品牌的认知。任何主题商品都具有一定高于生活的艺术价值,符合大众对美的追求。第四,主题商品应该具有一定的实用价值,能够满足主题公园某种生活、工作或娱乐需要。

主题商品和主题餐饮应该具有一定的产品组织特点。根据不同的季节推出不同系列的主题商品,根据不同节庆推出不同的主题套餐,如"六一"儿童节套餐等。一些主题商品销量比较好的主题公园,主题产品的组合度很高,产品线很长,既包括短线产品,也包括长线产品,既有适合全园销售的主题商品,也有只在某些主题分区内销售的主题商品;既有全季节销售的主题商品,也有特定节庆才销售的主题商品。在一些主题化程度很高的主题公园,主

题商品很受欢迎,游客可能会冲着购买特定节日才有的主题商品到访主题公园。主题商品也可能成为主题公园的吸引物。

【案例】

深圳欢乐谷的主题商品开发

深圳欢乐谷为了实现较高的主题化,尝试开发了多种主题商品,其中,欢乐蚂蚁系列主题较受欢迎。参照国际一流主题公园的做法,深圳欢乐谷为欢乐蚂蚁系列主题商品一次性开发了长线和短线产品,全季产品和季节性产品,如表6.3—表6.5所示。

表6.3 深圳欢乐谷节庆活动相关主题商品

时间	节庆活动	主题商品
"五一"黄金周	国际魔术节	小魔法师比高
暑假	玛雅狂欢节	热带风情毛巾、沙滩裤、拖鞋
"十一"黄金周	极限运动	滑板、轮滑、小轮车等儿童玩具
十一月	万圣欢乐节	面具、鬼服、南瓜灯等
十二月	流行音乐节、圣诞节、新年欢庆活动	圣诞节相关主题商品
春节	新春滑稽节	中国传统民俗造型系列商品

表6.4 深圳欢乐谷各主题分区商品

主题园区	系列商品
香格里拉	东巴风铃系列、东巴人系列、东巴文字系列、东巴相框系列
飓风湾	帆船系列、老船长系列
金矿镇	美国西部文化、西部猎枪系列、西部牛仔系列、西部文化纪念精品
卡通城	卡通匙扣系列、卡通帽子系列、卡通雨伞系列、欢乐谷旅游纪念品
欢乐时光	玛雅文化系列纪念品、玛雅文字系列、玛雅书签系列
西班牙广场	欢乐谷旅游纪念品

表6.5 深圳欢乐谷各主题分区商品

商品系列	核心元素	商品种类
小公仔系列	主要吉祥物为立体形状	迷你零钱包和背包、书包、笔袋
服装系列	以吉祥物形象或园区主题元素为图案	童装、女装、裙子、短裤等
帽子系列	以吉祥物以及节庆活动主题为图案	成人帽子以及儿童帽
防紫外线伞	以吉祥物形象、园区主题元素为图案	—
饮具	欢乐谷风景及吉祥物图案	马克杯和迷你杯、儿童水壶

续表

商品系列	核心元素	商品种类
储物篮	—	可以悬挂的储物篮
摆饰	具备欢乐谷纪念品及家庭漂亮摆饰的双重功能	—
女性饰品	针对欢乐谷庞大的年轻女性市场	漂亮头饰以及饰品、首饰盒

案例思考：

1. 深圳欢乐谷主题商品的设置有哪些特点？

2. 过多类型的主题商品会给主题公园的经营管理带来哪些问题？

6.2.3 场地租赁和项目服务

场地租赁就是主题公园将公园的场地(馆)和游乐设施临时租借给其他企业和个人开展相关的活动。单纯出租场地的情况很少，通常都配合提供一些项目服务。例如，主题公园可以租借给婚庆公司举办大型婚庆活动，并提供一些婚庆服务项目，获取一定的收益。由于婚庆活动较为喜庆，通常也能吸引其他游客参与，被认为是一种互补共赢的盈利活动。还有一些主题公园会将场地租赁给电视节目组，开展节目录制，并提供一些场务服务。一方面，节目组省去了电视节目场景搭建的成本，另一方面也起到宣传主题公园的作用。有些著名的热播电视栏目，主题公园不仅不收取任何场地租赁费用，免费提供项目服务，甚至还可能给节目组赞助费。

场地租赁通常采用流程管理，有规范合同，从价格到租赁的要求和使用限制，都应该事先制订预案。小型的服务项目也采取流程管理，主题公园事先也应该准备可提供服务内容的清单供服务对象选择，根据服务对象所选择的服务内容进行报价。然而，大型的服务项目，尤其是涉及可能免费提供服务项目的情况，则可能采取项目管理的方式，通常由项目服务部门或场地服务部门负责，重大活动则由副总经理指挥。

以深圳欢乐谷为例，深圳欢乐谷长期提供场地租赁和项目服务，由深圳欢乐谷市场部拓展室具体负责，提出了"Fun 享私人订制"计划。客户可以根据需要租赁的场地和使用服务项目举办诸如主题派对(生日派对、纪念日派对、主题派对)、真情告白/求婚、个性化婚礼以及企业文化拓展活动等。相应地，深圳欢乐谷事先针对不同的活动为客户提供了一份服务清单，如下所示：

1)主题派对(生日派对、纪念日派对、主题派对)

适用场地：蛋糕舞台、欢乐家园、明星梦工厂、情人园、阳光海岸等。

服务内容：顾客入园、现场音响设备支持、欢乐谷主题卡通人物现场互动、欢乐谷主题礼品等。

2）个性化婚礼:勇敢爱极限婚礼

60 米高空的极致告白,时速 135 千米的真情流露,无论上天、入地、下海都要相伴一生的决心,经历过重重考验仍紧握的双手,一定会一直勇敢爱下去。

适用场地:全球至尊弹射式过山车"雪域雄鹰"、中国第一座悬挂式过山车"雪山飞龙"、中国第一座巷道式矿山车、其他项目……

服务内容:顾客入园,婚礼现场、婚车小巡游布置,现场音响设备及金牌司仪,欢乐谷主题卡通人物现场互动,婚礼蛋糕及欢乐谷特色婚礼证书,欢乐谷主题礼品等。

【案例】

《爸爸去哪儿》借景广州长隆

湖南卫视真人秀栏目《爸爸去哪儿》播出后人气爆棚。2013 年 12 月,广州长隆与《爸爸去哪儿》栏目组合作,将广州长隆野生动物世界作为节目外景地。公园为剧组拍摄提供场地、配套服务,长隆的品牌效应借由银屏精彩呈现。

图 6.2 广州长隆野生动物世界

2014 年,作为《爸爸去哪儿》电影核心拍摄地的长隆野生动物世界和长隆国际大马戏业绩相比 2013 年出现了大幅增长。业内人士认为,长隆的这一系列营销动作,已经探索出一条旅游业与娱乐业的融合模式,是国内主题公园娱乐营销和跨界营销的行业标杆,也是探索中国式主题乐园经营模式的又一次"吃螃蟹"。凭借着顶级旅游项目和顶级营销手法,长隆在全国有了名气,成为足以代表粤港澳地区乃至中国的一张旅游名片。

案例思考：

1.《爸爸去哪儿》在广州长隆取景给景区带来哪些好处？

2. 哪些类型的电视节目适合在主题公园景区拍摄？

6.3　主题公园盈利模式管理

6.3.1　东京迪士尼度假区

　　日本东京迪士尼被认为是美国以外最成功的主题公园，尤其是它的盈利模式。东京迪士尼度假区由日本东方乐园（Oriental Land）株式会社向迪士尼集团购买主题授权，持有及负责运营东京迪士尼度假区，但不属于迪士尼集团所有。东京迪士尼度假区包括东京迪士尼乐园和东京迪士尼海洋两大主题乐园。2016 年，这两大乐园分别接待游客 1 654 万人次和 1 346 万人次，合计 3 000 万人次。东京迪士尼度假区游览图如图 6.3 所示。

图 6.3　东京迪士尼度假区游览图

　　东京迪士尼海洋和东京迪士尼乐园是两个紧挨着的主题公园，周围有多个主题酒店、主题购物街区配套以及交通基础设施配套。东京迪士尼度假区的盈利模式是基于其所拥有的三大竞争优势：

第一，优越的区位条件。半径 50 千米范围内居住了 3 000 多万人，并拥有便捷的公共交通体系。15 分钟可到达东京车站，30 分钟可到达羽田机场，60 分钟可到达成田国际机场。

第二，获得全球最具吸引力的主题公园品牌——迪士尼的授权，可在东京迪士尼度假区使用迪士尼主题，每年只需要根据经营收入以较小比例支付按日元计算的版税。东京迪士尼度假区与迪士尼集团没有任何其他资本或个人关系。

第三，热情好客，不断提高游客的满意度。东京迪士尼度假区是全世界满意度和重游率最高的主题公园之一，其卓越的游客管理带来了极高的主题体验。

充分利用上述三大优势，东京迪士尼度假区构建了独特的盈利模式，可以用图 6.4 概括。

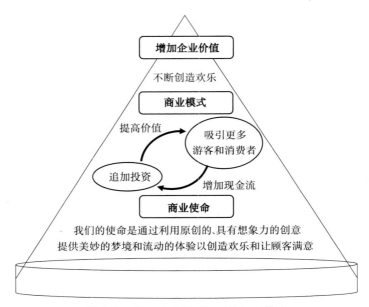

图 6.4　东京迪士尼度假区的盈利模式

据图 6.4 可知，东京迪士尼度假区的商业使命是利用原创的、具有想象力的创意提供美妙的梦境和流动的体验以创造欢乐和让顾客满意。实现这一点，东京迪士尼度假区就能赚取足够的利润，获得足够的现金流用以支持新增或更新项目的投资。不断地投入更新又能进一步提高度假区的吸引力，从而为吸引更多游客和增加游客消费提供可能性。通过几十年成功的运营管理，东京迪士尼度假区不仅为企业创造了价值，增加股东收益，还为全社会增添了快乐。

东京迪士尼度假区的盈利主要来源于主题公园部门（包括门票和园内二次消费收入）、酒店部门和其他商业部门。2016 年，东京迪士尼度假区超过 80% 的营业收入和营业利润来自主题公园部门，如图 6.5 所示。

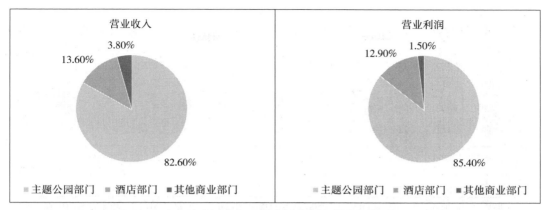

图 6.5　东京迪士尼度假区的营业收入和营业利润（2016 年）

资料来源：东京迪士尼度假区 2016 年年报。

根据东京迪士尼度假区 2016 年的年报，过去三年，东京迪士尼度假区内的主题酒店入住率均超过 90%。东京迪士尼度假区的客源 66.7% 来自关东地区（大都市区），10.8% 来自日本中部地区（甲信越地区），6.3% 来自近畿，3.4% 来自日本东北部，6.8% 来自日本其他地区，还有 6.0% 的海外游客。换句话说，东京迪士尼度假区拥有超过 30% 的中远程市场，其市场的年龄结构也相对稳定，见图 6.6。70% 的主题公园游客年龄超过 18 岁，20% 的游客年龄会超过 40 岁。东京迪士尼度假区核心市场是年龄在 18～39 岁的中青年市场，约占 50%。

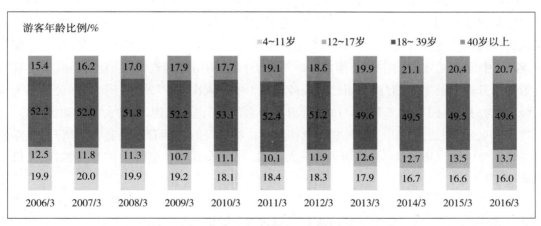

图 6.6　东京迪士尼度假区游客的年龄结构（2006—2016）

资料来源：东京迪士尼度假区 2016 年年报。

东京迪士尼度假区单位游客的收入水平也很高，2016 年单位游客收入高达 11 257 日元（约合人民币 669.3 元），每位游客在东京迪士尼度假区内的停留时间为 9 小时，见图 6.6。

根据图 6.7 可知，东京迪士尼度假区不仅游客量逐年增长，单位游客的营业收入也逐年增长，从 2006 年的 9 220 日元增长到 2016 年的 11 257 日元。游客的停留时间都超过 8 小时，从 2006 年的 8.4 小时上升到 2016 年的 9 小时。从盈利结构看，主题公园门票收入占比

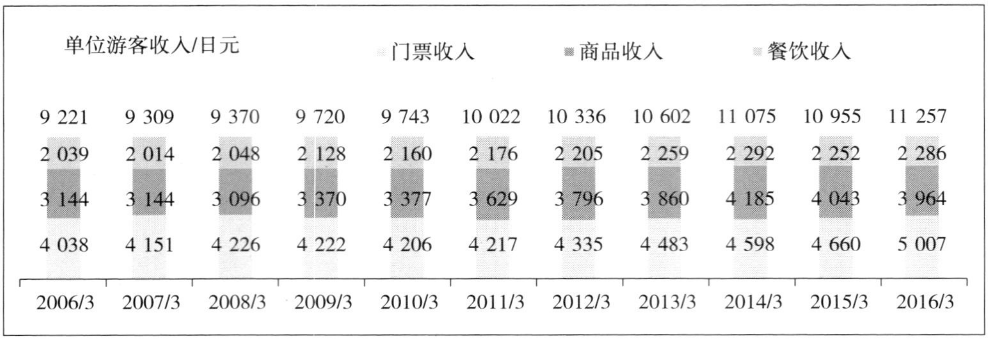

单位游客收入/日元				门票收入		■商品收入		▓餐饮收入		
9 221	9 309	9 370	9 720	9 743	10 022	10 336	10 602	11 075	10 955	11 257
2 039	2 014	2 048	2 128	2 160	2 176	2 205	2 259	2 292	2 252	2 286
3 144	3 144	3 096	3 370	3 377	3 629	3 796	3 860	4 185	4 043	3 964
4 038	4 151	4 226	4 222	4 206	4 217	4 335	4 483	4 598	4 660	5 007
2006/3	2007/3	2008/3	2009/3	2010/3	2011/3	2012/3	2013/3	2014/3	2015/3	2016/3

游客平均停留时间/小时										
2006/3	2007/3	2008/3	2009/3	2010/3	2011/3	2012/3	2013/3	2014/3	2015/3	2016/3
8.4	8.4	8.4	8.4	8.4	8.4	8.7	8.7	8.9	9.0	9.0

图 6.7　东京迪士尼度假区的营业收入构成和游客停留时间(2006—2016)

资料来源:东京迪士尼度假区 2016 年年报。

较大,2016 年,门票收入占比为 44.5%,主题商品销售收入占比为 35.2%,餐饮收入占比为 20.3%,基本上做到门票收入与商品加餐饮收入的比是 1∶1。东京迪士尼度假区作为全球最成功的主题公园之一,其盈利模式和收入结构基本可以作为典型参照。

6.3.2　香港海洋公园

香港海洋公园位于香港港岛南区黄竹坑,占地超过 91.5 公顷,1977 年 1 月 10 日开业,是一座集海陆动物、机动游戏和大型表演于一体的世界级主题公园,也是全球最受欢迎、入场人次最高的主题公园之一。2016 年,香港海洋公园接待游客 599.6 万人次,位列全球第 16 名,是中国最受欢迎的主题公园之一。海洋公园最初由香港赛马会捐款兴建,并由赛马会管理。开业的前半年,海洋公园已经接待超过 131 万人次。1979 年 1 月,海洋公园引入杀人鲸,成为海洋公园的一个卖点。1980 年开始,海洋公园进行扩建,增加大型机动游戏,并先后建成水上乐园、鲨鱼馆、百鸟居、登山电梯及集古村等设施。随着香港迪士尼落户,海洋公园抓紧扩建工作。1999 年,公园引入 2 只大熊猫,并引入更多大型机动游戏,例如跳楼机及越矿飞车。

2003 年,先后经历了金融危机及"非典"的海洋公园逐渐失去旅游吸引力,加上景点设施老旧,海洋公园当年亏损超过 2 亿港元。2005 年,香港兰桂坊的经营者盛智文抛出了一份全新的扩建计划。随后,海洋公园开始了大规模的园区改造,翻新景点,增加游乐设施等,以此提高游客在乐园内的逗留时间,进而带来更多的园内消费。2006 年 4 月 10 日公园引入占地 5 000 平方英尺①的水母馆,为全亚洲最大的独立的水母馆。2012 年,海洋公园的入园人数达到了 750 万人次,比 2007 年多了近 50%,也高于香港迪士尼乐园。游客在海洋公园里

---

① 1 平方英尺=0.092 903 平方米,下同。

可以游玩超过 8 个小时,见图 6.8。

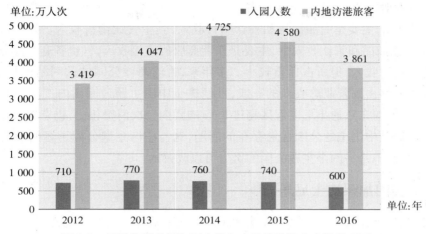

图 6.8　香港海洋公园入园人数与内地访港旅客人数关系图

香港海洋公园拥有丰富的动物主题资源,很容易转化开发主题商品,也易于被市场接受。经过 40 年的经营,海洋公园深受香港当地居民的欢迎,也颇受许多到访香港的海内外游客的青睐。表 6.6 反映了香港海洋公园的盈利结构。

表 6.6　香港海洋公园盈利结构

单位:百万港元

年份 盈利结构	2016	2015	2014
门票收入	1 134.7	1 393.8	1 368.7
商品收入			
销售商品收入	145.7	184.5	205.5
特许经营使用费	19.7	25.0	31.3
餐饮收入			
销售餐饮收入	263.6	311.2	311.4
特许经营使用费	6.9	6.2	7.6
其他收入	44.2	47.3	44.1
营业总收入	1 614.8	1 968.0	1 968.6
金融工具和银行存款的利息收入	23.5	31.6	26.3
金融工具亏损净额	0	0	-0.3
银行存款未变现汇兑亏损净额	0	-0.1	0
投资总收入	23.5	31.5	26

资料来源:香港海洋公园 2014—2016 年业绩报告。

根据表 6.6 可知,香港海洋公园的收入分为营业收入和投资收入,投资收入较少,可以忽略不计。营业收入中,门票占七成左右。2016 年,门票收入占营业收入的 70.3%,2015 年为 70.8%。其余的主要是商品销售和餐饮销售收入,其中餐饮销售收入占比较高,2016 年约为 16.8%。在商品和餐饮收入中,主要是自营商店的直接收入,但也各有一部分来自特许经营的相应使用费收入,但所占比重较小。多年来,香港海洋公园的盈利结构相对稳定,商品和餐饮收入能够占到营业总收入的三成,已经属于中国主题公园园内二次消费做得比较好的主题公园,但与东京迪士尼度假区超过 55% 的园内二次消费相比,仍有较大差距。园内二次消费比例低是中国主题公园普遍存在的问题,这与中国主题公园游客的消费习惯等一系列因素有关,并不是一两个主题公园的努力可以改善的。

6.3.3　美国加州迪士尼乐园

在北美的主题公园,主题公园的门票和园内二次消费的比例逐年上升,与经济发展水平并不完全相符。美国家庭收入从 1993 年到 2001 年大约增加了 40%。然而,从 1987 年到 2004 年,美国迪士尼乐园的门票从 28.00 美元上升到 58.04 美元,增长超过一倍。其中加州迪士尼乐园从 21.50 美元上涨至 49.75 美元。与此同时,加利福尼亚的迪士尼乐园从 1998 年到 2005 年的人均消费也逐步提高,详见表 6.7。

表 6.7　美国加州迪士尼乐园的盈利结构(1998—2005)

年份	1998	1999	2000	2001	2002	2003	2004	2005
入口数量/个	1	1	1	2	2	2	2	2
实际平均票价/美元	21.41	22.27	23.16	23.16	25.05	26.05	26.73	27.40
人均食物和饮料/美元	10.02	10.26	10.51	10.76	11.02	11.91	12.15	12.40
人均商品/美元	10.96	11.25	11.54	11.84	12.15	12.51	12.76	13.02
人均总消费/美元	42.40	43.78	45.21	45.76	48.22	50.48	51.65	52.81

资料来源:Krutik & Han,2004。

尽管无法建立一个通用的数据模型,但在给定了每一个公园多样的地理区域、游客行为、气象特征、开发区域、投资规模和需要的情况下,对北美主题公园的盈利模式进行测算。然而,总体来说,美国主题公园的盈利中,50% ~60% 的收入来源于门票收入,而剩余的部分则来自游客的园内二次消费。除了迪士尼乐园,六旗乐园也基本如此。美国六旗乐园平均53.6% 的收入来源于门票收入,46.4% 来自公园内的二次消费(包括游戏)、赞助和其他收入,诸如停车费等。

除了从游客身上获取收入,美国主题公园也可以从赞助和租金中获取合作者收入。例如,迪士尼公司从杰西博公司、日本水产株式会社、食品公司以及山崎面包公司等购买了在他们的电视广告和促销中使用东京迪士尼的标志的权利。另外,公园也出租他们的设备给其他公司,并且在某些情况下,允许他们在促销时使用公园的景区形象。上述场地租赁也能够产生可观的收入。

【案例】

深圳欢乐谷的资产证券化

资产证券化,是指以基础资产未来所产生的现金流为偿付支持,通过结构化设计进行信用增级,在此基础上发行资产支持证券(Asset-backed Securities, ABS)的过程。它是以特定资产组合或特定现金流为支持,发行可交易证券的一种融资形式,包括以下四类:实体资产证券化、信贷资产证券化、证券资产证券化和现金资产证券化。

2012年12月4日,华侨城A股发布公告称,"欢乐谷主题公园入园凭证专项资产管理计划"正式成立。这意味着公司筹备多时的资产证券化产品发行成功,这一产品也是我国第一单基于入园凭证现金流的专项资产管理计划。根据方案,该资产证券化的基础资产是华侨城旗下的深圳、北京和上海欢乐谷主题公园5年内特定期间(5—10月)的入园凭证,合计募集资金18.5亿元,共设优先级受益凭证和次级受益凭证两种受益凭证。其中,优先级受益凭证分为华侨城1至华侨城5共5档,期限分别为1—5年,募集资金17.5亿元,由符合资格的机构投资者认购;次级受益凭证规模为1亿元,由原始权益人之一的华侨城A全额认购。此次募集资金将专项用于欢乐谷主题公园游乐设备和辅助设备维护、修理和更新,欢乐谷主题公园配套设施建设和补充日常运营流动资金。

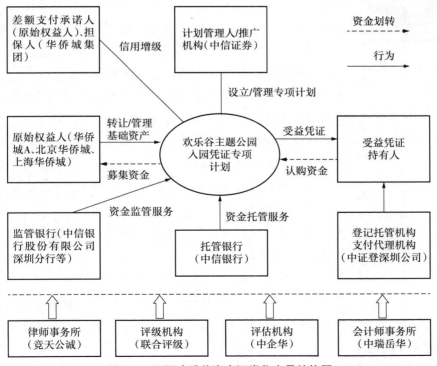

图6.9 深圳欢乐谷资产证券化交易结构图

稳健的门票收益和现金流是公司得以顺利发行资产证券化产品的关键所在。数据显示，2005—2011 年，欢乐谷主题公园的入园总游客量年均增长率达到 24.95%。深圳、北京、上海三家欢乐谷 2011 年的入园凭证销售数量分别为 282.55 万张、224.13 万张和 201.07 万张，销售现金流分别达到 3.29 亿元、3.10 亿元和 2.94 亿元。其中，5—10 月的销售现金流分别为 2.04 亿元、2.51 亿元和 2.02 亿元。

案例思考：

1. 主题公园的资产证券化需要有稳健的现金流，还需要什么前提条件？

2. 资产证券化给主题公园带来哪些好处？

本章小结

- 盈利的概念包含两个方面：净利润和现金流。净利润是企业一定时期实现的用货币表现的最终财务成果，反映了企业的经营业绩和财务能力。它是以权责发生制为基础，依据收入同费用的配比和因果关系而形成的。净利润是指在利润总额中按规定交纳了所得税后公司的利润留成。

- 现金流是指企业在一定会计期间按照现金收付实现制，通过一定经济活动（包括经营活动、投资活动、筹资活动和非经常性项目）而产生的现金流入、现金流出及其总量情况的总称，即企业一定时期的现金和现金等价物的流入和流出的数量。

- 主题公园的利润来源包括景区内部和景区外部盈利。景区内部的利润点包括门票、餐饮、购物（包括主题商品）、交通、场地租赁、广告赞助、项目服务（会议、聚会、婚礼）、捐赠、品牌收益、资金运作等。景区外部的利润点包括主题酒店、主题餐厅、主题社区（旅游房地产）、创意设计公司、旅游策划/规划公司、旅行社、管理输出、知识产权出让等。

- 主题公园的盈利模式包括产品盈利模式、规模盈利模式、品牌盈利模式、混合盈利模式、平台盈利模式。

- 门票收入是主题公园最主要的盈利来源。主题公园的门票制度包括全园通票制、项目独票制、项目联票制、项目积点制、会员卡制、混合票制等。

复习思考题

1. 比较一下东京迪士尼、香港迪士尼、深圳欢乐谷和广州长隆欢乐世界年卡制度及其会员权益的差异,说说造成这种差异的原因。

2. 根据你的出游经验,请说说为什么游客在中国主题公园园内二次消费比例较低。

3. 品牌盈利模式和平台盈利模式有哪些区别?实现上述两种盈利模式各需要什么条件?

4. 主题公园的管理输出能够给景区带来哪些好处?存在哪些风险?

5. 请分析比较一下净利润和现金流的区别,谈谈二者在主题公园运营管理中的作用。管理者应如何看待这两个经营指标?

参考文献

［1］ Krutic, J. and Han, S. Walt Disney Co. The Mouse Roars On. City Group Smith Barney ［R］. New York, 2004.

［2］ 保继刚,等. 中国主题公园研究［M］. 北京:科学出版社,2015.

［3］ 古诗韵,保继刚. 主题公园年卡会员市场特征研究——以四地欢乐谷为例［J］. 旅游科学, 2013, 27(6): 52-63.

第 7 章
主题公园的投资与财务管理

　　主题公园是一种以"整钱换零钱"的投资项目,一大笔资金投入进去,一张一张门票收回来,属于初始投资大、投资回收期长、不可控风险较高的投资项目。主题公园是有不同等级和类型的,这决定了它的投资范围可大可小。当前,中国社区级的主题公园投资从 2 000 万元到过亿元都有,而大型区域级的主题公园动辄 20 亿~40 亿元,上海迪士尼度假区的投资更是超过 340 亿元人民币。主题公园投资的大部分转化为固定资产,而折旧期往往是 10 年左右,每年的折旧摊销很大。投资越大,公园背负的财务压力就越大,属于重资产运营。本章基于盈亏平衡算法,建立主题公园投资估算的基本方法,比较中外差异。同时介绍国内外主题公园的投资规模及结构,帮助了解不同类型主题公园的一般投资大小。最后以欢乐谷、迪士尼等公园为例,介绍国内外主题公园更新改造投入的水平,以及更新改造的节奏和方式。

【本章学习目标】
　　1. 掌握主题公园投资的盈亏平衡分析。
　　2. 了解香港迪士尼乐园和东京迪士尼度假区的财务状况。
　　3. 熟悉不同类型主题公园的投资规模和盈利状况。
　　4. 了解主题公园的更新改造计划和节奏。

7.1　主题公园投资的盈亏平衡分析

7.1.1　盈亏平衡分析法

　　主题公园的投资估算通常以盈亏平衡法为基础,通过关键指标的控制测算主题公园的合理投资区间。尽管主题公园有不同的类型,但都具有相对稳定的折旧期,而每一个主题公园投资又预设了相应的投资回报期,这决定了具体案例中,主题公园合理的投资区间并不是很宽泛。每个投资企业对主题公园的投资动机可能不同,预期也可能不同。但是对一个企业来说,达到财务盈亏平衡点是最基本的经营绩效要求。综合而言,主题公园的合理投资应该限定在能够维持自身盈亏平衡这一基础上,可用函数表示为:

$$P = F[R(V), C(V)] \geqslant 0 \tag{7-1}$$

其中,P 代表企业利润,是经营绩效的核心指标,是营业收入 R 和成本 C 的函数,是游客量 V 的隐函数。游客量 V 是收入函数 R 和成本函数 C 的变量。主题公园的营业收入 R 主要依靠门票收入,与游客流正相关。主题公园一次性投入大,经营成本中固定成本占了绝大部分,这部分成本并不会随着游客量的增加而变化。游客量 V 受到主题公园内部和外部因素的干扰而波动,可用函数表示为:

$$V = G(D) \tag{7-2}$$

其中,$D \in \sum D_i$,是影响游客量的各种干扰因素。所以,V 和 D_i 都是经营绩效函数 P 的变量。

中国主题公园的投资结构、运营收入和成本结构与欧美国家的主题公园有比较大的差异,对企业财务管理上成本费用类别的归集也有差异。比如,由于中国游客消费习惯和主题公园业务选择的不同,中国主题公园门票的收入往往占总收入的80%以上。中国主题公园企业资本性费用体现为折旧和递延摊销,而土地使用费进入行政税费科目。欧美主题公园的可变成本占可控成本的2/3,固定成本仅占1/3,中国主题公园的可变成本占的比率很小,不足15%。这是因为欧美企业可以大量使用临时工、季节工,临时工的费用支出可占总薪酬的70%,中国主题公园企业的人工成本基本上是刚性的。

中国主题公园经营中固定成本占的比率很高,只要开门营业,不论游客量多少,人工、能源、日常费用、市场营销、折旧等各项成本都得发生,除能源、人工等少数费用会随游客量变化外,其他成本基本不变。在主题公园企业经营过程中的成本可分为运营成本(付现成本)和非付现成本(折旧、摊销等)两部分,对应地存在两个关乎企业运转对游客量要求的阈值,一个阈值使企业净现金流为正,称为下阈值,用 V_1 表示;一个阈值使企业盈利,称为上阈值,用 V_2 表示。游客量必须保持在 V_2 以上,才能使主题公园的营业收入达到盈利水平,维持企业正常的可持续发展(王刚,2009)。

主题公园的营业收入:

$$R = \sum R_i \tag{7-3}$$

R_i 代表门票、商品、餐饮、服务、租赁等科目收入,在这些收入分项中,门票收入占总收入的70%~90%。因此,也可以把营业收入分解为门票收入 R_t 和其他收入 R_a 两部分,即:

$$R = R_t + R_a \tag{7-4}$$

经营成本:

$$C = \sum C_i \tag{7-5}$$

C_i 代表人工、市场营销、能源、日常费用、商品和服务采购成本、财务费用、折旧等成本科目。按现金流支付来划分,人工费用、市场营销、能源、日常费用、商品和外协服务采购成本、财务费用等科目为付现成本,也称运营成本 C_c,企业必须当期支付来维持运转,这些成本随着游客量的增加而增加。折旧、摊销等科目是非付现成本,用 C_d 代表,为了使企业可持续运转遵循财务政策的安排,这些成本一般不随游客量变化。因此,经营成本也分为运营成本和非付现成本,表述为:

$$C = C_c + C_d \tag{7-6}$$

图 7.1 是主题公园游客量与收益关系模型。假设 P 代表主题公园企业经营利润,M 代表净现金流,则有:

$$P = R(V) - C(V) \tag{7-7}$$

$$M = R(V) - C_c(V) \tag{7-8}$$

在图 7.1 中,横坐标代表游客量 V,纵坐标代表收入和成本。R 是总收入线,与游客量成正比。C 是总成本线,C_c 是运营成本线,这两条线平行,之间是非付现成本。

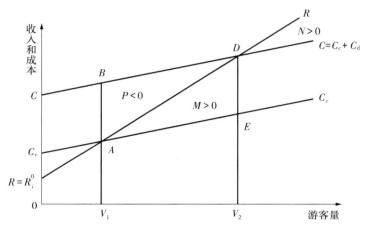

图 7.1　主题公园游客量与收益关系模型图

从图 7.1 可以看出:

①当游客量处在 V_2 时,收入线 R 交 C 于 D 点,此时 $P=0$,财务收支平衡,企业处于盈亏平衡点。当 $V>V_2$ 的时候,$P>0$,企业经营产生利润。在这个状态下,股东投资有回报。企业有能力安排资金对景区再投入,进行更新改造和产品提升,实现企业可持续发展。

②当游客量处在 V_1 的位置时,收入线 R 交成本线 C_c 于 A 点,此时 $M=0$,所以 A 点为现金流平衡点。当 $V<V_1$ 时,$M<0$,净现金流为负数,企业不能运转。

③当游客量处在 V_1 与 V_2 之间的时候,$P<0$,企业经营处在亏损状态(三角形 ABD 为亏损区),投资者没有回报。不过由于此时企业的净现金流为正(三角形 ADE 为净现金流),企业仍能维持运行。但是这种状态下企业难以安排足够的资金进行产品改造提升,或安排足够的费用来开展营销活动,扩大市场规模。特别是越靠近 V_1 的企业,往往会越快进入恶性循环,逐步走向倒闭。

由此得出:游客量必须围绕 V_2 上下波动,下摆的幅度不得超过

$$\Delta = V_2 - V_1 \tag{7-9}$$

其中,V_1 是维持主题公园开门营业最基本的游客量阈值。V_2 是主题公园可持续发展的游客

量阈值。需要指出的是,这种经营门槛的测算是基于平等合作的基础,合作的双方不得有"不平等条约"。如果一方有利益分配的特权,比如在计算总成本之前,先提取品牌使用费用,不纳入最终的经营成本和费用,那么这种经营门槛对另一方而言则要高出很多。

7.1.2 北美主题公园盈亏分析的基本参数

诚如前文所述,美国主题公园的盈利中,50%～60%的盈利来源于门票收入,而剩余的部分则来自游客的园内二次消费。除了迪士尼乐园,六旗乐园也基本如此。美国六旗乐园53.6%的收入来源于门票,46.4%来自公园内的二次消费(包括游戏)、赞助和其他收入(诸如停车费)等。在北美,由于主题公园可以获得可观的园内二次消费,门票收入变得不那么重要,而降低实际门票反而可以作为刺激游客量增长的有效手段,由此出现了多种多样的折扣形式(对于老年人、婴幼儿以及团体游客这些可能占据了公园35%以上游客量的群体,给予季度票、工作日、晚上、游客包装以及产品促销等优惠)(保继刚,2015)。

上述优惠政策以及会员制度的推广,极大促进了游客量和收入的增加。一方面,主题公园不可能无限制地增加游客量,主题公园的最佳容量是稳定的,当出现饱和状态时,这些政策的边际利润曲线下降。另一方面,基于可预见结果的材料和劳动力成本上升以及实际到达公园的游客数量降低了消费机会(排队、与此情境相关的不满意和即兴购买下降导致)。因此可以说,公园的运营边际对以下两个变量高度敏感,即每日游客数量和游客人均消费。

主题公园的运营成本最高可达到总收入的80%。主题公园产业以高营业成本作为主要特征,包括75%的固定成本和25%的可变成本。人力成本(运营花费加上销售和行政支出)占据了总成本的40%以上,广告和市场营销作为第二大成本,占据了16%～20%。以雪松市集为例,其旗下的主题公园直接运营成本占了总收入的65%,而服务和总管理处占到了19%,商品销售成本占到了16%。兼职员工工资、设备保养、公用物资诸如水电和保险等并不会随着游客数量而发生变化。可变成本为储备物资(食物和饮料、商品和游戏)、市场营销和季节性雇用。为了更好地说明,表7.1展示了国际主题公园协会(International Association of Amusement Parks and Attractions, IAAPA)的一项调查结果,即来自北美和欧洲的35个公园样本的成本和费用结构。

表 7.1 欧美主题公园的运营成本构成

运营成本构成	总计/% (n=35)
人工成本	36.0
设备保养	8.5
供应	3.2
特殊事件	2.2
促销	7.0
公共服务	3.5

续表

运营成本构成	总计/% ($n=35$)
保险	1.7
管理处	4.5
租金	3.9
税务	3.1
利息	4.8
其他	10.6
运营边际	21.3

资料来源：IAAPA，2000。

　　根据 IAAPA 对不同年份的评估，人工成本是到目前为止所有主题公园最大的成本（最高可能超过 50%）。这是由于主题公园是劳动力密集型企业。在此基础上评估显示，一个主题公园的员工平均每天与 75 名游客有联系（Kaak，1992）。这一点证明了员工对公园成功的重要性，且员工是游客满意的主要因素。

　　与人工成本不同，设备保养和维修成本与游客数量不存在必然联系。公园必须时刻保持最佳状态，这样才不会违背游客寻求干净、安全、梦幻的氛围的初衷。市场营销支出通常是为了提高游客数量。有时，市场营销的显著增加往往与公园的新事物相关。在更大的公园内，需求不再集中于当前市场区域，营销和商品化曲线升高。然而，考虑的公园不同也会存在显著差异。为了更好地说明，如表 7.2 所示，2004 年，不同迪士尼乐园在成本结构上也存在差异。尽管数据是 2004 年的，但美国主题公园市场较为稳定、成熟，相关成本比例变化不大，美国本土的迪士尼乐园十多年来一直致力于降低人工成本。

表 7.2　2004 年各个迪士尼乐园的成本结构（占总收入的百分比）

	人工成本/%	生产成本/%	市场营销/%	一般固定成本/%
加州迪士尼	49	29	7	14
佛州迪士尼	49	32	13	6
巴黎迪士尼	31	27	14	28
东京迪士尼	22	35	7	36
香港迪士尼	35	30	12	23

资料来源：Bilotti & Ksenofontova，2005。

　　剩余的成本包括销售物品（食物和饮料）储备以及公园一般行政服务等，占据总成本的 20%～30%。其中，保险是一个很重要的支出。这是因为主题公园的乘骑器械惊险刺激，也存在安全风险。尽管发生事故的概率微乎其微，但一旦发生，对主题公园而言将是灾难性的影响。

7.2　基于盈亏平衡的投资与财务模拟

假设某主题公园项目总投资 30 亿元人民币(不含土地成本),用于主题公园固定资产投资,假设固定资产折旧期为 10 年,年折旧摊销为 3 亿元人民币。同时,假定该主题公园每年的项目更新改造费用为 0.1 亿元人民币,财务费用 0.05 亿元。该主题公园的固定成本主要来源于折旧摊销、财务费用和更新改造费用,每年共计 3.15 亿元人民币。其他经营收入包括餐饮、商品和场地出租,按一般经验,这部分占标准门票的 20% ~30% ,该项目按标准门票的 20% 计算;考虑营销费用,实际门票一般占标准门票的 70% ~90% ,该项目计算实际门票为标准门票的 80% 。理论上,运营成本包含两部分,其中有一部分是随游客量的增加而增加的。欧美主题公园的运营成本控制得比较好,一般能控制在营业收入的 40% ~45% ,而国内主题公园在这方面由于固定员工比例高,运营成本一般占营业收入的 50% 以上,本项目按 50% 计算,为乐观值。

因此,在计算之前,我们首先得出以下几个假设:

该主题公园固定资产投资 30 亿元人民币。

$$总成本(C) = 运营成本(C_e) + 固定成本(C_d) \tag{7-10}$$

其中,运营成本 (C_e) 占营业收入的 50% ,固定成本 (C_d) 假设为每年 3.15 亿元人民币。根据前文的盈亏平衡模型,得到投资可行性的估算结果,见表 7.3。

表 7.3　主题公园项目投资运营的可行性分析

项目	估计值								
游客量/万人	200	200	200	300	300	300	400	400	400
标准门票/元	200	250	300	200	250	300	200	250	300
实际门票/元	160	200	240	160	200	240	160	200	240
其他经营收入/元	40	50	60	40	50	60	40	50	60
人均消费/元	200	250	300	200	250	300	200	250	300
合计/万元	40 000	50 000	60 000	60 000	75 000	90 000	80 000	100 000	120 000
运营成本/万元	20 000	25 000	30 000	30 000	37 500	45 000	40 000	50 000	60 000
现金流/万元	20 000	25 000	30 000	30 000	37 500	45 000	40 000	50 000	60 000
固定成本/万元	31 500	31 500	31 500	31 500	31 500	31 500	31 500	31 500	31 500
税前净收益/万元	−11 500	−6 500	−1 500	−1 500	6 000	13 500	8 500	18 500	28 500

根据表7.3的估计值,进一步推算各种门票价格水平下的阈值。假设主题公园的潜在游客对主题公园门票价格不敏感,价格弹性为零(乐观估计),在此基础上,估计各种门票价格水平下该主题公园正常运营所需要的游客量。

根据阈值的公式

$$V_2 = \frac{C}{\text{人均消费}} \tag{7-11}$$

计算得表7.4:

表 7.4 基于门票价格的游客量阈值计算值

项目	估计值									
标准门票/元	60	90	120	150	180	210	240	270	300	330
实际门票/元	48	72	96	120	144	168	192	216	240	264
其他经营收入/元	12	18	24	30	36	42	48	54	60	66
人均消费/元	60	90	120	150	180	210	240	270	300	330
固定成本/亿元	3.15	3.15	3.15	3.15	3.15	3.15	3.15	3.15	3.15	3.15
游客量阈值/万人	1 050	700	525	420	350	300	263	233	210	191

根据表7.4可知,该主题公园如果投资30亿元,乐观地估计,门票收入210元,则需要300万游客才能达到盈亏平衡,门票仅为150元,则需要420万游客才能达到盈亏平衡。

7.3 主题公园投资和财务状况分析

7.3.1 香港迪士尼乐园的投资和财务状况

香港迪士尼由香港特区政府和迪士尼集团共同成立的香港国际主题公园有限公司投资和运营管理。起初,香港特区政府对香港迪士尼项目抱有非常高的期待,根据香港特区政府早期的估算,香港迪士尼乐园一期工程开业后,在未来的40年运营中,将会产生1 480亿港元(约合190亿美元)的经济价值,大约占香港GDP的6%。2003年1月12日,香港迪士尼乐园正式动工,初始投资高达141亿港元,还不算香港特区政府为此配套的136亿港元的外围基础设施投资。过高的初始投资导致巨额的折旧和摊销费用。根据香港迪士尼乐园公布的业绩报告,其年均折旧和摊销费用在8亿港元左右,从2008年到2013年,香港迪士尼乐园累计完成折旧和摊销费用高达47.98亿港元(保继刚,2015)。

由于香港迪士尼乐园开业后迟迟达不到预期的游客量,公园一度处于亏损状态。根据香港迪士尼乐园官方公布的《年度业绩概要》,香港迪士尼乐园的入园量一直没有达到

预期的水平。直到 2012 年,香港迪士尼乐园总收入 42.72 亿港元,才破纪录地实现年度
纯利润 1.09 亿港元,首次实现盈亏平衡。然而,2015 年开始,香港迪士尼乐园又面临巨
大压力,见图 7.2。

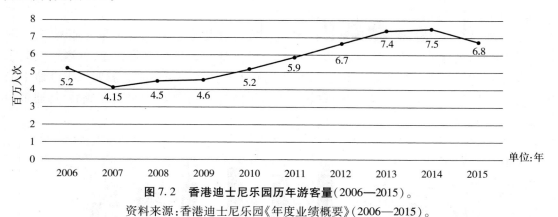

图 7.2　香港迪士尼乐园历年游客量(2006—2015)。
资料来源:香港迪士尼乐园《年度业绩概要》(2006—2015)。

2015 年,香港迪士尼乐园接待游客 680 万人次,位列全球第 19 位,亚太地区第 9 位[①]。
游客量似乎还不错,但由于初始投资较高,折旧摊销过大,门槛游客量要求比较高,公园依然
亏损,见表 7.5。

表 7.5　香港迪士尼的经营绩效表现

单位:百万港元

年份	2008	2009	2010	2011	2012	2013	2014	2015	总计
总收入	2 568	2 541	3 013	3 630	4 272	4 896	5 466	5 114	31 500
成本与费用	2 729	2 611	2 792	3 124	3 396	3 781	4 215	4 309	26 957
毛利润	−161	−70	221	506	876	1 115	1 251	805	4 543
折旧及摊销	808	858	833	699	762	838	888	956	6 642
财务成本	605	387	106	44	5	33	31	−3	1 208
纯利润	−1 574	−1 315	−718	−237	109	244	332	−148	−3 307

资料来源:香港迪士尼乐园《年度业绩概要》(2008—2015)。

香港迪士尼乐园在 2012—2014 年略有盈余后,2015 年再次面临亏损,亏损达到 1.48 亿
港元,2008—2015 年,累计亏损 33.07 亿港元。一方面,香港迪士尼乐园的亏损既有内部因
素,也有外部环境因素。从内部因素看,香港迪士尼乐园初始投资过高引发的巨额折旧和摊
销费用。根据香港迪士尼乐园公布的业绩报告,其年均折旧和摊销费用在 8 亿港元左右。
另一方面,香港迪士尼的运营成本也很高。欧美主题公园的运营成本控制得比较好,一般能

---

① TEA/AECOM. The Global Attractions Attendance Report for 2015 [R], Themed Entertainment Association (TEA),
2016.

控制在营业收入的40%～45%,而中国主题公园由于固定员工比例高,运营成本一般占营业收入的50%以上。然而,香港迪士尼乐园运营成本和费用比一般的主题公园还高,占比非常大。2015年,香港迪士尼乐园的运营成本和费用为43.09亿港元,而收入仅为51.14亿港元,运营成本和费用占总收入比重高达84.26%[①]。

从外部环境因素看,受多种因素影响,访港游客人数大规模下降,尤其是内地游客,见图7.3。2016年,内地游客所占比重从2014年的48%下降到36%。尽管如此,香港迪士尼乐园仍是最具吸引力的中国主题公园之一,每年仍有大量国内外游客到访。如果香港迪士尼能够进一步控制运营成本,扩大公园规模,丰富游乐体验,在主要摊销折旧完成后,将迎来持续盈利。

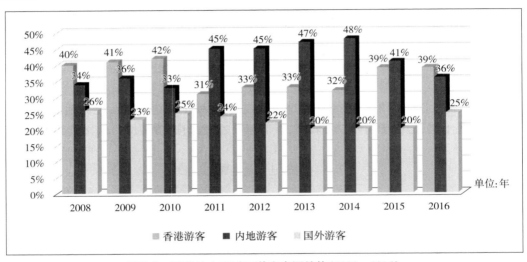

图7.3　香港迪士尼乐园游客来源结构(2008—2016)

资料来源:香港迪士尼乐园《年度业绩概要》(2008—2016)。

7.3.2　东京迪士尼度假区的投资和财务状况

东京迪士尼度假区一直是全球运营最好的主题公园之一,投资合理、财务绩效表现良好。东京迪士尼度假区从开业至今,一直更新改造,持续投资,先后建成迪士尼乐园和迪士尼海岸,产品的折旧摊销比较大。由于大多数项目和设备已经完成了折旧摊销,目前东京迪士尼的折旧摊销费用较低。2016年东京迪士尼度假区的折旧摊销费用高达359.82亿日元,但也只有香港迪士尼乐园折旧摊销费用的一半。然而,东京迪士尼度假区的游客量高达3 019.1万人次,单位游客收入约为11 257日元(折合人民币661元),总收入为4 653.53亿日元(折合人民币273.57亿元),年折旧摊销占总收入比例不足10%。2016年东京迪士尼度假区实现净利润739.29亿日元(折合人民币43.46亿元),营业毛利率为15.89%,高于同类主题公园,见表7.6。

---

① 香港迪士尼乐园2015年度业绩报告。

表 7.6 东京迪士尼度假区的经营绩效表现

单位:百万日元

	2011	2012	2013	2014	2015	2016	2016 年增长率/%
总收入	356 181	360 061	395 527	473 573	466 292	465 353	-0.2
营业收入	53 664	66 923	81 467	114 491	110 605	107 357	-2.9
净利润	22 908	32 114	51 484	70 572	72 063	73 929	2.6
资本性支出	27 904	23 210	28 730	20 367	37 034	39 707	7.2
折旧及摊销	39 985	39 850	36 132	36 934	34 637	35 982	3.9
税息折旧及摊销前利润	93 649	106 773	117 599	151 426	145 242	143 339	-1.3
营运现金流量	62 893	71 964	87 616	107 506	106 700	109 911	3.0
自由现金流	34 989	48 754	58 886	87 139	69 666	70 205	0.8
游客量/千人次	25 366	25 347	27 503	31 298	31 377	30 191	-3.8
门票价格/日元	5 800	6 200	6 200	6 200	6 400	6 900	7.8
单位游客收入/日元	10 022	10 336	10 601	11 076	10 955	11 257	2.8

资料来源:东京迪士尼度假区 2016 年年报。

表 7.6 反映的是东京迪士尼度假区作为一个整体的经营绩效表现。对于东京迪士尼度假区的主题公园部门而言,2016 年其部门总收入为 3 846 亿日元(折合人民币 226 亿元),占整个度假区总收入的 82.6%。主题公园部门营业收入为 917 亿日元(折合人民币 54 亿元),其中门票收入占比为 45.6%,主题商品销售收入占比为 35%,而餐饮收入占比为 18%。此外,酒店和旅游相关设施部门的收入占比较低,仅为 17.4%。得益于合理的投资和卓越的管理水准,东京迪士尼度假区吸引了远超经营门槛要求的游客量,赢得了可观的利润。

7.4 主题公园更新的计划与节奏

7.4.1 主题公园更新改造的计划与节奏

主题公园必须保持一定的更新规模和节奏,以保持持续的吸引力。通常,主题公园每年会拿出营业收入的 5%~10% 用以更新改造,一部分计入设施设备的维护费用,一部分计入新增项目中。对于大规模的更新改造,则需要另投资金,通常不计入年度常规更新改造计划中。主题公园的更新改造与主题公园的生命周期紧密相关,主要受以下因素影响:

1)首期效应

主题公园开业前两年通常会迎来首期效应,即游客量有显著的快速增长。首期效应持续的时间取决于潜在市场规模及其流动性、主题公园产品的吸引力和纵深、主题公园的品质和口碑,以及主题公园更新改造的节奏。一般而言,潜在市场规模越大,流动性越强,主题公园的初次游市场较大,首期效应持续的时间就越长。主题公园的产品吸引力强,类型丰富,首期效应持续的时间也较长。同样,主题公园的口碑好,改造节奏快,符合市场需求,那么首期效应通常也较长。首期效应越长,更新改造的节奏可以稍微放缓。

2)区域产品竞合

主题公园的空间竞争状况,即是否存在空间的替代性和互补性的情况。新的主题公园的出现,会从空间上分割主题公园的客源市场,而主题公园内部新景区的开发会从整体上提高主题公园的竞争力。根据以上分析,在科学选址和准确定位主题的基础之上,主题公园生命周期的演化将主要取决于其产品的吸引力和日常的经营管理,而主题公园的空间竞争状况只不过是加剧了这一情况。区域产品竞合越激烈,更新改造的节奏就要加快,规模就要扩大。

3)旅游市场环境

各个主题公园的市场结构并不相同。一般而言,一个区域级或城市级主题公园主要面向2小时车程范围内的市场,特别强调这部分市场的重游率。如果主题公园发展相对成熟,吸引力较为稳定,那么该公园的市场结构(初游规模和重游率)保持相对稳定。当潜在市场人口增长、消费水平增长时,主题公园将迎来新的增长。因此,一个成熟市场的主题公园受到市场环境影响较大。旅游市场环境成熟的区域,对主题公园吸引力的品质要求较高,更新改造更要注重节奏和规模。

7.4.2 深圳欢乐谷的更新改造

深圳欢乐谷通过不断更新、扩建和改造,以适应新的市场需求,不断重构主题公园的吸引力,从而实现公园生命周期的延续,见图7.4。

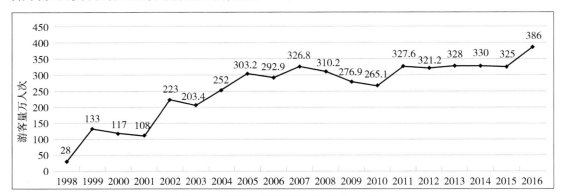

图7.4 深圳欢乐谷游客量(1998—2016)

资料来源:深圳华侨城欢乐谷旅游公司。

深圳欢乐谷于1998年10月1日开业,当年接待游客仅为28万人次,远低于锦绣中华

（11 月 22 日开业，当年接待 91 万人次）。1999 年深圳欢乐谷接待游客量为 133 万人次，远低于预期，首期效应并不显著。尽管在国内是一个新型主题公园，但其开发模式和理念尚不成熟，市场接受程度较低，加上产品定位不准确，产品纵深不足等原因，深圳欢乐谷一期开业后，迅速进入衰退期，生命周期很短。2001 年，深圳欢乐谷一期接待游客量已经下降到 108 万人次。

2002 年 4 月 28 日，投资 8 亿元的深圳欢乐谷二期开业。园区在一期现有的 5 个主题分区（冒险山、玛雅水公园、欢乐岛、卡通城和欢乐广场）的基础上，增加了香格里拉森林、飓风湾、阳光海岸，加上季节性开放的玛雅水公园，园区游乐项目由 40 个增加到近百个。欢乐谷实现成功转型，由一个儿童游乐园转变为融参与性、观赏性、娱乐性、趣味性为一体的现代大型主题乐园。市场由面向 14 岁以下的群体转向面向广大青年和家庭群体。2002 年，深圳欢乐谷接待游客量为 223 万人次，增长迅速，呈现显著的二期"首期效应"。

从那一时期开始，深圳欢乐谷决定每年投入一定资金进行硬件设施、游乐项目更新、改造，保持景区常见常新。2003 年，投入资金近 5 000 万元，建新改旧，成功推出国内首创的大型水上实景表演《欢乐水世界》，改造了西部影城，春节推出新版《地道战》，更换四维影片，新片《LEGO 赛车手》在亚洲首演。欢乐谷先后对入口平台、停车场、异度空间出口、金矿听音室环境、水公园等 22 个项目的改造，提升了景区环境品质。2004 年，欢乐谷投资 2 000 万元收购城市高架单轨列车项目欢乐干线，欢乐谷成为集海、陆、空三栖游乐为一身的现代大型主题乐园。2005 年，投资 5 000 万元建设的欢乐谷三期，于 5 月 1 日推向市场，同时，玛雅水公园免费对外开放。园内主题区增加至 9 个，再加上高空单轨列车"欢乐干线"，游乐项目和各类表演项目达到 100 多个。增加夜场，欢乐谷由日间经营变为融日、夜两重娱乐为一体。2006 年，欢乐谷耗资 2 000 万元打造、历经 2 年创作排练的大型当代都市剧《欢乐无极》，10 月 1 日正式上演，该项目是继三期工程后的一项精品表演，项目把海派、京味与深圳特色融为一体，让人们体验在不同时空、不同历史中重叠的都市欢乐；同时，投资 1 000 万元，以原"异度空间"为基础，引进了先进的声、光、电、影四维特效技术，将整个古海沟区域的项目进行整合，形成"灵异归来、考古营地、魔兽探秘、异度空间"四大迷情组合项目，于 10 月 1 日正式对外开放。该项目填补了古海沟区域 4 年来的项目空白，为游客提供超值的游乐体验。

2005 年，深圳欢乐谷的接待量突破 300 万人次，达到 303.2 万人次，2007 年更是达到了 326.8 万人次的历史高位。但限于发展用地和原有项目折旧周期的问题，深圳欢乐谷进一步更新改造难度加大。与此同时，香港迪士尼乐园、长隆欢乐世界等周边区域主题公园的开业，使得深圳欢乐谷的市场进一步缩小。深圳欢乐谷主要依赖于深圳及周边地区市场，且重视重游率。

在经历了 2008—2010 年的衰退后，2011 年深圳欢乐谷五期开业，公园迎来新一轮增长。深圳欢乐谷五期是一个综合性的大型娱乐项目，集全新香格里拉雪域主题区、全新规划建设的玛雅水公园及全新创编的大型都市综艺秀——《炫艺@天空》于一体。从美国、意大利等国家引进 10 余项世界最先进的游乐项目，更加适合年轻游客及合家欢市场的需求。2011—2015 年，深圳欢乐谷的游客量基本稳定在 320 万人次以上，增长相对缓慢，市场较为成熟。

为使游客感觉常见常新、常玩常新,2016年深圳欢乐谷斥巨资3亿余元,全新建设飓风湾主题区,并推出两大科技互动娱乐项目:XD动感影院、黑暗骑乘剧场,打造藏族文化主题鬼屋项目《迷藏》。同时,为了提升游客游玩体验,欢乐谷还推出智慧景区项目,通过微信游伴平台,为游客提供行前、行中、行后的360度全方位服务。2016年,深圳欢乐谷对已经开放了十几年的玛雅水公园进行更新改造,4月底全新开业。欢乐谷在玛雅水公园引入Waterman("美男鱼")泳池派对,邀请高颜值"美男鱼"抢鲜体验水公园,与游客激爽互动。一系列更新改造,助推了深圳欢乐谷2016年游客量的进一步增长。

从深圳欢乐谷的案例可知,每一次成功的更新改造不仅可以让公园保持吸引力,还能进一步提升主题公园的游客量。

本章小结

- 主题公园的投资估算通常以盈亏平衡法为基础,通过关键指标的控制,测算主题公园的合理投资区间。尽管主题公园有不同的类型,但都具有相对稳定的折旧期,一般为10年,每一个主题公园投资又预设了相应的投资回报期。

- 中国主题公园的投资结构、运营收入和成本结构与欧美国家的主题公园有比较大的差异,企业财务管理上成本费用类别的归集也有差异。比如,中国主题公园门票的收入往往占总收入的80%以上。

- 香港迪士尼乐园的初始投资很大,决定了其较高的折旧摊销费用,直接影响了公园的实际利润,而香港迪士尼乐园较高的运营成本又进一步降低了利润水平,加之实际游客量低于预期,导致香港迪士尼乐园在开业后的几年一直处于亏损状态。

- 东京迪士尼度假区投资较为合理,游客量表现一直高于预期,游客园内二次消费较高,从而实现了较好的经营收入,加之运营成本控制得当,东京迪士尼度假区一直是全球运营最好的主题公园之一,有良好的财务绩效表现。

- 主题公园必须保持一定的更新规模和节奏,以保持持续的吸引力。通常,主题公园每年会拿出营业收入的5%～10%用于更新改造。影响主题公园更新改造计划和节奏的因素主要有首期效应、区域产品竞合和旅游市场环境。

复习思考题

1. 同样是迪士尼乐园,为什么东京迪士尼度假区的经营绩效表现要好于香港迪士尼乐园?

2. 为什么香港迪士尼的运营成本占营业总收入的比例较高?

3. 请按照盈亏平衡法和本章的估计参数,测算一下一个投资 20 亿元的主题公园,门票设定在 200 元时,需要多少游客才能达到盈亏平衡。

4. 为什么一些主题公园的更新改造带来了新的游客量增长,而另一些主题公园的更新改造导致主题公园游客量的进一步下滑?主题公园应该如何更新改造?

参考文献

［1］ Bilotti, R. and Ksenofontova, S. The Economics of Theme Parks and Resorts［R］. New York：Morgan Stanley，2005.

［2］ IAAPA（International Association of Amusement Parks and Attractions）. Amusement Facility Operations Survey 2000［R］. Alexandria，Virginia：IAAPA，2000.

［3］ Kaak，K. T. Theme parkarama. Thesis of Master of Science in Community and Regional Planning［D］. Austin，Texas：University of Texas，1992.

［4］ 保继刚,等. 中国主题公园研究［M］.北京:科学出版社,2015.

［5］ 王刚.主题公园游客流影响因素及其作用路径研究［D］.西安:西安交通大学,2009.

第8章
主题公园的合格市场与市场评估

　　稳定而持续的游客流是主题公园获得良好经营绩效的保障,而选择一个合适的市场,是主题公园的立身之本。主题公园市场评估因此成为主题公园管理的一个重点。由于大多数主题公园依赖于2小时车程范围内的周边市场,因此,周边人口规模与时间距离是主题公园选址的重要尺度,而衡量这一关键尺度的指标就是渗透率。与其他旅游景区不同,主题公园也非常强调重游率,重视区域内市场的重复出游。综合而言,主题公园的市场评估主要看合格市场、渗透率和重游率3个指标。本章将结合国内外主题公园市场评估的技术方法,讲授主题公园的市场评估。

【本章学习目标】
　　1.掌握主题公园合格市场的评估。
　　2.熟悉主题公园市场渗透率的测算及基本参数。
　　3.熟悉主题公园重游率参数。
　　4.了解主题公园重游游客的行为特征。

8.1　主题公园的合格市场

　　主题公园的合格市场是指主题公园主要市场范围内具有主题公园产品和服务购买力的潜在市场人口。这一市场规模的大小决定了主题公园的市场接受能力、消费水平。通过对某一市场范围内合格市场的识别,能够更准确地预测主题公园在这一市场范围的潜在市场规模和消费能力,从而为主题公园的布局、投资规模、设计容量、经营管理等工作提供更合理的安排。

　　主题公园是一项消费较高的休闲娱乐产品,这意味着并不是区域范围内所有的人口都是合适的市场人口。因此,直接套用区域范围内的人口数据测算合格市场的做法是不妥当的。主题公园的市场评估有其特定的技术方法,在实际管理中,一些方法被业界普遍误用,生搬硬套国外现成参数。还有一部分学者直接借用其他领域或其他景区的市场规律来解释主题公园市场,缺乏主题公园行业内的案例研究,更缺乏对中国主题公园市场基本参数和评估方法的认识。由此产生的一系列判断和评估结论是存在严重问题的。

中国主题公园的总体消费特征趋向于大众化、日常化,主题公园消费逐渐成为大部分城市居民日常生活的一部分,但仍有小部分人并非合格市场。与此同时,中国特定的消费规律决定了中国有一部分"非合格市场"也可能消费主题公园,这部分市场的规模在一些主题公园达到了10%～20%,因而也不能忽视。直接通过人口数量来预测主题公园的市场规模是不全面的。现有的旅游需求预测多侧重于国家或者区域层面,利用庞大的统计数据和复杂的经济模型对未来需求进行预测。对主题公园的一、二、三级市场拥有多少合格人群,合格人群中会有多少转化为主题公园的入园人数的案例研究,将会对主题公园的旅游需求和市场规模预测提供有益的方法和理论补充。

纵观全球主题公园发展,成功的主题公园在市场区位选址上有诸多共性,要么地处巨大的本地居民市场,如东京、首尔的公园,以本地客源市场为主导;要么拥有巨大的旅游市场,如新加坡、中国香港、中国台湾等旅游目的地,主题公园的主题定位刚好与旅游地形象匹配,便可获得集聚效应;或两者兼而有之,如南加州和佛罗里达州。总之,主题公园要成功,必须依赖一定的市场规模,即稳定的游客流。与此同时,主题公园布局所选择的城市也具有经济的优越性,由此决定了主题公园目标市场所具有的较强消费力。主题公园所处地区的经济发展动力和水平,决定了该区域收入达标人群的规模。拉美主题公园市场的欠发达就是由于收入达标人群不足。亚洲市场的兴起,特别是中国(不包含港、澳、台地区)成为主题公园增长的亮点,则是因为经济的持续高速发展,使得收入达标人群呈现中长期的增长态势。当前,识别和评估主题公园合格市场的方法主要有两种,一种基于家庭收入标准,另一种基于个人可支配收入。

8.1.1　基于家庭收入标准的合格市场评估

基于家庭收入标准的合格市场评估是欧美主题公园咨询机构常用的技术方法。该方法以主题公园人均消费结合家庭人口,换算为每一个家庭到访一次主题公园的开支,然后依据主题公园消费所占家庭年收入的比例参数,计算出一个家庭一年游览主题公园至少一次所要求具备的最低家庭年收入标准。例如,以人均每日在主题公园消费40美元的消费水平为例计算,得到家庭年收入达标的最低要求(保继刚,2015),如表8.1所示。

表 8.1　基于家庭收入标准的合格市场评估

人均在主题公园日消费 /美元	三口之家日开销 /美元	占全年收入的最大比例 /%	最低家庭年收入达标要求 /美元
40	120	1.2	10 000
40	120	1.4	8 571

在这个合格市场评估标准中,1.2%～1.4%是一个关键参数,基于欧美主题公园几十年经营管理的经验,根据各个主题公园主体市场收入水平倒推测算而得,是个欧美经验值。这个参数的设定,即人们通常会将家庭年可支配收入的多少用于举家游玩主题公园的消费是

非常关键的。国际旅游景区和主题公园协会曾做过一项关于美国主题公园游客的消费调查。调查结果表明：1999 年这一年中平均有 33% 的美国家庭曾游览过一家主题公园。其中，家庭年收入水平在 15 000 美元以上的占了市场的 82%，他们曾经游览过一家主题公园的比例超过平均值，对主题公园具有经济承受能力。统计数据显示，主题公园的访问率随着收入的升高而大幅增加，然而，当收入增长到一定阶段后，主题公园到访率又将趋于稳定，增长放缓。在美国只有 6% 的家庭年收入在 7 500 美元或以下，属极低收入阶层（以 40 美元的消费标准，三口之家的主题公园游览费用已经超过他们家庭收入的 1.6%，被认为是非合格市场），见表 8.2。然而，即使这部分所谓非合格市场，仍有 14% 的家庭曾经到访过主题公园，说明即使是非合格市场的人群也会去主题公园。主题公园的客流量与家庭年收入相关，但也会有特例。

表 8.2　美国主题公园游客收入分布

美国家庭年收入水平（占美国家庭数比例）	曾游览过一家主题公园/%
少于 $ 7 500（6%）	14
$ 7 500 ~ $ 15 000（13%）	22
$ 15 000 ~ $ 30 000（22%）	34
$ 30 000 ~ $ 50 000（23%）	37
$ 50 000 ~ $ 75 000（18%）	35
大于 $ 75 000（19%）	35
总体平均	33

资料来源：IAAPA，2000。

以家庭为单位的测算非常符合中国市场消费的特点，然而，对于一些主题公园而言，他们的目标市场可能是"非家庭"的青年和青少年群体，他们的出游往往不是"量入为出"，因此在中国，这个参数要根据具体市场条件进行适当的修正。中国主题公园人口基数大、地区发展不均衡。在对主题公园进行经济收益可行性分析时，如果只是基于自然人口来预测游客量，预测结果过于乐观，从而对政府和投资者造成误导，在公园选址、建设规模方面都会出现错误判断，导致公园开业后的经营不善和失败。而布局在北京（京津地区）、上海（长江三角洲）、深圳、广州（珠江三角洲）的主题公园相对比较成功，也与这三个区域的经济发展活力高和收入达标人群基数相对较大有关（古诗韵，2013）。更为重要的是，由于中国各城市的消费习惯不同，这个参数的值变化也非常大，基于家庭收入标准的合格市场评估方法最适合市场结构稳定、人口规模较大、一致性较高的城市。

8.1.2　基于个人可支配收入的合格市场评估

基于个人可支配收入的合格市场评估是根据居民的人均可支配收入和人均消费开支中休闲娱乐消费比例，计算得到休闲娱乐消费，再与主题公园的消费水平比对，推算出主题公园合格市场的人均可支配收入要求。这个市场评估方法容易产生两个问题：一是主题公园可能只是居民休闲娱乐消费中的一部分，用此比例来推算，比例值偏大，会导致合格市场线可能被低估；二是居民也可能减少别的消费来支付主题公园的开支，这意味着部分非合格市场的人群也有可能到访主题公园。与此同时,主题公园内部消费及其关联消费很多,一次出游可能同时产生多种类型消费,难以简单化为主题公园消费。

基于个人可支配收入的合格市场评估首先要对市场进行分级评估。主题公园的客源市场,按照市场区间划分可分为本地居民市场和旅游市场;按照客源地到达目的地的距离和时间可分为一、二、三级市场;也可以按照社会人口特征,划分年龄、学历、职业、收入等。一般地,以主题公园所处的城市为基准将客源市场区间划分为四个层级:市内市场(以本地居民为主,到达主题公园的车程在 1 小时以内)、省内市外市场(以周边短途旅游者为主,到达主题公园的车程在 3 小时以内)、省外市场和境外市场。值得注意的是,主题公园的市场也会随着交通便利性的提升和消费群体及消费习惯的变化而呈现历时态变迁(古诗韵,2013)。下文以 1992 年和 2010 年两个年度的变化来说明。

1992 年,深圳锦绣中华迎来开业后游客量最多的一年,游客量达到 314.69 万人次。游客构成以国内旅游市场为主,1992 年的国内游客占总数的 86.29%,境外游客占 13.71%。当时门票为国内游客平日 20 元、节假日 25 元。按照深圳统计部门发布的数据,1992 年深圳城镇居民常住人口为 260.9 万人,其中户籍人口占 30.7%,80.22 万人;暂住人口占 69.3%,180.68 万人。年人均可支配收入(税后)为 5 783.28 元,年人均消费性支出为 5 034.49 元,其中用于"旅游"的开支仅有 2.25%。换句话说,1992 年深圳城镇居民每月用于"旅游"的人均消费为 9.46 元(保继刚,2015)。

对 1992 年不同收入水平家庭人均年消费情况的调查显示(见表 8.3),低收入户和最低收入户两档家庭年人均旅游消费都没有达到 20 元。如果仅以门票作为锦绣中华的进入门槛消费,则这两档家庭(占总抽样家庭的 20%)属于主题公园的非合格市场。尽管不同收入水平的家庭消费性支出差异大,考虑到常住人口中 69.3% 为暂住人口,他们以外来务工者为主,从事建筑、服务等较为基础的行业,收入普遍偏低。由此推断,1992 年深圳本地市场对门票为 20~25 元的锦绣中华不具备经济承受能力的常住居民应该远远高于总人数的 20%(古诗韵,2013)。

表 8.3　深圳不同收入水平家庭年人均旅游消费的支出比例(1992 年)

收入阶层	总平均	最低收入户 10%	低收入户 10%	中等收入偏下户 20%	中等收入户 20%	中等收入偏上户 20%	高收入户 10%	最高收入户 10%
年人均消费性支出/元	5 034.49	2 559.46	3 304.03	4 351.70	4 673.08	6 188.31	7 682.14	7 878.52
年人均旅游消费支出/元	113.49	19.20	10.42	43.42	62.04	201.99	394.14	157.83
占比/%	2.25	0.75	0.32	1.00	1.33	3.26	5.13	2.00

资料来源:《深圳统计年鉴(1993)》,其中,统计局抽样 600 户家庭,按相对收入不等距 7 组分组统计。

不同收入人群旅游消费占总体消费性支出的比例为 0.32%~5.13% 不等,总体呈现收入越高,旅游消费支出就会越高的规律;但也有特例,最低收入户的旅游娱乐支出反而比低收入户要高,低收入户则把开支投入到家庭设备、医疗保健和教育上[1]。同时,最高收入户的

---

[1]　资料来源:《深圳统计年鉴(1993)》中居民消费性支出构成明细表。

消费性支出并不比高收入户高很多,旅游的消费也较少。与此同时,北京和上海1992年的测算也呈现相似的结果,见表8.4。因此,合格市场的人均可支配收入的标准要达到各地的中等收入水平以上。锦绣中华在1992年要获得271.54万人次的国内游客,游客中既有收入达标人群,也有相当规模的收入未达标人群。

表8.4　深圳、北京、上海三地年人均旅游消费支出的情况(1992年)

城市	年人均可支配收入/元	年人均消费性支出/元	年人均旅游消费支出/元	旅游消费占人均可支配收入比/%	旅游消费占人均消费比/%
深圳	5 783.28	5 034.48	113.49	1.96	2.25
北京	2 363.68	2 134.65	22.32	0.94	1.05
上海	3 009.12	2 509.44	17.88	0.59	0.71

资料来源:作者根据《深圳统计年鉴(1993)》《北京统计年鉴(1993)》《上海统计年鉴(1993)》整理计算所得。

非合格市场的构成较为复杂,各个主题公园的情况也并不相同。锦绣中华有很大一部分公务接待市场和公务考察市场。然而,非合格市场不是可持续的市场,不能长期作为主题公园的主体目标市场。例如,主题公园要依赖公务消费的支撑和补充,形象较好的新主题公园容易受到公务消费的追捧,从而很快迎来入园量的峰值,然而,公务考察风一过,公园马上面临经营衰退。以深圳欢乐谷的入园游客构成为例,分为购票入园、免票入园和持年卡入园三类,具体的分类和占入园人数的比例详见表8.5。按照是否自己支付费用来划分,自己付费游客占85%,非自己付费游客占4.37%,法定免票10.63%。其中自己付费游客包括购票散客、持年卡入园的游客(因赠卡所占比例很小,因此忽略不计),团队购票中包括学生团和旅行社组团的游客(这类基本也属于个人付费)。在非合格市场中,自己付费游客中一部分是学生,他们没有收入,靠家庭收入支持;另一部分是低收入的劳务工散客,但他们很喜欢欢乐谷这种时尚、刺激的游乐方式,愿意花钱进来体验和游玩。非自己付费游客中,公司组团客户占2.6%。不少企业和工厂,把组织员工外出旅游作为一种奖励,这里面包含不少低收入的劳务工,属于非合格市场。还有一类公司会在特别的节日组织员工出游,例如妇女节、教师节等,组织集体出游,则也会带来一些非合格市场游客。

表8.5　深圳欢乐谷入园人数构成分析(2012年)

分类	购票入园 84.4%			免票入园 12.4%				持年卡入园
	散客购票	团队购票		合法免票 85.7%	接待免票 14.3%			
		学生团/旅行社组团	企业自组团		赠票	参观入园单	员工票	
比例/%	68.95	12.85	2.6	10.63	0.35	0.58	0.84	3.2

资料来源:综合了入园数据、团队接待、政府接待、市场调研等数据,并访谈管理层验证与修正整理而成。合法免票是指70岁及以上的老人、1.1米以下儿童、退伍军人、残疾人等法定给予免票人,引自保继刚(2015)。

2010年,深圳市城镇居民年人均可支配收入为32 391.34元,年人均消费性支出是 22 806.54 元,其中年人均文化娱乐支出为 916.68 元,分别占年人均可支配收入和年人均消费性支出的 2.83%、4%,见表 8.5。根据深圳市统计局对 600 户居民家庭进行抽样调查,并依据相对收入不等距 7 组分组,最低收入户人均花费在文化娱乐服务上的也达到 248.89 元。按照 160~200 元的消费算(2010 年锦绣中华门票 140 元、深圳欢乐谷门票 180 元),可见所有的深圳居民都是主题公园的合格市场游客。

表 8.6　深圳不同收入水平家庭年人均文化娱乐支出比例(2010 年)

收入阶层	总平均	最低收入户 10%	低收入户 10%	中等收入偏下户 20%	中等收入户 20%	中等收入偏上户 20%	高收入户 10%	最高收入户 10%
年人均消费性支出/元	22 806.54	10 576.89	12 910.03	18 375.33	23 109.86	27 982.61	34 352.93	46 730.87
年人均文化娱乐支出/元	916.68	248.89	272.48	619.01	979.82	1 204.12	1 630.52	2 317.34
占比/%	4	2.4	2.1	3.4	4.2	4.3	4.7	5.0

资料来源:《深圳统计年鉴(2011)》。统计局抽样 600 户家庭,按相对收入不等距 7 组分组统计。

从上面主题公园合格市场的年际变化可知,随着经济的发展和收入水平的提高,主题公园的合格市场人群规模会逐步提升,主题公园的消费相对性降低,已逐渐从奢侈消费变为一项日常消费。从深圳欢乐谷的票价变动与居民收入的变化对比可以发现这一趋势。票价收入比描述了“一位深圳常住居民,需要几天的人均可支配收入,用以支付一次入园门票”。可以看到,深圳人均可支配收入逐渐增长,近 5 年复合增长率为 10.9%;尽管同期深圳欢乐谷的门票价格也在增长,从 2006 年的 140 元涨到 2012 年的 200 元,近 5 年复合增长率为 5.4%,见图 8.1;但门票的增长并没有人均可支配收入增长的幅度大,“票价收入比”呈下降趋势,表明常住居民消费能力增强,主题公园的消费门槛相对降低。这一变化趋势将促进需求的持续增长,现实情况亦如是,票价收入比持续下降,为公园带来更多的入园量。

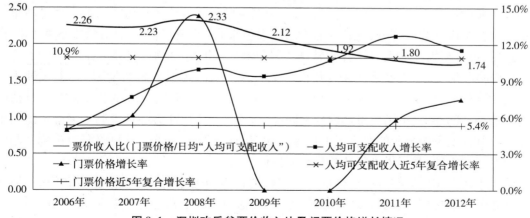

图 8.1　深圳欢乐谷票价收入比及门票价格增长情况

资料来源:《深圳市统计年鉴(2011)》《深圳市 2012 年国民经济与社会发展统计公报》。统计年鉴数据“从 2005 年开始为 600 户常住户(户籍+非户籍)”与之前的统计方法不同,不具有可比性;根据国家统计局住户调查方法制度,2007 年深圳市 600 户住户调查数据按可比口径重新计算;故人均可支配收入增长率采用近 5 年的数据,引自古诗韵(2013)。

在使用合适的市场评估的技术方法时,还要考虑三个方面的因素:第一,需要谨慎对待地方的消费文化差异和地区经济发展差异;第二,需要认真研究所在城市的主题公园替代性竞争产品。如果城市拥有其他众多休闲娱乐选择,那么选择主题公园的可能性就会降低;第三,需要仔细研究区域旅游市场的流动性。旅游流动性越好,城市主题公园获得旅游市场的可能性便增加。

8.2 主题公园市场渗透率

市场渗透率指的是在区域主题公园总体市场中,某个主题公园品牌(品类、子品牌)的产品使用(拥有)者的比例,也可以直接理解为用户渗透率或者消费者占有率,是一个品牌在市场中位置的总和,它是多年形成的结果。市场渗透率用以衡量现有市场区间群体访问一处景点的倾向性,一般表示为总客流量在相关市场总体规模中的比例。市场渗透率乘以每个现有市场范围内的合格市场人数,即为预测的潜在客流量。渗透率与一个主题公园所在市场的规模和吸引力相关,与主题投资额度、形象与品牌、认知度、同类景点的渗透、竞争环境,以及其他外部变量,如天气等因素相关。

8.2.1 欧美主题公园的渗透率

主题公园经营的成败取决于有多少市场愿意为此消费。因此,主题公园的规划者和管理者必须了解所在区域市场的特征。然而,划界、定位和测量一个公园的潜在市场并不容易。在管理实践中,主题公园市场依赖且受制于"形象"以及产品的具体位置。市场、形象和区位相互依赖,是必须一同考虑的三要素。因此,为了了解潜在市场的需求,首先必须为主题公园的潜在地理范围划界,划界可以是当地级、地区级、国家级甚至世界级。实际上,在每个参照规模中仅有人口数目百分之一的人会游览主题公园等休闲设施。这群人就是技术上被定义为合格市场的那部分,他们可能偶尔(渗透率)或重复(重游率)地游览这种休闲设施。最后,可以根据社会人口统计学特征以及动机(如年龄、性别、家庭生命周期所处的阶段、社交阶层、居住地、去往公园所使用的交通方式、个性、生活方式与期望等)来发展子市场。为此,确定一个潜在市场规模和特征的步骤主要有三:第一,估算主题公园在影响范围内的渗透率,区分不同市场与市场内的不同部分。第二,使用社会心理学调查来确定潜在市场需求偏好以及影响公园的游客量的因素。第三,通过调查定居人口和游客的花费来制订弹性收费标准指数,并提供可靠的趋势预测指标。

欧美主题公园研究和咨询机构依据他们长期积累的国际同业参照数据库和模型(模型涉及主题公园的规模、主题、管理者意见、区位、其他因素因子),通过按需选择不同的因子计算推测出某一吸引物在特定市场区间中的市场渗透率。他们将市场渗透率区分为主要本地居民市场(1小时车程以内)、次级居民市场(2小时车程以内)、旅游市场(非商务游客)的市场渗透率,表8.7是参考值。各级市场的渗透率数值显示,主要本地居民市场的渗透率明显高于次级本地居民市场渗透率。居民居住地与主题公园的距离越远,游客的游览意愿越低,诸如旅行时间、交通条件、中途竞争对手的拦截等因素都会降低主题公园的渗透力。韩国的爱宝乐园就是一个很好的例子,在 1 小时车程的居民市场(大首尔区域)的市场渗透率为 47%;而除首尔以外的其他国内旅游市场则仅为 18%(保继刚,2015)。

表 8.7　主题公园市场渗透率比较

主题公园所在地区	客流量/百万人次	估计的市场渗透率		
		主要市场	次级市场	旅游市场
日本	1.0~17.7	15%~46%	5%~30%	1%~25%
亚洲(除日本以外)	1.1~9.1	4%~47%	1%~15%	2%~32%
澳大利亚	1.0~1.4	5%~20%	5%~15%	5%~28%
欧洲	1.1~12.2	7%~33%	1%~18%	1%~30%
北美	1.3~14.8	14%~45%	7%~25%	1%~30%

资料来源:Clave,2007。

美国主题公园高度依赖一级市场,一级市场客源占到公园游客量的 80% 左右,见表 8.8。各主题公园在当地市场的渗透能力存在差异,市场渗透率从 13.4% 到 59.9% 不等。

表 8.8　美国主题公园一级市场渗透率(2004 年)

主题公园	所在区位	年游客量/百万人次	一级市场比率/%	一级市场人口量/百万人次	一级市场家庭年收入/美元	一级市场渗透率/%
America	华盛顿特区	1.15	80.4	6.9	77 840	13.4
Great Adventure	新泽西杰克森市	2.80	80.1	12.6	67 127	17.8
Marine world	加州瓦里豪市	1.45	79.8	5.9	84 056	19.6
Magic Mountain	加州瓦伦西亚市	2.70	80.1	10.4	65 587	20.8
Great America	伊利诺格尼市	2.30	80.4	8.6	71 373	21.5
Astroworld	田纳西休斯敦	1.4	80.5	4.9	64 814	23.0
Elitch Garden	科罗拉多丹佛市	1.15	79.4	2.8	71 776	32.6
Texas	田纳西阿斯顿	2.20	80.3	5.4	68 794	32.7
Georgia	佐治亚奥斯特尔	1.85	85.0	4.6	70 405	34.2
New England	马萨诸塞麻省	1.50	78.7	3.2	62 676	36.9
ST. Louis	密苏里圣刘易斯	1.35	80.2	2.7	60 102	40.1
Darien Lake	纽约达连湾	1.25	80.4	2.2	54 219	45.7
Fiesta Texas	田纳西圣安东尼奥	1.40	81.3	1.9	54 540	59.9

资料来源:王刚.主题公园游客流影响因素及其作用路径研究[D].西安:西安交通大学,2009。

主题公园的管理者还必须对自己的产品所面对的市场有 4 个清晰的认知:第一,具体的目标细分市场是什么？第二，预计的游客量有多少？第三，市场的来源范围有多大？第四，他们的出游时间和频率是多少？

研究者曾经测算过，在欧洲，一个中型主题公园周边90分钟路程范围内需要有1500万居民才能保证大约300万的游客量。这个估算在不同情况下可能不同，例如是否存在游客区域（较集中的客源地）为公园带来大量游客。由于上述工作较为烦琐、专业，需要投入时间和经费进行系统研究，因而主题公园一般不会每年都进行这样的研究，而是3~5年开展一次或者遇到重大市场变化时开展。与此同时，主题公园一般也不会公布它们的统计指标和信息，因为这些信息可以用作战略和商业用途。

许多主题公园的管理倾向于高估市场来源的范围，这是一个非常危险的做法。事实上，除了少数几家主题公园，如迪士尼乐园能够吸引较大比例的2小时车程范围外的市场，其他绝大多数主题公园都高度依赖于2小时车程范围内的市场。因此，主题公园最主要的市场范围就是2小时车程范围内。当然，公园越小、吸引力越弱，其市场半径越小，许多城市级主题公园只能吸引1小时车程范围内的市场。关于市场的区域，任何一个公园都会区分不同种类的潜在市场，不同特征的潜在市场重要性不同。一般来说，以下几种市场必须区分清楚：

本地居民市场。这部分市场是指主题公园市场范围内本地居民中的合格市场总数，这部分市场游玩往往不需要过夜，通常是所有主题公园的主要目标市场。这部分市场可以分为三个区域，如表8.9所示，尽管半径可能不同，这取决于公园本身及其具体的周边环境。

表8.9　欧美主题公园市场区域的平均半径

	欧洲	美国
近距离	≤50千米	≤50英里
中等距离	≤150千米	≤150英里
长距离	≤250千米	≤250英里

资料来源：Clave，2007。

客源地市场。这部分市场是被主题公园吸引，离开常住地并在主题公园停留超过一夜的潜在游客总数。这是每个主题公园的特殊市场，取决于公园的方位、主题、特征以及渗透率。然而，必须强调的是，对这部分市场而言，只有极少数主题公园能够像磁铁一样轻松地吸引他们来。

目的地市场。这些是在主题公园附近过夜从而可以游玩的游客，他们将主题公园当作一个目的地，在这里停留数日。尽管主题公园在这些细分市场中的渗透率远低于本地居民市场的渗透率，但由于这部分市场的消费力强，仍是众多主题公园希望争取的市场部分。

下一步，就是确定每一个细分市场的渗透率。影响市场渗透率的是一系列长期稳定的因素，例如主题公园产品的特性和潜在市场的需求动机。不同游客的出游动机不同，不同主题公园游客的动机也不尽相同。例如，拥有乘骑器械的主题公园与基于文化主题的公园的氛围是不同的，前者在于刺激感的体验，而后者在于情感上的收获。很明显，这两类主题公园的游客动机是不同的。在任何情况下游客到主题公园游玩都是为了娱乐,但关键在于不同的人对于娱乐的含义与价值的感知是不同的。个人因素如游客的偏见和感知、外在因素如朋友和家人的意见与评价以及主题公园对外的宣传都会对游客的态度产生影响。总之,由于主题公园的规模、名气、主题与定位、市场目标、运营管理等方面的不同,市场渗透率相差甚远。表 8.10 列出了美国雪松市集系列公园在 2000 年的市场渗透率。有许多公园像杉点乐园在当地距离最近的居民中有着极高的市场渗透率,但是中等距离的市场上渗透率却非常低。

表 8.10　雪松市集系列公园在美国的渗透率

	50 英里/%	100 英里/%	150 英里/%
杉点乐园	181.5	50.0	20.2
多尼公园	42.3	10.1	6.2
山谷游乐园	58.8	43.4	24.3
奥兰多欢乐世界	78.6	61.1	28.3
诺氏糖果乐园	49.1	30.3	23.1

资料来源:Clave,2007。

一般来说,美国和欧洲的中型和大型公园之间,市场渗透率都存在差异。因此,在具体案例中不能直接套用上述结论,而应该进行具体的市场研究。但是这些结论表明了一些现实中的规律,见表 8.11。在北美,为了城市级和区域级主题公园的成功发展,在其近距离市场(小于 50 英里或 1 小时内车程)应有至少 200 万居民;中等距离市场区域中(150 英里范围以内),常住居民人口数应当与近距离市场人口总数相当。关于这一点,我们要记住,在美国,大部分非目的地公园(即主要市场不是目的地市场,关于目的地市场请查看前文对三种市场的解释)的 80% 的游客都来自近距离和中等距离两个市场。最后,每个公园的长距离市场由于区位不同而存在很大区别。

表 8.11　欧洲和美国的主题公园渗透率的估计

	中型公园(投资少于 1 亿美元)	大型公园(投资大于 1 亿美元)	
	美国/%	美国/%	欧洲/%
0～50 千米	15～28	20～45	25
51～200 千米	5～11	10～15	2
201～400 千米	1～6	2～35	4
游客市场	—	2～35	4

资料来源:Chasse & Rochon,1993。

综合而言,一个主题公园经营的成功关键在于对需求层次和不同市场的市场渗透率作出准确的估算。

【案例】

Waligator Lorraine 公园错误的渗透率估算

一个关于市场错误估计的经典案例是1989年建成于法国洛林地区的 Waligator Lorraine 公园,占地160公顷,曾首次开发 Big Bang Schtroumpf 主题并以 Walibi Lorraine 著称,从最初的发展到最终的失败,一直面临着一系列生存问题。最初,该项目预计近距离市场(1989年的人口估算,1小时车程以内人口达到400万人)的渗透率达到20%;中等距离市场(1989年的人口估算,距离公园1~2小时车程范围内人口达到1400万人)渗透率达到4.5%;长距离市场(1989年的人口估算,距离公园2~3小时车程范围内人口达到3400万人)渗透率仅只有1%。尽管这样的估计十分保守,但这意味着潜在游客数量达到了每年180万(该项目甚至认为10年后能达到每年270万人次)。然而,在2002年,这个公园的游客总量仅有40万人次。这是因为,一方面,法国民众日常休闲选择较多,游玩主题公园是一项较昂贵的休闲娱乐选择,市场渗透率并不高,不能参考美国的市场渗透率参数;另一方面,主题公园自身开发和运营也没有达到预想的设计效果,吸引力不足,加之区位较差,实际到访游客数远低于预期。因此,错误的预测不只是影响名声那么简单,对整个公园的影响是非常大的。

潜在游客的社会经济特征与公园影响范围内的居民数量一样重要,尤其是他们所处的社会环境以及家庭生命周期所处阶段,更确切地说,是公园吸引家庭中的小孩、大人以及青少年这三类特定人群的能力。这种能力主要取决于其主题内容与景区内吸引物的特点。另外,不只是残疾人,从携带小孩的家庭到有母语信息需求的海外游客,几乎所有的游客都有着特殊的需求。吸引特定市场游客的能力不仅与公园的营销目标有关,更与公园的附加产品本身的配置有关。主题公园形象能够为老年人或携带小孩的家庭提供"被动的娱乐",这些人可能并不想参加乘骑器械,但他们享受看着别人很开心地玩这一过程。因此,以家庭游客为中心的主题公园,在决策过程中应该时刻谨记儿童的偏好。

特定案例如欧洲的老年人市场,他们的可支配收入在增加,闲暇时间也有很多;拥有小孩的家庭市场,尤其在亚洲或者太平洋地区,他们想带小孩去公园学习一些新的东西,无论是实践能力或是知识——可能与有文化内涵的公园的繁荣有关;又或者关注环境问题和福利与生活方式议题的利益群体,这部分群体大多在美国,他们支持新的生态公园以及有关生态的价值与生活方式的主题公园的出现,如迪士尼最新开发的一些公园。以上市场都在不断增长,并有可能广泛分布,成为普遍的市场。

主题公园的游客量受到公园所处地区内的其他吸引物的规模、性质与景观的影响。关于这一点,关键仍然是前文提到的市场渗透率,即每个细分市场的实际游玩人数。这个值在不同的市场中都不相同,在具体案例中需要具体的估算,一年中的不同时间,甚至是一天中的不同时段,这个值都是不一样的。正如公园难以精确地确定其目标市场,在任何情况下,在开园前都很难确定重游游客的结构,尤其是主题很罕见或公司没有名气的主题公园。

8.2.2　深圳欢乐谷的市场渗透率

中国主题公园的市场渗透率相较于欧美主题公园更为复杂,这是因为中国市场足够庞大,且地域差异明显。即使是同一个地域内的不同城市,其消费习惯也千差万别。这意味着市场渗透率的城市间变化很大。深圳是个特例。改革开放 40 年来,深圳从一个小渔村迅速发展成为国际大都市。因此,深圳既没有深厚的历史积淀,也没有优越的自然旅游资源,深圳的人口主要是追求现代化的移民,深圳比其他中国城市更适合发展主题公园。由于没有太多的休闲娱乐选择,深圳主题公园的市场渗透率可能也比其他中国城市更高。

将深圳欢乐谷的市场划分为两级市场:一级市场(即本地居民市场)和二级市场(即本市以外的市场),以此来计算市场渗透率。

①深圳欢乐谷的一级市场渗透率的计算公式为:

深圳欢乐谷某年一级市场渗透率＝深圳欢乐谷该年入园游客总量×一级市场游客比重/深圳该年年末常住人口数[1]

②深圳欢乐谷的二级市场渗透率的计算公式为:

深圳欢乐谷某年二级市场渗透率＝深圳欢乐谷该年入园游客总量×二级市场游客比重/深圳以外广东省该年年末常住人口数,见表 8.12。

表 8.12　深圳欢乐谷一、二级市场的渗透率(2009—2012 年)

年份	2009 年	2010 年	2011 年	2012 年
深圳年末常住人口数/万人	891.23	1 037.2	1 046.74	1 054.74
一级市场渗透率/%	13.9	15.9	18.2	19.1
二级市场渗透率/%	0.66	0.59	0.60	0.51
深圳居民人均可支配收入/元	29 245	32 381	36 505	40 742

注:资料来源于深圳华侨城欢乐谷旅游公司。一级市场人口规模以深圳年末常住人口来计算;二级市场人口规模以广东省扣除深圳常住人口之后的数据来计算。因为涉及商业秘密,这里将具体的入园人数和一级市场所占比例等敏感数据隐去。引自古诗韵(2013)。

从深圳欢乐谷的一、二级市场渗透率数据看,一级市场的渗透率已达到北美和日本主题公园渗透率的最低水平,并呈现逐年上升的趋势。然而,距离优秀的主题公园还有较大的差距,未来在本地市场的渗透能力还有待加强。二级市场的渗透率表现为大幅降低,符合本地市场渗透率高于次级市场渗透率的欧美市场规律。可见,立足本地市场,努力提高本地市场的渗透率是保持公园稳定客流的关键。与此同时,简单照搬照套美国各级市场的渗透率来测算中国主题公园市场的渗透率和潜在市场规模是不符合实际情况的。

---

[1]　根据对收入达标人群的理解,深圳近 5 年的城镇居民人均可支配收入均已达标。为简化计算,使用深圳的城镇居民人口为基数。二级市场情况相同。

为了进一步了解深圳欢乐谷未来的市场渗透率,通过居民人均可支配收入与深圳欢乐谷入园游客量的关系模拟函数,可对未来的渗透率进行预测。在模拟函数时,采用了过去4年的数据,而未来采用更多年的数据。这是因为2008年下半年经济危机发生前后数年不是同一个经济周期。虽然经济危机不会对人均可支配收入的增长产生影响,但会对企业团队的出游决策造成影响,进而影响收入与入园量之间的变动关系。因此,这里选择同一经济周期的数据,作为模拟函数的初值。

运用 SPSS 统计软件对表8.12中的数据进行曲线测试,得到表8.13。综合比较各方程"R 方""F 值""Sig 值",以及实际研究问题,选择倒数方程(inverse)模型进行拟合,见表8.13。

表8.13　模型汇总和参数估计值

方程	模型汇总					参数估计值			
	R 方	F	df_1	df_2	Sig.	常数	b_1	b_2	b_3
线性	0.963	52.653	1	2	0.018	0.004	4.725E-6		
对数	0.978	88.677	1	2	0.011	−1.550	0.164		
倒数	0.988	166.013	1	2	0.006	0.333	−5 656.028		
二次	0.998	219.042	2	1	0.048	−0.331	2.421E-5	−2.795E-10	
三次	0.998	271.006	2	1	0.043	−0.221	1.461E-5	0.000	−2.691E-15
复合	0.950	37.875	1	2	0.025	0.062	1.000		
幂	0.968	59.922	1	2	0.016	4.855E-6	1.000		
S	0.981	105.171	1	2	0.009	−0.784	−34 441.073		
增长	0.950	37.875	1	2	0.025	−2.786	2.867E-5		
指数	0.950	37.875	1	2	0.025	0.062	2.867E-5		
Logistic	0.950	37.875	1	2	0.025	16.212	1.000		

注:自变量为深圳城市居民可支配收入,因变量为全市人口到访深圳欢乐谷的次数。

深圳欢乐谷到访次数(y)与深圳城市居民可支配收入(x)的函数关系和曲线如下。

函数关系为:$y = 0.333 - 5\ 656.028/x$,曲线图见图8.2。

按照《深圳市"十二五"总体规划》对人均可支配收入的预测值为"到2020年,居民人均可支配收入达到8万元"。以2011年人均可支配收入36 505元为基数,计算得到2020年人均可支配收入的年复合增长率为9.1%。结合近年增长率,给出至2020年人均可支配收入的增长率及对应值。将人均可支配收入(x)代入函数,得到今后数年的深圳欢乐谷到访次数。如表8.14所示。

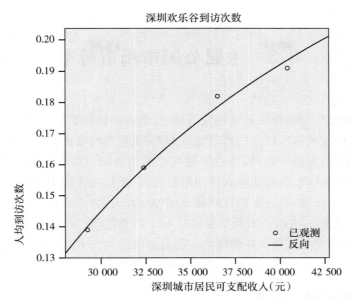

图 8.2　居民年人均可支配收入与欢乐谷人均到访次数的函数关系图

资料来源:古诗韵,2013。

表 8.14　深圳欢乐谷人均到访次数预测

年份	人均可支配收入增长率/%	人均可支配收入/元	深圳欢乐谷人均到访次数
2009 年	9.4	29 245	0.14
2010 年	10.7	32 381	0.16
2011 年	12.7	36 505	0.18
2012 年	11.0	40 417	0.19
2013 年	10.0	44 573	0.21
2014 年	10.0	49 030	0.22
2015 年	9.0	53 443	0.23
2016 年	9.0	58 252	0.24
2017 年	9.0	63 495	0.24
2018 年	8.0	68 575	0.25
2019 年	8.0	74 061	0.26
2020 年	8.0	79 986	0.26

资料来源:古诗韵,2013。

　　需要注意的是,这种预测仅仅考虑了收入水平对渗透率的影响,现实中会有更多的因素相互关联并影响一个公园的渗透率。

8.3 主题公园市场重游率

市场重游率是一个与市场渗透率相关的概念,是由市场调研数据统计而来,通过抽样调查,到访主题公园两次或两次以上的算重复旅游者,重复旅游者的数量与总客流量的比值得出重游率。一般来说,重游率越高,渗透率越高。因为重游率高会增加入园总量,从而提升渗透率。在某一市场区间,市场达标人群相对稳定时,要提高渗透率,就要努力提高重游率。一个优秀成熟的主题公园,重游率都比较高。国外研究表明,一个优秀的主题公园的重游率应高达80%,一个成熟的主题公园至少要保持40%的重游率(Wanhill,2005)。因而重游市场的研究对主题公园至关重要。尽管国内主题公园维持40%的重游率即可实现很好的绩效(梁增贤,保继刚,2012),但追求本地市场的高重游率仍是主题公园市场营销的重要目标。

8.3.1 主题公园重游率

中国主题公园的重游率普遍较低,这与中国特定阶段主题公园市场特征紧密相关。

第一,中国的主题公园和旅游产业处于快速发展期,每年新建的主题公园很多,新增的旅游项目也很多,为居民提供了丰富的休闲娱乐选择,在求新求奇心态的影响下,一部分游客宁可选择新建景区游玩也不会重复游玩一个主题公园。

第二,中国市场的人口多,基数大,中国的主题公园不需要过高的重游率就可以依赖于一次游达到经营门槛所需的游客量,维持可持续经营。这种观念影响了一部分主题公园规划者和运营管理者的理念。

第三,主题公园市场仍主要依赖于门票经济,门票所占的比重过高,园内二次消费比例较低。作为以一种从奢侈品过渡到日常消费品的主题公园而言,人们每一次购票仍主要考虑其经济性,毕竟主题公园仍是一种较贵的休闲娱乐产品。

因此,主题公园多位于城市边缘区,投资规模大,更新费用高(保继刚,1994),需要维持较高的门槛游客量,因而注重重游率对公园稳定客流和良好经营意义重大。由于门票价格相对稳定,越是人均可支配收入高的城市,一张门票价格相当于居民日均可支配收入的比例就越低,见表8.15。

表 8.15 国内知名公园票价收入比

城市	公园	2011 年人均可支配收入/元	折算为每人每天可支配收入金额/元	2011 年公园门票正价/元	票价收入比
深圳	深圳欢乐谷	36 505	100	180	1.8
北京	北京欢乐谷	32 903	90	180	2.0
成都	成都欢乐谷	23 932	66	150	2.3
上海	上海欢乐谷	36 230	99	200	2.0

续表

城市	公园	2011 年人均可支配收入/元	折算为每人每天可支配收入金额/元	2011 年公园门票正价/元	票价收入比
广州	广州长隆欢乐世界	34 438	94	180	1.9
香港	香港海洋公园	约 180 000	493	280	0.6
香港	香港迪士尼乐园	约 180 000	493	350	0.7

注:以上数据来源于各市 2011 年国民经济与社会发展统计公报;票价收入比可理解为"公园所在城市居民需要几天的人均可支配收入以支付一次该公园门票"。

　　显然,过高的门票可能不会影响游客的第一次出游,但却会严重影响游客的第二次出游。门票越高,重游的可能性越低。

　　华侨城集团旗下主题公园的重游率随着主题公园的市场培育逐步提高,平均接近 40% 的水平。[①] 2006 年,深圳欢乐谷借助香港迪士尼开业的宣传联动效应完成了其生命周期中的成长期,进入成熟发展期,表现为本地市场比重不断加大,重游率也稳步提升,并且成为华侨城重游率最高的主题公园之一。2007 年,深圳欢乐谷的重游率为 34%,而到了 2011 年,重游率已经高达 41.9%。从图 8.3 中可发现,深圳欢乐谷市场重游率的总体变化趋势是上升的。

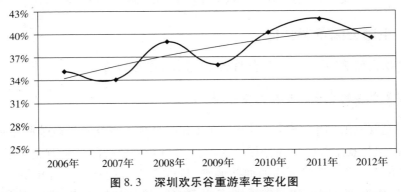

图 8.3　深圳欢乐谷重游率年变化图

注:根据深圳欢乐谷市场部 2006—2012 年对深圳欢乐谷游客市场调研数据整理计算得到,年重游率为全年抽样受访游客中的重游者占全年抽样受访游客的比重。图中直线为趋势线,引自古诗韵(2013)。

　　北京欢乐谷的重游率从开业后的 23.3% 也稳步提升到 2011 年的 36.9%。[②] 由此可见,随着主题公园生命周期的变化,市场重游率也会相应发生改变,若能经过一个比较顺利的市场导入期,市场重游率会逐步提高。欢乐谷这类型的主题公园,重游率总体趋势呈现逐渐增长的态势。

　　值得注意的是,重游游客不倾向于选择人多的节假日出游。图 8.4 反映了深圳欢乐谷

---

① 资料来源:《华侨城旅游度假区市场调研报告(2005—2007)》,华侨城股份公司旅游事业部。
② 资料来源:《2011 年欢乐谷常规游客调研报告》,深圳欢乐谷市场部和北京欢乐谷市场部。

国庆黄金周3年的重游率情况,重游率都比各年年平均的重游率要低。黄金周长假人多拥挤,以及本地人更倾向选择长途旅行,降低了重复旅游意愿和行为。2012年的重游率比2011年降低,原因可能有多种,2012年5月深圳欢乐谷门票价格从180元涨到200元[①],但并未伴随新项目的推出是导致重游率降低的原因之一。

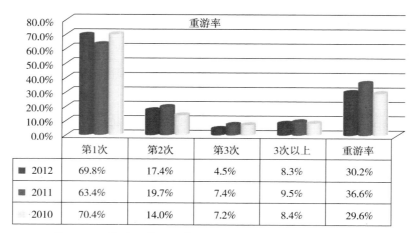

图8.4　深圳欢乐谷国庆黄金周游客重游情况(2010—2012)
资料来源:深圳欢乐谷国庆黄金周市场调研,2010—2012。

8.3.2　主题公园重游特征

相较于初次游游客,重游游客存在明显的特征,主要表现在:

1)不同主题的主题公园市场重游率差异

锦绣中华是观光型的主题公园,尽管近年来也举办了不少互动性较强的主题活动,提高游客的参与性,但与欢乐谷以乘骑器械为主的高参与性主题公园还是有很大的差异。根据锦绣中华在2010年"五一"黄金周的抽样调查,景区3天假期到访游客中深圳本地客源占46.7%,市外省内游客占38.2%,省外游客为7.4%,境外游客有7.7%;其中重游游客为26.2%,比2009年"五一"黄金周的重游率27.6%还降低了1.4个百分点[②]。锦绣中华的市场重游率与欢乐谷系列主题公园相比,说明不同的主题导致公园的重游率存在差异,参与互动型的主题公园更适合多次游玩,所以重游率更高;观光型主题公园缺少互动体验,则重游率偏低。

2)主题公园不同参观人群的市场重游率差异

以2012年国庆黄金周的调研数据来分析,年卡持有人重游率最高,95%的年卡会员是

---

① 资料来源:欢乐谷网站。
② 资料来源:《锦绣中华2010年五一市场调研》,华侨城旅游事业部。注:调研时间为2010年5月1—3日,共发放300份问卷,回收289份,有效问卷为271份,有效回收率为93.8%。

重游的;而非会员的重游率为 29%,略低于总体的重游率 30.2%,可见年卡会员虽然总量不多,但对提高公园的重游率有贡献。自己付费人群的重游率 28.42%,远比别人付费的重游率 42.86% 要低,见图 8.5。从一个侧面说明消费支出对重游行为有影响。

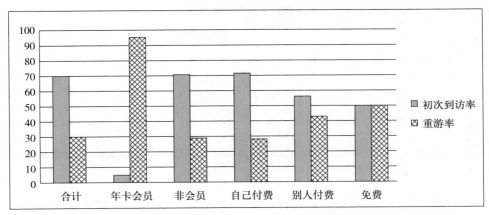

图 8.5　深圳欢乐谷不同人群的重游率情况

数据来源:深圳华侨城欢乐谷旅游公司,转引自古诗韵(2013)。

3)重游意愿与实际重游的比较

2012 年国庆黄金周的市场调研,在问到游客"是否考虑再次游玩欢乐谷"时,高达 91% 的游客表示愿意再次游玩欢乐谷。游客重游的意愿远远高于实际重游率,见图 8.6。

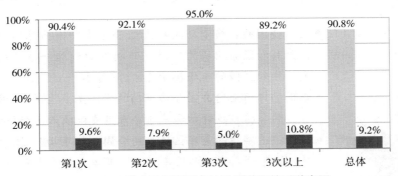

图 8.6　深圳欢乐谷不同来访次数游客的重游意愿

资料来源:2012 年深圳欢乐谷国庆黄金周市场调研,转引自古诗韵(2013)。

初次旅游者到欢乐谷游玩的动机前三位是"玩刺激项目""慕名而来""参与狂欢活动"。其中"慕名而来"的比重复旅游者明显高不少,而"玩水"和"观看表演"则比重游者低。为了"陪伴亲友"是第二、第三次来的游客的第二大动因,而这一目的在重游者中明显高于初次游览者,说明欢乐谷是部分市民接待亲友的城市首选娱乐目的地。

重游者出于对公园的了解,游览的目的性更强,往往是冲着他们喜欢的项目而来,例如参加各阶段的节庆活动、玩特定的项目、观看表演等,这些动因都比初游者高。重游者中表示"参与狂欢节活动"的比例就高于初游者;夏季嬉水是欢乐谷的招牌项目,而且也适合季节和暑期的特点,因此重游次数越多的游客选择"玩水"的比例越高。有趣的一点,不管是初游者还是重游者,第一动因都选择了"玩刺激项目"。这与欢乐谷的市场定位及形象相关,大型的游乐乘骑一直是其重要的吸引力所在。当然,这也与欢乐谷游客群日益年轻化有关,见表8.16。

表8.16　深圳欢乐谷游客来访频次与来访动因的分析(2010 暑假)

来访频次	来访动因/%							
	玩刺激项目	慕名而来	参与狂欢节	陪伴亲友	玩水	观看表演	其他	总计
第一次	39.7	35.5	23.2	18.0	10.0	7.6	4.5	100
第二次	49.4	10.2	27.3	38.6	10.2	7.4	4.5	100
第三次	53.0	3.0	31.8	31.8	25.8	18.2	3	100
三次以上	37.0	1.7	31.1	32.8	33.6	13.4	5.9	100

资料来源:深圳欢乐谷2010年暑期嬉水狂欢节期间市场调研。

初次来访者,在公园里停留的时间更长,选择停留 7~9 个小时的游客达到 32.6%,停留 5~7 个小时的游客达到 31.5%。与此相比,重游者平均停留时间稍短,选择游玩时间控制在 7 个小时以内的占 53.2%。在对公园内的活动内容、表演水平、节日气氛、互动效果等项目和服务的评价,初游者与重复旅游者的接受程度和评价上都没有太大的差别。

本章小结

- 主题公园的合格市场是指主题公园主要市场范围内具有主题公园产品和服务购买力的潜在市场人口。这一市场规模的大小决定了主题公园的市场接受能力、消费水平。

- 识别和评估主题公园合格市场的方法主要有两种:基于家庭收入标准的合格市场评估和基于个人可支配收入的合格市场评估。

- 市场渗透率指的是在区域主题公园总体市场中,某个主题公园品牌(品类、子品牌)的产品,使用(拥有)者的比例,也可以直接理解为用户渗透率或者消费者占有率,是一个品牌在市场中位置的总和,它是多年形成的结果。渗透率与一个主题公园所在市场的规模和吸引力相关,与主题投资额度、形象与品牌、认知度、同类景点的渗透、竞争环境,以及其他外部变量,如天气等因素相关。

- 确定一个潜在市场规模和特征的步骤主要有三:第一,估算主题公园在影响范围内的渗透率,区分不同市场与市场内的不同部分。第二,使用社会心理学调查来确定潜在市场需求偏好以及影响公园游客量的因素。第三,通过调查定居人口和游客的花费来制订弹性收费标准指数,并提供可靠的趋势预测指标。

- 市场重游率,是一个与市场渗透率相关的概念。重游率是由市场调研数据而来,通过抽样调查,到访主题公园两次或两次以上的算重复旅游者,重复旅游者的数量与总客流量的比值得出重游率。一般来说,重游率越高,渗透率越高。
- 欧美一个优秀的主题公园的重游率高达80%,一个成熟的主题公园至少要保持40%的重游率。因而重游市场的研究对主题公园至关重要。国内主题公园维持40%的重游率即可实现良好的绩效。

复习思考题

  1.基于家庭收入标准的合格市场评估方法有哪些优势和劣势?

  2.中国有哪些非合格市场也游玩主题公园? 请举例说明。

  3.为什么不同国家和地区,甚至不同城市的主题公园市场渗透率存在差异? 原因是什么? 共性的规律又是什么?

  4.为什么深圳欢乐谷较低的重游率就能保持良好的经营绩效?

  5.为什么中国的主题公园重游率普遍低于欧美的主题公园? 请说明原因,并比较一下中国内地的主题公园与香港地区的主题公园的重游率。

  6.主题公园初次游客和重游客有哪些区别? 请举例说明。

参考文献

[1] Clave S A. The Global Theme Park Industry[R]. Cambridge：CABI,2007.

[2] Chasse, S. and Rochon, P. Analyse de Certaines Variables Strategiques Pour Pimplantation d'un Pare Thematique au Quebec[J]. Teoros,1993,12 (3)：10-14.

[3] IAAPA (International Association of Amusement Parks and Attractions) Amusement Facility Operations Survey 2000[R]. Alexandria, Virginia：IAAPA,2000.

[4] Kan, A. L. Six Flags Inc. Initiating Coverage[R]. New York：Morgan Stanley,2005.

[5] Wanhill, S. Economic aspects of developing theme parks. In：Fyall, A., Garrod, B. and Leask, A. (eds) Managing Visitor Attractions. New Directions. Elsevier Butterworth-

Heinemann［D］. UK：Oxford，2005：39-57.

［6］保继刚. 大型主题公园布局初步研究［J］. 地理研究，1994，13（3）：83-89.

［7］古诗韵. 中国主题公园市场规模的关键参数研究——基于华侨城主题公园的案例分析［D］. 广州：中山大学，2013.

［8］王刚. 主题公园游客流影响因素及其作用路径研究［D］. 西安：西安交通大学，2009.

第 9 章
主题公园的季节性与游客管理

主题公园是一个游客流密集的景区,而游客流又具有普遍的波动性。因此,准确把握游客流波动规律是主题公园实现精确容量管理的关键。在主题公园的管理实践中,游客流的季节性波动并不完全是困难或者需要克服的障碍。如果游客流季节性波动利用得好,对公园管理和设施维护都能起到积极作用。通常,主题公园游客流季节性波动分为年际、月际、周内、日内波动,容量管理的策略和措施就必须根据各种波动规律做出相应安排。本章将重点讲授主题公园各种尺度的波动规律,并基于此提出主题公园的游客管理技术和方法。

【本章学习目标】

1. 熟悉主题公园季节性理论和季节性波动指数。
2. 掌握主题公园年际变化的生命周期规律。
3. 熟悉主题公园月际、周内、日内游客流波动规律。
4. 熟悉主题公园游客管理的技术方法。

9.1 主题公园季节性的理论与方法

主题公园是游客流密集型景区,单位面积承载的游客量很多,许多主题公园在旅游旺季更是超负荷接待。这不仅造成物质容量的过载,也会影响游客心理容量,造成容量管理难题。与此同时,主题公园的游客流呈现明显的季节性波动,一些公园的淡旺季波动非常大,对景区的容量管理乃至人力资源管理等造成重大影响。精确的游客管理是建立在扎实的游客流季节性波动规律基础上的。季节性波动是大多数旅游景区的普遍特征,尤其是主题公园。而中国现行的休假制度又在一定程度上加剧了这一现象。在景区运营管理的传统观念中,大多数学者将旅游季节性波动看成是一种需要克服的障碍和困难(梁增贤、保继刚,2012),特别关注旅游季节性波动对旅游景区的负面影响,很少讨论如何利用这种季节性波动。事实上，在主题公园的管理实践中，季节性波动也有积极的方面。比如，由于季节性波动的存在，游乐设备可以在淡季进行定期检修（通常大型游乐器械需要每周停运检修一次），基层员工可以利用淡季轮休。对于那些游客量很大，季节性波动也很大的主题公园，可以在旺季雇用较大比例的临时工和实习生，减少景区的人力成本。香港迪士尼乐园雇用员工超过 6 800 人，其中固定员工为 4 600 名左右，季节性临时员工最高可达到 2 200 名，基本上 2 个固定岗位对应 1 个临时岗位（梁增贤，保继刚，2012）。在美国，主题公园使用季节性临时工和实习生的比例更大。显然，游客流的季节性波动并非毫无益处。通常，主题公园的游客量季节性波动分为年际（大多数学者将其纳入主题公园生命周期）、月际、周内、日内波动。每一种波动的规律不同，相应地，主题公园所采取的容量管理策略也有所变化。

季节性是旅游活动的普遍特征，几乎所有景区和旅游目的地都面临旅游季节性的问题。他们特别关注旅游季节性对旅游地的负面影响，且侧重于探讨淡季特征（McEniff，1992；Lockwood and Guerrier，1990；Snepenger et al.，1990），而不是旺季特征。由于主题公园多位于城市边缘区，投资规模大、更新费用高（保继刚，1994），面临高门槛容量和设施容量的双重制约（梁增贤，董观志，2011），旅游季节性确实是主题公园经营需要面临的一个难题。主题公园可以通过关闭部分景点和设施、减少临时员工来应对淡季，但却不太可能通过拒绝游客进入以应对旺季暴涨的需求①。因此，研究主题公园旺季游客流规律，分析旺季的影响因素，对预测主题公园旺季需求和指导主题公园管理实践具有更为重要的意义。

旅游季节性定义为旅游活动的暂时性波动，通过旅游吸引物的游客量、旅游花费、交通流量和就业量等进行衡量。在实际研究中，尽管有部分学者仍认为季节性并不一定是规律性的波动（Hylleberg，1992），但大多数学者赞同季节性（特别是自然因素影响下的）是一种规律性的波动（Butler，1994；Allcock，1989；Jang，2004）。旅游季节性是各种因素在不同作用方式和强度下的综合表现。宏观层面，旅游季节性主要受到自然因素和制度因素的影响（Baron，1975；Hartmann，1986）。后来，Butler（Butler，1994）增加了社会压力或社会时尚、体育季节等影响因素。行业层面，主要受周边旅游目的地和景区的开发或更新的影响（Baron，1975）。企业层面，主要受周期性节庆活动和价格变化的影响。然而，学界仍不断提出各种影响因素，而原有的影响因素过于笼统，受到越来越多新的实证研究挑战。如陆林等（2002）的研究认为，自然因素是造成以自然吸引物或自然—文化吸引物为特征的旅游地客流季节变化的主导因素，社会因素只是在自然因素形成的旅游季节变化的基础上产生叠加作用。而钟静等（2007）则通过对西递、周庄等历史文化村镇的研究，认为文化型旅游资源本身一般不会受到自然季节性影响，自然因素并非是其旅游季节性的主导因素。

类似影响因素类型的争议仍在继续，而各种影响因素的作用机制和效果也根据旅游地的类型和尺度的变化而变化。陆林等（2002）的研究表明了不同类型（海滨型和山岳型）的旅游地季节性影响因素存在差异。从空间上看，存在国家尺度（Koc and Altinay，2007）、省市尺度（陆林等，2002）、目的地尺度（Jolliffe and Farnsworth，2006）、景区尺度（钟静等，2007；

---

① 2006 年春节黄金周期间，香港迪士尼拒客风波给景区形象造成较大影响。

张朝枝和保继刚，2007；黄成林和周能敏，1997）的差异。从时间上看，大多数学者在探讨季节性时多采用月际数据（Koc，Altinay，2007），而年际规律性波动通常采用旅游生命周期理论阐释（保继刚，彭华，1995）；周际和日际波动规律往往采用游客流波动或游客流时间分异来解读（董观志，刘芳，2005；张朝枝，保继刚，2007），不同时间尺度的研究结论存在较大差异。

主题公园季节性的衡量主要采用季节性波动指数。该指数是由张朝枝和保继刚（2007）通过借用马耀峰等（2001）月际变动指数修正而来。该指数的数学表达式如下：

$$W_v = \frac{\dfrac{1}{n}\sum_{j=1}^{n} x_{ji}}{\dfrac{1}{7}\sum_{i=1}^{7}\dfrac{1}{n}\sum_{j=1}^{n} x_{ji}} \times 100\% \ (j = 1,2,3,\cdots,n)$$

其中，W_v 为黄金周内各天游客量的日际变动指数；X_{ji} 为黄金周内某日的游客量；j 为年度序数；n 为年度数。以 100% 作为基准值，连续多年黄金周内各日指数值愈趋向于基准值，说明黄金周内游客流日际分异较小；反之，则说明游客流日际分异较大。此外，本章还通过天气记录网获取研究时段内各天的天气情况。

与其他景区不同，主题公园的季节性波动具有一些差异：第一，主题公园属于人文景区，接近钟静等人研究的"文化型旅游景区"（钟静等，2007），但主题公园季节性仍受到气候等自然因素的较大影响。这为旅游季节性影响因素的作用机制和效果提出了新的证据。第二，关于周内（主要指黄金周）峰值日研究目前可能呈现一定的规律，与旅游地的主要市场结构密切相关，见表9.1。

表 9.1　黄金周 7 天内峰值日一般规律

类型	近程一日游旅游地	近程多日游旅游地	远程一日游旅游地	远程多日游旅游地
规律	峰值日出现在前半段，峰值时段较短	峰值日出现在前半段，峰值时段较长	峰值日出现在中间，峰值时段较短	峰值日出现在中间，峰值时段较长

由表9.1可知，黄金周7天内峰值日一般规律如下：

主要面向近程一日游游客的旅游地，其黄金周的峰值日主要集中在假期的前半段，且游客流高峰持续的时间比较短，一般为 1～2 天，如深圳欢乐谷。

主要面向近程多日游游客的旅游地多为城市周边的山地、温泉或综合度假区。这类度假区通常有丰富多样的旅游活动和设施，酒店种类多样，其黄金周峰值日出现在假期的前半段，且游客流高峰持续的时间比较长，一般为 2～3 天。

主要面向远程一日游游客的旅游地，由于主要市场人群到达旅游地需要准备 1～2 天的时间，因而黄金周的峰值日出现在假期的中间阶段，且游客流高峰持续的时间比较短。

主要面向远程多日游游客的旅游地，通常是一些知名度较高，景观和活动内容丰富，旅游线路成熟，设施容量较大的旅游目的地。这类旅游地的黄金周峰值日出现在假期中段，游客流高峰持续时间比较长，通常为 2～3 天，如湖南张家界（张朝枝，保继刚，2007）。

　　上述一般规律的总结仅限于一般情况,不排除由于旅游地节庆活动的安排、突发事件的发生、宗教活动的举行、天气变化以及其他人为因素导致的黄金周峰值日不规律现象。

9.2　主题公园的首期效应

　　主题公园的首期效应是指受市场求新求奇以及主题公园品牌的影响,主题公园一开业就会迎来较高的游客量,并保持一段时期的增长,如果没有新增的吸引物,主题公园的游客量就会保持稳定或转入衰退。首期效应是主题公园与其他景区的重要区别之一。其他景区或旅游目的地大多遵循旅游地生命周期规律,呈现由低到高的缓慢增长过程。主题公园并没有这样的探索期、起步期,而直接进入发展期和成熟期。因此,对于一个刚刚开业的主题公园而言,首期游客量并不能全面反映主题公园经营管理的可持续性,需要一段时间加以观察,通常是 5 年。

　　首期效应持续的时间取决于潜在市场规模及其流动性、主题公园产品的吸引力和纵深、主题公园的品质和口碑,以及主题公园更新改造的节奏。一般而言,潜在市场规模越大,流动性越强,主题公园的初次游市场越大,首期效应持续的时间就越长。主题公园的产品吸引力强,类型丰富,首期效应持续的时间也较长。同样,主题公园的口碑好,改造节奏快,符合市场需求,那么首期效应通常也较长。

9.3　主题公园的年际波动

9.3.1　主题公园的生命周期

　　主题公园游客量的年际波动反映的是主题公园的生命周期规律。主题公园的生命周期通常比一般的自然景区短,因而需要不断更新改造以创造新的吸引力,从而获得新的生命规律。图 9.1 反映了美国加州迪士尼乐园的游客量与门票变化趋势。加州迪士尼乐园的游客量总体上保持增长将近 60 年,而门票价格也从 1981 年的 10.75 美元上升到 2014 年的 96 美元。然而,这种增长并非直线式增长,其中包含了多个波峰、波谷的周期性波动。每一次重大的产品更新和吸引力重构,都会迎来新一轮增长,当增长到一定时期后,有可能增长乏力甚至衰退;然后,新一轮更新改造开始,主题公园又进入一个新的生命周期。迪士尼乐园正是通过不断的更新改造,保持长盛不衰。总体上,主题公园的生命周期具有以下几个特征:第一,一次生命周期的持续时间较短,少则三五年,多则八九年,这与主题公园潜在的市场规模、产品本身的吸引力以及运营情况有关。第二,主题公园的生命周期可以通过产品的更

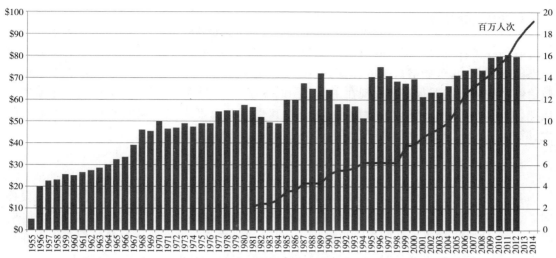

图 9.1　美国加州迪士尼乐园游客量与门票价格变化趋势(1955—2014 年)

数据来源:维基百科。

新、改造以实现新的轨迹。通过产品和服务的更新,主题公园可以拥有新的吸引力和新的生命周期,从而保持持续经营。第三,主题公园的生命周期中通常没有探查和参与阶段。主题公园开业当年一般会迎来首期效应。市场追新求奇的心理使得公园开业前两年面临一个游客量的高峰期。从这个角度说,一个主题公园开业前两年经营业绩较好,并不能完全说明这个公园未来的可持续经营。主题公园的生命周期律会受到一系列因素的影响而产生重大的波动。

9.3.2　影响主题公园年际波动的因素

影响主题公园年际波动的因素很多,主要有以下几点:

1)更新、扩建与改造

更新、扩建和改造是影响主题公园生命周期的重要因素。主题公园产品和服务的更新、扩建和改造意味着主题公园新的吸引力调整,可能迎来新的细分市场或增加游客的重游率,从而导致游客量的增长,并维持在一定水平上。同时,也要注意,新的更新、扩建和改造,也可能因为决策失误、定位不准、开发不当,导致吸引力衰退,加速主题公园的衰亡。

2)区域产品竞合

主题公园的空间竞争状况,即是否存在空间的替代性和互补性的情况。新的主题公园的出现,会从空间上分割主题公园的客源市场,而主题公园内部新景区的开发会从总体上提高主题公园的竞争力。根据以上分析,在科学选址和准确定位主题的基础之上,主题公园生命周期的演化将主要取决于其产品的吸引力和日常经营管理,而主题公园的空间竞争状况只不过加剧了这一过程。

3）政治经济环境

政治经济环境对主题公园的总体生命周期律也会造成影响。一般而言,一个发展相对成熟的主题公园,市场增长缓慢,高度依赖于重游率,如美国大多数主题公园。国家或地区政治经济的景气情况很容易表现在主题公园的接待量上,反应较为敏感。然而,一个发展不成熟,市场增长迅速或波动较大的主题公园,其受自身因素或非常规因素影响的可能性较大,游客量波动很难完全归咎于政治经济的波动。

4）旅游市场环境

各个主题公园的市场结构并不相同。一般而言,一个区域级或城市级主题公园主要面向 2 小时车程范围内的市场,特别强调这部分市场的重游率。如果主题公园发展相对成熟,吸引力较为稳定,那么该公园的市场结构(初游规模和重游率)将保持相对稳定。当潜在市场人口增长、消费水平增长时,主题公园将迎来新的增长。因此,一个成熟市场的主题公园,受到市场环境影响较大。

需要指出的是,由于各个主题公园自身情况不同,所面临的环境差异较大,影响主题公园生命周期律的因素远不止上述这些,在实际规模和管理中,仍然需要具体问题具体分析。与此同时,生命周期理论目前仍备受争议,单一的游客量指标并不能完全反应主题公园的周期。一些主题公园尽管游客量下降,但单位游客的收益增长(可能是门票上升或园内二次消费增长),总体收益处于增长状态。仅凭游客量不能完全说明主题公园的生命周期。锦绣中华·民俗村的生命周期特征说明了外部因素的影响,见图9.2。

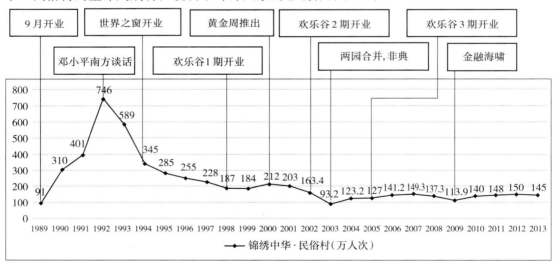

图9.2 锦绣中华·民俗村接待量(1989—2013 年)

资料来源:深圳锦绣中华发展有限公司,此为两园合并后的游客量总和。

锦绣中华于 1989 年 11 月 22 日正式开业,当年便接待游客 91 万人次,随后两年(1990年、1991 年)迎来首期效应,1991 年中国民俗文化村开业也迎来首期效应。1991 年,锦绣中华和中国民俗文化村两个景区游客量总和达到 401 万人次。然而,从 1991 年开始,首期效应开始减弱,两个景区游客量增长相对放缓。1992 年,邓小平游览了锦绣中华,并在布达拉宫微缩景观前留影。随后,全国掀起了一波巨大的学习热潮,大量的政务、商务甚至境外游客争相到访锦绣中华和中国民俗文化村。1992 年当年,锦绣中华和中国民俗文化村两个景区创纪录地接待游客 746 万人次。在这一波游客量高峰后,锦绣中华和中国民俗文化村生命周期逐渐走向衰退。1997 年,两个景区的游客量维持在 228 万人次。

由于锦绣中华和中国民俗文化村后期缺乏有效的更新改造,原有产品和服务的品质下滑,吸引力减弱,加上周边世界之窗和深圳欢乐谷等主题公园的开业,锦绣中华面临激烈的市场竞争。1998 年深圳欢乐谷开业当年,锦绣中华和中国民俗文化村两个景区接待游客量跌破了 200 万人次,仅为 187 万人次。2003 年受非典影响,游客量更是跌破了 100 万人次,仅为 93.2 万人次。也正是在 2003 年,锦绣中华和中国民俗文化村这两个相继走向严重衰退的主题公园合并为一个景区①。合并后的锦绣中华·民俗村游客量一直稳定在 150 万人次以下,总体增长乏力。根据图 9.2 可知,由于缺乏有效的更新改造投入,锦绣中华·民俗村的旅游产品老化,吸引力大规模减弱,加上周边迅速崛起的主题公园,潜在市场有了更多选择。

主题公园的年际波动是指游客流在不同年份之间的变化规律,这种规律与主题公园的生命周期律相关。当然,不同类型的主题公园年际波动也有所差别。一般地,主题公园一个完整的生命周期从开业、发展、巩固再到衰退或者复苏少则三五年,长则八九年。许多主题公园之所以能够存活几十年或者上百年并不是因为它不受生命周期约束,而是因为它通过更新、改造实现多个生命周期的叠加。因此,更新、改造是主题公园保持吸引力和生命力的关键。与此同时,大多数主题公园存在一个首期效应,即市场追新求奇的心理使得公园开业前两年面临一个游客量的高峰期。因此,我们不能简单根据一个主题公园开业前两年经营效益好,就认为这个主题公园成功,而要从更长的一个经营周期来判断。深圳欢乐谷游客流的年际波动说明了这一现象,见图 9.3。

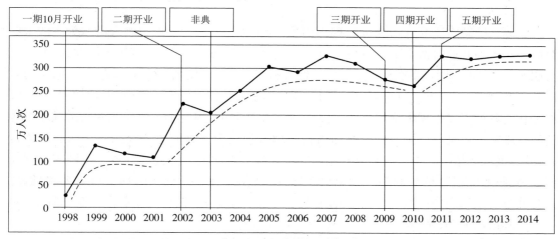

图 9.3　深圳欢乐谷游客量(1998—2014 年)

资料来源:深圳华侨城欢乐谷旅游公司。

---

①　合并后的景区称为锦绣中华·民俗村。

深圳欢乐谷一期于1998年10月1日开业,当年接待游客仅为28万人次,尽管已经接近年末,但仍可以看到欢乐谷一期并不十分受欢迎,因为其远低于锦绣中华(11月22日开业,当年接待91万人次)的首期效应。2002年4月28日,投资8亿元的深圳欢乐谷二期开业,增加了香格里拉森林、飓风湾、阳光海岸,加上夏季开放的玛雅水公园,园区游乐项目由40个增加到近百个,受到了市场的欢迎,欢乐谷实现成功转型,由一个儿童游乐园转变为融参与性、观赏性、娱乐性、趣味性为一体的现代大型主题乐园,给深圳欢乐谷带来了长达8年(2002—2010)的一次生命周期,当然在这次大周期中,欢乐谷游客流的年际变化除受到了非典疫情影响,出现较大幅度下降外,其余年份基本保持规律性波动。然而,随着设施设备的老化,吸引力逐渐下降,游客流存在下行压力,深圳欢乐谷从2009年到2011年接连加大投资力度,推出三期、四期和五期项目,园区又进入了一个新的周期性波动阶段。2014年,深圳欢乐谷接待游客330万人次;2016年,更是接待游客386万人次。

主题公园游客流的年际波动需要在容量管理方面做出相应准备:第一,主题公园不是一次建成的,要为未来的发展和更新改造留有储备用地,以便后期扩容。例如香港迪士尼乐园就留有足够的用地,2012年香港迪士尼乐园扩建了灰熊山谷。第二,大型主题公园一定是分区的,而更新改造也是分区进行的。关闭一个分区,改造或升级一个分区。第三,由于存在首期效应,园区容量管理的目标和配套安排不能以首期效应时期的游客量标准来设定。例如,如果按照首期效应标准配置餐饮、购物容量,那么在首期效应之后,园区将承担巨大的设施闲置压力。

9.4　主题公园的月际波动

主题公园游客流的月际波动主要跟主题公园的类型有关。一般以水上游乐为主的主题公园一年中的开业时期主要集中在"五一"到"十一",南方略长,北方略短。因此,北方的水公园要么做得比较小,要么做成室内的,要么利用温泉水(使用温泉水也存在其他新的问题)。南方的情况也并未见得好,最大的天气问题是雨日数比较多。然而,无论如何,尽管气候变化给各地天气带来影响,但总体上天气是可以预测的,因而主题公园在判断天气对游客流波动影响上也是可以预测的。以动植物和微缩景观为主题的主题公园一年四季都能运行,月际波动的幅度较小。以乘骑器械和影视娱乐为主题的主题公园基本一年四季也都能营业,月际波动幅度略大,旺季主要集中在暑假。冬天寒冷,乘坐过山车还是比较难受的,尤其是北方。以深圳华侨城三个主题公园(锦绣中华·民俗村、世界之窗和深圳欢乐谷)一年中的月际波动为例,见图9.4。

深圳华侨城三大主题公园游客流的月际波动很明显,春节、"五一"、暑假和"十一",分别为4个峰值期,而4月、6月、7月和9月份往往是主题公园游客流的谷值月,其中4月份主要受南方雨季影响,6—7月主要是学校期末月或考试月,9月份受学校开学影响。主题公园游客流的月际波动也需要主题公园在容量管理上做出相应调整:第一,为游客流旺季扩容

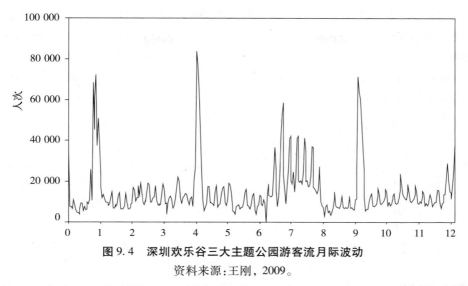

图9.4　深圳欢乐谷三大主题公园游客流月际波动

资料来源：王刚，2009。

做好准备。一方面,通过招聘临时工,安排学校实习生等方式为暑假等游客流旺季准备足够的人力资源;另一方面,新开业的主题分区一般都安排在旺季之前,相应的配套设施和服务也要预备好。第二,淡季游客流较少,景区容量管理压力较小。此时关闭部分主题分区进行更新、改造是最佳的选择。园区相应的人员培训、项目建设以及发展部署也主要集中在淡季进行。只有淡季月份的准备工作做好了,旺季才能旺起来。

　　黄金周游客流的时间集中性通常以黄金周游客量占全年游客量的比重来衡量,比重越大,说明黄金周游客流集中性越大,淡旺季越分明,给主题公园经营带来的不利影响越大。学术界采用季节性强度指数来测度这种波动大小(张朝枝和保继刚,2007)。保继刚(1996)最早以锦绣中华和中国民俗文化村为例,指出两个主题公园淡旺季明显,但季节性强度指数比北京颐和园小,国内市场与境外市场季节性波动存在显著差异。实际上,主题公园游客流的时间集中性不仅小于园林景区,还小于黄山、衡山等山岳景区(陆林,1994),也小于西递、周庄等古村落(钟静等,2007),这主要是因为主题公园的游客流主要依赖于2小时车程范围内的近程市场。

9.5　主题公园的周内波动

　　主题公园游客流周内波动指主题公园游客流在一周中不同日之间的游客量变化。一个成熟的主题公园的游客流周内波动是比较规律的。一方面,主题公园的核心市场是2小时车程范围内的近程市场,基本当日往返,因此其游客流周内波动规律与武陵源遗产地和古村镇等有所不同;另一方面,主题公园游客流周内波动规律还分黄金周波动和非黄金周波动。张朝枝和保继刚(2007)以武陵源遗产旅游地为例,指出三类"黄金周"的游客流峰值日基本上都出现在假期中间时段,而且持续的时间相对较长。梁增贤和保继刚(2012)的研究表明,主题公园"黄金周"的游客流峰值日基本出现在假期的前半段,且持续的时间比较短。这是因为主题公园游客流大都属于近程市场,"黄金周"第一天便迎来高峰,加上游客大都当日往返,故而峰值持续的时间不长。从"黄金周"与非"黄金周"比较来看,董观志和刘芳(2005)以深圳欢乐谷为例,研究非"黄金周"主题公园的周内变化,发现游客流峰值日是周六,谷值日是周二,见图9.5和图9.6。

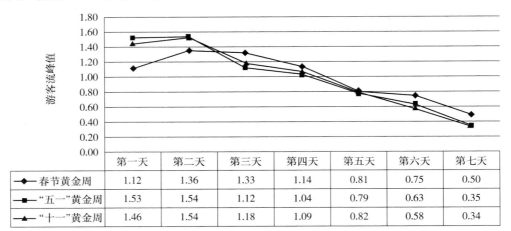

	第一天	第二天	第三天	第四天	第五天	第六天	第七天
春节黄金周	1.12	1.36	1.33	1.14	0.81	0.75	0.50
"五一"黄金周	1.53	1.54	1.12	1.04	0.79	0.63	0.35
"十一"黄金周	1.46	1.54	1.18	1.09	0.82	0.58	0.34

图9.5　深圳华侨城三大主题公园三个黄金周周内波动情况

资料来源:梁增贤,保继刚(2012)。

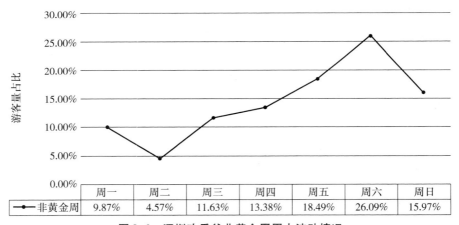

	周一	周二	周三	周四	周五	周六	周日
非黄金周	9.87%	4.57%	11.63%	13.38%	18.49%	26.09%	15.97%

图9.6　深圳欢乐谷非黄金周周内波动情况

资料来源:董观志,刘芳(2005)。

由于游客流周内波动规律,因而存在"旺周淡日"(如黄金周的最后一天)和"淡周旺日"(如非黄金周的星期六)。这为主题公园的容量管理提供了管理灵活性:第一,在非"黄金周"时期,主题公园员工的轮休主要安排在周一、周二和周三,而在"黄金周"内一般不轮休,要轮休也安排在最后两天。因此主题公园员工的休假与一般的企业员工正好错开,这是服务行业的共性。第二,淡日和旺日之间的游客量差距往往是几倍,以深圳欢乐谷为例,平日的游客量也就五六千人,一到周末,尤其是周六当日,可能多达2万多名游客。这要求主题公园在容量管理上弹性的幅度要大,有多种弹性供给方案备选。

9.6　主题公园的日内波动

　　主题公园游客流日内波动指主题公园游客流在一日之内不同时间段的游客量变化。一个成熟公园的日内波动是相对规律的,淡旺季之间和周中与周末之间的差别并不大。主题公园游客流的日内波动规律主要与游客的出游习惯和生活习惯有关。游客每日到访主题公园的时间是比较集中的,因而入园的游客流高峰出现的时间也是相对稳定的,只是旺季或节假日开园时间略早,游客流高峰出现提前而已。与此同时,人们每天的生活作息时间也是一贯的,因而游客在主题公园内就餐的时间也是相对固定的。这直接导致主题公园餐饮供应的高峰总是稳定在特定时间段内,从而引发旺季主题公园餐饮容量管理的困难。尽管存在个体差异,但游客结束一个公园游玩的时长也是相对稳定的,出园高峰总是固定在特定时段,见图9.7。

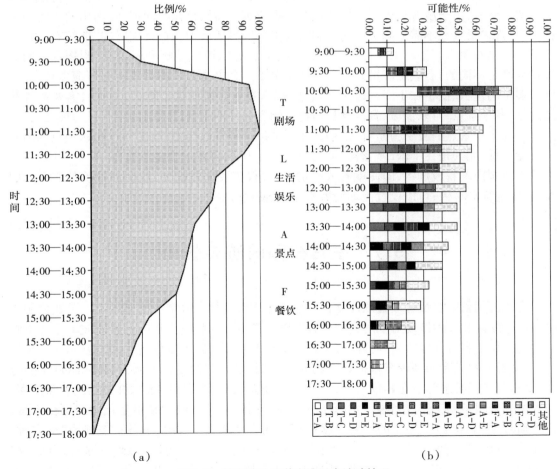

图9.7　某主题公园游客流日内波动情况

资料来源:Kemperman,2000。

　　主题公园游客流的日内波动受到游客的决策行为模式的影响,它在主题公园内的时空分布是可以预测的。根据图 9.7(a)的研究,在平日,一个早上 9 点开园的主题公园,在每天的 10:00—12:00 迎来游客入园高峰,下午 13:00 后开始陆续出园,一直持续到闭园。换句话说,主题公园承载瞬时容量的高峰出现在 11:00—12:00。然而,这些容量在主题公园内并不是集中分布的,而是有规律分布的,见图 9.7(b)。游客各项活动之间有密切的衔接,餐饮需求集中出现在 11:30—13:00。在中国(不含港、澳、台地区),由于游客园内二次消费的比例较低,餐饮容量的压力并不像欧美主题公园那么大,但仍呈现相对的集中就餐现象。游客在不同景点之间的时空分布也略有不同,游客从园区入口到达各个景点或游乐器械是需要一定时间的,而各个景点或游乐器械接待游客量的高峰时段相应地也滞后于入园高峰。这个滞后的时间差说明主题公园的所有器械和景点并非一开园就运营的,而是根据各个景点或游乐器械自身的接待规律运营,这可以大大节约景区人力资源和能源成本。

　　游客流的日内波动规律对主题公园容量管理提出了更高的要求。第一,由于在中国(不含港、澳、台地区)实行的是一天 8 小时工作制,而主题公园开园的时间往往是 9~10 个小时(旺季更长),这多出的 1~2 个小时如果都要求员工在岗,则按照规定景区需要支付额外的加班费。然而,由于游客从入园至抵达各个景点或游乐器械存在时间迟滞,而出园的高峰来得又早,许多景点并不需要满员在岗,因此,如果景区灵活处理人员在岗时间,能够有效把每个员工安排在每天 8 小时工作以内。第二,不同的景点、游乐器械和餐饮点、购物点之间的容量高峰是不同的,有些正好错开了。这就决定了一个主题公园的员工能够扮演多种角色,胜任多个岗位,以便于在不同岗位之间流动,提高有效容量的供给能力。第三,需要额外注意的是,各个景点、游乐器械、餐饮点和购物点的容量并不完全以入园的游客量为标准设定。这是因为每个景点的吸引力是有差异的,并不是每个游客都会去,而餐饮点和购物点的消费率可能更低,尤其是在中国(不含港、澳、台地区)。中国游客习惯携带食品、饮料入园,很多人并不在园内就餐或购物,即使就餐或购物,也仅仅需要非常简便、快捷和廉价的服务。因此,对于这部分客人,可以设置流动的摊贩,提供便捷服务。

9.7　主题公园的游客管理

　　主题公园精确容量管理必须建立在对游客流波动规律充分掌握的基础上。主题公园年际、月际、周内和日内波动对主题公园的容量管理产生不同影响。年际游客流波动主要影响主题公园长期容量开发策略。公园必须基于未来发展预期做容量储备,一般提前 2~3 年进行。与此同时,设计的理论容量很难全部释放,尤其是老旧的主题公园,因而公园每年的定期更新、改造也必须考虑在容量变化中。月际游客流波动主要影响主题公园年度容量计划,纳入主题公园年度工作计划中。主题公园必须根据每年常态的淡旺季变化预测接待容量,招聘临时工、季节工、实习生的计划必须根据波动规律来安排,相应的休假安排、培训安排、检修计划也需要适时调整。周内游客流波动主要影响主题公园每周计划,根据"黄金周"和"非黄金周"的波动规律对员工休假、设施容量(餐饮、购物、设施、项目等)等进行安排。由于这种容量变化弹性较大,这要求公园在设计之初就应该考虑弹性容量的供给问题。否则,后期的服务运营很难达到容量要求。日内游客流波动主要影响主题公园的每日计划,精确到小时甚至分钟,这是主题公园精确容量管理的关键所在。主题公园要根据游客流在一日中的时空分布及流动,设置精确的员工轮岗制度,处理设施设备的开停、餐饮购物的供应等问题。一台大型游乐设备如果每天都因为精确容量管理而晚开机 10 分钟,累积节约的成本将非常可观。具体而言,主题公园还有许多容量管理策略可供选择,见表 9.2。

表 9.2　主题公园容量管理策略一览表

容量管理策略	容量管理措施	备注
减少整体 园区游客量	直接限制公园的入园量,停止入园	设定"法定"容量限额,事先告知
	诱导或限制游客的停留时间	缩短或加快游客流动线
	开辟并引导使用园区外区域	开启备用区域
	减少团队游客入园(尤其是企业团队)	提前规避企业、学生团队
	提高门票价格	设置旺季票与淡季票两个票价
	适当奖励或补偿部分游客入园	适用于线上购票游客
减少拥挤 区域游客量	直接限制拥挤区域的游客量,限制放行	容易发生游客与园区的冲突
	提前或实时公布各区域或项目的拥挤度	告知大型过山车需要等候的时长
	限制拥挤区域的游览时间	需要在空间上有相应的设置
	让通往拥挤区域的通道更为复杂、困难	迫使部分游客放弃前往
	在其他区域开辟拥挤区域的同类项目	项目分流
	减少或关闭部分拥挤区域内过于热门的项目	缺乏吸引力的区域游客自然减少
调整拥挤 区域游客流	让游客保留拥挤区域的游览权	预约特权保留,可随时再回来
	利用巡游诱导游客前往人少的区域	关键是通过互动让游客跟着巡游走
	利用演艺活动诱导游客前往人少的区域	演艺活动的表演时间设置至关重要
	项目游览权置换	拥挤区域一个游览权可置换其他游览权
	游客类型分流	家庭、青年和老人分流使用
	鼓励使用其他区域游览	给予特权补偿
	增加项目收费	设置拥挤区域热门项目收费
调整游客 游览行为	改变游览路线	尽量让游客分流到人少的区域
	提高热门项目的效率	如缩短热门项目单次运营时间
	鼓励夜间游览	旺季增加夜间活动亮点
	鼓励下次游览	游览权置换其他权益、积分或特权
降低游客 期望与入园	提前预警游客流拥挤状况	线上线下实时公布,通知到个体
	提前告知游客可能遇到的困难和采取的措施	线上线下实时公布,通知到个体
	告知热点项目游客流状况	线上线下实时公布
	告知关闭部分项目或设施	降低园区吸引力

资料来源:梁增贤,2017。

随着大数据的应用以及穿戴设备的发展，游客流的波动预测更加精准、详细，而且对游客的实时管理更加迅速，效果更好。一些主题公园通过手环等穿戴设备完成对主题公园游客的实时跟踪，并为游客提供预约服务，景区的精确容量管理就可以根据实时信息做出迅速反应。可以想象，未来主题公园以及其他游客流密集的景区，容量管理上会更加精确、及时和有效。

本章小结

- 主题公园是游客流密集型景区，单位面积承载的游客量很多，许多主题公园在旅游旺季更是超负荷接待。主题公园的游客量季节性波动分为年际（大多数学者将其纳入主题公园生命周期）、月际、周内、日内波动。每一种波动的规律不同，相应地，主题公园所采取的容量管理策略也有所变化。主题公园的季节性波动存在积极和消极双重效应。

- 主题公园的首期效应是指受市场求新求奇以及主题公园品牌的影响，主题公园一开业就会迎来较高的游客量，并保持一段时期的增长，如果没有新增的吸引物，主题公园的游客量就会保持稳定或转入衰退。首期效应持续的时间取决于潜在市场规模及其流动性、主题公园产品的吸引力和纵深、主题公园的品质和口碑，以及主题公园更新改造的节奏。

- 主题公园游客量的年际波动反映的是主题公园的生命周期规律。主题公园的生命周期通常比一般的自然景区短，因而需要不断更新改造以创造新的吸引力。

- 主题公园游客流的月际时间集中性不仅小于园林景区，还小于黄山、衡山等山岳景区，也小于西递、周庄等古村落，这主要是因为主题公园的游客流主要依赖于 2 小时车程范围内的近程市场。

- 一个成熟公园的日内波动是相对规律的，淡旺季之间和周中与周末之间的差别并不大。主题公园游客流的日内波动规律主要与游客的出游习惯和生活习惯有关。

复习思考题

1. 为什么主题公园不完全遵循旅游地生命周期规律？

2. 哪些因素会影响主题公园首期效应的长短？请举例说明。

3. 为什么一些主题公园也不断地更新改造,但游客量还是逐年下滑？

4. 以你的个人出游经验,说说黄金周和普通周游客出游选择和出游方式的区别。

5. 请根据本章所学,一年中哪个月游玩主题公园最好？一周里哪一天去主题公园人最少？一天中哪个时段入园人最少？

参考文献

[1] Allcock J B. Witt S F, Moutinho L. Tourism Marketing and Management Handbook [M]. Englewood Cliffs: Prentice Hall, 1989:387-392.

[2] Baron R R. Seasonality in Tourism: A Guide to The Analysis of Seasonality and Trends for Policy Making[M]. London: Economist Intelligence Unit, 1975:2.

[3] Butler R. Seasonality in tourism: Issues and implications——Baum T, Lundtorp S. Seasonality in Tourism[M]. Oxford: Pergamon, 2001:5-22.

[4] Butler R. Seasonality in tourism: Issues and implication——Seaton A V. Tourism: The State of the Art[M]. Chichester: Wiley, 1994:332-339.

[5] Hartmann R. Tourism, seasonality and social change[J]. Leisure Studies, 1986,5(1): 25-33.

[6] Hylleberg S. General Introduction Hylleberg S. Modelling Seasonality[M]. Oxford: Oxford University Press, 1992:3-14.

[7] Jang S. Mitigating tourism seasonality: A quantitative approach[J]. Annals of Tourism Research, 2004,31(4):819-836.

[8] Jolliffe L, Farnsworth R. Seasonality Issues Baldacchino G. Extreme Tourism: Lessons from the World's Cold Water Islands[M]. Oxford: Elsevier Science, 2006:51-59.

[9] Koc E, Altinay G. An analysis of Seasonality in Monthly Per Person Tourist Spending in Turkish inbound tourism from a market segmentation perspective[J]. Tourism Management, 2007,28 (1):227-237.

[10] Lockwood A, Guerrier Y. Labour Shortages in the International Hotel Industry[J]. Travel

and Tourism Analyst,1990(6):17-35.

［11］McEniff J. Seasonality of Tourism Demand in the European Community［J］. Travel and Tourism Analyst,1992(3):67-88.

［12］Snepenger D,Houser B,Snepenger M. Seasonality of Demand［J］. Annals of Tourism Research,1990,17(4):628-630.

［13］保继刚.深圳、珠海大型主题公园布局研究［J］.热带地理,1994,14(3):266-272.

［14］保继刚,彭华.旅游地拓展开发研究——以丹霞山阳元石景区为例［J］.地理科学, 1995,15(1):63-70.

［15］董观志,刘芳.旅游景区游客流时间分异特征研究——以深圳欢乐谷为例［J］.社会科 学家,2005(1):132-135.

［16］黄成林,周能敏.黄山风景区旅游旺季游客日分布特征的研究［J］.安徽师大学报(自然 科学版),1997,20(1):72-77.

［17］梁增贤.基于时间节律的主题公园旅游管理策略［J］.旅游规划与设计,2017(23): 110-115.

［18］梁增贤,保继刚.主题公园黄金周游客流季节性研究——以深圳华侨城主题公园为例 ［J］.旅游学刊,2012,27(1):58-65.

［19］梁增贤,董观志.主题公园游客心理容量及其影响因素研究——来自深圳欢乐谷的实 证［J］.人文地理,2010(2):139-143.

［20］马耀峰,李天顺,刘新平.旅华游客流动模式系统研究［M］.北京:高等教育出版社, 2001:98.

［21］张朝枝,保继刚.休假制度对遗产旅游地客流的影响——以武陵源为例［J］.地理研究, 2007,26(6):1295-1303.

［22］钟静,张捷,李东和,等.历史文化村镇旅游流季节性特征比较研究——以西递、周庄为 例［J］.人文地理,2007(4):68-71.

第 10 章
主题公园的市场细分与营销

　　主题公园的类型多样,针对的市场范围也很广,明确细分目标市场,准确定位,方可制订精准营销计划,获得良好的市场反应。主题公园的细分市场很多,主要有家庭市场、儿童市场、青少年市场、青年市场等,一般很少涉足老年群体。单一主题公园很难在上述所有市场都得到满足,必须有所取舍。相应地,针对市场制订营销计划,包括具体的营销对象、营销方式、营销渠道、营销时间和营销投入,以及新营销技术的应用等。发展会员市场是欧美主题公园常用的营销手段,会员市场具有哪些特点? 能够给主题公园带来何种效益? 中国的主题公园为何在会员市场的发展上相对滞后? 上述问题也是本章重点讨论的问题。

【本章学习目标】

　　1. 熟悉主题公园营销的理论和方法。

　　2. 熟悉主题公园市场细分。

　　3. 掌握主题公园市场营销方案的制订。

　　4. 了解主题公园会员制和会员市场的特征。

10.1　主题公园市场营销的理论与方法

　　成功的旅游吸引物通常有一套系统的营销策略。一个系统的营销策略应该对市场调查足够重视,意识到营销不仅是生产宣传册,做几个广告,而应该有长远的战略眼光,雇用专业的市场人员,划分出许多不同的细分市场,愿意投入较高比例的营销经费以支持市场营销,建立良好的外部形象和口碑。随着中国主题公园的数量不断增加,主题公园产业的竞争愈加激烈,几乎所有的一、二线城市都已经建设了主题公园。在主题公园供给不断增长,需求不断变化,加之新的休闲娱乐方式不断涌现的背景下,市场营销的重要性进一步提升,无论是市场细分、市场定位、市场测算还是营销策略上的任何失误,都会给主题公园的经营管理带来巨大的影响,造成严重的损失。

10.1.1　营销理论和方法

一种普通的有效的主题公园客户营销方法可以基于罗德所做的分类来展开。罗德根据主题公园游客的年龄以及他们与新技术的关系将顾客分为四种类型:计算机游戏一代、搜索一代、社会压力,以及50大市场,见表10.1。每个类型的顾客需求和顾客期望都是相互联系的,尤其是伴随着在世界各地的社会结构中,家庭的变动情况、伴随着分配,闲暇时间的使用与价值。随着年轻人对新技术的大规模使用,并且团体和品牌的作用,作为人的身份的参考,确定合适的细分市场是一个主题公园管理的源头。这就是为什么要关注人口统计,因为它可以帮助人们了解市场的基本条件、分布、行为、利益和心理。在任何情况下应该牢记,市场中存在的市场细分正在不断增长,如可支配收入以及闲暇时间增长的老年群体,对学习新事物感兴趣的部分市场,或者想和孩子家人共度美好时光的部分市场。值得一提的是,家庭市场中越来越多地包含了非传统家庭类型:祖父母、单亲父母、朋友和家人,存在多代同堂的家庭旅游者的增长(祖父母、父母、孩子、公婆、阿姨、叔叔和堂兄弟姐妹们一起旅行)。

表 10.1　主题公园消费世代

主题公园消费世代	顾客特征
计算机游戏一代	市场包括少年儿童和青少年 这一类是随着计算机娱乐的发展变得越来越根深蒂固 寻找"完美时刻" 寻找互动体验 澳大利亚偶像和大哥哥,互动的电视节目,电视变化的伟大例子
搜索一代	16～27岁的年轻人 世界由"我们"和"他们"组成 品牌界定 手机连接他们的朋友和家人
社会压力	包括那些在20世纪20—50年代初的人们 现在人们更加重视,因为时间更宝贵了 必须24小时电话在线 "随时在线"全球经济持续不断地运转,不去度假 景点使他们能离开一个难以离开的世界
50大市场	有品位的群体 喜欢旅行 最近退休的人已经和现代主题公园一起成长了 当他们看到周围人拥有一定质量的旅行经验

资料来源:Bray,2005。

主题公园的营销策略是由市场条件决定的,还要考虑竞争者的动作、法律框架、组织的企业文化及其历史、员工的培训、经验和态度、可用预算、娱乐场所的伦理思考和公园的性质等。因此,大量的公园成为娱乐的地方,为年轻人和老年人开发令人兴奋的景点,其他公园在他们有能力竞争的方面为游客量身打造。因此,在主题公园行业的竞争中,管理者要更好地了解消费者的选择过程。举个例子,消费者表现出不同程度的寻求行为,这使他们在不同的选择场合选择参观不同的公园。这意味着管理者同样需要提供给消费者强调性或补充性的服务。具体的各种寻求行为和效果的知识可以帮助管理者更好地开展他们的活动。

10.1.2　营销策略

营销策略通常是在营销计划的起草基础上发展而来的。营销计划的目的是确保完成主题公园的市场目标,包括在战略和战术层面上的建议,涉及一系列技术分析,以确定该主题公园在市场上的优点和短处,在市场中的威胁和机会,资源的有效配置方法,绩效的评价,日常的营销活动和开发团队所有成员的责任。目前营销策略被认为是一个水平函数,必须与其他园区功能相协调来确保传递的信息与产品性质和特性相一致。它的目的是提高客户对质量、价格和可用性方面的期望。因此,营销计划就是每个特定的园区在学术功能,营销组合的设计,产品开发、活动、预算、评估和控制的计划。在这方面应该强调的是,一个掌控评估和控制营销策略的系统是十分重要的,该计划必须包含可测量的目标和信息系统。

制订市场营销策略包括对当前形势的分析,通常采用具体的分析技术来实现,包括SWOT(优势、劣势、机会、威胁)分析。因此,市场研究和信息管理系统的存在是至关重要的。这是理解主题公园运营管理问题的基础,如游客如何选择要游览的景点、影响游客满意度的因素以及游客对景点的感知等。除了提高潜在消费者的认知,市场研究还要识别和分析潜在的竞争对手,并为主题公园制订相应的应对策略提供技术支持。分析当前的形势,一个主题公园的营销策略必须明确未来的目标。这个目标必须是明确的、具体的、可以量化的,甚至分解到人或团队来完成的。明确了目标,还要制订为达成目标所要采取的一系列战术和措施,以及对目标完成情况的评价标准,这是基层管理人员和一线服务人员落实的指南。由于每一个主题公园所处的阶段不同,具有的竞争优势和面临的困难也不一样,因而会采取不同的市场策略,诸如建立期权、市场渗透、产品开发、市场开发和多元化等。市场渗透是一种低成本的替代,涉及使用的促销技术成本较低,产品开发可能是昂贵的,因为它通常涉及购买新的景点或游乐设施(Clave,2007)。市场开发也很贵,因为它意味着大量的广告支出。总之,多元化意味着大量的投资风险。在任何情况下,每个主题公园都应建立其竞争优势的基础:成本领先,产品差异化或市场专注。更详细地说,正如所提到的,每个主题公园已经通过经常使用的营销组合变量设定了特定的营销策略以应对市场目标。传统的营销组合有4Ps:产品、价格、促销和地点。另外还有 3 个 Ps,即人、物理证据和过程,对主题公园的经营管理也很重要。

1)产品

主题公园的产品是由园区内一系列包括材质、景观、设施、乘骑器械、服务、形象、品牌、定位、效益等综合而成的,为游客提供服务。由于主题公园市场趋于混合消费,休闲娱乐选择越来越多,消费者并不希望主题公园仅仅提供单一的体验产品。他们有自己的意愿,市场上也有其他替代性选择可供他们参考,这就决定了主题公园不仅要做好产品,还要做好产品组合。因此,这里营销所说的产品,并不是单一的某个景观或乘骑器械,而是一系列与游客主题体验相关的产品组合。

主题公园的产品和服务是相通的,目的是为游客提供主题体验。当前,主题公园体验的方式不断演化,乘骑器械推陈出新,发展创新成为常态,游客对各种新的景区、景观、乘骑器械的想法和愿望更为强烈。主题公园的游客希望自己完全身临其境,以求逼真、强烈、个性化、方便和多样化的服务。值得注意的是,主题公园那些不会产生消费的景观、文化符号、服务等,往往是主题体验的关键,应该给予特别的重视。

家庭市场是主题公园一个很重要的细分市场,几乎所有的迪士尼乐园都专注于家庭市场。家庭成员对娱乐放松的需求也不断变化,并且家庭市场强调需要一个学习、享受的环境,还呼吁建立面向成年人挑战和提供经验的公园设施。主题公园必须能够提供一个为家庭开展相关活动的场所。这是一个不可忽视的需求。不同层次的发展,不同世代的消费者和不同的文化表达系统为主题公园的发展提供了不同的市场机会,也决定了不同国家和地区,甚至不同城市发展主题公园所要关注的重点。例如,中国台湾地区的主题公园在产品上主要关注优美的景观、安静和清洁的环境、文化或教育属性以及低票价。然而,这样的关注在中国大陆地区可能并不适用。

无论如何,从产品的角度来看,主题公园要保持持续吸引力,就必须不断地更新改造产品,做到常换常新。由于新技术的应用和广泛的创新意识,主题公园的产品更新比以往任何时候都要快,更新的节奏更快,更新的规模更大。一些欧洲的主题公园宣布每年拿出 1 000 万~1 500 万欧元来维持更新改造。尽管每一次的更新改造并不会给主题公园带来持久的竞争优势,但常态化、长期化的更新改造将为主题公园保持一种上升的吸引力优势。然而仍需要注意,长期来看更新改造的投入要与主题公园的经营情况相符合,否则这样的更新投入是不可持续的,无法营利的。

2)价格

价格是主题公园经营管理最敏感的话题。正确定义一个主题公园的定价政策要以商业利益为基础,也要看潜在市场的接受能力。定价是一个复杂而动态的任务。主题公园一旦确定选址,它在市场中的渗透率就已经确定,而短时期内很难提高。每一部分的潜在市场,都以不同方式体现了对价格的敏感。潜在客户的偏好取决于他们能够接受的出游预算和对出游所做的心理投资。举例来说,一个家庭春游去主题公园游玩 8 个小时。如果他们居住在远离主题公园的市场区域,那么他们可能增加较大比例的交通成本方可到达。这将花费一个相同的家庭去一个农村地区附近进行为期半天短途旅行的居住成本。这样的家庭会比较两种出游方式谁更划算。

在这样的原则的基础上,确定一个公园的价格时,要考虑另外两个因素。一是竞争价格。这就需要了解主题公园同类产品和替代性产品的价格水平,以确定自身的竞争力,从而明确自身的价格水平,包括基准价格、浮动价格和盈利预期等。二是游客在园内的二次消费水平。如果游客在园内的二次消费比例较高，门票价格设定低一些也不会影响最终的盈利水平。如果游客的园内二次消费较低，那么门票可能就是主题公园最主要的收入来源，门票的高低就直接决定了盈利水平。

主题公园的管理者面临着收入划定相关细分需求以支持公园的最优收益机会的问题。因此，主题公园通常会制订一整套价格方案，从标准的税率到折扣和优惠。折扣通常用来吸引游客在淡季或吸引特定需求如家庭、团体或一些中间商。例如，降低成本或增加值（同一个东西提供的两种价格）优惠和套餐。价格的让步是对标准价格的削减。例如，在一些欧美国家，为老年人或弱势群体提供特别免税。还有一些优惠，可能是普惠的。例如，关注包括旅游套餐即包括旅行和/或逗留加上访问或使用先进的购买方式，如通过互联网获取门票，可以享受相应的优惠。

任何情况下，价格应该是被访问者按照产品的质量和价值确定的，连同季节性波动一并考虑进去。目前，几乎所有主题公园都推出了年票或月票制度，给居住在主题公园附近的居民或者主题公园品牌的"粉丝"一定的优惠，刺激他们经常来游玩，见表 10.2。

表 10.2　欧洲主题公园实际定价例子

实际	例子
无限制夜晚同行	加达云霄主题公园
包裹保存超过 2 天	欧洲主题公园
入口有几天灵活的日期	冒险港主题公园
在酒店为顾客提供特殊服务包	冒险港主题公园
可以选择一次、二次访问的折扣	梦幻乐园
其他公园每年通行，甚至国外	艾夫特琳主题公园
包裹包括运输和保存	迪士尼度假区
学生折扣	未来世界影视乐园
忠诚俱乐部	冒险港主题公园
为退休人员提供特殊供应	欧洲主题公园
门票不包括访问的景点	趣伏里乐园
网购折扣	阿斯特克主题公园

资料来源：Brault & Brouzes，2005。

3) 促销

在某种程度上，游客不可能在买票之前对一个主题公园进行考察，因此使用促销手段和通信设备是吸引顾客的基础。为此，现在的主题公园普遍使用大众媒体进行宣传，比如微信、微博、网络视频等，传统的宣传促销方式诸如广告、宣传册、出版物和公共关系等也会使用，但重视程度有所下降，主要是其促销效果没有新媒体那么好。网络已经成为促销的一个重要工具,主题公园利用网络为消费者做广泛的假期和旅游计划研究,消费者则通过网络来比较产品和性能。对于一个主题公园而言,推出一系列主题商品、纪念品、消耗品以及新奇物品是一种延长主题公园的品牌价值,进而创造商品和优惠的有效方法。与此同时,许多公园开始关注游客离开主题公园后的体验,通过评价、"晒单"等方式,延续主题公园与游客之间的互动,提高主题公园的口碑宣传效果,为吸引其他游客的到来,提供促销基础。

因此,现代主题公园的管理者必须了解他们的媒体选择(微信、微博、印刷媒体、电子媒体、户外广告、传单、公交广告等)。大部分主题公园可以支付得起昂贵的电视广告费用,因为它们往往有相对较高的广告预算。但是,一般而言,中型和小型主题公园的广告媒体只存在于当地区域或专业出版社的广告投放。无线电广告已经很少用。微信、微博营销逐渐成为主流,几乎所有主题公园都开通了自己的微信公众号,实时更新各种营销信息。游客参与互动,还能有机会获得彩蛋,这无形中增加了游客体验,提高了忠诚度。为了促销的成功,好的营销方案至关重要。促销还必须在恰当的时间出现,且注意掌握促销的节奏和优惠的幅度。近年来,一些主题公园与综艺节目合作,提供外拍场地,客观上也起到了宣传促销的效果。主题公园与媒体的合作,早已超出了传统的公共关系层面,进入共赢模式。

4)地点

地点是游客有机会购买产品的地方。在主题公园中,游客必须到这个地点旅游和使用它。然而,分配渠道的存在,使得旅游承包商作为中介将主题公园和旅游套餐结合起来。有住宿设施的主题公园在这方面具有优势,因为他们可以与中间商谈判住宿和公园入场费的价格问题。如今,互联网已经彻底改变了地方的概念,许多主题公园的游客并不通过旅行社预订产品。与此同时,许多中介和大型公园让人们优先预订和购买票再前往。

10.1.3　新媒体、新技术的应用

手机和互联网为主题公园提供一个超越地点来宣传自己的机会,让主题公园得以有机会与游客互动,分享体验,提出改进建议。主题公园在新媒体营销方面的投入越来越大,人员配备越来越多,有时候还整合了市场部、宣传部、安保部一起面向客户进行营销和宣传。由于新技术的应用,互联网还提供了一个有效测试和检验新产品、快速反应消费趋势与影响旅游的事件、旅游和休闲的机会。新媒体和新技术也为销售交易、执行、信息分布和交流提供了一个最具有成本效益的分配系统。我们不应该忘记信息革命改变了人们工作、玩耍和交流的方式:潜在顾客通过主题公园网站获得第一印象;主题公园在互联网上的资源和新闻比在它们自己的官网上的更多;年青一代每天都在网上,他们中的大部分人与世界各地的同龄人交流,从而学得跨国文化;顾客通过微信、网络日志(博客)、网上留言板、聊天群、旅游网站和个人网站交流;新闻传播速度更快;电信的进步正在产生灵活的一代。

然而,并不是所有的主题公园都能够充分利用新媒体和新技术。对于一些传统的主题公园管理者而言,主题公园的网站只是一个用来传递信息的空间(虽然用一个高度复杂的方式,如发生在提供虚拟访问的网站)。在这个领域,根据它们的大小、经营者、市场范围、地

理位置和公司的技术水平,这些主题公园之间存在着巨大的差异。这个效用的高度发展,在北美的主题公园中比较明显。事实上,在美国,互联网是公园运营商的营销策略中心。对于他们来说,互联网是执行客户关系管理的一种手段。当前,主题公园运用互联网技术可以实现以下几个方面的功能:在线预订;网上购票(通常具有特殊的免税和管理系统,是典型的低成本营销方式。获取信息的特点是顾客必须填写在线问卷,由此获得交易记录);通过快速通行证增强排队管理;通过通信、电子邮件、电子公告板进行客户反馈;通过新的互动工具吸纳贵宾,比如设计竞赛、游戏等形式来提供奖金获得免费门票;推出新的景点时开展交流活动;预约景点;产生病毒式营销策略(电子口碑或网络词),提供可下载的游戏、屏幕保护或大力宣传偶然发生的事件和新颖的事;快速消除误解。

上述新媒体和新技术的应用,不仅影响销售状况和客户满意度,尤其是网上预订和购买门票,主题公园还可以应用互联网后台生成的数据准确预测主题公园游客量和消费特征,为主题公园的经营管理提供参考。对于主题公园而言,这也是成本的节约方式,游客可以在线购票而不需要在公园排队,尽管票价降低了,但是公园节约了发行成本和打印门票的费用,与此同时,接待和销售人员的数量可以进一步减少。对于游客而言,新媒体和新技术也提供了一种引起顾客情感共鸣和促进顾客忠诚度的可能性。总之,新媒体和新技术的应用可以使每位顾客进行产品订制,主题公园由此获得顾客信息并相应地做出产品调整,最大程度地满足游客的需求。

10.2　主题公园的细分市场

主题公园的市场细分可以采取多种维度进行划分,最后综合不同维度来确定一类细分市场,这类细分市场包括了不同维度下的细分群体。由于主题公园自身吸引力的特点,其目标市场也应该有所不同。除了前面所说的,目的地级、区域级、城市级和社区级主题公园市场范围的区别以外,主题公园的市场细分还可以通过团(队)散(客)结构、客源地、出游组合、出游方式、社会人口结构特征加以区分。事实上,即使是同一城市的同一区域,不同类型的主题公园,其市场结构也有所不同。以深圳华侨城为例,深圳华侨城有三大主题公园,分别是锦绣中华、世界之窗和深圳欢乐谷。这三个主题公园从客源地结构看,呈现三种不同类型的结构,见图 10.1。

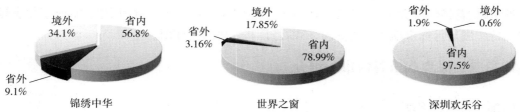

图 10.1　深圳华侨城三大主题公园市场结构

资料来源:梁增贤,2012。

根据图 10.1 可知,锦绣中华以中国传统文化为主题,对本地市场的吸引力弱于其他两个主题公园,但对于港澳游客、华人华侨以及海外游客则具有特殊吸引力。因此,锦绣中华的境外市场比例高达 34.1%,省外市场的比例也比其他两个公园高,达到了 9.1%。深圳欢乐谷与其他地方的欢乐谷,甚至各个以乘骑器械为主的主题公园一样,都是以本地,甚至是本地市场为主,占比高达 97.5%。境外和省外市场所占比例很低。世界之窗是体现西方文化主题的公园,其吸引力介于前两者之间。

10.2.1 主题公园的市场细分方法

对于一个具体的主题公园而言,市场细分是制订市场营销方案的基础,应该遵循一定的程序,见图 10.2。

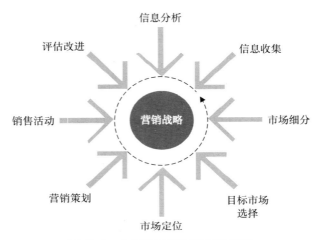

图 10.2 主题公园的营销战略步骤

一般地,主题公园对市场的细分遵循如下步骤:一是在对目标范围的市场整体状况进行研究,尤其要对 2 小时车程范围内市场特征和规律进行研究。二是测算出潜在市场的规模,研究潜在市场的消费偏好和行为特征。三是分析主题公园的主题文化及其主题体验与潜在市场的切合度,以此确定最为切合的目标市场和可拓展的市场,从而得到多维度的细分市场。四是在细分的基础上,通过对市场中不同层级竞争品牌的表现和动态的研究,结合主题公园被市场认可程度和主题公园自身的发展战略以及行动计划、资源状况与配置,确定主题公园在这个市场域内的定位。五是在此基础上,结合品牌研究与调研的结果,以及对国际主题公园研究的结果,制订出针对主题公园的品类和品牌管理规则、体系和模式,制订相应的竞争性策略、营销组合方式、营销管理体系和营销模式。六是通过营销实践,及时获得营销反馈以持续满足目标市场顾客的需求,不断修订和完善营销计划。

10.2.2 深圳欢乐谷的市场细分

1)确定目标顾客群

深圳欢乐谷通过对游客动机和年龄层次等信息进行收集和分析,确定企业的目标顾客群。游客动因分析如图 10.3。从图中可知,吸引游客造访深圳欢乐谷的主因是乘骑器械,其次是感受主题氛围和欢乐谷品牌的吸引力。因此,对深圳欢乐谷而言,需要不断更新乘骑设备以保持吸引力。

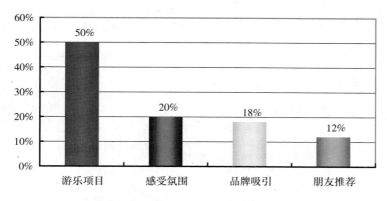

图 10.3　深圳欢乐谷游客动机分析

资料来源:深圳华侨城欢乐谷旅游公司。

从年龄层次分析可知,在"五个层次"中,即 14 岁以下、15～24 岁、25～34 岁、35～54 岁、55 岁以上五个年龄层次,15～24 岁和 25～34 岁的游客是欢乐谷最主要的目标市场,约占游客总量的 85%;而关注 14 岁以下的游客需求是今后吸引家庭游客的前提,见图 10.4。

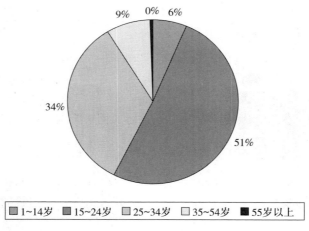

图 10.4　深圳欢乐谷游客的年龄层次分析

资料来源:深圳华侨城欢乐谷旅游公司。

2)划分细分市场

在对游客的性别、年龄、职业、受教育程度、价格和品牌等变量进行多元对应分析的基础上,根据欢乐谷的旅游资源特点,从以下方面进行市场细分:

（1）按游客所属地域细分（图10.5）

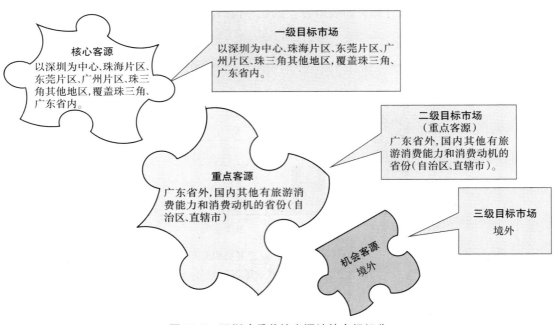

图10.5 深圳欢乐谷按客源地的市场细分
资料来源：深圳华侨城欢乐谷旅游公司。

（2）按游客组织方式细分（图10.6）

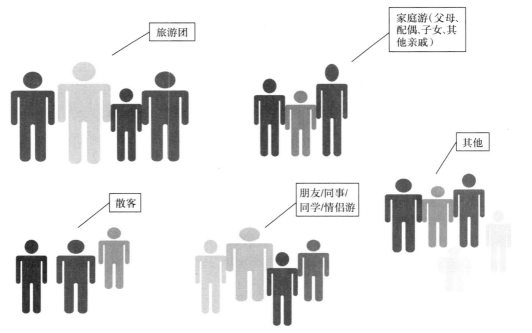

图10.6 深圳欢乐谷按组织方式的市场细分
资料来源：深圳华侨城欢乐谷旅游公司。

（3）按游客年龄细分（图 10.7）

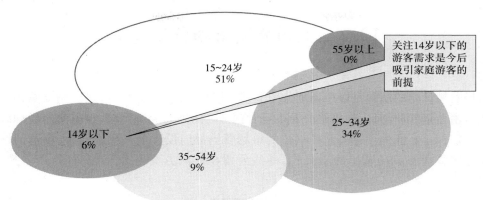

图 10.7　深圳欢乐谷按年龄层次的市场细分
资料来源：深圳华侨城欢乐谷旅游公司。

从图 10.8 可知，深圳欢乐谷制定的市场细分目标包括：一是市场渗透，立足珠三角重点客源市场，加大在周边地区的营销力度，进一步挖掘欢乐谷的潜在游客。二是逐步进军 9+2 地区（指与广东相邻的福建、广西、江西、湖南、海南、四川、云南、贵州和香港地区、澳门地区），进军内地，布局全国市场（以北京、上海等城市为中心的其他国内重点市场），快速启动远程市场，拓展省外、入境团队，组织广深珠同业专线、外省组团社、海外买家等推介会，参加广州、杭州、成都、香港等地举办的大型促销会，并作为欢乐谷品牌连锁的大本营，同时完成建设"四大基地"的任务；辐射境外市场，不断寻求新的、潜在的游客，提高全园游客接待量。显然，营销工作的重心仍然放在 2 小时车程范围内。

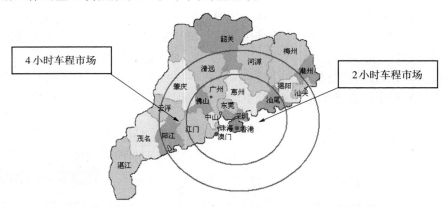

图 10.8　深圳欢乐谷按客源市场距离的市场细分
资料来源：深圳华侨城欢乐谷旅游公司。

10.3　主题公园市场营销计划

市场营销计划的制订是以市场细分为基础,针对细分市场的特点,进行精准营销。营销计划通常由营销部门制订,先报给分管市场营销部门的副总经理审核,再提交总经理或公司常务会议审核。不同的主题公园在具体的市场营销部门设置上有所不同,市场营销计划无非涉及品牌管理和市场营销两项工作,一些公园在这两方面是分开行动、分开设置的,见图10.9。

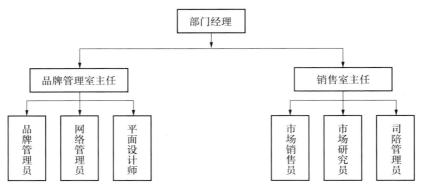

图10.9　某主题公园的市场营销部门设置

主题公园一般通过召开总经理办公会、市场专题会,研究公司市场竞争态势、经营优劣势和经营战略,对细分市场进行充分研究与全面评价,以"做强一级目标市场,做大二级目标市场,争取三级目标市场"的原则,明确各细分市场的市场定位和差异化竞争策略,形成具体的营销计划。根据"五年战略滚动规划""三年形象工程"提出的品牌目标要求,结合细分市场信息分析结果,加强对市场的研判,将这些要求不断展开并转化为关键的新产品和服务,同时提出实施过程中的相关配套要求,图10.10为深圳欢乐谷营销系统示意图。

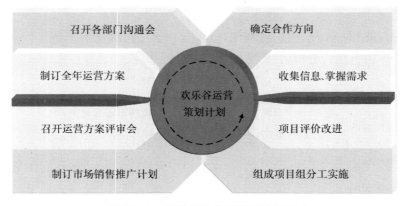

图10.10　深圳欢乐谷营销系统示意图

10.3.1　了解行业动态和目标细分市场

主题公园要实现精准营销,就要准确了解目标细分市场的状况,以及同业及替代性产品的发展状况和营销动态,并根据自身情况,制订营销方案,具体措施如下:一是按日、月份进行售票统计,掌握出票结构(旅行社/企业/学生团),获得经营月份及年度相关数据。二是不定期采用现场观察、问卷调查等调研手段,对同业、专项或项目开展(如水公园游客调查、香港迪士尼乐园调查)调研活动,找出区间内各细分市场的需求差异,运用集中营销手段,有选择、有主次地进入目标细分市场。三是主题活动前期和其他不定期,派出营销人员或者专门人员,到主要景点、各主要竞争对手、标杆目标企业进行专项调研、定期走访等。运用桌面调查(互联网、报纸杂志)、宣传单张,对旅游业环境、动态和主要竞争对手市场策略、经营状况等动态信息搜集,并即时录入系统,分析、加工、处理,编写市场简报或每月底导出整体信息报告,相关部门和市场营销人员共享,以利于调整公司策略,在最短时间对市场做出反响,确保公司始终处于有利的竞争地位。四是通过主题公园网站,实现信息快速反馈。通过在网上建立的强大游客服务中心,既可以为游客提供更多的信息,又能设立论坛社区,给游客更多的渠道并提出建议,还可以通过这个途径来收集各方面信息,促进快速改进。五是通过市场调研活动,追踪游客性别、年龄、地域、文化程度和职业构成、出游习惯等基本游客结构信息,并在此基础上获取游玩目的、重游率、节庆活动认知度、满意度以及获取信息途径等游客行为信息;并结合当前和以往的调研数据,纵向追踪黄金周重点客源市场结构和消费行为的特征及变化趋势,检验前期市场营销举措的实施效果,为以市场为导向调整未来市场策略提供支持。六是在建设重点项目前进行专项调研。如在新增项目开放前,聘请专业市场调研公司对市场进行详尽的消费者调查,包括消费者行为、市场定位、产品定价、品牌指标等,以期预测项目绩效。七是通过质量管理体系运行要求,客服中心定期进行游客满意度调查,了解顾客需求、掌握不满意信息、指导改进。八是一线服务部门通过一线员工收集游客意见,逐层反馈至领班、主任、经理,掌握顾客需求变化情况。九是定期对营销过程绩效进行统计、分析、测量和评价,掌握业绩变化的趋势信息,并将其结果用于营销系统的改进。

10.3.2　对信息进行评价和利用

对游客采用各种沟通方法进行各种调查后,营销部门将搜集的信息录入营销信息管理系统。通过 SPSS 进行统计分析,将游客的性别、年龄、职业、受教育程度、价格和品牌等变量进行多元对应分析等,识别出游客、游客群,确定关键游客要求、需要和不断变化的期望,由市场研究快速行动小组,进行游客需求分析、游客终端选择、游客购买决策分析、游客习惯分析、游客特征分群等研究,并确定信息的储存、传递和使用方法。

依据 ISO 9001 质量管理体系 PDCA 的要求,定期对收集和分析顾客需求的方式方法进行评估,以保持其有效性和适用性。对失效或不适用的方法及时进行修改或补充,保证及时准确地获取顾客的需求。

在充分的市场调研和信息收集的基础上,制订的营销计划,目的在于引导潜在顾客成为忠诚顾客。引进 CRM 营销理念,以 VIP 游客为中心,以信息技术为手段,对市场业务进行重新设计,智能化管理游客关系,可以更好地为游客提供服务,吸引大部分顾客成为欢乐谷忠诚顾客群。

深圳欢乐谷采取三大策略以提高游客的满意度和营销的针对性。策略一:以华侨城旅游服务标准为基础,制订欢乐谷岗位个性化服务标准。标准制订遵循游客导向、体验经济、贯穿欢乐谷企业文化三大原则。策略二:在领班和骨干员工层面培养标准贯彻执行的中坚力量,以优带差,以一带十,逐步改善游客服务,提升游客满意度。策略三:从培训、考核、激励机制等方面给予推行标准的支持。

依据《服务质量差距模型》,逐步缩小各级差距,满足游客服务需求,提高游客满意度。

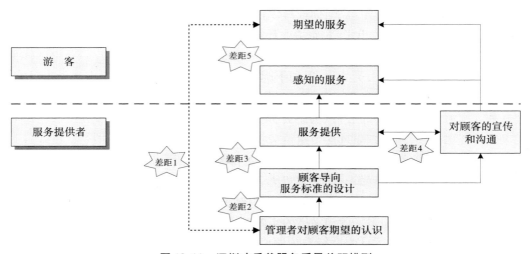

图 10.11　深圳欢乐谷服务质量差距模型

根据主题公园的发展战略、产品定位的变化,不断探索游客需求的变化,修订服务标准和服务行为,持续提高游客满意度。同时,要照顾到所有利益相关方的利益,寻求最优平衡,创造多赢局面,为欢乐谷的发展赢得内外部的支持,培育品牌的美誉度。

10.3.3　制订详细的营销投入方案

营销投入方案需要制订一个详细的预算,设定一个总的预算投入,通常占到整个公园收入的5%～10%,并根据不同城市地域、不同时间、不同渠道、不同企业、不同媒体进行投入分配。以深圳某著名主题公园某年度的营销投入分配为例,营销总预算为1 150万元,具体预算分配如下。

市场推广费:250万元(含导游图100万元、宣传单49万元、海报2万元、印刷品10万元、拍摄制作费19万元和环境布置费用70万元)。

广告费:900万元,其中全年合作费60万元(含机场广告牌40万元;主流媒体全年代理费20万元);预留广告费40万元;网站推广及微信平台费用150万元;媒介投放费用650万元。

具体而言,营销投入预算还可以按照市场区域、媒体、月度等进行分配,如表10.3、表10.4和表10.5所示。

表 10.3　按市场区域分配营销费用

市场范围	区域	费用/万元	合计/万元
A 级市场(40%)	深圳(宝安、龙岗)	260	260
B 级市场(珠三角)(50%)	广州	130	325
	东莞	100	
	珠三角(中山、佛山、惠州、珠海等)	95	
C 级市场(10%)	湖南、湖北、江西	65	65
合计(100%)		650	650

数据来源:深圳某著名主题公园。

表 10.4　按使用媒体分配营销费用

媒体	比重/%	费用/万元
电视	55	357.5
报纸杂志	18	117
电台	5	32.5
户外	12	78
网络	8	52
其他	2	13
合计	100	650

数据来源:深圳某著名主题公园。

表 10.5　按月度分配营销费用

单位:万元

月份	市场推广费(导游图等)	环境布置	全年合作媒体	媒介费	网络、微信平台	预留广告费	合计
1	10	5	1.5	60	—	10	86.5
2	—	10	1.5	70	—	—	81.5
3	40	—	1.5	30	—	—	71.5
4	—	—	25.5	60	—	10	95.5
5	10	10	1.5	50	—	—	71.5
6	40	5	1.5	20	75	—	141.5
7	—	10	1.5	70	—	10	91.5

续表

月份	市场推广费（导游图等）	环境布置	全年合作媒体	媒介费	网络、微信平台	预留广告费	合计
8	—	5	2	70	—	—	77
9	40	—	17.5	60	—	—	117.5
10	10	10	2	70	—	—	92
11	—	5		30	—	10	47
12	30	10	2	60	75	—	177
合计	180	70	60	650	150	40	1 150

数据来源：深圳某著名主题公园。

10.3.4 关系营销和售后营销

由于主题公园特别强调重游率，重游市场的满意度和忠诚度很大程度上决定了主题公园的可持续经营和良好的品牌口碑。因此，执行营销计划还包括游客在游玩主题公园之中的关系营销和之后的售后营销。

1）与游客建立良好的关系

围绕超值、服务、信任6个字，主题公园要从"软""硬"两方面入手并采取差异化营销策略，建立着眼于赢得顾客、满足并超越其期望、提高其忠诚度与重复惠顾率（重游率）、获取良好口碑的长期顾客关系。倡导"游客关怀"理念，做好对内、对外服务，达成品质营销效果。深圳欢乐谷《企业文化纲领》就倡导"游客关怀"的服务理念，做好对游客、对内部顾客以及对公司游客一整套服务体系：

（1）启动"领班行动"，规范服务标准

领班作为一支独特的管理队伍。2004年下半年，公司启动"领班行动"，对80多名领班进行了系统的培训和实战演练，其中有46名领班获得领班行动第一期学员结业证书，23名学员获得内部培训师资格，10名学员获得"金牌领班"称号。在领班行动中，公司还总结出99个典型案例，作为公司培训的范本；导入国际先进的顾客服务圈理念，结合《华侨城旅游服务标准》和欢乐谷"三先五会"服务理念，编制出一套完整的系列服务标准手册，对5个一线部门9大服务类别的54个服务岗位的服务话术、服务动作等进行规范，向员工推广。

（2）开展特色岗前十分钟，保证服务品质的事前控制

各部门大力开展了"特色岗前十分钟"活动，把服务理念贯穿于每天的每一个工作环节中；二线部门针对不同服务对象，制定了服务承诺和服务标准，强化了服务在员工心目中的重要性。

（3）拍摄服务标准DV片，深化服务标准

从2005年开始，拍摄岗位服务DV教学片，将2004年领班行动成果——岗位服务标准

进行视觉固化,把抽象的文字表达转化到典型的剧情里,使服务培训变得更生动、更有趣、更有效。

(4)测评服务满意度,强化服务意识

为强化"二线服务一线,一线服务游客,管理服务现场"的服务理念,根据各部门服务对象和岗位职能不同,分别制定服务满意度测评指标,作为各个部门的关键业绩指标之一,每季度进行考核,将服务效果与每一位员工的利益挂钩。服务满意度不仅包括一线部门的游客满意度,而且还包括内部顾客的服务满意度,把各部门在工作流程的上下游关系明确为服务与被服务关系,从而建立起人人参与服务、人人重视服务的全员服务模式。

(5)优化服务流程,提高项目运行效率

在单个项目容量无法变动的情况下,通过优化服务流程来扩大项目整体容量。如雪山飞龙增加乘坐须知讲解和游玩预演示范,提高了游客参与项目的配合效率,使该项目运行速度由原来的 5 分钟/次提高到 2.5 分钟/次,项目接待量在原有基础上提高了 10%。"激流勇进"、漂流河等项目也采取类似的做法提高了运行效率。

(6)完善各类应急预案,提高处理游客抱怨的时效性

根据过去项目故障、表演调整等情况下游客接待的处理经验,将有效的工作经验和办法制度化、程序化,完善各类应急预案,使得各个部门能够通力合作,各司其职,及时、有效地与游客沟通,疏导游客,解决游客的投诉和抱怨。

(7)倡导个性化服务

公司鼓励员工创新服务,把个性化、人性化服务融合到服务的每一个环节中,增强了景区的亲和力。如卡通街青蛙跳项目主持人自创一套互动服务方式,一改过去青蛙跳项目冷清的场面,一人带活一个项目;魔幻剧场《西部追忆》表演增加了演员卸妆亮相的谢幕情节,为剧情增添新的亮点;排队区保安员通过小魔术表演与排队游客互动交流,让等待娱乐化;在经营旺季,票房、闸口和各项目点均增加前引导员,有效地疏导游客。

(8)创新表演技术服务内容

表演服务部为提高服务品质,部门三五小团队的成员召开"思维碰撞"会议,针对服务的细节提出服务创新点并予以实施。

2)完善顾客沟通途径

主题公园必须对顾客查询信息、交易、投诉的渠道和方式进行有效设置。

查询信息:顾客可以通过欢乐谷网站、电话、宣传手册等,对深圳欢乐谷发布的各种信息进行查询。

交易:顾客可以通过在售票窗口买单次票进园,还可以通过购买年票的方式入园游玩。

投诉:顾客可通过对外公布的投诉电话、网站进行投诉。

主题公园通过质量管理体系工作流程对以上各种渠道和方式进行管理,如旅游中介服务机构管理、大游客管理流程、电话服务流程及面谈服务流程。要求每一位员工按照要求执行。为了确保顾客的投诉能够得到及时有效的解决,深圳欢乐谷编制了《游客投诉控制程序》,对顾客承诺的处理时限、解决方式、顾客投诉信息的利用等做出了明确的规定。

3）正确评价顾客关系

主题公园应该每年对建立和保持与顾客的良好关系的方式方法进行测评,根据反馈的意见(顾客反馈和内部职工反馈),不断推陈出新,创建更适宜的方式方法,使顾客关系得以持续保持,以保证战略目标的实现。

主题公园应该编制常态化的《顾客满意度调查、分析控制程序》,对顾客满意度调查和分析进行规定。根据不同的活动和游乐项目,拟制《顾客满意度调查表》,对顾客的满意程度进行调查,调查的内容包括游客对各类服务人员的服务满意情况,涵盖了表演、设备、园艺、交通、餐饮等方面。

主题公园应对满意度调查结果、顾客投诉等信息进行统计分析,并根据游客的反馈信息对公司管理、服务、设备设施等进行有针对性的改进。主题公园每年对顾客沟通方式、沟通渠道进行评估调整,确保公司有效了解顾客的满意情况,改进公司管理,为游客提供更好的服务。

10.4 主题公园会员制与会员市场

会员市场是主题公园最重要,也是最稳定的重游市场。在美国、日本、韩国等国的主题公园产业中,重游市场当中会员市场占有较大比重。日本东京迪士尼乐园的游客重游率超过90%,其关键是一方面在乐园中融入本土元素,受到城市居民高度认同,另一方面则是面向城市居民大力推广会员制,培养游客忠诚度,提高重游频次,带动园内的二次消费和商品销售。然而,中国主题公园市场与国外主题公园市场存在差异和不成熟的特性,会员制在中国主题公园中的应用也面临一些问题,会员市场特征及其购买动机存在较大差异。

10.4.1 主题公园会员制

会员制营销被广泛应用于旅游业的各个部门(Jang et al.,2007)。会员制通常以常游客计划(frequent-guest programmes)(Long et al.,2003)、忠诚顾客计划(loyalty programmes)(Palmer,2000)、旅行俱乐部(travel clubs)(Ferreira and Gustafson,2006)和目的地关系计划(destination relationship programmes)(Fyall et al.,2003)等形式出现。旅游企业应用会员制的目标从早期的鼓励会员多次消费演变为在旅游企业与游客之间建立一种长期的情感纽带,以实现共同价值(Olsson,2010),然而目前国内景区实行的会员制仅仅停留在刺激消费上,还难以做到构建会员情感价值。在我国,年卡是广泛采用的会员制方式,主要应用于主题公园、酒店、高尔夫俱乐部、健身中心、文化中心等旅游相关部门。许多旅游景区为会员游客提供各种优惠,如免费入园、VIP服务等(Gruen,2000),而会员游客则为景区提供稳定的收入、游客量、品牌忠诚度。正是由于会员制在保持游客量,建立游客关系,平衡季节性,提升品牌价值方面的积极效用,会员制被许多旅游景区认为是一种提升品牌竞争力的营销手段(Olsson，2010)。由于不同的旅游景区面临不同的市场,影响游客购买年卡的因素各异(Slater，2003)。因此,对旅游景区而言,掌握会员规模参数、购买动机及市场规律则至关重要。

对于单个景区(点),尤其是完全企业化管理,以经济利益最大化为根本目标的主题公园而言,旅游年票(卡)的发行则主要出于市场营销的目的,是一种会员制营销(membership marketing)。目前,全球几乎所有主题公园都以发行年卡的方式实行会员制,以提高主题公园的入园量,增加本地居民的重游率。如香港迪士尼实行"奇妙处处通"会员卡制,分为红卡、银卡、金卡及白金卡 4 种,除了享受全年免费多次入园外,还根据会员卡级别享受餐饮、购物等一系列优惠。[①]深圳欢乐谷则开设"单人行""情侣卡""亲子游"和"合家欢"4 种年卡,购卡会员除享受全年无限次入园外,还可在指定餐厅消费时享受 9 折优惠,此外还不定期举行会员活动[②]。

年卡会员制可帮助主题公园了解游客的重游行为偏好,进而探寻提高重游率和培养忠诚客户的有效途径。例如,深圳欢乐谷推出了年卡"单人行""情侣卡""亲子游""合家欢"和"终身卡"。持卡会员是主题公园的黄金游客,长期稳定的忠诚顾客。市场营销人员利用上门与会员见面交流的机会和以预告的形式邮寄宣传资料,通过电话访谈、邮寄问卷、座谈等方式,为其提供优质、细心和有针对性的服务,培育欢乐谷品牌忠诚度,成为欢乐谷免费宣传员。通过他们对外传播主题公园品牌,增加他们周边的推荐卡,不断挖掘潜在游客,提升利润空间,同时还可以及时得到市场信息,验证其他渠道获得的调研信息。事实上,年卡会员市场除了能够提高景区重游率外,还能够增强景区对市场的可预测性,能够有效调整供给能力以应对年卡会员市场需求的变化。

华侨城集团旗下的欢乐谷系列主题公园年卡会员制应用的时间较长,是目前我国主题公园会员制较为成熟的企业。各地欢乐谷会员年卡制除了在价格上略有差异外,其他会员年卡设置、销售策略基本相似,见表 10.6。

表 10.6　2012 年深圳、北京、上海和成都欢乐谷年卡种类及价格一览表

主题公园	单人行/元	亲子卡/元	情侣卡/元	合家欢/元
深圳欢乐谷	628	880	1 199	1 380
北京欢乐谷	580	780	999	1 280
上海欢乐谷	388	—	799	—
成都欢乐谷	458	658	858	988

注:数据来源于深圳、北京、上海和成都欢乐谷的官方网站,查询日期为 2012 年 9 月 4 日。其中,单人行适用于身高高于 1.4 米的儿童及成人,亲子游适用于一名成人和一名身高 1.4 米以下儿童,情侣卡适用于两名 18 周岁以上成人(一男一女),合家欢适用于两名成人(一男一女)和一名身高 1.4 米以下儿童。深圳欢乐谷年卡会员除了免门票外,还可享受园内指定餐厅 9 折优惠和华侨城高尔夫球场 7 折优惠,并有权参与会员活动,数据来源于古诗韵(2013)。

---

① 香港迪士尼官方网站,查询日期:2012 年 9 月 4 日。
② 深圳欢乐谷官方网站,查询日期:2012 年 9 月 4 日。

尽管开展年卡会员制比较早,但欢乐谷系列主题公园的年卡销售量较少,见图 10.12。

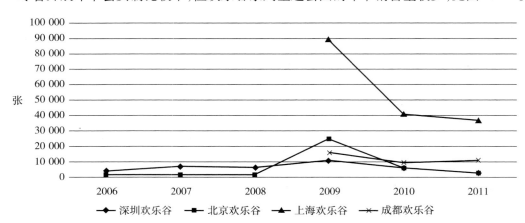

图 10.12　四地欢乐谷单人行年卡销售情况(2006—2011 年)

注:数据来源于深圳华侨城欢乐谷事业部,上海和成都欢乐谷 2009 开业,之前并未销售年卡,故无统
　　计数据,古诗韵(2013)。

　　与各地欢乐谷每年接待游客都在 200 万人次以上的数据相比,各公园的年卡会员拥有量似乎有点微不足道,从图 10.12 各地欢乐谷各年年卡会员拥有量的曲线变化来看,上海欢乐谷的年卡会员拥有量最大,2009 年开业之年,会员拥有量几乎达到 9 万人,随后的两年也保持在每年约 4 万名会员的规模;北京欢乐谷 2009 年开业 3 周年时做了一次年卡优惠促售的活动,所以当年会员拥有量上升至 2.5 万人;除此之外,深圳欢乐谷、北京欢乐谷和成都欢乐谷的年卡会员拥有量在其他年份都稳定在 1 万人上下。

　　总体而言,年卡会员拥有量并不算高,假设年卡的使用率为 5 次,也只是给公园贡献了 5 万~6 万人次的游客量。会员拥有量的多少,与公园经营者的态度密切相关。上海欢乐谷在开业前积极推动年卡的销售、北京欢乐谷主动降低年卡销售门槛,都使年卡会员拥有量得到明显的提升。

　　年卡会员规模与年卡费用紧密相关。年卡会员费用过低或者过高都可能降低购买率。Jang 等(2007)的研究表明,当其他竞争者提供超值服务且会员费用较低时,索要过高的会员费将可能引发会员游客的抱怨,而当会员费用过低时,游客亦可能放弃购买,选择其他价格与其心理价位相符的会员卡。显然,年卡价格需要同时考虑城市居民消费水平、景区产品和服务的效用以及竞争者的价格水平,同时也应兼顾公园的收益。为了便于比较,以成年单人卡进行对比分析,见表 10.7。

表 10.7　2012 年中国主要主题公园年卡会员费用比较

主题公园	成年单人卡	成人门票	成人门票: 成年单人卡	所在城市月人均 GDP(2011)	门票占月人均 GDP 比重/%
深圳欢乐谷	628 元	200 元	1:3.14	9 198.9 元	2.2
北京欢乐谷	580 元	200 元	1:2.9	6 699.5 元	3.0

主题公园	成年单人卡	成人门票	成人门票：成年单人卡	所在城市月人均GDP（2011）	门票占月人均GDP 比重/%
上海欢乐谷	388 元	200 元	1：1.94	6 880 元	2.9
成都欢乐谷	458 元	170 元	1：2.69	4 062.9 元	4.2
香港海洋公园	610 港元	280 港元	1：2.18	22 351.1 港币	1.3
香港迪士尼乐园	650 港元	399 港元	1：1.63	22 351.1 港币	1.8

注：数据来源于各个主题公园的官方网站和香港特别行政区政府统计处官方网站，查询日期为2012年9月4日。成人门票皆为1日门票。香港迪士尼和香港海洋公园采取较为细分年卡会员制，其中香港迪士尼成年单人卡分为白金卡、金卡、银卡和红卡4种，成人价格分别为2 400港元、1 650港元、850港元和650港元，由此推算成人门票与成年单人卡的比值分别为：1：6.02、1：4.14、1：2.13 和1：1.63；而香港海洋公园分为金卡和银卡，成人价格分别为780港元和610港元，由此推算成人门票与成年单人卡的比值分别为：1：2.79 和1：2.18，数据来源于古诗韵（2013）。

根据表10.7可以得到如下几点分析：第一，经济越发达的城市，主题公园门票的相对价格越低，即成人门票价格占月人均GDP 的比值越低，如香港该比值均低于2.0%，而成都该比值则高达4.2%。然而，比值越低是否意味着本地居民购买主题公园产品的可能性越高？第二，从年卡费用与门票的比较来看，内地主题公园的成人门票与成年单人卡的比值普遍高于香港地区的主题公园，只有上海欢乐谷例外。年卡的定价不同对当地居民购买年卡的意愿也有显著影响。

从城市间比较看，深圳和北京欢乐谷单人行年卡销量与城市经济之间并非简单相关，而是受其他一系列因素的综合影响，如人口规模、景区推广、价格促销、市场特征等。其中上海欢乐谷的年卡销售量绝对值要高于其他地区，这与其年卡定价最低相关，仅为门票的1.94倍。而深圳欢乐谷的年卡销售为四地最低，年卡费用是门票的3.14倍。北京欢乐谷在积极推广的2009年和2012年，年卡定价一度达到门票的1.5倍，导致销售量激增。因此，年卡的定价存在一个合理的价格区间，可能根据城市经济水平和人口规模变化，欢乐谷的经验表明，定价在门票的1.5~2倍的年卡更受欢迎。

10.4.2 主题公园会员市场特征

主题公园的会员市场基本以本市居民，尤其是主题公园周边社区居民为主。以成都欢乐谷为例，88%的年卡会员来自成都市，9%的会员来自省内其他城市，而只有3%的会员来自省外（也可能是成都的流动人口）。值得关注的是，在本市居民购买者中，主题公园所在的金牛区居民约占52.4%，远远高于其他区居民[①]。因此，主题公园年卡会员主要集中在主题公园周边1小时车程范围内，而年卡会员的社会人口特征如表10.8所示。

---

① 资料来源：成都欢乐谷提供的成都欢乐谷VIP卡游客基本情况报告（截至2012年）。

表 10.8　成都欢乐谷年卡会员社会人口特征(2011)

属性		比例/%	属性	比例/%
性别	男	44.7	15 岁及以下	6.0
			16~25 岁	28.4
	女	55.3	26~30 岁	17.4
客源地	成都市	88	31~35 岁	19.2
	四川省内其他城市	9	36~45 岁	22.1
	四川省外	3	46 岁及以上	6.9
收入	小于 1 000	21	研究生及以上	7.14
	1 001~2 000	7	本科	36.51
	2 001~3 000	23	大专	27.78
	3 001~4 000	14	高中	10.32
	4 001~5 000	21	初中	11.11
	5 001 及以上	14	小学及以下	7.14

注:会员的性别、年龄、客源地为成都欢乐谷提供的客户统计资料,为了保护客户隐私,本表仅展示相关比例。收入和学历为调研阶段购卡者问卷调查所得。年龄、性别、客源地为完整统计资料,如单人行卡则统计 1 人资料,情侣卡和亲子游卡则统计 2 人信息,合家欢卡则统计 3 人信息。截至 2011 年年底,成都欢乐谷销售的年卡中,单人行卡约占 65.1%,数据来源于古诗韵(2013)。

　　根据表 10.8 可知,年卡会员以女性居多,学历以本科和大专为主,约占 2/3。根据调查,15 岁以下和 36 岁以上的会员主要购买亲子卡和合家欢卡,约占 35%;其中 16~30 岁的年卡会员,占比 45.8%,该年龄比例中,主要是年轻的大学生及城市白领等,这部分人群的学习和工作压力较大,寻求刺激的愿望强烈,主要购买单人行卡,出游意向较为明显;31~35 岁的年卡会员占比 19.2%,该年龄层的会员主要以拥有婴幼儿的家庭和工作较为稳定的成年人为主,以购买合家欢卡为主。月收入在 1 001~2 000 元的人最少,2 001~3 000 元的人最多,低收入人群(月收入小于 1 000 元的)比例不小,这部分人大多数是学生。因此,成都欢乐谷的单人行卡和合家欢卡的销售比例较高。学生卡的销售在 2011 年占 15%,因价低和使用频次高已经取消。总体上,主题公园年卡市场与总体客源市场在人口结构特征上差异不大,年卡会员市场更多地来源于近程市场,并呈现较高的重游次数。

　　年卡会员市场的一个显著特征是它具有市场带动性。调查表明,约 60% 的年卡会员均是与其他会员结伴前行,约 20% 的年卡会员会选择独自出游,剩下约 20% 的年卡会员与非会员结伴出游,说明年卡会员具有一定的带动性。与此同时,年卡会员也表现出较高的推荐率。调查显示,愿意推荐主题公园的年卡会员占比超过 80%。其中,曾经成功推荐购买的占 47.76%,未成功推荐购买的仅为 22.39%,准备推荐的占 10.45%,当然也有 8.21% 的会员会告诫亲朋好友不要购买。总体上,年卡会员的推荐率较高,对游客量提升具有促进作用。

　　对年卡会员的园内二次消费情况也可以进行分析。一般情况下,游客在园内的停留时间越长,消费的机会就会越多。调研表明,年卡会员要比普通游客在主题公园内停留的时间短,年卡会员在主题公园游玩 2 ~ 4 小时的占所有受访者的四成;游玩 4 ~ 6 小时的占三成。从园内二次消费看,消费在 100 元以内的会员有 52.2%,消费 101 ~ 300 元的有 35.3%,见图 10.13。可见会员在园内的二次消费并不高,主要的花费是在餐饮上,占 92.7%;其次是商品 31.1% 和园内交通 25.9%。

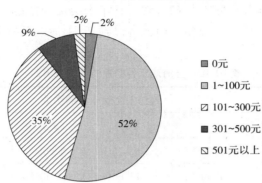

图 10.13　四地欢乐谷年卡会员园内二次消费额(2012)

资料来源:欢乐谷年卡会员购买意愿调查,2012。

从出游的时间看,年卡会员普遍会避开节假日出游。以欢乐谷为例,45% 的会员选择在平时重游欢乐谷,其中,"平时周末"位列第一,达 24.1%;其次,"平时周一至周五"为 20.9%;35% 的会员选择在暑期、春节、"十一黄金周"重游欢乐谷,其中,暑期占比 19.2%,黄金周占比 15.9%;14.3% 选择"五一"、端午、中秋等非黄金周的节假日;5.6% 选择其他时间。

10.4.3　主题公园会员的续卡率和重游率

续卡率和重游率是主题公园会员市场的两大关键指标,反映的是年卡会员制的吸引力和可持续性。以北京和深圳两地的欢乐谷为例,年卡的使用频次,即会员的重游频次如表 10.9 所示。

表 10.9　2012 年深圳、北京欢乐谷年卡会员年卡使用次数比较

单位:次

主题公园	单人行卡	亲子卡	情侣卡	合家欢卡	平均
深圳欢乐谷	8.38	5.10	5.84	3.14	5.62
北京欢乐谷	6.68	5.47	5.53	3.72	5.35
平均	7.53	5.29	5.69	3.43	5.48

注:资料来源于深圳、北京欢乐谷提供的年卡使用统计报告。年卡使用率=刷卡次数/年卡销售量,由于入园时每进入 1 人刷 1 次卡,因而在统计时情侣卡按 2 人次计算、亲子卡按 2 人次计算、合家欢卡按 3 人次计算,故在计算年卡使用率时要除以相应的次数,数据来源于古诗韵(2013)。

　　年卡会员使用年卡次数很高,具有较高的重复旅游行为,两地欢乐谷年卡会员的重游次数高达5.48次,这意味着如果景区有10 000名年卡会员,那么这些会员每年将贡献54 800人次的入园量。因此,景区的年卡会员比重越大,那么景区的年游客量就相对稳定且可预测。单人行年卡会员的重游次数明显高于其他类型年卡游客,单人行年卡会员多为出游积极性较高的青少年和学生群体,同时,单人行年卡会员出游的自由度也较高。

　　普通游客和年卡游客在重游率上的表现也有所不同,见表10.10。上海欢乐谷有34.62%是重游客,其中年卡会员约占22.15%,且年卡会员的重游次数远远高于普通游客,年卡会员重游4次及以上约占62.5%。由此可以判断,上海欢乐谷年卡会员对公园的重游率提升有很大的贡献。

表10.10　上海欢乐谷的重游情况(2012)

游客抽样		到访上海欢乐谷的次数				合计
		1次	2次	3次	4次及以上	
是否是年卡会员	否	73.30%	16.30%	6.90%	3.50%	100.00%
	是	11.40%	13.60%	12.50%	62.50%	100.00%
合计		65.38%	15.95%	7.62%	11.05%	100.00%

注:上海欢乐谷2012年春节期间的市场调研,发放问卷1 000份,问卷回收率92%。本次抽样中年卡游客占25%,数据来源于古诗韵(2013)。

　　从续卡率看,根据调研,欢乐谷24%的会员表示肯定会续卡;47.7%的会员表示可能会续卡;需要考虑的有24%;有6.2%的会员表示可能不续卡;只有0.8%的会员明确表示肯定不会再续卡。然而,实际续卡的情况并不那么乐观。以深圳欢乐谷2010年的续卡情况为例,单人行卡、亲子卡、情侣卡和合家欢卡的续卡率分别为3.48%、10.09%、5.61%和8.70%,平均续卡率仅为5.10%。因此,主题公园要维系年卡会员是很难的,这与高尔夫俱乐部、健身中心等其他俱乐部会员的续卡率特征差异很大。通过对会员和公园经营层的访谈,笔者发现影响会员续卡的因素主要有三点:第一,主题公园的吸引力。如果主题公园不能持续更新产品和服务,那么其吸引力就会逐渐减弱,追求新奇和刺激的年卡会员可能会丢失。第二,会员的家庭生命周期变化导致需求变化,这对情侣卡、亲子卡和合家欢卡影响较大。随着家长和孩子的年龄增长,对不同类型的主题公园兴趣可能发生变化。例如,成都欢乐谷的合家欢续卡较多,说明公园吸引了更多的家庭旅游市场,与成都人喜欢"耍"的特性也吻合;深圳欢乐谷的亲子游卡为各类卡中续卡最高,与深圳是一座年轻的城市相关。第三,公园经营者对推销年卡并不热心,因为年卡的使用频率高,远高于年卡定价可以游玩的次数,而年卡会员入园后的二次消费又很低,不能带来长远的效益,所以也没有制订积极的续卡优惠策略。年卡会员在续卡上几乎没有什么优惠,园内会员的特权或者权益也体现不多,导致会员续卡激励不足。

　　综合年卡的使用次数和续卡率来看,单人行卡销量最大、使用次数最高,但续卡率最低;合家欢卡销量较小、使用次数最低,但续卡率较高;亲子卡的续卡率最高。对主题公园而言,争取亲子卡和合家欢卡会员的难度最大,但维系会员的难度又最小;争取单人行卡会员的难度最小,但维系会员的难度又最大。主题公园需要根据自身市场营销定位以确定不同的推广方案和营销重点。

本章小结

- 主题公园的营销要有长远的战略眼光,雇用专业的市场人员,划分出许多不同的细分市场,愿意投入较高比例的营销经费用以支持市场营销,建立良好的外部形象和口碑。
- 主题公园市场营销同样适用 4Ps 理论、产品、价格、促销和地点,另外还有 3 个 Ps,即人、物理证据和过程。
- 对于一个具体的主题公园而言,市场细分是制订市场营销方案的基础,应该遵循一定的程序,包括市场调研、市场分析、主题产品分析、市场定位、营销计划和营销执行等。
- 主题公园强调重游率,重游市场的满意度和忠诚度很大程度上决定了主题公园的可持续经营和良好的品牌口碑。因此,主题公园必须重视关系营销和售后营销。
- 营销投入方案需要制订一个详细的预算,设定一个总的预算投入,通常占到整个公园收入的 5% ~ 10%,并根据不同城市地域、时间、渠道、企业、媒体进行分配。
- 会员市场是主题公园最重要,也是最稳定的重游市场。年卡的定价存在一个合理的价格区间,定价为门票的 1.5 ~ 2 倍的年卡最受欢迎。
- 续卡率和重游率是会员制两大重要指标。单人行卡销量最大、使用次数最高,但续卡率最低;合家欢卡销量较小、使用次数最低,但续卡率较高;亲子卡的续卡率最高。对主题公园而言,争取亲子卡和合家欢卡会员的难度最大,但维系会员的难度又最小;争取单人行卡会员的难度最小,但维系会员的难度最大。

复习思考题

1. 4Ps 营销理论在主题公园实践中应注意哪些问题?

2. 请举例说明当前主题公园营销的新媒体和新技术。

3. 主题公园的市场细分应该基于怎样的步骤?为什么深圳欢乐谷、锦绣中华和世界之窗的市场结构存在较大差异?

4. 通过网络信息阅读,有哪些关系营销和售后营销的手段和方法适用于主题公园？

5. 为什么单人行年卡的续卡率不高？亲子卡和合家欢卡的续卡率受哪些因素影响？

参考文献

［1］Bray, C. IAAPA and AALARA into the future. In：12th Annual AALARA Conference ［C］. Gold Coast,2005：11.

［2］Brault, F. and Brouzes, S. Les nouveaux defis du marketing des pares de loisirs［M］. Cahier Espaces 86,2005：114-119.

［3］Clave S A. The Global Theme Park Industry［R］. Cambridge：CABI,2007.

［4］Ferreira R R, Gustafson C M. Declining Memberships During an Economic Downturn in U. S. Private Clubs［J］. International Journal of Hospitality & Tourism Administration, 2006,7（2）：3-17.

［5］Fyall A, Callod C, Edwards B. Relationship Marketing：The Challenge for Destinations ［J］. Annals of Tourism Research,2003,30（3）：644-659.

［6］Gruen T W. Membership customers and relationship marketing // Sheth J N, Parvatiyar A. Handbook of relationship marketing［M］. Thousand Oaks, CA：Sage Publications Inc,2000.

［7］Jang D, Mattila A S, Bai B. Restaurant membership fee and customer choice：The effects of sunk cost and feelings of regret［J］. International Journal of Hospitality Management, 2007,26（3）：687-697.

［8］Long M M, Clark S D, Schiffman L G, et al. In the air again：frequent flyer relationship programmes and business travellers' quality of life［J］. International Journal of Tourism Research,2003,5（6）：421-432.

［9］Olsson A K. A Tourist Attraction's Members：Their Motivations, relations and roles［J］. Scandinavian Journal of Hospitality and Tourism,2010,10（4）：411-429.

［10］Palmer A. A structural analysis of hotel sector loyalty programs［J］. International Journal of Contemporary Hospitality Management,2000,12（1）：54-60.

［11］Slater A. Users or Supporters? Understanding Motivations and Behaviors of Museum Members［J］. Curator,2003,46（2）：182-207.

［12］古诗韵. 中国主题公园市场规模的关键参数研究——基于华侨城主题公园的案例分析

[D].广州:中山大学,2013.

[13] 古诗韵,保继刚.主题公园年卡会员市场特征研究——以四地欢乐谷为例[J].旅游科学,2013,27(6):52-63.

[14] 梁增贤.主题公园对城市社会空间的影响及其形成机制——以深圳华侨城和北京华侨城为例[D].广州:中山大学,2012.

第 11 章
主题公园组织结构与人力资源管理

　　主题公园内的运营质量和游客体验取决于组织结构和人力资源管理者在每个岗位聘用和使用最优、最经济的人力资源的能力。由于主题公园最主要的管理成本就是人力成本，欧美主题公园大规模使用临时工、季节工和非合同工等非标准就业者以大规模降低人力成本。这种策略决定了主题公园的组织结构必须是开放且具有弹性的，主题公园的人力资源管理必须能够适应员工人数随时大规模变化。对于主题公园而言，随时选择和留用符合要求的员工、培训和提升员工的素质和能力以及管理好劳资绩效以提高员工的满意度是三个重要的工作。本章将结合国内外案例，重点介绍主题公园组织结构的特点和人力资源管理的要求、技术和方法。

【本章学习目标】

　　1. 了解主题公园组织结构的特点和基本设置。
　　2. 掌握主题公园人力资源管理的特点和要求。
　　3. 了解国内主要主题公园人力资源管理的模式。
　　4. 熟悉员工聘任、培训以及薪酬管理的流程和技术方法。

11.1　主题公园的组织结构

　　主题公园的组织结构必须是开放且具有弹性的，尤其是在面向游客和后台服务的基层岗位上，设置较大比例的弹性变化岗位至关重要。一方面，主题公园往往通过招聘大规模临时工、季节工和非合同工以保障公园旺季用工需求；另一方面，主题公园往往是"一人多岗、一人多角"，这要求员工不仅要胜任多个岗位的工作，且员工在不同岗位间，甚至不同部门间流转也成为常态。例如，某位员工可能在入园时段负责在门口检票，此时她属于游客部；中午吃饭时间她又在餐厅任职，此时她属于经营部；下午她又在某个乘骑器械项目负责检票，她可能又属于项目部或设备部。

11.1.1　组织结构

　　一个主题公园的员工数量从几百人到几千人不等,深圳欢乐谷为 1 000 人左右,旺季可能增加一两百人。香港迪士尼乐园用工达三四千人,季节性临时工的规模也很大。通常来说,主题公园在组织结构上会包括游客部、市场营销部、设备部、安保部、人力资源管理部、经营部、财务部等,一些公园可能配套了酒店,可能还有客房部。图 11.1 是国内某主题公园的组织结构设置情况。由于该主题公园设置了多个剧场和表演活动,因而部门里增加了艺术团和表演技术部。与此同时,该主题公园把市场研究和主题公园更新改造、规划、设计等职能放在研究策划部,而一般的市场营销工作则放到了市场部,以期让更新改造更能适应市场需求。

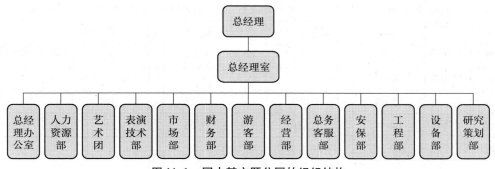

图 11.1　国内某主题公园的组织结构

　　根据图 11.1 可知,该主题公园设总经理 1 名,设副总经理 4 名、总监 1 名、助理总经理 1 名,都归入总经理室,每人分管多个部门。总经理室下设 13 个部门。公园的总经理和副总经理一般由董事会或母公司任命。董事会和母公司负责对主题公园高管的任命、项目建设资金批准、公司目标考核。公司高管团队定期向董事会或母公司汇报主题公园经营绩效。此外,通过效能监察、财务稽核、会计师事务所外部审计对公司进行内外部监管。

　　主题公园还要力图与外部组织展开各种合作关系,形成友好的伙伴关系,包括游乐设备供应商、主题商品供应商和外请表演团队,区域内各大旅行社、大客户,以及各类媒体(电视、电台、报纸、网络)等,对供应商建立考核机制并对其提供的服务/产品进行评价。通过与各主要合作方的沟通(如举办媒体年会),合作方可以在引入大型游乐设备、外请团队的邀请、节庆活动开发、市场的开拓等方面,给予主题公园众多的建议和意见。

11.1.2　组织挑战

　　主题公园组织的挑战主要来自两个层面:一是周边强势的主题公园同业竞争和替代性景区的竞争,对组织的人力资源管理、供应链和销售链都产生直接影响。二是区域内的人力资源竞争,不局限于旅游行业。由于主题公园对基层员工的技术和学历要求不高,这类员工可以流转于各种企业和服务行业,无形中使得主题公园与其他行业的企业竞争基层员工。

然而,主题公园基层员工的工资竞争力较弱,在旅游旺季,往往用工不足,对主题公园组织形成挑战。

在特定的市场区域内,以游乐为主的主题公园增加,主题公园本身的竞争压力就会加大,会对组织结构和人力资源管理提出挑战。主题公园必须保持持续增强盈利能力,年度游客接待量、经营收入、利润等指标不断向好,才能确保良好的绩效产出和薪酬获得,从而稳定组织结构。与此同时,主题公园的品牌本身也具有竞争优势和吸引力,对组织结构的稳定性具有积极作用。像迪士尼乐园和欢乐谷等品牌主题公园,是许多年轻人向往的工作场所,即使薪酬待遇并没有其他行业那么高,基层员工也会选择到这里工作。这就需要主题公园充分利用好品牌文化,营造一种吸引力。表 11.1 是国内某主题公园的组织用工结构。

表 11.1　国内某主题公园员工结构

(1)员工岗位情况

类型	人数	所占比例/%
管理干部类	57	5.74
管理类	99	9.97
技术类	167	16.82
服务类	476	47.94
其他	194	19.54
合计	993	100.01

(2)员工教育情况

学历	人数	所占比例/%
硕士研究生	3	0.30
本科	80	8.06
专科	150	15.11
中专	299	30.11
高中	394	39.68
初中及以下	67	6.75
合计	993	100.01

(3)员工用工情况

用工形式	人数	所占比例/%
一年制合同工	917	92.35
季节工	15	1.51
实习生	56	5.64
返聘	5	0.51
合计	993	100.01

注:因表内所占比例的数字为四舍五入所得,故合计超过100%。

根据表 11.1 可知,该主题公园拥有员工 993 人,其中管理干部为 57 人,占比约为5.74%,服务类基层员工人数最多,占比达到 47.94%。员工的受教育程度并不高,拥有硕士学位的仅 3 人,而拥有本科学历的员工不超过 10%,大量员工是大专及以下学历。从这个统计可知,主题公园提供的就业岗位是学历和技术门槛较低的就业岗位。从用工情况看,一年制合同工占比较大,超过了 90%,而季节工、实习生的比例较低,与欧美主题公园有所不同。

11.1.3　组织改进系统

主题公园的组织内部应该建立一个互帮互助的绩效改进小组,大量一线的管理细节和注意事项无法在格式化的管理文件中体现,只能通过"传、帮、带"的方式培训。与此同时,面对基层员工不断流动的基本常态,这种组织改进系统的持续性和常态化也必不可少。主题公园应该通过对各级管理人员和员工的绩效考核、督导检查、合理化建议征集。欢乐谷就通过"三五小团队"等多种多样的方式对企业内部存在的问题进行识别,并进行数据分析后,确定产生的原因,采取行之有效的措施,对问题进行改进,形成了一套完整的绩效改进系统。该系统为基础业务和管理策划提供了依据,同时改进了提高员工素质的整个过程。

　　主题公园内部应该提倡学习型组织,通过内部网站、培训教育、读书月活动等形式达到知识共享的目的。主题公园还应建立培训体系,从公司和员工的多方位需求的角度,提升工作人员的素质能力,并形成独特的案例教学模式。

【案例】

深圳欢乐谷的学习型组织

　　深圳欢乐谷一直致力于建立学习、思考与创新的学习型组织,具体特点如下:

　　一、创造团结、协调及和谐的环境

　　深圳欢乐谷从 2002 年启动企业文化工程,通过高层管理人员与员工直接对话的"总经理会客室"、员工合理化建议收集与反馈、总经理信箱、以员工为主的"三五小团队"等多种企业文化活动形式以及员工代表大会等,营造团结向上、共同进步的和谐氛围,引导员工紧密团结,上下一心,共同创造欢乐文化。

　　二、建立"自学机制"

　　深圳欢乐谷非常重视组织学习、全员学习并学以致用,要求企业员工在工作中学习,在学习中工作,学习成为工作的一种新形式。如对基层现场管理人员领班的培训,就要求领班在工作中不断完善服务标准,在工作中学习;改进的服务标准又及时运用在工作中,持续改进。要求管理人员下一线工作也是"自我学习机制"的一种形式,管理人员除完成管理岗位的工作外,还需要花费一定时间到一线与一线员工一起工作,"做中学、学中做",既了解一线岗位工作流程,又提高现场管理能力。深圳欢乐谷除公司及部门组织的各级培训外,还鼓励员工花业余时间自学相关知识,并对自学成功(如获得相关证书)的给予一定奖励。

　　三、倡导思考和创新的学习精神

　　深圳欢乐谷倡导一种系统、非线性的思考,创新是观念、制度、方法及管理等多方面的更新。深圳欢乐谷的核心价值观要求员工会思考、能创新。通过企业文化活动、考核、评优、培训等多种形式引导员工系统思考,勇于创新。

　　四、营造沟通与知识共享的氛围

　　深圳欢乐谷着力于在企业内部形成一个宽松的、适于员工学习和交流的气氛,以利于员工之间的沟通和知识共享。通过建立学习制度,定期组织教育和培训,鼓励员工学习,不断更新和深化自己的知识。通过将一些在知识和经验上互补的员工集中起来,共同进行研究开发,加快知识的商品化过程。员工通过不断地吸收新信息和新知识,力图能够站在时代的前端,把握住企业所处的大环境,随时调整自己的发展方向和市场适应能力。

　　开展前瞻性和激励性的学习活动。组织经理级管理人员出国考察,学习国外同行先进的管理方法;举办"圆桌会议",让中层管理者参与公司决策;组织领班和骨干员工开展地区性的学习活动。2004—2005 年,先后组织百名领班和优秀员工赴香港参观迪士尼,激发员工创造性,提高员工服务意识。

　　知识内化一直被欢乐谷所重视。学习体会与岗位认知相结合,通过案例教学方式,将管理、服务方面的经验写下来汇编成册,成为新员工的培训教案。目前,案例教学在欢乐谷蔚然成风,一支以领班为主的内部讲师队伍成长起来,他们承担了公司企业文化、公司经营理念传承的重任,在岗位上创造欢乐价值。

快速反应——对于顾客需求和意见,运用顾客差距模型,根据游客在对某一个岗位所经历的服务圈审视、修订岗位服务流程,确定关键环节(MOT)及关键环节的服务要点,预测游客需求,及时提供服务。并通过顾客满意度调查,对整体经营活动进行调整。

职业道德——在职业道德培养方面,欢乐谷实施了多形式的培训教育方式。以思想教育为例,在以基层员工为培训对象的核心课程模块中,企业文化课成为重中之重。无论员工是以长期或短期聘用形式从事岗位工作,都必须接受企业文化课的培训,使新员工在入职的第一天就对企业的使命、理念、价值观有清楚的认知,从而更进一步地去理解公司的各项管理制度和企业提倡的优质服务及其对自身的要求。

深圳欢乐谷的"三五小团队"已经转化为企业文化团队,从2005年建立以来,一直稳定为7个团队。"三五小团队"最初由来自不同部门的领导、经理和基层员工组成,其目的之一是用员工的智慧来实现创新,用员工的参与来提升企业内部管理,增强员工对企业的认同和关心。之后,在公司层面,"三五小团队"转变为七大企业文化团队形式固化下来并逐步走向规范,因为"三五小团队"在各方面管理效果明显,现在仍作为重要的管理工具为部门主任、领班所掌握并有力推行。

11.1.4　组织沟通系统

主题公园是服务组织,应该建立一个快速传达游客反映,快速反馈游客意见的沟通机制,总体上建立快速、通畅的沟通环境。

对内,主题公园的管理层应该通过缩小管理幅度、绩效评价、建立独特的工作模式、举办各种内部活动等方式,以保证沟通渠道的通畅,使全体员工在价值观、发展方向和绩效目标等方面保持一致。

缩小管理幅度:采用总经理负责制的总经理室分管制度,高层管理者实行专业化分工,设置包括运营、市场、财务、艺术、工程、人力资源、行政等分管领导,中层管理者从事更具体的日常管理工作,从而减少管理层级,沟通更加顺畅。

绩效评价:考核与激励结合,促进员工行为改变。主题公园对服务岗位员工实施以行为导向为主的考核方式,考核指标紧扣岗位要求和服务标准,并通过量化标准、调整权重等方式不断沟通,引导员工不断改进行为,与企业目标达成一致。

工作团队模式:工作团队模式由各部门员工组成,他们可以是本部门的员工,也可以是跨部门的员工,其工作职责就是在各组长带领下,参与企业管理,帮助企业发现问题,并针对问题提出改进的建议。欢乐谷的"三五小团队"工作模式取得良好效果,分别对欢乐谷一、二、三期工程大小20多个项目的完善工作提出了有价值的建议,有的建议即刻得到落实,使项目本身和配套环境在视觉、功能多元化等方面得到改进。

对外,主题公园与旅行社、媒体、租赁商家等合作伙伴保持着紧密联系与沟通,联合举办欢乐谷形象推广活动。主题公园通常把领班(主管)作为基层管理岗位的人才,缩小基层管理幅度,加强现场控制,稳定服务质量。主题公园内部设立各种渠道拓宽进言环境,如有总经理意见箱、"总经理会客室""三五小团队"、合理化建议通道、头脑风暴会、员工内部满意度调查、欢乐谷内部信息网、内部刊物等。外部渠道包括定期的市场调研、顾客满意度调查、顾客投诉等,同时利用游客提出的意见作为改进方向的输入。此外,还利用外审、访问等方式,学习先进的技术、文化和管理经验。

在不同的部门、职务和地区之间,通过座谈、深入一线、会议(包括视频会议)、内部网站、意见箱、培训、内部报刊、"总经理会客室"等方式来实现有效的沟通和技术分享。主题公园还应对知识进行管理,将各种有效的方法和技术在不同范围内共享。

11.2　主题公园就业的特征

旅游就业分为正规就业和非正规就业。非正规就业包括非正规部门就业和正规部门的非标准就业(张丽宾,2004)。主题公园正规就业主要指主题公园的标准就业,多为合同制的固定员工。非正规就业可以分为两类,一类是主题公园内部的临时工、季节工、实习生等非标准就业。值得注意的是,一些研究将非标准就业归为"正规就业"(郭为等,2009;冯学钢,2008)。另一类是主题公园外,围绕主题公园游客经营,无固定场所、未经工商登记也无劳动合同的街头游贩(street vendors)(梁增贤,保继刚,2012)。不同国家和地区主题公园就业的分配结构存在一定差异。

11.2.1　中外主题公园就业的结构性差异

欧美主题公园基本属于正规部门就业。由于主题公园整体工资水平较其他行业低,加上发达国家内部大规模低层次劳动流动性和规模都不大,主题公园很难吸引外来务工者。公园为了降低人力成本,维持正常运营,不得不降低就业门槛,调整岗位结构,面向本地低收入者和初次就业的年轻人(实习生居多)提供大量季节性临时岗位,导致正规部门的非标准就业(季节性临时工为主)规模远远大于标准就业(固定员工)规模。欧洲主题公园 1 个固定岗位对应 16 个季节性临时岗位,美国主题公园 1 个固定岗位对应 8 ~ 12 个季节性临时岗位。①以美国佛罗里达的坦帕湾布希公园(Busch Gardens Tampa Bay)为例,该公园占地 135 公顷,2011 年接待游客 428.4 万人次,位列全球 23 位,②旺季提供 3 500 个就业岗位,其中固定岗位约 200 个,其余皆为季节性临时岗位,1 个固定岗位对应超过 15 个季节性临时岗位(Clave,2007)。根据国际旅游景区和主题公园协会(IAAPA)的调查,全球 41.9% 的主题公

①　转引自 Clave S A. The Global Theme Park Industry[R]. Cambridge, MA: CABI, 2007:235.

②　TEA/AECOM. The Global Attractions Attendance Report for 2011[R]. Themed Entertainment Association (TEA), 2012.

园员工年龄为19岁及以下,61.3%的员工是第一次就业,而季节性临时员工达31.3%。①由于欧美国家对非正规部门管制严格,非正规部门就业极少。

中国香港主题公园固定员工要比季节性临时员工的规模大。2012年,香港迪士尼乐园雇用员工超过6 800人,其中固定员工为4 600名,季节性临时员工最高可达到2 200名②,基本上2个固定岗位对应1个临时岗位,而将近50%的固定员工为开园时的员工,人员流失率较低,员工构成较为稳定。③受到一系列行政干预和市场化机制的作用,加上外来务工人员在香港就业的限制,香港迪士尼乐园的就业岗位主要面向中低收入的香港居民,包括身心障碍人士(persons with disabilities)。从开业到2010年,香港迪士尼乐园累计为身心障碍人士提供300个就业岗位。④由于严格管制,非正规部门就业也很难存在。

中国内地地区的差异更大。中国内地主题公园雇员规模较小,各城市欢乐谷雇员在1 000~1 500人,世界之窗和锦绣中华民俗村则在700~800人,许多城市大型主题公园更是低于此规模。由于劳动力的市场化,经济结构的"非农化"以及快速城市化等因素(胡鞍钢,赵黎,2006),大规模低层次劳动力流向城市,主题公园所需低层次劳动力供给相对充足,人力成本较低,流动性较大。企业普遍采用一年制的合同工,而临时工、实习生等不到10%,员工流失率年均20%左右,其中服务岗位的流失率最大,技术岗位次之,管理岗位最小。

根据表11.1可知,该公园12个固定岗位(一年制合同工)对应1个季节性临时岗位,但由于固定员工的流失率较大,实际长期"固定"下来的员工比例较低,企业并不担心固定员工过多"沉淀"的问题。从就业的群体分配看,以深圳华侨城三大主题公园⑤为例,员工大部分非深圳居民,而是外来务工者,主要来自珠江三角洲以外的广东其他地区以及广西、湖南等周边省份。与此同时,由于管制宽松,公园普遍存在非正规部门就业,与欧美国家和中国香港地区的主题公园形成鲜明对比,见表11.2。

表11.2 中外主题公园就业情况对比表

地区	正规就业	非正规就业	
	正规部门标准就业	正规部门非标准就业	非正规部门就业
欧美国家	比重小,一般不到1/10,多为本地居民,多为管理和技术岗位	比重很大,主要是本地年轻人和低收入者,多为服务岗	不同国家存在差异,一般管制严格,很少出现
中国香港	比重较大,一般占2/3,多为本港居民,部分是外来职业经理人,主要为管理和技术岗位	比重较大,一般占1/3,基本为香港居民,部分为外来实习生和身心障碍人士,多为服务岗	管制非常严格,基本没有

---

① 转引自 Clave S A. The Global Theme Park Industry[R]. Cambridge, MA: CABI, 2007:235.
② 季节性临时员工的雇用主要用以应对万圣节、圣诞节、春节、暑假及其他特殊时节的旺季需求。
③ 数据来源于《香港迪士尼乐园2011财政年度业绩概要》和《香港迪士尼乐园2012财政年度业绩概要》。
④ 资料来源于 Legislative Council Panel on Economic Development Update on Hong Kong Disneyland。
⑤ 包括深圳欢乐谷、世界之窗和锦绣中华民俗村。

续表

地区	正规就业	非正规就业	
	正规部门标准就业	正规部门非标准就业	非正规部门就业
中国内地	比重很大，多为外来务工者，本地居民只占小部分，流失率高	比重小，多为外来务工者、实习生，服务岗居多，基本是年轻、健全人士	总体管制宽松，在特定时间、特定地点管制严格，非正规部门就业规模较大

注：中国内地情况主要反映一线大城市主题公园的情况。资料来源于梁增贤，保继刚(2014)。

根据表 11.2 可知，中外主题公园就业分配存在明显差异。中国内地地区，受到低工资、非正规部门管制和低人力成本的约束，加上外来务工者的竞争和不断提高的城市居民就业薪酬期望，在就业分配的市场化作用下，本地居民很少选择主题公园正规部门就业。因此，华侨城主题公园正规部门就业主要面向年轻的外来务工者，呈现明显的"外向型"特征。更为重要的是，主题公园非正规部门就业在内地地区是一个重要的就业领域，需要特别关注。

尽管管理和技术岗位的薪酬较高，但这些岗位数量较少，主题公园能够创造的大量就业岗位多是低层次、低工资、低技能(学历)的岗位。根据作者对华侨城集团主题公园高管的访谈可知，2010 年，人工成本约占公园总成本的 40% ~ 50%，分配下来年人均人工成本仅有 6 万 ~ 8 万元，年人均工资为 5 万 ~ 6 万元，且随公园经营绩效浮动，即使是管理层的工资也并不高。[①]这样的年人均工资水平在深圳、北京和上海等一线大城市是偏低的。作者对深圳一家老牌主题公园的调查发现，2010 年，该公园有 57.37% 的员工每月的实际工资仅有 1 501 ~ 3 000 元，更有 6.76% 的员工每月实际工资不到 1 500 元，大多数员工属于低收入者。[②]这些员工难以支付较高的城市通勤费用和时间成本，只能聚居在公园周边，形成低收入人群。一部分员工居住在公园提供的集体宿舍，另一部分员工(主要是已婚，有家庭的)居住在公园周边的城中村，如深圳华侨城附近的白石洲。此外，许多固定员工利用闲暇时间从事兼职工作，如倒卖门票，销售雨衣，销售矿泉水等。正规就业者与非正规就业者之间存在某种角色转换关系。

11.2.2　中国主题公园非正规就业的基本特征

在发展中国家的旅游业中，非正规就业占有相当大的比重，以出售旅游商品的街头游贩为代表的非正规部门就业者并不会在旅游的现代化进程中消失(Timothy & Wall，1997)。由于较低的受教育程度、职业技能和经济能力，就业者倾向于从事一些门槛低、投入少、需求大、时间灵活、随意性强且易于销售和移动的零售活动。作者调研发现，主题公园非正规部

---

①　当然，一些管理层拥有公司股份和其他奖励，工资并非主要收入来源。

②　作者根据该主题公园《2010 年员工与薪酬信息统计表》计算，实际工资＝岗位工资＋误餐补助＋房补＋司龄补助＋基本月薪＋绩效工资，为保护企业隐私，此处匿名。

门就业主要有 4 种类型:卖矿泉水、卖雨衣、倒卖门票和黑出租车①,主要由周边社区低收入者、城乡接合部或城中村居民(或农民)以及外来务工者组成。以北京欢乐谷为例,非正规部门是游客与就业者双方利益权衡下市场的理性选择,既符合游客"求便宜"的需求,又满足就业者的利益(梁增贤,保继刚;2012),使就业者也能从中获得可观的收入,见表 11.3。

表 11.3　北京欢乐谷 4 种非正规部门就业者数量和收入水平对比

类型	卖矿泉水	卖雨衣	倒卖门票	黑出租车
就业人数	平季 20 人左右,旺季 30 人左右	平季 40 人左右,旺季 60 人左右	10~15 人,分为 2~3 个团伙	平时 20~30 辆,高峰期超过 50 辆
单位利润	1.3 元/瓶	约 2.1 元/件	20~60 元/张	10~20 元/趟
日人均销量	2 箱(24 瓶装)左右,最好的卖 5~6 箱	50 件左右,最差 30 件,最好不过 100 件	保守估计 1% 的游客购买黄牛票	流动性大,难以估算
人均收益	个人差别大,人均约 3 000 元/月	个人差别不大,人均 3 000 元/月	收入价高,人均超过 4 000 元/月	根据访谈,收入水平介于卖雨衣和倒卖门票者之间
年提供总收入	约 90 万元	约 90 万元	超过 100 万元	

注:作者根据调研情况分析估算。卖雨衣的按一年经营 6 个月计算,其余按照一年 12 个月计算;在估算年提供总收入时,卖矿泉水的按照 25 人计算,卖雨衣的按照 50 人计算;倒卖门票的根据 2011 年北京欢乐谷 345 万人次的 1% 计算,即为 3.45 万张,按较低的 30 元/张计算。黑出租车的服务差价较大,需求量大,从业人员较多,流动性强,且多处载客(不一定都在欢乐谷),很难剥离。根据访谈了解,他们一般的月均收入水平介于卖雨衣和倒卖门票者之间,但大多人都是兼职。

根据表 11.3 可知,北京欢乐谷非正规部门"提供"100~150 人的就业岗位,且收入水平似乎略高于正规部门。然而,非正规部门受到一系列因素影响而呈现明显的脆弱性。例如,旅游地的历史沿革、管理制度、区位条件、社会经济、政治、法律、行政管制、外部事件和自然灾害等,以及主题公园周边商业空间的业态、价格水平及其与游客流线的空间关系等(梁增贤,保继刚;2012)。因此,非正规部门就业并不稳定,收入不可靠,并不能保障就业者的长期生活。许多就业者将此作为兼职营生、补贴家用、消磨时间的活动,当然也有相当一部分人当作唯一的营生。

1)非正规就业者主要来自周边社区,以中老年人为主

根据作者调查和访谈的情况,非正规就业者主要来自周边的金蝉南里、翠城馨园、小武基村、垡头社区,少部分来自较远的社区,由中老年剩余劳动力组成,妇女居多。4 种非正规就业群体构成差异大:倒卖门票群体相互熟悉,多为亲朋好友,极力排挤新进入者;卖矿泉水

---

① 黑出租车指利用私家车无证从事出租车业务的非正规就业,包括黑出租汽车、三轮车、摩托车,为了便于与正规的出租车比较,本章仅关注黑出租汽车。

和雨衣的群体构成多元,多为周边社区居民,内部存在自由竞争;黑出租车司机群体构成复杂,来源广,流动性强。

2)非正规就业受游客流时间规律影响,总体工作时间较短

主题公园存在明显的淡旺季(梁增贤,保继刚;2012)。旺季游客量大,非正规就业提供的产品多,服务的规模也大,工作时间也相对延长;淡季则反之。从气候条件看,夏季天气炎热,水上项目受到青睐,矿泉水和雨衣的需求较大,天气转冷后水上项目关闭,雨衣销售停止。非正规就业的工作时间总体上较短,且多为兼职。4 种非正规就业主要集中在上午 8 点到下午 1 点的入园时段,出园时段仅有出租车和矿泉水的需求,而矿泉水需求较少,部分卖矿泉水的游贩仅做入园时段的生意,黑出租车可以一直持续到闭园,但司机并不需要一直在欢乐谷守候。

3)非正规就业受游客流空间规律影响,群体分布差异明显

非正规就业者的空间分布也与游客流的空间规律紧密相关。游客主要通过公交车、自驾车和旅游大巴 3 种交通方式到达和离开北京欢乐谷,最近的公交车站是厚俸桥南(北京欢乐谷)站,自驾车和旅游大巴都停在欢乐谷临时停车场,部分外地旅游大巴沿金蝉西路欢乐谷一侧停靠。因此,出售矿泉水和雨衣的游贩主要散布在金蝉西路欢乐谷一侧,尤其是公交车站和出入口附近,需要不停地迎抢顾客;倒卖门票的游贩主要聚集在售票处附近和停车场出口附近,物色可能的购买者;黑出租车群体聚集在出口区招揽客人。

11.3　主题公园的人力资源管理

主题公园经营管理的重心就是人力资源管理。人是主题公园运营成功的根本。主题公园的人力资源管理需要由组织高层负责,直线经理是人力资源管理战略中管理人员和确保成功交付的关键。除此之外,主题公园组织的文化和人员管理程序的集成可增加有效的人员管理。根据这些原理,可以说只有那些致力于个人及人力资源专业发展的组织才能在人力资源管理上得到最理想的效果。从这个立场可见,人力资源管理因此具有战略的功能。主题公园内人力资源管理的主要挑战有:大量的季节性工作及最低薪金的兼职工作,人员随时流动;行业内有较高百分比的员工没受过中学以上的正规教育,员工主要是 35 岁以下年轻人;执行单调的运作功能的需要并不大,但重要的是做好服务。在许多主题公园,大量的基层工作都将展现为对游客的服务,游客的具体要求是多变且及时的,这些工作需要有与人打交道的能力;设施的运作需要多样化的专业操作和维护,主题公园内又要配备较大比例的专业技术人员;行业内的人员流动率高,能达到 50%,创造了大量就业增长的机会;对所有的岗位设定一个职业发展计划非常困难,所以各岗位可在培训的同时对员工进

行专业改进;大部分主题公园已经没有培训计划和不注重认可资格,特别是中小企业,以及普遍的休闲产业领域;需要达到人力资源管理的需求与组织预算相兼容和配合;建立整体需求预测系统,以有效地调整管理公园所需的员工数量,尤其是淡旺季的用工需求变化,可以大规模节约成本。

另外,主题公园需要一个管理系统来缓解组织与员工的关系,以及允许纪律管理和申诉程序。一些主题公园的问题通常是通过非正式的协议来解决的。当需要某些纪律处分或已知组织非法,事情就会被送上法庭。在活动中会因为一些不许可的行为或不适当的表现而需要纪律处分,通常,在诉诸法院前,会有口头和书面警告,甚至解雇的系列行为。

因此,适当的人力资源管理是基于公园的定位。主题公园致力于良好实践的发展,并从员工招聘、雇用(客观过程、平等的机会、适当的培训、以薪酬奖励对组织有贡献的员工,以及其他事情)及他们的忠诚方面开始(良好的感应、激励管理和有效的员工发展计划)。

11.3.1 员工的聘用

主题公园建立特定的人力资源管理结构,来管理核心组织的个人及专业发展的过程,该过程由识别新的工作岗位、描述计划合作章程和分配具体操作功能构成。客观公正的过程是对任何组织在招聘和使用员工时的基本要求。人力资源管理的运营成本主要受过程影响。因此,主题公园员工的聘用过程必须流程化、合法化。

1)岗位描述

主题公园首先要对招聘的工作岗位进行详细的岗位描述,以确定工作的目的和对应聘者的要求。每个工作岗位都会根据主题公园的需要而计划。由于主题公园强调"一岗多能",有时候多个岗位之间的岗位描述需要做一定的协调,以最大限度地适应应聘者。其次,岗位描述应尽可能诚实、合法及详尽,这是一切行动的基础,也是未来培训、激励系统和表现评估的基本参照。岗位描述应该包括工作的性质、部门的分工、业绩要求、招聘的程序、主要工作的概述及工作责任、岗位负责人的管理、工作岗位的服从、决策权力的限制、工作关系、工期信息及工作岗位的条件,例如带薪假期等。最后,应聘者的个人特质应该被重视,如年龄范围、学历/教育、个人技能及素质、相关工作经验和技术知识等。

2)招聘

员工招聘阶段一般会在公布可行的工作岗位情况下招收有潜力的应聘者。在做广告的过程中,广告内容和媒体的选择都是公园招聘的一部分。一般地,公开空缺的职位不仅能吸引具有潜力的应聘者的注意,而且能让公园做一个好的雇主,因此这里有一个相互关系的作用。大部分的工作和重点都发布在媒体广告上,有专项服务的企业也是这样做的。最后,一些工作岗位会由现在的员工在有工作背景的人中提拔。有时候,大中型主题公园也会举行专场招聘会,针对的主要是大专院校和职业院校的应届毕业生。由于主题公园并不需要过高学历的员工,通常只有管理岗位的招聘才会到本科院校做专场招聘会,基层管理者、专业技术员工和基层员工的招聘往往在大专院校和职业院校里展开。宣传广告结束后,接下来的程序就是筛选提交申请的应聘者。以前的工作经验、应聘者对职位的期望、可工作的时间和其他事项一般会作为考虑因素。由于一年之中会出现不同的个人需要,所以这个阶段通常会遇到困难。实际上,活动的季节性、季节性的不同需要和临时性的约束,使这个阶段的员工招聘变得复杂。互联网是一个帮助寻找具有潜力应聘者的便利工具。

3）筛选

筛选的过程是根据应聘者提交的简历进行评估,并根据岗位描述要求,考虑应聘者的信息是否适合公园的需求。当出现大量或过多的申请,缩短应聘者名单的过程就是先选最符合岗位描述的应聘者,以遴选出进一步参加面试的应聘者。面试的过程是以一个深入的、面对面的方式进行,面试中涵盖了对申请者过往经验、态度以及资质的考核。尽管越来越多的声音认为传统的面试不再是挑选人才的唯一方法,但它仍发挥着重要作用。面试应该由那些清楚了解招聘职位职责所必需的能力的人来组织进行,包括基层管理者和有经验的一线员工,而不仅仅是高层管理者或人力资源部门负责人。一些重要的面试者需要具备一定的品质,包括适应主题公园服务要求的"热情、主动、奉献、正直、努力、参与、责任、诚实"等。许多主题公园会非常关注申请者的团队精神、顾客服务导向、商业头脑、领导潜力、个人和专业风格以及交流技巧等品质。当然,真正全面具备上述能力和要求的人,一般也不会来应聘主题公园的基层岗位。面试中可能会设置一些测试。例如,在他们处于放松状态下要求他们进行实践练习、正式演讲、性格测试或社交活动。评估应聘者是否有足够的精力以及是否拥有完成指定工作所要求的健康状况也是非常必要的。因此,招聘部门会对应聘者是否适合未来工作中将要完成的必要任务进行分析。此外,前雇主为应聘者所做的书面或口头的推荐信将可能被纳入考虑范围。

4）聘用

聘用就是将选中的应聘者招收为公司职员的步骤。它耗时又消耗资源,这在主题公园中更是成倍消耗,因为主题公园的岗位通常具有较高的员工流动率。一般而言,这种主题公园就业的基本特征,公园的管理层很难解决。这种情况通常是雇员对主题公园提供的、季节性的、工作岗位的通常反映。由于一个主题公园里的许多这种岗位都被认为是地位低下的工作,所以很难留住那些优秀雇员,也导致了员工流动率的上升。一旦被雇用,新员工通常会领到一本《员工方针手册》或《员工手册》,内容包括了关于公司方针的重要信息,根据公园的不同,这些方针可能包括:第一,公园的人事政策,比如公平的就业机会、人员分类、招募、挑选和雇用、再分配、培训和发展、提升、调任、体检。第二,福利,比如休假、交通、丧假、保险项目和医疗计划、退休金计划、选举、服务奖励或教育补偿等。第三,工资薪酬,包括发放标准、发放方式、发放时间等。第四,绩效和行为的标准,比如鉴别、计算机使用、安全、纪律、休息和用餐时间、应急服务。第五,应急措施和争议处理机制。第六,合同终止程序。

聘用合同里也可能包括其他内容,比如对于公园组织的概述以及其他更具体的事项,例如工作职位的管理方针。有时候,这些具体的事项也可能被包括在其他说明特定信息的特定文件里。根据每个国家管理加入工会的工人的规定,这些方针也经常会包括考虑了这方面的雇员权益的信息。深圳欢乐谷成立工会,并定期召开职工代表大会,要求员工每周工作时间不超过40小时,并安排带薪年假。每年为在职员工免费提供一次体检,其中老员工享受一年两次免费体检,确保员工身心健康。除此以外,考虑部分员工(例如演员)的职业发展,不定期对员工进行职业规划培训,并为在职员工购买社会保险和企业年金,确保员工权益。

5)培训

培训是新员工入职的必经阶段,包括两个层面。第一个层面,主题公园会向雇员展示设施的特性、主题公园的经营理念,以及尤其要展示的是公园对所有有关安全的事项的承诺和敏感性。人事政策指导方针被写在基本的员工手册里,被囊括在公园的情况介绍里,涵盖了关于经营、着装要求、设备规则、福利以及其他政策和规程的事项。同样的,培训是向新员工解释设备的指挥系统以便他们理解自己要如何融入整个公园的组织管理中去。第二个层面,为了使新员工能够完成工作职位所要求的特定任务所需的培训。对于公园来说,考虑到公园功能的容量和多样性,这是一个复杂的过程。通常而言,公园倾向于将最初的培训当成灌输公司价值观、任务、愿景的过程,这些都有可能在日后提高顾客满意度。例如,公园倾向于将他们对全面质量管理流程的承诺展现为一个近乎狂热的承诺,以此满足客人的需求。他们也坚称他们的顾客导向理念是推动质量创新和进步的催化剂,对员工也是如此(不管是时薪工、正式员工、兼职工还是临时工),而对于合作商而言,则是促进任务的完成,提升信仰的价值,更好地追寻公园愿景。

6)授权和许可

培训完毕,员工将会被授权去完成一个特定岗位的职责。这时候,一个基本的事实就是员工对设备手册的熟悉程度已经达到了他所需要遵循的各种不同的规程和政策。如果某个岗位上的员工出现了绩效问题,则应该设置一个用于再培训和再授权的系统,这种定期的行为是非常可取的。员工必须了解主题公园的管理过程是以顾客价值和顾客满意度为中心进行设计的,因此主题公园建立了大量的标准程序系统。这保证了对服务质量的控制。许多主题公园发现有效的授权策略通常会带来员工心理上的积极性。为了能够真正响应顾客的需求,一线员工需要被授权去调解顾客要求以及当事情发生时能够在现场自行处理。

员工的聘用应该遵循用工部门提出的需求,人力资源部门负责招聘,双方配合培训和留用的基本程序,见图 11.2。

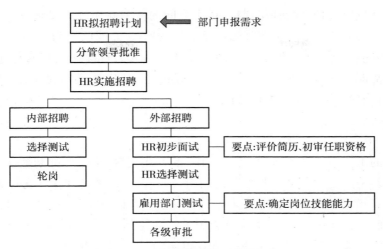

图 11.2　主题公园员工聘用程序

为适应快速变化的市场环境,结合主题公园自身战略发展的需要,确立人才引进机制。根据岗位特点识别对员工的需求,人力资源部门和用人部门分工协调,见表 11.4。

表 11.4　人力资源部门与用人部门聘用职责分配

人力资源部职责	用人部门职责
根据业务部门需求制订公司招聘计划	根据业务计划提出部门招聘需求
发布招聘信息,开展招聘活动	职位描述和任职要求
进行初选、选择选拔方法,符合条件者提供给用人部门	测试候选人的专业技术水平
为用人部门的录用提供建议	做出录用决定
办理人员入职手续	

与此同时,为了使招聘体系可控,人力资源部门应该建立一整套聘用流程和遴选、考核办法,以示公平,不同类型的考核重点不同,见表 11.5。

表 11.5　员工聘用考核重点

项目	简历	面试	笔试	心理测试	实操
知识	√	√	√		√
技能	√	√	√		√
经验	√	√	√		√
态度		√		√	
人格特质		√		√	

11.3.2　员工的留用

尽管员工的招聘费时费力,有时候还选不到合适的员工,但员工的留用更为困难。由于主题公园大量提供门槛较低的基层岗位,员工之间的流动并无过多障碍,员工流动率很高,通常每年为15%~20%,一些主题公园甚至高于30%。公园已经为员工投入了大量的培训,自然也不希望员工流失。留用,成为各个主题公园人力资源管理的重点,这绝不是人力资源管理部门能够单独做好的,需要实际用工部门配合,更需要具体的基层管理者用心。以下4个程序,可能对员工留用起到积极作用。

1)导师制

由于大量的工作培训需要通过"传、帮、带"的方式交接,工作导师制被认为是非常有效的方式。一个新来的员工不仅需要了解他的岗位职责,也需要传递关于公园能够提供的机会的信息。这意味着人力资源管理团队应该有一个包含以下项目的特定项目:企业职位的信息、职业发展机会、住房建议、教育和社会服务信息,甚至个人问题的信息等。这些信息被证明对留住员工至关重要,通常需要一位和蔼可亲的"导师"来传递。

2)传递正能量

一旦新员工走上主题公园的工作岗位,人力资源管理就必须维持住员工的热情和积极性,包括那些表现不佳和低薪的员工,不管是正式工还是临时工。完成这个需要两项行动:

个人方面。员工的部门经理应该对员工的需要和期望时刻保持敏感,要奖励工作完成得好的员工,鼓励员工的进步,以及为员工在关键的外部环境上提供支持。

团体方面。企业可以提供用以提高员工工作满意度的激励:与业绩提高或顾客满意度提高相关联的加薪形式的财务激励;非财务激励,包括礼物、会议旅行和奖励计划(奥兰多的迪士尼提供超过50种不同的奖励和认可计划);授权;工作轮换,以防止由于单调工作造成的厌烦情绪;将员工纳入团队中或质量小组或专业职业结构的建立中去,有助于企业本身的发展或组织动态的创造。最后,如果企业将员工以顾客来对待,员工们感到被重视了,他们将会更愿意留在当前的公司。那些对自己工作有成就感的员工,由于其他公司可能会有不同的管理风格,所以基本没有跳槽的倾向,另外那些被给予了明确的工作职责以及工作时间较为固定的员工,也更愿意留在当前的公司里。

3)支持

当员工对设备不适应或是设备不灵敏,他们传递服务质量的意愿会很容易因此泄气。当员工遇到游客无理取闹时,员工还可能面临精神崩溃。为了高效并且有效,主题公园应该为员工建立与顾客导向意愿相匹配的内部支持系统。诸如绩效考核和绩效调查这样的工具衡量服务质量,激励支持内部服务,给予员工机会去讨论如何提高工作。只有允许员工在内部抱怨,允许员工提建议,支持员工的进步想法并付诸实践,才能让员工更好地服务游客。

4)持续培训

培训已经成为激励主题公园员工的传统工具。如果企业对员工做出了承诺,并且重视他们的工作达到目标后应提供一次激励以提高其工作积极性。那么被选择参加一个培训课程则可能被理解成一次激励或认可。为此,公园的人力资源管理系统可以建立起获取每个岗位上员工绩效的系统。除了激励以外,另一个提高员工忠诚度的方法是公园自己创造以提高员工专业技能为目的的培训机会,一些大中型主题公园的经营者经常使用这种方式。一般而言,这个做法不仅是为了帮助员工在工作中更好地表现,也是为了开发他们的潜能。为此,公园可以采取不同的策略,通常主要有两种类型培训:

一是非专业资质的系统培训。这包括了在有经验者监督下的在职培训,阅读手册或书籍,小组式解决问题等。这类培训由企业自行组织,聘请相关领域的专家或者有经验的管理者和一线优秀员工进行专场演讲或实践教学。

二是专业资质的系统培训。这种培训是为了指引员工遵循特定的培训项目,有可能是由与公园有培训协议的教育机构或公园自己主办。例如,巴黎迪士尼从 2001 年就开始为小部分员工提供一个特别的专业资质项目,提供娱乐代理或休闲代理的资质认证(简称"HAT"项目,在法国系统里属于第五级),这个培训持续 15 个月。在此期间,特别的培训被提供给公园活动的三个主要方面:第一个是旅游吸引物,商店和灯光供给,以及包括其他的通用和补给的培训。这个项目的主要目的是实现公园员工的专业化,以及发展他们的能力。第二个目的是通过培训为员工职业发展做铺垫。第三是为了提高休闲贸易的认可度。这个项目之后有一个持续 18 个月的专业化模块提供给雇员,被称为 HAT SPE,这可以让雇员达到第四级。能参加 HAT 项目的每年大概有 300 人,而能参加 HAT SPE 项目的大概有 100 人(Clave,2007)。在这个专门的项目下,员工在短期内执行多种功能,让他们知道自己有事业进步的机会。此外,巴黎迪士尼也考虑让 HAT SPE 员工参加团队领导课程,这是为未来的团队领导准备的课程。在担任三年团队领导后,员工可以通过其他官方的资质认证来确认他们的专业知识,这时候达到第三级。为了运行这个项目,巴黎迪士尼安排了超过 500 人的导师。事实上,在巴黎迪士尼获得的专业资质往往也被其他主题公园和旅游景区企业认可。

许多主题公园非常强调管理层人员具有一线工作经验,尤其是直接面向游客的部门管理者,如果没有一线工作经验,可能很难胜任。一些主题公园实行职位晋升和后备干部管理制度,关键岗位、管理干部一律实行竞聘上岗制,对任职试用期满的人员进行转正考核和公示。与此同时,定期实行管理干部轮岗制度,不仅基层员工轮岗,管理者也要轮岗,以克服思想上疲顿的现象,激发管理干部创新思维,培养管理干部多重岗位技能,达到锻炼干部,提升管理质量的效果。主题公园应该建立员工档案、考核制度,全面掌握情况,为使用人才提供依据。通过制订后备干部培养计划,为主题公园未来的连锁扩张储备管理与业务人才。

11.3.3　员工的培训

主题公园必须重视员工的教育、培训与发展,倡导全员培训教育,建立学习型企业。主题公园通过制定科学的培训计划并根据公司战略目标与经营目标不断调整计划来实现培训在组织行动计划中的作用,以满足长期和短期目标的需求。公司员工培训、教育和发展体系与员工的个人发展、学习和职务晋升相适应,如图11.3所示。

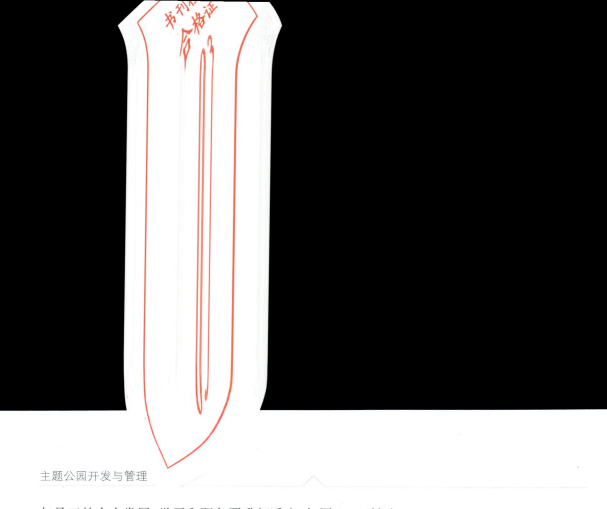

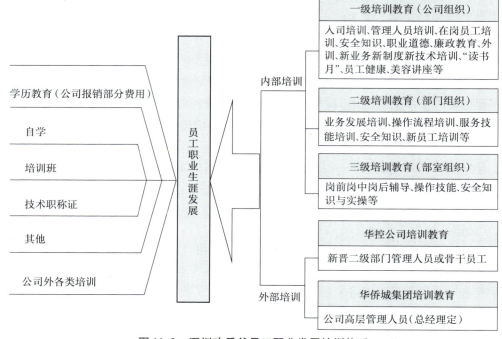

图11.3 深圳欢乐谷员工职业发展培训体系

资料来源:深圳华侨城欢乐谷旅游公司。

　　除专业知识技能训练外,主题公园还要对游乐区环境、员工安全、消防知识等进行专门培训和考核,让每个人都了解执行标准与职业安全等知识。公司的员工培训教育与绩效测量、绩效改进相适应。员工培训教育的效果决定了关键绩效指标的测量内容。例如深圳欢乐谷有四个级别的培训效果评估:

　　公司人力资源部每个季度定期检查各部门培训实施情况,了解部门员工培训教育状况,将员工培训教育情况作为关键绩效指标测量的重要依据。员工绩效改进也与培训教育相结合,如员工季度绩效考核成绩未达到一定要求,员工便会被要求在其管理者的辅导下一起填写绩效改进计划,绩效改进的措施就是培训或教育,通过再培训提高员工的绩效。

　　深圳欢乐谷的培训教育计划是通过征求和采纳员工及其管理者对教育、培训和发展的需要制订出来的。每年年底,人力资源部都会在全公司进行抽样访谈或问卷调查,征求各级管理者及员工对上年培训教育计划的意见或新的建议,在此基础上,制订次年的培训教育计划。并且,针对新的内部培训师或外部培训师,邀请受训对象完成培训满意度调查表,一方面了解培训情况,改进培训内容;另一方面促进内部培训师提高培训技巧。培训内容涉及公司企业文化、公司规章制度、安全知识与安全实操、服务标准、岗位技能、职业道德、管理技巧与能力等,将组织的学习和知识资产融入教育培训中。

　　深圳欢乐谷还注重培养公司内部培训师,注重将外训课程内化为公司内部课程。如2004年的领班培训全部由外部培训师完成。2007年,70%的一级培训(公司级培训)课程都是由公司内部培训师完成,90%~100%的二级、三级培训课程也是由公司内部培训师完成的;95% 以上的外训课程都被内化为公司内部课程。培训教育方式既有课堂授课、案例讨论、角色扮演、讲座、研讨总结会、绩效面谈、员工大会、"以老带新"、在岗培训等正式培训教育方式,又有非正式指导、户外活动、谈心等非正式方式。并且,深圳欢乐谷还返聘经验丰富的离、退休人员,使他们的知识系统能有效地转移到组织中。

为了强化新的知识和技能在岗位上的运用,并保持这些知识以供组织长期使用,深圳欢乐谷不仅将新知识和技能及时融入培训中,还有效地运用了督导员职能。如公司在 2004 年制定了园区游客服务九大岗位服务标准,为了使这些服务标准能得到长期有效的执行,公司组织督导员与游客一起定期检查评比各岗位员工服务标准执行情况,并将评比结果与考核评优挂钩。深圳欢乐谷还通过每个季度比较分析绩效考核结果来评价培训教育的有效性,如比较分析员工的绩效改进情况,评价培训教育是否起到促进员工改进绩效的作用等。

11.3.4　员工的激励

主题公园的员工类型很多,不同岗位不同类型的员工对激励的需求是不一样的。许多管理者往往想当然地认为薪酬是最好的激励,其实不然。表 11.6 反映了管理人员、工程师、操作工对工作激励的关注点差异。

表 11.6　不同类型员工对工作激励的反映

关键因素	关键因素对不同员工的影响权值		
	管理人员	工程师	操作工
学习机会	5	4	3
发展空间	5	4	3
领导亲和力	3	4	5
培训机会	5	4	3
薪酬	4	4	5
工作氛围	4	4	4
工作环境	4	4	4
问题解决及时性	5	5	4
内部管理	5	5	4
相互协作	5	5	5

备注:权重由 0 至 5;5 为最重要,0 为最不重要。

根据表 11.6 可知,管理人员主要是对自身职业发展较为关注,他们最重视那些能够提高个人能力和职业发展的激励,如学习机会、发展空间和培训机会等。基层的操作工则不然,他们对薪酬待遇非常关注,但不喜欢学习培训,认为这样的培训对改善他们的生活状况并无益处。显然,针对不同的群体,主题公园应该调整激励方案,以达到较高的激励针对性。表 11.7 进一步总结了主题公园各个岗位员工的需求和主题公园应该给予的关切。

表 11.7   不同类型员工的需求和相应的支持

人员类别	不同需求	相应支持
管理人员	重视能力提高	用各种培训、案例分析、圆桌会议、出国考察等方式提高管理人员的能力，让他们全面了解企业运作，开阔眼界。
基层员工	看重现实收入	严格按岗位服务标准手册操作，不断提高服务质量，同时公司鼓励员工创新服务，把个性化、人性化服务融合到服务的每一个环节中，根据情况公司每年评选出获奖名单，鼓励员工精益求精。
年轻人	注重学习机会	除了组织专业培训之外，还可组织写作、计算机等公共培训课程，使员工掌握相应的技能，增加职业含金量。同理，鼓励员工参加自学考试，并进行适当奖励。
全体人员	需要运动	公司可以组织职工乒乓球赛、龙舟赛、游泳比赛、篮球比赛、青年歌手大奖赛等，同时鼓励大家参加体育运动。
生病者	需要关怀	对于生病者，公司领导、工会表示慰问；开展"送温暖工程"，对住院、去世的员工及家属表示慰问。

此外，主题公园应该制定员工培训费用报销制度、内部选拔为主的招聘制度、轮岗制度等方式挖掘员工的潜能，为其职业生涯发展提供条件。主题公园应该制定《公园后备干部及人才培养计划》，并逐步实施、完善。

主题公园还应该由人力资源部门组织，定期开展员工满意度调查。人力资源部每年提交员工满意度调查报告至公司高层领导，作为其了解公司员工满意度情况的渠道之一。员工满意度的各项指标得分为公司管理员工队伍提供参考。各个部门每月进行一次内部服务满意度调查并及时公布，通过员工对内部服务的评比，促进各部门提高内部服务质量，从而提高员工满意度。

主题公园还应该建立员工内部投诉处理机制，通过总结分析员工投诉、员工满意度之间的关联，及时将满意度调查结果、投诉事件传达至相关部门，要求相关部门提出改进措施，跟踪措施落实情况。促进员工满意度的提高，从而提高公司经营业绩，实现公司战略目标。

【案例】

深圳欢乐谷的员工培训计划

深圳欢乐谷非常重视员工的培训，为中国主题公园培养了一批又一批专业管理人才和优秀基层员工。深圳欢乐谷每年用于员工培训的时间由 2004 年的 230 小时，提升到现在接近 800 小时，培训经费也相应地增长，通常占到工资总额的 1.5%，并且聘请专业咨询公司协助导入企业文化工程及系列培训。自 2004 年开始，深圳欢乐谷采取项目式或咨询式的培训方法，在一定的培训经费下达到更好的培训效果。

2004 年开始，深圳欢乐谷根据主题公园经营管理的切实需要，投入 20 余万元用于导入第一期"领班行动"，对领班为主的基层管理人员进行包括职业态度、服务标准及主题公园管理基础知识的系列培训。2005 年，深圳欢乐谷又投入 15 余万元通过拍摄岗位服务 DV 教学片《岗位服务标准》，将 2004 年领班行动成果——岗位服务标准进行视觉固化，把抽象的文字表达转化到典型的剧情里，使服务培训变得更生动、更有趣、更有效，此举在主题公园中尚属首创；同年，公司还开设了沟通、公文写作、现场管理等培训课程，以提高员工的服务意识、品质意识和工作技能；2006 年，公司投入 49 万元，聘请专业咨询公司导入人力资源管理咨询，致力于在薪酬管理、绩效管理、员工培训和招聘各管理模块中推行全面绩效改进计划，从而有效规范管理平台，梳理现有人力资源政策，同时增设相应的培训课程，提高管理者综合素质。

这样的培训效果很好，员工培训的满意度保持在 85% 以上，部分内训满意度达 90% 以上。2004 年开始，公司更加规范和完善培训管理。每年年初，根据部门培训需求，公司制订整体培训计划。在培训具体实施过程中，及时收集受训员工对培训课程的建议以及对后续培训的需求。与此同时，公司大力支持内部知识的分享，鼓励各部门以各种内部培训、学习、考察的形式有效提升和强化员工在岗位工作上所需的知识和能力。

深圳欢乐谷更加关注员工的满意度，2005 年公司从尚待规范和系统化的员工满意度情况收集中，增加了专项的满意度调查，以《深圳欢乐谷员工满意度调查表》的形式，有效收集员工在发展规划、企业形象、组织环境、内部管理、企业文化、薪酬福利、职业发展等各方面的满意度情况，并及时了解员工离职意向，促进公司各层面的持续完善。

11.3.5 员工的薪酬

主题公园的薪酬管理与员工的绩效紧密相关，与此同时，在一些服务部门，更强调团队协作，不仅要求员工绩效，更要求团队绩效，薪酬则以团队绩效量入而出。主题公园的薪酬制度应该以市场工资指导价为参考，适当调整，使之具有竞争性、公平性、激励性和经济性原则。由于市场指导价仅为基础，在以市场工资指导价为导向的原则下，调整明显高于和低于市场工资标准的岗位工资。员工整体工资水平与所在团队创造的经济效益挂钩，结合企业不同的发展阶段以及外部环境的变化，适时恰当调整薪酬体系。许多主题公园倾向于向"宽带"薪酬体系转化，肯定员工的进步和贡献，激发员工工作的积极性。

主题公园应该提高公园的服务、管理水平，增强企业竞争优势，改变按照工作性质向员工支付固定报酬的方式。主题公园的工资定位为略高于行业平均水平，并实行全部固定工资改为固定加浮动的工资计薪方案，使得工资与绩效挂钩。为了使得薪酬制度体现公平和实现激励的原则，一套严谨科学的绩效管理系统至关重要。一些主题公园推行以关键绩效指标（KPI）为核心，以顾客为导向的绩效管理体系。每年年初，由总经理室及人力资源部相关人员组成的绩效管理小组根据战略目标制定 KPI 指标。然后，层层分解 KPI 指标，将公司战略目标与经营目标落实到各部门及个人，见图 11.4。

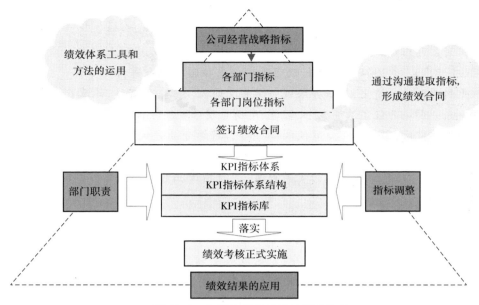

图 11.4　主题公园 KPI 绩效管理体系

主题公园建立关键绩效考核体系,公正地评价员工的业绩,营造公平的竞争环境,及时公开 KPI 关键绩效指标的测量结果。根据战略目标,分解出公司级 KPI 指标,各部门利用 MBO 方法对公司相应的 KPI 进行分解,确定部门、主管与员工的 KPI 及评价标准。KPI 体系的建立和测评,有效地保证员工绩效、团队绩效与战略管理的紧密结合。

公司的 KPI 管理体系注重绩效面谈与绩效改进,注重过程管理。季度末,管理者对员工开展绩效面谈,总结本季度员工绩效,提出绩效改进建议,并制订下一季度工作计划。同时收集员工意见或建议,帮助公司调整 KPI 关键绩效指标,达到全员认同,共同实现战略目标。

通过对战略的目标分解、业绩评价,将绩效成绩用于日常管理活动,采用沟通、考评、激励等手段将员工的工作目标与企业的战略目标联系在一起,以激励员工业绩持续改进,并最终实现战略目标。

表 11.8　不同类别的考核评价方式

类别	评价方式
员工	员工实行季度考核,考评方式以行为主导考核为主,重在日常的观察、记录、沟通、辅导、提升。
部门	部门级实行季度考核与年度考核相结合的办法,采用关键事件法和因果考评法对部门级管理协调工作进行评价。
公司	公司级由董事会或母公司进行年度评价

绩效考核结果与工资调整、奖金分配、晋升与职位调整、教育培训等挂钩,以改进绩效,保证员工工作目标与组织目标的一致性,从而确保员工工作目标和企业战略目标的同步达成。

本
章
小
结

- 主题公园的组织结构必须开放且具有弹性,设置较大比例的弹性变化岗位。一方面,主题公园往往通过招聘大规模临时工、季节工和非合同工以保障公园旺季用工需求;另一方面,主题公园往往是"一人多岗、一人多角"。
- 主题公园的组织内部应该建立一个互帮互助的绩效改进小组,大量一线的管理细节和注意事项无法在格式化的管理文件中体现,只能通过"传、帮、带"的方式逐渐培训。
- 主题公园应该建立一个快速传达游客反应,快速反馈游客意见的沟通机制。
- 主题公园就业分为正规就业和非正规就业。非正规就业包括非正规部门就业和正规部门的非标准就业。中国的正规部门的标准就业比例和非正规部门就业的比例很高,与欧美国家有所不同。
- 主题公园应该重视季节性临时工、实习生等正规部门非标准就业,提高比例,以降低人力成本。
- 员工的聘用应建立公平的程序,包括岗位描述、招聘、筛选、聘用、培训、授权和许可。
- 导师制、传递正能量、支持和持续培训是留用员工的有效方法。
- 不同类型、不同层级的员工应该采用不同的激励方式。
- 员工的薪酬不仅要与个人绩效挂钩,还应与团队的绩效表现挂钩,强调团队精神。

复习思考题

　　1. 主题公园的组织结构有哪些特点? 这些特点与主题公园就业特征有何关系?

　　2. 根据你的生活观察,谈谈主题公园非正规就业者的经营情况和职业发展?

　　3. 请设想一下如何通过面试考察一个员工的服务意识和团队精神?

　　4. 作为应届本科毕业生入职主题公园的管理培训生,你认为这类员工注重何种激励?

5.查阅网络资料,了解各个主题公园的员工培训计划,比较它们的优劣。

参考文献

［1］Clave S A. The Global Theme Park Industry［R］. Cambridge：CABI,2007.

［2］Timothy D J, Wall G. Selling to tourists：Indonesian street vendors［J］. Annals of Tourism Research,1997,24（2）：322-340.

［3］张丽宾."非正规就业"概念辨析与政策探讨［J］.经济研究参考,2004（81）：38-43.

［4］郭为,耿庆汇,寇敏,等.旅游就业波动的弹性分析——对饭店、旅行社行业的实证考察［J］.旅游科学,2009,23（1）：21-27.

［5］冯学钢.中国旅游就业研究:统计指标体系设计［J］.华东师范大学学报（哲学社会科学版）,2008（3）：71-76.

［6］梁增贤,保继刚.主题公园黄金周游客流季节性研究——以深圳华侨城主题公园为例［J］.旅游学刊,2012,27（1）：58-65.

［7］梁增贤,保继刚.大型主题公园发展与城市居民就业——对华侨城主题公园就业分配的考察［J］.旅游学刊,2014,29（8）：62-69.

［8］胡鞍钢,赵黎.我国转型期城镇非正规就业与非正规经济（1990—2004）［J］.清华大学学报（哲学社会科学版）,2006,21（3）：111-119.

第 12 章
主题公园的安全管理与社会责任

主题公园素以惊险刺激的体验著称,所以安全和风险问题备受关注。尽管主题公园安全事故发生的概率很低,甚至低于一般的旅游景区,但一旦发生安全事故,主题公园将面临巨大的压力。因此,主题公园比任何景区都要重视风险控制和安全管理,其有一整套严格的安全管理措施。与此同时,企业的社会责任意识在主题公园的管理中占有重要地位。全球主要主题公园都履行一定的社会责任。本章以国内外案例分析为主,通过介绍基本理论和实践案例,讲授主题公园的安全管理和社会责任的知识以及保障安全的技术方法。

【本章学习目标】

1. 了解主题公园的主要风险和风险源。
2. 熟悉安全管理和风险控制的基本原则及技术方法。
3. 了解主要主题公园安全管理的模式和经验。
4. 了解主题公园企业履行的社会责任。

12.1 主题公园的安全风险

主题公园常常被人们感知为一种高风险旅游项目,而实际上主题公园的安全风险很低,致死的概率就更低了,甚至低于一般的旅游景区。美国消费者产品安全委员会(CPSC)和六旗乐园 2001 年的报告显示,游客乘坐过山车的死亡概率约为十五亿分之一。这意味着游客死于驾车前往游乐园途中的概率反而大些。不同国家、不同年份统计结果可能差别很大,但基本上都是十几亿或几亿分之一的概率。当然,除了乘坐过山车,主题公园也有其他安全风险,比如非事故的游客猝死、过敏、溺水、安全意外事件,甚至拥挤造成的踩踏事件等,都可能造成游客死亡。除了致死致残等重大事故外,据 Kaak(1992)统计,在一台过山车上发生小事故(不会导致重大伤亡)的可能性大约是十万分之一,这也远远低于骑自行车发生的小事故概率(一般为万分之二十五左右)。无论如何,主题公园的安全风险是可控制的。安全保障是高风险旅游项目进行商业运营的基本底线。

主题公园的安全管理包括安全管理规划、安全风险识别、安全风险分析、安全风险应对规划和安全风险监控等过程。主题公园安全管理的目标在于提高主题公园积极事件的概率和影响,降低主题公园消极事件的概率和影响。

安全风险规划,即定义如何实施主题公园的安全管理活动。

安全风险识别,即判断哪些安全风险会影响主题公园,并记录其特征。

实施安全风险定性分析,即评估并综合分析安全风险的发生概率和影响,对安全风险进行优先排序,从而为后续分析或行动提供基础。

实施安全风险定量分析,即就已识别的风险对主题公园运营的影响进行定量分析。

安全风险应对规划,即针对主题公园运营目标,制定提高机会、降低威胁的方案和措施。

监控安全风险,即在主题公园运营的过程中,实施安全风险应对计划、跟踪已识别的安全风险、监测残余安全风险、识别新安全风险和评估安全风险过程的有效性。

12.1.1　安全风险规划

主题公园的安全风险规划就是如何实施主题公园安全管理活动的过程计划。全面详细的安全风险规划能够提高其他安全管理活动成功的概率。安全风险规划管理非常重要,它可以确保安全风险管理的程度、类型、可见度与安全风险以及主题公园对组织的重要性相匹配。安全风险规划的重要性还在于为安全管理活动安排充足的资源和时间,并为评估风险奠定一个共同认可的基础。安全风险规划管理过程在主题公园规划和建设阶段就应该开始,并在主题公园投入运营的早期就必须完成,随后不断完善。主题公园的安全风险并非单一部门的职责,而是在总经理或副总经理直接带领下各部门分工负责、协同管理,协同监控的过程。上述过程彼此互相作用,每一个过程都需要多个部门共同完成,在整个主题公园运营管理的过程中,持续实施,不断完善。

主题公园的规划团队、建设团队和管理团队应该相互协作,通过组织规划研究会议,共同完成公园的安全风险规划。安全风险规划要确定安全风险管理活动的总体计划;确定用于安全风险管理的成本种类和进度活动,并将其分别纳入主题公园的日常预算和进度计划中;建立或评审安全风险应急储备的使用方法;分配安全风险管理职责;根据具体项目的需要,来"剪裁"组织中有关风险类别和术语定义等的通用模板,如安全风险级别、不同安全风险的概率、对不同目标的影响,以及概率影响矩阵。总之,安全风险规划要完成以下内容:确定主题公园安全管理将使用的方法、工具及数据来源;确定安全管理计划中每项活动的领导者和责任人;估算风险管理所需的资金,将其纳入成本预算中,并建立应急储备的使用方案;确定实施安全管理过程的时间和频率,建立应急方案,纳入管理计划;识别主题公园的风险类别,并根据风险划分等级;对安全风险的概率和影响划分层次,来确保实施安全风险规划的质量和可信度。

表 12.1　主题公园安全风险的分类评估表

风险等级 影响环节	很低	低	中等	高	很高
成本预算	成本增加很小	成本增加较小	成本增加一般	成本增加较高	成本增加很高
管理计划	管理调整很小	管理调整较小	管理调整一般	管理调整较大	管理调整很大
产品体验	损害很小	损害较小	损害一般	损害较大	损害很大
品牌形象	损害很小	损害较小	损害一般	损害较大	损害很大

12.1.2　安全风险识别

安全风险识别就是判断哪些安全风险会影响主题公园的运营管理(包括人员财务的风险)。安全风险识别活动的参与者上至总经理,下至基层员工、内部人员和外部专家。安全风险的识别并非一次性的工作,而是随着主题公园运营管理的进行不断完善的过程。随着主题公园更新改造项目,新的安全风险就可能出现。安全风险识别的频率主要根据主题公园更新改造的进度和节奏进行,或者遇到重大的自然和人为灾害后做出新的调整。无论如何,安全风险识别应该采取统一的格式和规范对安全风险进行描述,确保可以把项目中一个安全风险事件的影响与其他事件进行比较。

表 12.2　主题公园主要的安全风险源

风险因素	风险因素来源	风险因子
人的风险源	游客	缺乏安全意识、缺乏安全技能、缺乏安全保护、违规乘坐设备、自身疾病等。
	员工	缺乏职业道德、缺乏安全操作技能、缺乏风险应对知识和技能、违规操作设备等。
	居民	主客矛盾、文化冲突、社会政治矛盾、宗教矛盾、治安事件、违法犯罪行为等。
环境风险源	社会环境	政治风险、经济风险、文化风险、社会生活风险、宗教风险等。
	自然环境	各种自然灾害风险。
设施风险源	设施设备	设计缺陷、建设缺陷、材料磨损、结构不当、维护不当等。
	使用事故	操作不当、过度使用、操作意外、超负荷运营等。
管理风险源	管理失当	管理计划缺陷、管理权责不清、人员选配不当、应急预案缺失、安全教育不足、风险观念不强、风险规划不当、监督执行不力、管理过程缺失等。

安全风险识别的结果是安全风险登记册。随着主题公园的不断建设和完善,以及安全管理过程的实施,安全风险登记册还将不断丰富和完善,其中所包含的信息也就逐渐增加。安全风险登记册的编制始于安全风险识别过程,然后供其他安全管理过程使用。最初的安全风险登记册包括如下信息:安全风险清单。对已识别的安全风险进行尽可能详细的描述,包括某事件可能发生,从而造成什么影响;或者如果出现某原因,某事件就可能发生,从而导

致什么影响。在罗列出已识别安全风险之后,这些安全风险的根本原因可能变得更加明显。在识别安全风险过程中,需要制订出安全风险的潜在应对措施。

从主题公园设备设施和活动项目上看,安全风险可以划分为多种类型(谢朝武,2011):活动类风险项目,攀岩、穿越、黑屋探险、室内活动、潜水、滑水、冲浪、漂流、滑雪、跳伞、赛马、蹦极、游行、观看演出等项目。器械类风险项目,过山车类、旋转木马类、滑道类、缆车类、升降机类(跳楼机)、自控飞机类、陀螺类、飞行塔类、架空游览车类、小火车类、碰碰车类、电瓶车类、水上游乐类和其他无动力类游乐设施(儿童用组合游乐设施除外)的项目,其运行的最快速度不低于 5 千米/小时,或运行高度距地面 2 米以上的乘骑器械。交通类风险项目:环园小火车、电瓶车、摆渡船、游艇、游船、动力伞、热气球等。

12.1.3 安全风险分析

安全风险分析包括定性和定量评估两部分。定性的安全风险分析是评估并综合分析安全风险的发生概率和影响,对安全风险进行优先排序,从而为后续分析或行动提供基础。主题公园可以通过关注高优先级的安全风险来提升安全管理效率。实施定性安全风险分析需要根据风险发生的相对概率或可能性、风险发生后对项目目标的相应影响以及其他因素(如应对时间要求,与项目成本、进度、范围和质量等制约因素相关的组织风险承受力),来评估已识别风险的优先级。这类评估受主题公园管理人员主观态度和意识的影响比较大。这方面,管理者的经验起了很大的作用。从这个意义上说,聘请一名有经验的安全管理者非常重要。

定性安全风险分析应该进一步更新安全风险登记册,并得到如下内容:

安全风险的相对排序或优先级清单。可根据各安全风险的重要程度,使用概率影响矩阵,对安全风险进行分类。综合考虑每个风险的发生概率及其一旦发生对目标的影响,就可以把各风险归类为"高风险""中等风险"和"低风险",使各风险之间有相对的优先级关系。由于主题公园对不同目标的重视程度可能不同,所以可有针对性地排列风险优先级。

安全风险分类。进行安全风险分类,可揭示安全风险的共同原因或需特别关注的管理领域。发现安全风险集中的领域,有利于提高安全风险应对的有效性。

近期应对的安全风险清单。列出需紧急应对的安全风险和可在晚些时候处理的安全风险,可以归入不同的组别。

需进一步分析与应对的安全风险清单。有些安全风险可能需要进一步分析,再评估,并采取进一步的应对措施。

安全风险观察低优先级清单。在实施定性安全风险分析过程中被评定为不重要的安全风险,应该列入待观察清单,加以持续监测。

安全风险趋势分析。随着分析的反复进行,安全风险可能呈现出某种明显的趋势,安全风险的应对或进一步分析对此要进行重点关注。

实施定量安全风险分析是在已识别安全风险对主题公园的影响的情况下,进行定量分析的过程,它以定性安全风险分析结果为基础。实施定量安全风险分析的对象是在定性安全风险分析过程中被认为对项目的竞争性需求存在潜在重大影响的安全风险。实施定量安全风险分析过程就是对这些安全风险事件的影响进行分析。它可以为每个安全风险单独进行量化评级，或者可以评估所有安全风险对项目的总体影响。它也是在不确定的情况下进行决策的一种量化方法。实施定量安全风险分析通常在定性安全风险分析之后进行。有时，不需要实施定量安全风险分析，就可以制订出有效的风险应对措施。在特定的项目中，究竟采用哪种（些）方法进行风险分析，取决于可用的时间和预算，以及对风险及其后果进行定性或定量描述的需要。

12.1.4　安全风险应对规划

安全风险应对规划以预防为主。安全风险应对规划是针对主题公园安全管理目标，制订提高机会、降低威胁的方案和措施的过程。安全风险应对规划是在实施定性安全风险分析过程和定量安全风险分析之后进行，包括确定和分配某个人（即"安全风险应对责任人"），来实施已获同意和资金支持的风险应对措施。在安全风险应对规划中，需要根据安全风险的优先级来制订应对措施，并把安全风险应对所需的资源和活动加进项目的预算、进度计划和主题公园安全管理计划中。拟订的安全风险应对措施必须与安全风险的重要性相匹配，能经济有效地应对挑战，并由具体的责任人负责。安全风险应对措施必须及时，因此需要事先制订多个安全管理预案。

主题公园的安全管理通常有 4 种策略，其中第四种策略，即接受，既可用来应对消极风险或威胁，也可用来应对积极风险或机会（项目管理协会，2013）。

1）回避

安全风险回避是指改变主题公园管理方案，取消某种高风险项目，以完全消除威胁。当然，实际管理中，高风险项目高刺激，对主题公园的吸引力影响也比较大。完全消除这类项目，对主题公园吸引力构建并不利。通常的做法，将这个风险项目进行风险分解，小的可控风险自己管理，大的风险交由保险公司或设施设备生产商。回避安全风险是最消极的做法，也是最无奈的做法。

2）转移

安全风险转移是指把某些安全风险的部分或全部消极影响连同应对责任转移给第三方。转移风险是把安全风险管理责任简单地推给另一方，而并非消除安全风险。转移风险策略对处理安全风险的财务后果最有效。采用安全风险转移策略肯定是要向风险承担者支付相应的安全风险费用。安全风险转移可采用多种工具，包括（但不限于）保险、履约保函、担保书和保证书等。可以利用合同把某些具体安全风险转移给另一方。

3）减轻

安全风险减轻是指把不利风险事件的概率和影响降低到可接受的临界值范围内。提前采取行动来降低安全风险发生概率和可能给主题公园造成的影响，比安全风险发生后再设法补救,往往要有效得多。减轻措施的例子包括:采用复杂性较低的服务流程;将设施设备的操作步骤化、简单化;设施设备的采购选择更稳定可靠的供应商等。如果无法降低安全风险概率,也可以从决定安全风险严重性的关联点入手,针对安全风险影响来采取减轻措施。例如,在过山车外围加建防护栏,可以减轻事故发生后对过山车下游客的影响。

4)接受

因为几乎不可能完全消除项目的全部威胁,所以就需要采用安全风险接受策略。该策略表明,主题公园已决定不为处理某安全风险而变更项目管理计划,或者无法找到任何其他的合理应对策略。该策略可以是被动或主动的。被动地接受风险,只需要记录本策略,而不需要任何其他行动;待风险发生时再由主题公园进行处理。最常见的主动接受策略是建立应急储备预案,安排一定的时间、资金或资源来应对风险。比如,许多主题公园都会在旅游旺季设立应急小组。

表 12.3　主题公园安全风险排查表

安全风险级别	风险源	风险类型	责任人	风险描述	应对措施	备注
红色风险						
橙色风险						
黄色风险						

填报单位:　　　　　填报人:　　　　　联系电话:　　　　　填报日期:

12.2　主题公园的安全管理

12.2.1　主题公园设施设备安全监管

在中国,大型游乐设备的监管和锅炉、压力容器、起重机械、电梯同级别,是同一个国家监管部门管理的,很多法规也有相互借鉴。随着我国的重工机械设计制造水平的提升,相应的安全监管力度也在加强。对于主题公园企业而言,安全管理必须进一步提升。根据国家安全监管要求,乘骑设备(又称游乐设备)采取分级管理的制度。所有运行高度(一般指乘客座椅面在动作前后的相对最大高度)大于等于 2 米的,以及运行速度大于等于 2 米/秒的用于经营目的的游乐设备全部纳入监管体系。其中,这些受监管的游乐设备又划分为 A、B、C 三个级别。A 级设备是国家一级机构检验监管,例如大型过山车;B、C 级则由省地级机构监管;C 级以下(一般称为非受控设备,包括形式与大型游乐设施接近而参数低于上述界限的小型游乐设施以及常见的各种游戏机等)不受安全监管。设备的各项设计标准、相关厂家实力基本都随级别降低而递减。

游乐设备的生产要求非常严格。在做游乐设备设计时会做细致全面的安全风险分析，对于关键部位除了设计冗余之外通常还会有形式上的二次保险(例如常见的安全压杠+安全带)，对于结构的原材料、焊接、加工、安装情况都有一系列明确可执行的检验要求和标准，因此产品的整体安全性还是较有保证的。虽然监管级别低的设备或者说非受控设备的安全风险防护会有所降低，但是其安全风险系数也相对较低，运动形式也相对简单，例如旋转木马、碰碰车等设备，即使发生安全事故，对人的伤亡影响也不大。综合而言，主题公园的设备安全管理和监管都处于一个相对严格和可控的范围内。

我国在中小型乘骑设备生产水平和技术上已经接近或部分领先于国际水准，在价格上有绝对优势，相关的安全标准也达到国际水平。然而，在大型过山车的设计和制造，中小型乘骑设备的研发设计方面，我国还比较欠缺，相应的安全设计水平也有待提高。目前，我国大型过山车主要依赖进口，并随着我国主题公园数量的增长，进口量逐年攀升，见表 12.4。其中，S&S Worldwide 是全球著名的过山车生产商之一，全球超过 60 台顶级的大型过山车均由它提供。它的产品系列从目前最先进的 4D 过山车到一般的轨道过山车都能生产。Intamin 是另一家过山车生产商，主要生产大中型过山车，价格经济，产品稳定性高，使用率也很高，目前全球运营该公司的过山车超过 150 台。六旗乐园是全球最广泛使用过山车的主题公园，目前全球运营的 13 个六旗乐园里，共计有 143 台大中型过山车，平均每个公园 11 台。因此，六旗乐园在过山车和乘骑设备的安全管理方面的经验是非常丰富的。

表 12.4　国外主要乘骑器械生产企业

名称	名称
Allan Herschell Company（已关闭）	Intamin
Arrow Dynamics（已被 S&S Worldwide 收购）	Mack Rides
Bolliger & Mabillard	Maurer Söhne
Bradley and Kaye	Philadelphia Toboggan Coasters
Chance Morgan	Pinfari（已关闭）
Custom Coasters International（已关闭）	Premier Rides
Dinn Corporation（已关闭）	Preston & Barbieri
Dynamic Structures	S&S Worldwide
Fabbri Group	Schwarzkopf（已关闭）
Gerstlauer	TOGO（已关闭）
Giovanola（已关闭）	Vekoma
The Gravity Group	Zamperla
Great Coasters International	Zierer

注：排名按照字母顺序。

12.2.2 主题公园设施设备安全管理

尽管事故发生的概率很低,相关的安全监管和管理也能基本保障,然而一旦发生事故,社会公众和媒体的反应就较为敏感,其所带来的负面形象损失可能要持续数年,甚至对于一些人而言,这辈子可能就不再选择乘坐过山车了。因此,许多主题公园在设施设备和游客安全方面的管理,力图做到零失误,这是一个非常高的管理标准。惊险,但无危险是所有主题公园给游客的承诺。例如,深圳欢乐谷就把"安全就是企业的生命线"作为安全管理的目标。欢乐谷在乐园游乐设备与设施的安全管理上,始终坚持游客的安全与欢乐同在,保证设备运行正常、安全,开业至今无一例安全责任重大事故,并被广东省质量技术监督局指定为"游乐设备操作人员上岗培训基地"。2006 年,欢乐谷也被确定为深圳地区唯一一家《特种设备使用和管理安全要求及评价》旅游试点单位,并以 933 分(总分 1 000 分)被评定为一级,表明欢乐谷公司特种设备安全管理工作、安全管理架构和管理制度完备,各项安全措施落实和执行有效,见表 12.5。深圳欢乐谷通过管理和流程的规范及创新,建立一套安全管理体系,从事前检查、预警系统、各类应急预案,以及系列检讨、改善机制,构建欢乐谷的安全堡垒。

表 12.5 深圳欢乐谷安全管理体系

安全保障方法	安全保障方法说明
系统的安全保障	将安全要求融入公司的体系中,形成系统的、完善的安全体制。
成立安全管理委员会	负责督导检查全公司的安全系统,并以体系文件《组织架构及职责权限》的方式明确安全管理委员会的职能。
完善安全管理责任体系	公司从总经理室成员到员工,逐级签订《安全管理责任书》,规范、落实安全目标管理考核机制。在设备运行、基础设施等安全重点防护区域,初步建立安全责任分片制,将安全责任具体落实到事、落实到人,实行日常检查与节假日检查相结合,确保安全管理有效性。
安全宣传、培训	认真贯彻"安全第一,预防为主"的方针,通过岗前培训、专题培训、内部报刊宣传等方式,提升员工安全意识;编制《员工安全手册》,作为安全培训教材。
设备安检维护	定期(包括日检、周检、月检、年检)对设备进行安检;所有设备操作、维修人员持证上岗,确保设备运营安全。
消防安检	定期对消防、安检等设施进行维护,保证设施齐全、运营完好。
特殊过程	对特殊工种(特种设备操作)严格遵照国家规定,经培训考核合格后,持证上岗。
工程验收	对于新建或改建的工程,本着"一切为游客安全"的原则,严格按规定进行验收,确保工程 100% 无安全隐患。
应急演练	针对大型游乐项目、主题活动及恶劣天气情况,编制了完善的应急预案,在定期举办安全消防培训的基础上,针对游乐项目的安全特性,组织项目区工作人员和设备操作维修人员进行应急演练,增强其快速反应能力。
建立安全档案	建立重大危险源、重点部位安全档案。

安全是主题公园管理的底线,也是公园的生命线。突破安全底线,带来的负面影响将可能是毁灭性的。因此,任何主题公园都将游客安全作为第一要务。主题公园的安全管理可能没有办法为主题公园带来直接的经济利益,但它却保证了公园的经济利益不受损害,是个成本项。因此,对安全管理的绩效评估和薪酬评估应该采取反向评估的措施。

12.2.3　主题公园游客安全管理体系

除了设施设备的运营安全外,主题公园像所有景区一样,常规化的游客安全管理也至关重要。尽管主题公园设施设备的安全备受关注,但是实际上更容易发生安全风险事故的往往是一般性的游客安全问题。主题公园的设施设备安全问题归设备部管理,而游客一般安全管理问题则归安全保卫部管理。一般地,主题公园的安全保卫部门设立综合协调室、若干保安队分别负责不同区域或者轮班值守,甚至包括应急医疗队(包括医务室)。下面以深圳欢乐谷为例:

1)部门岗位设置

安全保卫部设综合室、保安一队、保安二队和消防中心。

综合室下设停车场和文员岗位。

保安一队设一分队、二分队、三分队,下设巡逻岗位、欢乐干线岗位。

保安二队设机动分队,下设出入口岗位、收款室固定岗位、小火车道口岗位、排队区岗位。

消防中心下设消防员岗位和监控员岗位。

2)部门职责

负责维护公司、游客和员工人身及财产安全;负责公司及园区所有出入口大门的控制管理;负责园区内外的秩序维护、治安保卫和治安巡逻工作;监督、检查各部门"防火、防盗、防治安灾害事故、防破坏"的措施落实;负责公司消防安全工作,制订公司的消防安全工作规程并组织实施;制订突发性事故应急方案并组织处理各类突发事件;搞好安全文明小区和保卫科的建设,做好综合治理和法制教育宣传工作,配合公安机关打击犯罪活动;负责停车场的日常接待服务及经营管理工作;制订重大节假日、大型活动和重要接待的安全保卫计划、方案并实施;完成上级部门及公司交办的其他突发性工作。

3)工作任务

综合室做好安全文明小区、停车场的接待服务和经营管理及部门文件档案资料等的相关工作,每月做好部门考勤的统计上报和部门员工福利的申领、发放,做好小区各种资料的归类管理。

停车场岗位按《停车场工作流程作业指导书》执行。保安队实行定岗、定责、定人巡查。保安一队分早班、中班、晚班实行 24 小时轮流值班,欢乐干线岗位例外。

保安队主要负责:景区内外各个区域巡逻、秩序维持及"四防"和防恐安全、接待服务,以及欢乐干线夜间安全。

保安二队负责:所有排队区秩序维持、小火车道、入口岗、收款室、固定岗、押款等其他临时任务及"四防"和防恐安全、接待服务。

消防中心下设消防员岗位和监控员岗位,主要负责消防安全工作和电视监控工作。消防员岗位按照《游乐区消防控制程序》执行,监控员岗位按照监控中心作业指导书执行。

对安全保卫部门的质量监管要与绩效薪酬体系直接挂钩。主题公园的安全保卫部门必须制订详细的中长期管理目标,落实到量化指标。例如控制有效投诉率,游客的有效投诉率一般控制在十万分之一以内,部门有效投诉率尽可能为零。游客对安全管理维护的满意率要在95%以上。此外,还必须设置设备安全、火险隐患安全、食品卫生安全、演出场所安全、意外伤害安全等管理目标。

安全责任要逐层分解,落实到具体的人。主题公园应该设立安全管理委员会(简称"安委会")作为本公司的安全监督机构,以督促、检查、指导为重点开展工作。安委会下设安全管理办公室(简称"安委办"),负责日常工作。安委会业务上接受深圳市安委会、市安全生产监督局、市公安消防局、市技术监督局、公司安委办等安全管理部门的指导和监督。主题公园分三级组织安全管理体系,以法人或法人代表为安全第一责任人,分管领导为安全负责人,部门、班组、员工安全责任制的管理责任体系:主管安全的副总经理同一级部主任签订安全责任书;一级部主任同二级部主任签订安全责任书;二级部同班组员工签订安全防火责任书。

主题公园还应该建立安全责任考核体制,考核结果与绩效薪酬直接挂钩。健全的安全目标责任制绩效考核管理体系应该包括考核标准、考核方法、奖励细则。实行责、权到岗位,奖惩激励到人。例如,主题公园可以设立安全工资风险金,将工资的10%作为安全风险金,安全达标的返还安全风险金,不达标的扣发安全风险金。主题公园应该在安全管理上做到"一票否决",即责任目标有一项不达标,实行一票否决制,真正把安全管理工作落到实处,确保主题公园平安。深圳欢乐谷对安全责任采取了"四不放过":第一,事故原因不查清不放过;第二,事故责任人得不到处罚不放过;第三,整改措施不落实不放过;第四,教训不吸取不放过。深圳欢乐谷为落实三个到人"目标到人、责任到人、奖惩激励到人",贯彻"安全第一、预防为主"的方针,按照安全管理"谁主管、谁负责"的原则及安全管理"有职必尽,有责必究"的规定,执行"人人有职责、日日有检查、月月有考核、季季有激励"的奖惩激励机制,保障公司的安全运营。

对于新进的员工,安全培训至关重要,基本上要做到:重点关注新员工入司的岗前、岗中、岗后三级培训教育考核;对全体员工进行安全意识、责任、职业道德教育;对特种人员进行技术的培训教育;利用图片、事故分析案例进行宣传教育。

与此同时,主题公园应该制定《员工安全手册》发至全体员工,人手一册,此手册是员工安全工作的工具书。这对提升景区员工的安全意识和安全防范技能,增强预防和控制意外伤害的能力,将起到积极的指导作用。

【案例】

六旗乐园的安全管理

六旗乐园是全球最广泛使用过山车设备的主题公园,它们的安全管理体系非常健全,且运行有效。六旗乐园通过有效的安全管理创造了全世界最好的过山车安全纪录。每年超过4 000万人次游客到访全球各地的六旗乐园,六旗乐园则提供每天数以万计的过山车座位。六旗乐园乘坐过山车的游客数量一直位列全球第一。正因如此,安全是在公园规划、员工培训及旅游景点运行和维护之内的根本问题。六旗乐园总是宣称,乐园致力于为每个人提供最安全的环境,让其能够享受我们的家庭娱乐。每一个六旗乐园的员工都致力于游客的安全,他或她的人身安全和每一位旗下的员工安全都是六旗乐园工作的首要目标。六旗乐园通过一系列行之有效的做法达到了上述管理目标。这些做法包括:

一、公园规划

公园的设计与施工要考虑每个公园的具体位置特征,包括气候、天气变化、地形地貌、当地的人口和文化因素。这些因素都有可能影响公园的安全。

二、器械设计

六旗乐园坚持只跟经得起时间考验的制造商合作,并使用最优质的材料。合同里面规定了六旗乐园里的每一个乘骑器械的具体标准,特别是既安全又舒适的保护系统。六旗乐园的这一标准一直都是超越行业标准的。所有在关键程序所使用材料的安全系数必须在8~10。这意味着,这些材料可以承受8~10倍的预期负荷而不会崩溃。

三、员工培训

每个员工都经过培训来熟悉他们的具体职责,如员工手册、正式的部门培训课程、部门认证,还有在没有顾客时具体操作100次乘骑设施的经验。除了培训计划之外,每一位经营者都需要通过笔试,只有这样才能确保他们对每一台乘骑器械都熟悉。每一个乘骑器械的操作者都要完成这个考试和培训的过程。另外,六旗乐园所有的操作员都要通过"Catch-all"的训练,使其能够预测到紧急的情况然后快速做出相应的反应。

四、安全设备

六旗乐园为员工提供安全设备和防护,并且教其使用。六旗乐园的管理严格遵守制造商在员工安全及乘骑器械维护方面的建议,并且让员工警惕任何潜在的危险。

五、技术监测

利用网络和电脑控制所有乘骑设备,通过装有数以千计感应装置的轨道不断地向系统提供每一台过山车的状态和位置。如果有任何一个感应器上报有不妥,或是有列车感应器没有上报100%成功时,所有的列车将会在安全的地方停下来。

六、安全检查

六旗乐园在每一次设备运营前会对每一个乘客进行检查,并设有几十个空置的安全系统,使乘客无论发生什么事都能够随时应变,以保障乘客的安全。

七、保护/减震系统

过山车会创建一个临时有保护系统的起重机。一般来说,过山车会仔细计算将会产生的力量,以保障乘客在过山车座位上的安全。发生故障的过山车会被锁定在棘轮机制上,因此不能运作,直到被电脑重新激活或是车站的操作员、维修员手动启动。

八、检验程序

每一个季度,六旗乐园的安全团队都会写超过50万份手写的监测报告。每个公园里的每一个乘骑器械都有一个全面的检查以及符合所有准则的维修方案,如国际标准、行业标准、地方法规以及六旗乐园的内部规定。在所有情况下,六旗乐园的员工每天都会做评估。在美国,被政府机构和保险公司所承认的检查是由国家游乐设施安全协会(NAARSO)的认证专家所做的。美国材料与试验协会(ASTM)为主题公园的乘骑器械建立了严格的标准,是一套世界性的检验基准。六旗乐园里所有乘骑器械都严格遵守ASTM标准。

九、游戏测试

六旗公园的1 500个乘骑器械每一年都要接受几个测试、检查和评估,包括设计过程中的模拟试验;关键施工阶段时的试验;一个施工阶段完成后的压力测试;日常运行前的测试;监管机构的常规检验;保险公司承保指引检查;安全抽检;游戏操作员及助理的安全检验;定期维护测试;由六旗乐园工程师负责的年度维修检查。

十、常规维护

每一年六旗乐园的过山车都会拆卸,并根据制造商的标准规格重建。这样可以把过山车内每一个重要的组件都检验一遍,同时更换有问题的组件。在淡季的时候,所有的游戏设施都会经过严格的检查和维护,如有必要,将会进行修理或更换。游戏设施的一些重要组件在冬天时会被拆卸、检查、大修,并连同新的组件,如轮子、轴承、电线、保护袋等保存在大楼里。

资料来源:Clave,2007.

12.3 主题公园的社会责任

越来越多的主题公园都已经制定了企业社会责任战略,为了提高社会发展水平、环境保护和尊重人权,他们主动承担了超越传统规则的承诺。然而,社会责任不应把它视为替代社会权利及环境标准和制定新的合适立法。因此,任何国家都不存在这样的规则,应该努力侧重于建立适当的监管和立法框架,从而确立一个公平的竞争环境。在此基础上,社会责任可以推广。根据欧洲经济共同体委员会,有几个因素推动着企业履行社会责任(Clave,2007):公民、消费者、公共机构和投资者产生新的问题和期待;社会标准的改变影响了个人和机构的投资决策,包括消费者和投资者;人们更加关注经济活动给环境带来的压力和破坏;媒体、现代信息和通信技术带来的透明商业活动。

联合国全球契约(2000)、国际劳工组织(ILO)关于企业和社会政策原则的第三方声明(1977/2000)、经济合作与发展组织(OECD)的跨国企业准则(2000),特别是联合国全球契约协定的十项原则:企业应该支持和尊重国际宣称人权的保护;企业必须确保他们不侵犯人权;企业应该支持结社自由和有效识别的集体谈判权;企业应该支持消除一切形式的强迫和强制性劳动;企业应该支持有效废除童工;企业应该支持消除在雇用和职业上的歧视;企业应该支持应对环境挑战的预防措施;企业应该鼓励对环境更大责任的倡议;企业应该鼓励环境友好型技术的发展和推广;企业应该以各种形式打击腐败,包括敲诈和贿赂。

主题公园履行的社会责任主要包括内部和外部两部分。在内部主要涉及员工,包括投资人力资源,确保员工健康和安全。企业对环境的责任主要涉及在生产中的自然资源管理。在外部,企业社会责任延伸到当地社区并且包括除了员工和股东之外的很大范围内的利益相关者,如社区居民、供应商、合作伙伴、游客、政府部门、非政府组织。

主题公园一般根据部门和文化差异来解决与利益相关者之间的责任和关系。在开始时,主题公园一般通过宣言、行为或陈述他们的意图的条例,对他们的利益相关者承诺他们的核心价值和责任。这些价值将被转换成贯穿组织的管理,从最高层次的管理战略到每天的日常管理活动。主题公园在管理计划和预算中都会增加一个社会或环境维度,在这些领域中评估企业绩效,开展社会或环境审计,并建立持续改进的方案。如今,许多主题公园都发布社会责任报告。其中,环境、健康和安全报告是最常见的部分。这些做法能够帮助主题公园、供应商、中间商和客户之间传递积极的社会效益。近年来,社会责任投资(SRI)已经成为主题公园的热点。在社会和环境上负责任的管理活动能够为主题公园提供一个有着完善的内部和外部管理的好形象。

远超法律法规的要求,在社会责任领域加大投入,在管理实践中加强重视,能够有助于提升主题公园的竞争力。例如,超越法律的要求,为员工提供更好的工作条件、改善管理层和雇员的关系,也可能直接影响员工的生产效率和服务热情。实施企业社会责任不仅需要高层管理的承诺,而且需要创新的思维。主题公园可以构建持续的意见反馈机制和建议落实机制,以提高社会责任水平。主题公园履行社会责任可以基于国际标准化组织的 ISO 9001 标准。其他一些国际标准也值得借鉴,例如:SA 8000 标准是 1998 年由经济优先权委员会确定的有关员工、供应商、客户之间的社会责任。它包括工人和企业之外的兴趣小组的直接参与并处理类似强迫童工的禁令和人种、性别、宗教歧视的禁令,对组织的权利和自由,每周最多工作 48 小时且休息一天的制度的建立,最低工资能满足基本需要的保证,人性化的工作条件,对业务和对外传播以及通过认证的文档情况的系统改进等。生态管理和审计计划(EMAS)于 1993 年创立,它是在欧盟对环境审计的规定的基础上拟订的,可作为连续改善环境管理的有效工具。这项计划要求所有的主题公园设施都要有环保认证。

1999 年,世界旅游组织起草了全球旅游道德规范,旨在引导游客以负责任的方式履行社会责任。这些规范也适用于类似主题公园这样的休闲设施。该规范建议建立旅游业与当地居民和社会之间互相理解和尊重的关系,推进旅游业成为可持续发展动力。规范还确定了利益相关者在旅游业发展中的义务,人们参与旅游业的权利和自由。最后,他们在规范中也明确了旅游产业中应该建立的员工和企业家的权利。

主题公园应该承担超出商业责任和传统利益的社会责任,在旅游业中将社会责任提升到企业战略行动,采用广泛认可的道德标准。主题公园对社会负责的实践包括以下几个方

记册,包括安全风险清单和应对措施预案。

- 安全风险分析包括定性和定量评估两部分。定性的安全风险分析是评估并综合分析安全风险的发生概率和影响,对安全风险进行优先排序。实施定量安全风险分析就是在已识别安全风险对主题公园的影响进行定量分析的过程,它以定性安全风险分析结果为基础。

- 安全风险应对规划以预防为主。安全风险应对规划是针对主题公园安全管理目标,制订提高机会、降低威胁的方案和措施的过程。主题公园的安全管理通常有 4 种策略:回避、转移、减轻和接受。

- 主题公园履行的社会责任主要包括内部和外部两部分。在内部,主要涉及员工,包括投资人力资源,确保员工健康和安全。企业对环境的责任主要涉及在生产中的自然资源管理。在外部,企业社会责任延伸到当地社区并且包括除了员工和股东之外的很大范围内的利益相关者,如社区居民、供应商、合作伙伴、游客、政府部门、非政府组织。

复习思考题

1. 主题公园的风险源主要有哪些?

2. 有哪些具体措施可以转移主题公园的安全风险?

3. 主题公园为什么要履行社会责任?履行社会责任会为主题公园带来什么影响?

4. 六旗乐园的安全管理侧重点是什么?不同类型的主题公园安全管理的侧重点有何不同?

5. 通过阅读香港海洋公园社会责任案例,请思考一下,除了上述社会责任,主题公园还有哪些社会责任可以履行?利弊在哪里?如何履行?

参考文献

[1] Kaak, K. T. Theme parkarama. Thesis of Master of Science in Community and Regional

Planning[D]. Austin，Texas：University of Texas，1992.

［2］项目管理协会.项目管理知识体系指南(PMBOK 指南)：第 5 版[M].许江林,译.北京：
电子工业出版社,2013.

［3］谢朝武.我国高风险旅游项目的安全管理体系研究[J].人文地理,2011,26(2)：
133-138.

第 13 章
主题公园规划管理与配套建设

主题公园通常不会单独开发,而是与酒店、餐饮、购物、休闲娱乐产业等综合开发,建立一整套目的地配套体系。即使是单一的主题公园开发,也必须考虑相关配套情况。主题公园投资大、占地广、所涉甚多,对于一个城市而言,需要通盘考虑。当前,许多中国城市都希望开发主题公园,认为主题公园是城市现代化的一个标志性工程。主题公园规划与城市规划的关系是什么?主题公园的开发会对城市的现代化产生怎样的影响?主题公园需要配套建设什么?主题公园与房地产的关系是什么?如何实现有效的规划管理?上述问题,是本章重点讲授的知识。

【本章学习目标】

1. 掌握主题公园规划管理的过程和要点。
2. 熟悉主题公园配套建设的要求。
3. 了解主题公园与房地产开发的关系和注意事项。
4. 了解主题公园开发与城市规划的关系及其对城市现代化的影响。

13.1 主题公园规划与规划管理

主题公园投资规模大、占地面积广、所涉产业链长、用工规模大、吸引的旅游人流可能也是巨大的。这样的项目对于一个城市而言,需要认真考虑其社会经济价值,对一个企业而言,需要考虑它的投入产出。在许多案例中,主题公园的建设可能会改变公众对一个城市形象的认知,主题公园往往是城市现代化或后工业化的象征。一个城市如果没有像样的主题公园,人们很难想象它是一个现代的且发达的城市。因此,中国许多城市的管理者都希望自己的城市能够建设主题公园。然而,主题公园开发并不适合所有城市,这需要详细的规划论证。建造一个主题公园动用城市大量的资金、技术、土地和人力资源,除了对游客吸引力有基本判断外,还需认真研究可行性,确定投资规模,策划相应的项目活动,落实整体规划,实行精确的场地建设以及卓越的运营管理,其中,首要任务是规划。如果规划存在问题,后期运营管理将背负重大包袱。

13.1.1　规划管理的过程

为便于主题公园的规划,应该遵循 4 个阶段和 11 个步骤,如表 13.1 所示。

表 13.1　主题公园规划管理的 4 个阶段和 11 个步骤

阶段		步骤
第一阶段	研究策划	1. 项目启动 2. 可行性研究和开发规划 3. 总体规划和概念设计
第二阶段	规划设计	4. 方案设计 5. 设计开发
第三阶段	实施建设	6. 建设/制造文件 7. 建设/生产/制造 8. 设施安装
第四阶段	运营管理	9. 开业筹备 10. 隆重开业 11. 项目收尾

资料来源:TEA,2000。

主题公园开发往往始于一个想法或图景(俗称 IP),由此开展一系列可行性研究。为此,必须建立一个由不同领域的专家组成的团队,对各种设想和概念开展一系列可行性研究,以寻找切实可行的方向。概念策划和总体策划在第一阶段产生。规划中涉及的要素在第二阶段设计过程中得以发展完善。第三阶段则侧重主题公园物质层面的建设,包括吸引物的安装和检查。第四阶段是主题公园开业的过程,主要是设计运营管理问题。这包括培训运营和维护团队、安装设备和固定物、列出财产目录、提供运营和维护手册,此外还有解决所有者和团队成员间存在的主要问题。在欧美国家,整个过程可能需要 5~8 年(Clave,2007),然而在中国,只需要 3~5 年便可以完成,部分主题公园开发的所需时间可能更短。

主题公园项目的成败取决于规划设计阶段,因此有一个"二八法则",即主题公园投资的20%用于规划设计(包括研究策划阶段),80%的投资用于建设和运营管理(Clave,2007)。然而,许多主题公园投资者并不看重前期"看不见"成果的规划设计,不断压缩规划设计预算,缩短规划设计时间,这为后期的建设运营埋下了巨大的风险。主题公园规划管理的重心应该在前,而不是在后。主题公园在建设运营之前需要进行特定研究并最终编制一份指导产品建设的总体规划。一个主题公园的总体规划与其他互补和衍生文件一样,目的在于确定一种策略,为主题公园的发展阐明目标、范围、类型、规模、重大事件一览表、潜在需求、金融参数和必要投资。其中,所做的投资包括固定资产(土地、建筑和设施),也包括流动资产、无形资产(研究和项目、运营管理、启动和推广),以及变更和创新方面的必要投资。

13.1.2 可行性分析

为了确定主题公园的运营内容、规模和需求,需要对其进行关于可提供的产品和经营期望的详细分析,并依此评估概念方案的可行性,进行主题公园基本战略的策划。在总体规划之前,需要对两类重要的问题进行详细研究:一是运营模式的策划,二是运营效果的预测。这两项研究是为了评估开发项目成功的可能性,涉及一系列关键参数的系统分析。

主题公园启动阶段所需要进行的这两项研究非常复杂,且具有挑战性,需要由有丰富经验的规划专家团队执行。这是因为市场中潜在游客的出游动机、行为及旅游吸引物的种类、特点不断改变,区位选址的细微变化都会引发市场的剧烈震动。与此同时,可行性研究通常具有一定的时滞性,其在主题公园实际运营尚未开始的很长一段时间进行,若是大中型主题公园,提前的时间可能是几年,这就要求可行性研究必须具有良好的前瞻性,能够准确预判未来5年的发展情形。在一些国家和地区,与具体事项相关的政治、经济形势、立法也可能在项目发展过程中发生改变。例如,某个特定设施的建造和进口,可能会因为特定政策的影响而受到限制,这些都是可预见的风险。尽管从相似的主题公园开发规划中可以借鉴到有关经营内容、类型、规模的经验,但同时每个设施都是独一无二的,互相之间难以比较。因此,相似主题公园的成功绝不可能成为一个新项目成功的保证。通常情况下,可行性研究是由需求方或者投资方自行组织或者是委托给咨询机构。通常的做法是委托方自己先制订一份需要研究的内容清单以及研究要求,表明项目发起人的目标和期望,然后联系外部的咨询机构。当然,委托给咨询机构的做法通常花费很高,双方沟通要比自己执行更费时费力,但也意味着研究可能会具有更高的客观性、经验性以及更好的指导性。

1)运营模式的策划

主题公园是一种复杂的设施,为了确保游客的满意度,规划者要设计多个线路和产品选择,以确保游客进园后,他们可以获得不同类型的体验。这些体验是公园运营的基础,也是盈利的来源。通常,除了乘骑器械、各种表演、景观和公共设施这部分游客在购票时已经为此付费的项目外,餐饮和购物则是游客进入公园后需要另行支付的。因此,各种盈利点之间的配比组合,决定了主题公园项目的整体盈利水平。

乘骑器械体验和服务是一类可标准化的常态性服务,它运营管理的目标是使游客的等待时间最小化。表演一般会发生在预先告知的时间段内,它也是标准化的,但在规划中,是作为一个项目被组织的。由于主题公园各种主要吸引物和服务的生产流程是持续的,可标准化的,这个过程中总是执行相同的任务,完成相同的内容,获得相同的产品和服务,因此对于一个具体的主题公园而言,运营模式是一种具有重复性的流程。

主题公园的运营流程可以定制化,也可以规模化。一般地,定制化程度越高,主题体验越强,规模化程度越高,节约的运营成本越多。按照项目的方式生产可以将单一的(或者有独特特征的)产品或服务变得复杂化。在这种生产中,所需的人和设备移动到固定的点,随后服务者进行一系列具体的操作。例如,当餐桌服务员为顾客专门定制菜单时,餐饮服务员会使用订单系统。在这种情况下,处理的产品单位较小,它们的形式、原料、流程也都发生了很大的变化,成本自然上升,价格可以适当提高。然而,对于游客而言,他可能获得良好的服务体验。在规模化的批量生产中,相同的设施通常被用来生产不同的产品。大批量生产变化微弱的产品时使用在线生产,这些产品表面上虽然不同,但使用的生产技术是相同的。换言之,它们需要同样的操作、使用同样的设施——就像自助服务产品一样。商店提供的服务更难用理论模型来定义,通常情况下,顾客仅仅选择店铺内展示的物品并购买它。

运营流程的设计对公园的整体布局和每一处设施的布局都有重要的影响。布局可以决定公园的各个组成部分的最优排列位置。因此流程决定了设施的位置、园区的容量、等候区的大小、内部结构等一系列问题。有关产品设计、地面上位置的决策制订直接由公园运营的实际设计所决定。在这方面,应该考虑许多问题,例如公园内材料与物资的循环(例如直线形的还是曲线形的)、使用的设备和机械的数量与大小、设备运行周围需要的辅助空间、与员工和游客相关的环境条件(安全、采光和通风等)、每个设施关于布局、高度和其他因素的特点。合理的流程布局应该实现物资、人员、产品和信息顺畅的流通,确保游客的舒适、活动的整合以及其他方面,例如美学与主题环境景观设计的搭配。

2)运营效果的预测

主题公园需要对运营效果进行预测,建立财务可行性分析,以确保其发展能够获得足够的资本投资回报和营业利润。对新开业的主题公园来说,达到预测的游客数量可能需要几年时间,因此估计中期的收入和支出很重要。公园发展之前的研究应该明确公司发展过程的资金成本,并预测收入和成本的盈亏平衡。上述分析是主题公园可行性分析的根本,不考虑运营效果的主题公园规划将很容易导致失败。

主题公园盈亏平衡点分析错误,容易导致主题公园投资效益评估过高,由此造成错误的预期收入等直接后果的情况并不少见。因此,精确地估计未来主题公园运营效果非常必要。盈亏平衡分析是基础,也是公园管理运营阶段关键的工具控制结果。盈亏平衡分析计算所需的产品销量,所覆盖的成本,要达到一个既不产生利润,也不承担损失所需要的游客量和消费的临界点。同时,我们还要知道,一方面,游客量和人均花费由具体的项目和活动决定;另一方面,必须支付运营成本加上折旧费用,详见第 6 章。

主题公园运营效果的预测主要看两个指标,一是门票决定的游客量,二是园内二次消费。诚如前文所述,由于主题公园游客流存在明显的季节性波动,公园运营效果存在不稳定性。表 13.2 反映了雪松市集主要几个主题公园收入在 1998—2005 年的变化。

表 13.2　雪松市集系列公园的人均支出

单位:美元

年 公园名称	1998	1999	2000	2001	2002	2003	2004	2005
杉点乐园	40.28	41.75	44.50	45.61	46.07	48.37	49.34	49.34
山谷会	29.10	30.00	32.00	32.80	32.80	33.62	33.96	35.65
多尼公园	28.24	29.25	30.25	31.76	31.76	32.40	33.23	35.53

续表

公园名称 \ 年	1998	1999	2000	2001	2002	2003	2004	2005
欢乐世界	25.76	27.00	27.75	28.58	28.58	29.15	30.17	31.08
纳氏草莓园	31.99	33.25	34.50	35.54	35.18	36.59	38.42	40.72
密歇根冒险	31.99	33.25	34.50	34.50	39.68	43.64	45.17	45.62

资料来源：Conder & Krecher，2006。

　　根据表 13.2 可知，除了公园在一个会计年度发生的公众消费习惯的一般性间接变化外，不寻常的温度、意外、其他休闲的外观选择或航空旅行的价格下降、经济衰退或举办像奥运会和世界事件（如万国博览会等事件）对主题公园都可能造成相当大的影响。同时，文化差异也可能导致运营效果的变化。初期运营期间的结果可以证明一个公园关键的财务状况和项目的连续性。除了公园的吸引力和市场渗透率会影响主题公园的实际游客量外，还有两点影响因素也很重要：门票价格和开放时间。公园在可行性分析阶段必须考虑价格因素。对于大多数中国家庭而言，游玩主题公园还是一项较为昂贵的休闲娱乐选择。前面已经提到，世界上的许多主题公园是季节性的，这意味着投资必须在游客游玩高峰期的时候收回，运营时段受所在地区的气候因素支配。同时，主题公园除了全年开放或可能只在周末开放或季节的开始和结束之外，不同的主题公园每天的开放时间也存在变化，范围可能在 8～15 小时/天。一些主题公园甚至在一年中的不同季节采取不同的开放时长，并为每一个季节制订特定价格。从主题公园盈利的角度看，延长主题公园每天有效运营时长是盈利的重要手段。一般地，游玩超过 4 小时的游客，其园内二次消费会比少于 4 小时的游客多出很多，游客园内二次消费与停留时间存在着非线性关系。

　　第二个关键指标是园内二次消费。这会因每个公园的规模和特征的不同而存在差异。在中国，主题公园的园内二次消费比例通常比较低，但在欧美国家，园内二次消费能够给主题公园的运营带来很大收益。例如，美国迪士尼世界人均花费（含门票）高达 63.17 美元，佛罗里达的环球影城只有 48.41 美元，且环球影城的门票价格比迪士尼乐园更贵。但迪士尼乐园能比环球影城产生更多的园内二次消费，迪士尼乐园的人均园内二次消费是 25.14 美元，而环球影城只有 14.79 美元。一般情况下，一个目的地级主题公园的人均花费至少是区域级和城市级主题公园的两倍，而在公园停留的时间长短无疑是造成这种差异的关键因素。

　　在园内二次消费结构中，不同公园的情况也有所不同。表 13.3 是 2002 年美国四口之家在主题公园园内二次消费的情况。

表 13.3　2002 年美国主题公园园内二次消费结构

单位：美元

公园 \ 消费结构	大人费用	小孩费用	停车费	食品	饮料	T恤	单个家庭支出（2 个大人+2 个孩子）
布希花园（坦帕）	50	41	7	3.5	1.5	15	231
杉点乐园	32	20	8	3.5	2.25	13	170

公园＼消费结构	大人费用	小孩费用	停车费	食品	饮料	T 恤	单个家庭支出(2 个大人+2 个孩子)
迪士尼(阿纳海姆)	45	35	7	4.5	2.25	13	227
多莱坞	34	25	5	4	1.75	13	175.5
前沿城市	26	18	6	3.5	2.5	10	144
派拉蒙的伟大美国	44	34	10	3	2.5	10	220
六旗节庆游乐园	36	22	7	4.25	2.5	12	181
环球影城(佛罗里达)	50	41	8	4	1.75	16	252
怀安多·特族湖	25	19	3	3	2	14	147

资料来源:Clave,2007。

根据表 13.3 可知,不同公园之间存在明显的差异。园内二次消费取决于主题公园的大小、主题特征和提供的服务水平以及市场定位战略,因而,不同的主题公园具有不同的盈利能力。实际上,对于一个新开发的主题公园,人们很难预测公园未来的园内二次消费水平和结构。

13.1.3　总体规划

总体规划是主题公园最重要的规划文件。在完成它之前,需要开展一系列可行性研究和概念策划,最终选定一个最适合的方案,再进行详细的总体规划。总体规划为整个开发过程设定了目标和指导方向。总体规划通常由投资方和项目总经理直接负责,具体的规划编制工作则可能外包给专业的咨询机构和规划公司。

总体规划是公园开始、建造及发展的基础。它是一项包括规划、设计、实行和运营的多方面的总括性、方向性和控制性的规划,并且伴有其他详细规划技术参数和图纸作为补充资料,是主题公园从构想、研究、策划、规划、设计、建设到运营的整个规划过程的核心环节。因此,主题公园总体规划包括确定概念的内容方案,以及将要发展的主题、规模、容量、不同吸引物和设备的选择、投资估算、用地指标、空间布局、市场测算、运营管理方案等内容。当然,还包括一整套可视化的规划图纸,通常需要遵循城市规划和旅游规划的基本要求。

主题公园的总体规划必须确定主题公园区位的选址、市场细分和定位、空间布局与用地要求、功能选择和配套建设、项目选择和容量设计,投资匡算和开发节奏,还要考虑与城市相关的规划、立法、环境、保险、安全、健康和就业等问题。总体规划的编制应该征询内外不同层面群体的意见。其中,投资匡算和财务的可行性研究在这个阶段可以较为粗略,但误差一般控制在 10% ~20% ,后期可以进行一定程度的调整。具体的市场研究和营销方案可在建设的过程中不断完善。运营管理则需要相应的项目活动建设完成后,方可进一步细化。主题公园的配套建设和其他商业部分,在投资允许和市场可行的情况下,可以做适度的后期调整,调整过大,则会影响总体投资。

表 13.4 列出了主题公园总体规划必须考虑的问题。需要指出的是,在很多情况下,投

资的规模、项目的选择直接影响了市场预测的准确性。如果投资方或开发方选择性执行总体规划,那么可能做出的是另外一个主题公园,而不是总体规划所设想的主题公园。

表 13.4　主题公园发展的总体规划需要考虑的因素

	物理	功能	社会	法律	经济
目标:设立	位置	区域	感知	房地产法	房地产经济
	周边环境	距离	心理	法规	市场
	生态学	公用事业	历史	分区	融资
	地貌	服务	符号化	司法管辖区	
		流域			
		循环性			
	物理	建筑面积	直接影响	所有权	利润
	物理影响	性能	强烈影响	政治协会	股权
	周边环境	服务		分区限制	市场限制
	位置	接近度		政治策略	租金
		使用者			销售
					资金
					预算
					影响
事实:组织和分析	道路	区域参数	统计数据	调查	利率
	倾角	行人	社会架构	码	资本化
	景观	流域	行为	分区	税
	植被	统计数据	感知	契约	土地成本
	地质	交通工具	历史	地役权	租金/销售
	土壤			司法管辖区	交通运输
	气候				经济融资
	生态学				性能
观念:测试	生态稳定性	通达性	生活方式	合作社	经济回报
	局部气候	流域	行为设定	共管国家	举债经营
	生态分析	土地利用率		空气权	最大化使用
				宣传	成本敏感性
				租赁	吸收率

续表

	物理	功能	社会	法律	经济
观念:测试				合资企业	
				征用权域	
需求:决定性	可建筑区域	区域需求	社会学		市场分析
	限制	交通容量	心理上		计划生育
	生态分析	停车	知觉		经济影响
		流域			交通预测
		性能/服务			现金流
		容量			
		可达性			

资料来源:Hsu,1997。

　　投资可行性研究包括经营计划,是主题公园总体规划的基本参照。它设定了主题公园预期的每日游客量规模,围绕这个规模参数,策划一系列项目活动,配套大量的设施和服务,甚至连停车场的规划和餐饮购物设施的规划也是基于这个参数展开的。因此,这个投资可行性和经营计划至关重要。前文所述的渗透率和重游率就是计算这个参数的关键指标。经营计划包括计算出区域内市场的渗透率、游客的重游率、预期游客量、游客的消费习惯和消费行为、可接受的消费价格、对价格的敏感性和弹性,以及出游的习惯和出游方式等,并由此设计一套符合这个消费群体的主题公园体验和配套产品。在总体规划中,主题公园可能被拆分成有形的要素,包括分区、景点、路线、景观、动画、服务、食品点和销售点。总体规划必须为每个有形要素建立开发标准和参数、建筑特征、数量和投资等。

　　总体规划还需要考虑投资和开发节奏,特别是建立基本盈亏平衡法的测量方法。正常情况下,项目的可行性是通过它的资金状况、投资回报和折旧期的回报来测量的。在美国,主题公园的开发通常以一个较低的速率实现 7 年回本。美国加州的第一个迪士尼乐园只用 4 年便收回成本,中国的锦绣中华曾经创造了 9 个月收回投资的奇迹。然而,对于大多数主题公园,7 年收回成本是比较合理的,在中国的许多地方,主题公园的回收期一般设定为 10 年,这与其主要项目的折旧期有关。需要指出的是,并不是说主题公园的回收期越短,主题公园就能够实现良好的可持续经营。事实上,主题公园必须维持一定比例的更新改造投入,如果没有这项投入,而是收缩纳入投资回报,那么从长期看,主题公园仍然面临无法可持续经营的风险。总体规划必须考虑更新改造投入,以保持持续的吸引力。在美国,主题公园的更新改造投入被设定为每 3 年总收入的 4%～5%。主题公园的更新改造会带来游客量的增长。根据六旗集团多年的经验,一个新的大型项目的更新改造,平均能够增加 6% 的游客量。总体规划应该在随后的阶段进行适度的修改或者调整,以适应市场扩张或者增长的变化。

13.1.4　设计方案

主题公园的设计方案需要考虑一系列细节,这些细节是基于运营计划展开的,并参照总体规划的要求落地。主题公园展现了一种顾客导向的布局,一般来说,园区内包括了停车区、入园区(售票处与检票处)、游客服务中心、公共服务区域(寄物处、轮椅出租、购物点等)、有店铺的公园入口、餐厅、内部交通系统的通路、动画专区(通常依次划分为不同的主题区,并设有游客的综合服务中心)。在景点处,最重要的是使游客的等候时间最小化并设置可以容纳高峰人数的等候区,同时每个景点必须设有与其容量相适合的工作区。在这方面,把游客排队的等候时间最小化意味着游客满意度的提高,因为排队会让游客在公园的感知方面产生消极影响(Castan,2004)。排队意味着游客不能在公园中消费其他服务。节目表演的场所要设置就座的观众席,使游客以一种尽可能舒适的方式等待和观看。此外,餐饮服务设施要包含等待区、适当规模的餐厅以及在路线(尽可能短)及收银台处(其短缺经常导致不必要的等待)设置的供自助服务者使用的有效的等候设施。实体店的展示空间、收银台及储藏室也是商店需要考虑的。

主题公园的规划者也必须考虑一系列游客不可见的后勤服务,包括它们的设计和布局。这样的后期服务规划包括人力资源(涉及招聘、候选人选拔、签订合同、专项培训)、保养维护(包括可预见的和可预防的,对游客满意度及安全均有影响的方面)、景观及建筑(主题化的)、电动及电子装置、汽油和水的分配、图像与信息系统、节目表演的制作(除专业人员外,还包括布景陈设、特技效果、音响、服装及常用的烟火)、餐饮的后勤(在每个餐饮店设置公共设施和专门设施)、商店的后勤。除了行政、管理和新项目所需的设施外,后勤服务还包括道路和技术领域,以确保公园能够实时运行。更具体地说,它要求具备实际的辅助空间,比如通用仓储设施、供应链、物流链等。这需要配套建设一系列诸如储存的仓库、食品店、服装店、专门的表演准备室、维护车间、温室、燃油泵等。此外,公园还要考虑垃圾处理问题,例如一个每天接待50 000名游客的主题公园可以在一天之内产生30吨垃圾,这会占据相当大的空间。

从目前全球主题公园的设计来看,主题公园一般会把游乐区和后勤区区分开来,把游客流动线与后勤流动线区分开来。后勤区通常是游客不可以到达的区域,这是因为游客通道和员工、货物通道之间存在显著的差异。主题公园流动线设计的合理性不仅保证了游客的良好体验,而且提高了后勤保障的效率。主题公园没有必要把运营背后的场景展现给游客。合理的布局设计确保了那些在公园发展和运营过程中必不可少的资源的最佳利用,同时,合理的布局设计也可以将无形的想法转化为能够吸引游客的有形模式。总之,合理的布局是为了使服务和公园的概念、策略一致。此外,为了能够最大限度地降低成本和增加收入,公园的布局还需要更长远和深入的研究和评估。与此同时,这也意味着游客的安全标准达到最大化,废物的产生和处理、水和能源的消耗达到最小化,因此真正做到环境友好型发展。在设计的时候,充分考虑服务运营规划的灵活性也是非常重要的。

从设计的角度来看,也要考虑主题公园未来的更新改造。不同主题公园设施的使用寿命也存在差异。例如,乘骑器械的使用寿命为 25～40 年,建筑及后勤设施的使用寿命为 40 年,家具设备的使用寿命为 2～10 年(Clave,2007)。

主题公园的具体设计方案还受到一系列因素的影响:项目投资和经费预算,投资者的决策和经营者的经验、企业文化和运营模式、投资者个人偏好和情感、本地文化和周边配套环境、气候和地形地貌、法律环境和监管环境、相关环境和安全标准、景观美学要求等。设计方案不仅是落地总体规划,而且是一项再创造的过程,其价值远超规划本身,其费用通常也比总体规划高得多。

13.1.5　开发项目管理

主题公园的开发管理是一项系统的综合项目管理,主要基于项目管理的三个主要方面:时间、成本和质量进行综合协调。人员和物资,是开发过程中必须掌控的资源。从建筑师、室内装潢师到营销专家、地方政府和专业工匠,各种类型的人都参与到一个公园的开发过程中,各自有着不同的需要。由于主题公园的投资巨大,工程延误将带来巨额损失。例如,巴黎迪士尼乐园在建设过程中就发生了延误,造成了高昂的额外支出。有缺陷的物资管理也可能会导致延误,造成额外的开销。主题公园的项目管理通常以主题公园在预定日期开放作为时间目标,制订工作进度安排。由于主题公园通常都会提前向公众公告开放日,延误或者不完全开放,都意味着消费者对主题公园信任度的下降。因此,项目的时间管理,特别是为一系列任务设定合理的顺序和方法,是很重要的。最后,主题公园项目管理团队不管是从物资和时间的角度,还是需求部门想要达到的效果的角度,都必须确保主题公园的建设符合相应的技术标准,必须严格执行质量控制系统,以达到良好的质量。要达到上述目标,聘请一个有经验的专业项目管理团队至关重要。这个团队必须应用科学的项目管理方法,特别是关键路径分析(CPA)和计划评审技术(PERT)等。

13.2　区域和城市规划中的主题公园

如今,在美国、欧洲和亚洲,尤其是中国,主题公园被看作是促进经济增长和提升城市品质的重要战略选择。主题公园确实具有显著的带动效益,能够增加地方财政收入,带来大量的商业客流,促进就业。将主题公园作为城市乃至整个区域规划的重要部分,是许多城市规划的重要考虑。然而,也有许多主题公园的发展对城市的带动作用微不足道。对于一些投资者而言,主题公园可能只是他们战略性投资的一部分,他们可能想借此谋取更大的城市开发机会。从这个意义上说,主题公园在区域和城市规划中具有特殊的地位。

13.2.1　城市发展与主题公园

将主题公园整合到区域和城市发展战略和规划中已经成为一种普遍的发展目标和城市

规划内容。主题公园已经逐渐转变为促进城市现代化和区域发展的有效工具。以巴黎迪士尼乐园为例,按照区域发展的规划,巴黎迪士尼乐园将作为巴黎东部新城——马恩河谷地区开发的重要经济引擎。迪士尼乐园项目配套建设一系列商业中心、市政公园,并配套大规模的房地产开发,以期带动整片新区的建设。马恩河谷在巴黎迪士尼乐园进驻前,还只是一片荒芜的麦田。随着巴黎迪士尼乐园的建设,相应的基础设施和房地产投资活跃起来,大规模的开发重构了马恩河谷地区的城市景观。在亚洲,尤其是中国,主题公园的开发决策往往取决于地方政府,过去十几年,中国主题公园产业得到了快速发展。

主题公园开发是城市和区域发展的战略工具,提供了创建新区中心的可能性。美国加利福尼亚州的迪士尼最早证明了这一点。加州迪士尼乐园是首个被称为主题公园的乐园。得益于迪士尼乐园开发的带动效益,20世纪60年代迪士尼乐园周边的橘子林于20世纪90年代时变成了郊区住宅、商业公司和主题旅馆及餐馆的聚集区域。1955年,农业用地在整个迪士尼乐园348公顷用地中占到78%,然而到了1999年,农业用地比重降到了12%,因为大量的土地被主题公园及其配套的酒店设施所占据,这些配套设施的面积甚至超过了迪士尼乐园本身(公园仅占16%,停车场占17%),见图13.1。

迪士尼乐园对所处的城市——阿纳海姆发展的影响很明显。阿纳海姆距离区域中心城市洛杉矶40分钟车程,人口30万。阿纳海姆有3个主要产业——主题公园、会展业以及航空业。20世纪90年代,像旧金山、圣地亚哥和拉斯维加斯这样的城市,城市间的竞争逐渐变得激烈,不仅不断吸引追求休闲的游客群体,也争夺会议旅游的市场。与此同时,作为主题公园的目的地城市,佛罗里达的奥兰多发展也很迅速,使得传统的娱乐目的地加利福尼亚逐渐开始处于劣势。阿纳海姆只是洛杉矶城市扩张范围内的一个卫星城。随着迪士尼乐园在奥兰多的投资,阿纳海姆城市本身——作为加州南部旅游目的地的代表已经逐渐失去了往日的优势。随着主题公园的热度有所下降,城市旅游业的收入也随之下降,整个城市的经济面临困境。

为了重新激活阿纳海姆主题公园产业,地方政府和迪士尼集团开始新一轮合作。为了吸引新的旅游投资,地方政府加大投入以改善基础设施和商业配套,为各种旅游投资商提供便利的优惠条件,目的是让阿纳海姆重新成为南加州的度假中心城市。当时,地方政府与迪士尼集团合作的方向和意愿是一致的,重新利用阿纳海姆特色精致的建筑与优美的风景,打造高品质的城市旅游目的地。双方合作的关键点在于城市交通的改善。交通是增加城市吸引力的基本要求。这个要求在1970—1990年的城市发展规划中并没有得到满足,迫使迪士尼集团不得不选择奥兰多扩张产业。与此同时,提高迪士尼乐园周围的建筑美观度也成为双方合作的重要议题。过去几十年的无序开发,产生了一大批不美观的建筑,破坏了和谐的城市景观。景观、基础设施与标识系统三个最基础的元素得到满足之后,迪士尼集团马上加大了在加州的投入。

根据双方的框架协议,迪士尼集团需要扩建和新建主题公园。阿纳海姆度假区项目变成美国占地面积最大的公私合作项目。一个是迪士尼乐园度假区的专项规划,占地196公顷;另一个是阿纳海姆度假区项目,覆盖了另外220公顷。这两个项目促进了阿纳海姆重新

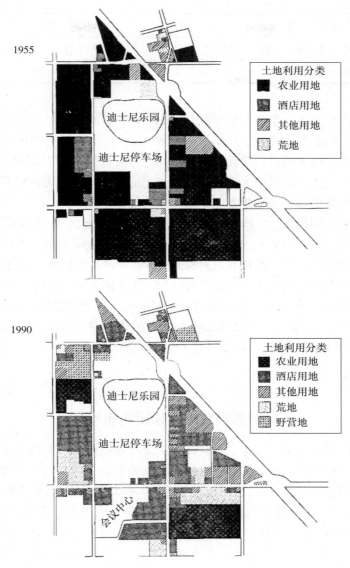

图 13.1　美国加州迪士尼乐园土地利用变化

资料来源：Walsh，1992。

成为加州旅游目的地。与此同时，迪士尼乐园的酒店及相关配套的建设也开始计划了，见表 13.5。

表 13.5　阿纳海姆迪士尼乐园度假区酒店一览表

酒店名称	开业时间	房间数
迪士尼乐园酒店	1998 年 1 月	990
迪士尼天堂码头酒店	1995 年 12 月	502

续表

酒店名称	开业时间	房间数
迪士尼大加州人酒店	2001 年 3 月	750
总计		2 242

　　双方的合作还包括第二个主题公园的建设，即迪士尼冒险乐园，以及扩建的会议中心，公园周边的配套(景观、标识系统、基础设施、交通等)。阿纳海姆度假区主要为迪士尼乐园的扩大和迪士尼乐园向度假目的地转型提供空间。随着冒险乐园于 2001 年建成，迪士尼小镇、迪士尼乐园酒店、迪士尼乐园太平洋酒店与迪士尼大加州人酒店也相继建成。迪士尼集团也因此在阿纳海姆的城市发展规划中获得更多的优惠条件。

　　虽然研究没有特别深入，如住宅与半城市化(北美则是郊区化)和主要城市周边在中心城市空间的打造(Garreau，1991)，但是阿纳海姆的迪士尼乐园的例子说明了这一事实。在过去的 50 年中，休闲功能的半城市化已越来越重要。当然，现代也有位于城郊的花园和具有欧洲城市特征的游乐园的先例。但在 20 世纪 50 年代的美国、20 世纪 70 年代的欧洲以及 20 世纪 80 年代的亚洲，大众娱乐设施都位于城郊地区。甚至电影院，一个传统的城市基本休闲体验，也会因为半城市化，"曾经会与夜间休闲散步相联系，但如今却是与汽车、快速道路、大型停车场和购物中心有关"(Barrado，1999)。

【案例】

美国坦帕布希乐园的尴尬

　　佛罗里达州的坦帕布希乐园是一个被大企业及政府相关部门管理的中型主题公园。乐园距奥兰多超过 100 千米，占地 135 公顷，其中水域面积达 10 公顷，每年都会吸引 400 万人次左右的游客到此参观。在旺季，乐园可提供 3 500 个工作岗位，其中 200 多个岗位是固定岗位，剩下的是季节性临时岗位。在管理方面，尽管布希乐园不断在其周围收购土地，为其在 10～20 年内的潜在规模扩张与产品多样化做准备。然而，乐园事实上并没有具体的行动，也没有具体的发展。乐园带来的经济活动收益也没有超越坐落在通往北美城镇主干道的交通要塞上的名牌酒店、商店和餐饮店，这些商业设施主要依赖公园周围林荫大道的良好环境。

　　布希乐园对城市社会经济的影响低于预期，尽管它吸引了超过 400 万人次左右的游客。其中，最重要的原因是负责管理乐园的公司是一家以生产啤酒为主业的企业，主题公园仅仅是它的副业。这家公司没有像迪士尼集团或环球影城集团一样抱有扩张主题公园产业的强烈愿望和计划。从政府的角度，他们开发乐园的动机也并不是发展旅游和休闲产业，而是希望借此对城市环境和形象起到一定的改善作用。因此，在坦帕，布希乐园是一个"好邻居"，能够为青少年和年轻人提供一份工作，但绝对不是城市发展的重要引擎。从这个意义上说，布希乐园同麦当劳、肯德基和大型医院或运动场一样，只是城市的基本配套。因此，布希乐园不可能发展成为目的地级的主题公园。本地游客占游客总量的 1/3，而来自 2 小时车程外的游客不到 1/5。这些游客到坦帕并不完全是为了公园,主要是其他原因,顺带游玩布希乐园。综合而言,由坦帕布希乐园的例子可知,如果企业和政府对公园在城市和区域中的定位较低,即使公园能够良好运营,它对区域和城市社会经济的影响也不会大,对企业自身的发展也不如预想的那么高。

13.2.2　主题公园与迪士尼化

主题公园并非单纯的物质空间,它代表一个充满奇幻、刺激的地方(Sorkin,1992)。主题公园作为想象地理学(imaginative geographies)的一种空间隐喻,其原型就是迪士尼乐园。西方学者将迪士尼空间生产的逻辑用于理解城市空间的重构,认为现代大都市越发像主题公园,即迪士尼化(梁增贤,2012)。迪士尼化来源于迪士尼式和麦当劳化。迪士尼式是指采用单一的审美、智力或者道德标准使事物复杂化,引发人们思考的表现形式(Klugman,1995)。迪士尼式的文化表现形式被广泛应用到城市规划,产生迪士尼式的城市,表现为三个特点:第一,由全能的强力组织控制社会秩序;第二,生产与消费之间的界限模糊;第三,消费导向(Warren,1994)。另有学者认为去地方性、半私有化和被实时监控是其三大特征(封丹等,2010)。迪士尼式理论的应用局限于文学作品和城市规划,对广泛的社会变迁过程解释不足。

麦当劳化可划分为四个维度:高效率、可计算、可预测和可控制(Ritzer,2004)。Bryman(1999)从麦当劳化引申出迪士尼化,指迪士尼的生产原则不断被应用到社会各个领域的过程,包括四个方面:主题化(theming)、消费的去差异化(dedifferentiation)、推销(merchandising)和情感劳动(emotional labour)。后来,Bryman(2004)在 *The Disneyization of Society* 一书中修正为主题化、混合消费(hybrid consumption)、推销和表演化的劳动(performative labour)。这四个原则既是迪士尼乐园的核心要素,也是当代社会的准则。布莱曼的迪士尼化是与麦当劳化平行的过程化概念。麦当劳化是一种现代现象,迪士尼化是一种后现代现象,反映后工业社会的消费文化(Bryman,1999)。麦当劳化是生产导向,通过无差异的标准化产生同质性的空间,而迪士尼化是消费导向,倾向于生产多样性和差异性的空间。

迪士尼化由一系列基本要素组成,其中主题公园是最核心的要素(Bryman,2004)。迪士尼化是一种大尺度的社会变迁过程和空间重构方式。迪士尼化的空间重构是剧烈的,由主题公园及其相关产业的建设赋予地方更多的消费意义,创造一个满足中产阶层和旅游者的城市消费空间,产生奇幻城市。

主题公园不能单纯依赖门票和餐饮、商业的收益,还应该增加娱乐中心、主题餐厅、影院、体育设施、音乐会或剧场等休闲娱乐空间以满足多样化的旅游需求(Formica & Olsen,1998)。这不大可能通过主题公园内部空间的调整来实现。事实上,大多数开发商围绕主题公园开发主题酒店、主题餐厅、剧场、主题商业街等消费空间,形成一个综合的都市娱乐目的地(urban entertainment destination,简称"UED")。UED 作为城市土地开发模式,在北美被广泛应用,主要由娱乐集团和大型房地产开发商推动。Hannigan(1998)用奇幻城市的概念理解 UED 模式,解释城市为何展现为主题化的奇幻体验;工业时代的码头、仓库和工厂如何被主题公园、赌场、影视城和主题餐馆所取代,更为重要的是讨论奇幻城市能否结束城市开发对城市社区的破坏,建立地方认同和体验?

Hannigan 界定了奇幻城市的六个特征:第一,主题化,从娱乐空间到整个城市都具有可读的主题;第二,品牌化,奇幻城市要建立品牌识别和价值;第三,全时段,奇幻城市本质上是 24 小时城市;第四,模块化,能够将各种娱乐要素、消费空间高度整合;第五,独立性,奇幻城市与周边社区在物质、经济和文化上明显区分;第六,后现代,奇幻城市充满模仿、虚拟现实和奇幻景观(Hannigan,1998)。西方政府机构、娱乐企业或协会、房地产开发商、地方政客、规划师和经济师通常都支持发展奇幻城市,认为它能够实现城市经济转型,构建新的吸引力和实现地方的可持续发展。反对者则主要是社区居民、学者和作者。他们大都批判奇幻城市破坏了原有城市空间,歪曲现实世界的日常生活,破坏混合社区的多样性,以及形成消费空间的中产阶层专享(Goldberger,1996)。Hannigan(1998)毫不避讳地宣称奇幻城市就是解决美国社会长期文化冲突的终极产品,它能够平衡中产阶层渴望刺激体验又不愿承担风险的矛盾心理(Hannigan,1998)。Hannigan(1998)在判断亚太地区主题公园和奇幻城市的发展时,一个很重要的指标就是中产阶层的规模。因此,奇幻城市在很大程度上也是满足中产阶层需求而建设的消费空间。

西方奇幻城市通过两种方式营造中产阶层专享的消费空间:一方面,主题公园本身就是个"门禁社区",高门票将大量低收入者拒之门外,主要满足中产阶层需求;另一方面,奇幻城市多位于城市边缘区,很少有城市公交系统,需要自驾才能到达。奇幻城市的开发不仅为中产阶层提供消费空间,在一些案例中,更是将低收入原住民排挤出原来的社区。奇幻城市的发展在使少数房地产开发商和娱乐企业获得利益的同时也使富人和穷人之间交流的机会减少。

尽管迪士尼化并不必然产生奇幻城市(不一定完全满足 6 条标准),但迪士尼化和奇幻城市的开发使得城市空间消费化,主要为中产阶层服务,并排挤低收入者的需求。从这个意义上说,由主题公园开发导致的迪士尼化和奇幻城市并不仅仅是城市物质空间的变迁,更重要的是隐藏着的深刻的社会空间重构。

主题公园体现了消费文化的成功。正因为如此,尽管主题公园在世界不同地区的发展状况受到政策因素和文化因素限制,但它们已走向国际化进程。主题公园在许多城市里,不仅改变了城市的物质空间,也改变了人们对生活的看法和态度,改变了人们休闲的习惯和方式,最终改变了人们对世界的看法。建设一个主题公园相当于创作一幅画、一张照片或一部电影。当人们参观主题公园时,他们"观察"的是一个虚构、本身具有特定意义的内容,这些内容传递着精确的价值观,并试图连贯地完成一个想象的时空。主题公园淡化了真实与虚拟的界限,游客身临其境,分不清二者,进入一种后现代的混沌。在主题公园里,自然世界比卓越的人造世界早消亡。与此同时,在努力建造的休闲旅游空间的操纵中,游客又渴望找到现实本身。例如,圣诞老人小镇的美学标准是为了真实而被创造出来的,展现出亚利桑那州的景象。通过幻想的创造,休闲已经变成了消费时代的一个隐藏事实。主题公园的建筑是为讲述故事而服务,是为了刺激游客在公园所做的事——消费。在这种情况下,许多大型商业中心趋向把娱乐、创意、教学、活动和技术混合在一起。它们尝试与消费者建立情感关系,使需求变得忠诚,并与电子商务区分开来,促进便利与友谊,有利于增强购物的乐趣。通过发展主题推进形象与价值观的空间,服务的发展会使游戏空间的价值、教育性、福利、活动策划、发展和其个性化关系得到提升。

Bryman(1999)试图通过对迪士尼化概念的定义来解释这些趋势,以此作为对 Ritzer(1996)提出的麦当劳化的一个互补论点。在良好的社会和文化环境下,迪士尼的成功促进了迪士尼化的推广。事实上,主题公园与大众商业文化时代的敏感性有着特殊的关系。迪士尼公园和类似的主题公园产业所运用的原则已经被普遍接受,并且在发达社会中的个人消费行为研究方面占据了主导地位。有主题的建筑和景观在城市中广泛出现,主题化成为城市规划的重要手段。城市在这些空间的建设中探寻某种象征性的意义。因此,主题公园就是要通过叙述创造一个完整建筑类型、有特色、有都市建筑模型的新地方。简言之,主题公园的建筑总是像根据剧本进行演变的空间呈现,所有的一切都由一个故事开始。剧本是用来协调设计者和技术人员工作的创造性工具,确保每个人都经历一样的剧情。然而对于游客来说,可以不必跟着情节走。只是故事能够确保游客至少意识到剧本是提供给他们的感受和体验的一部分。例如,在加利福尼亚的迪士尼探险,一些人能够嗅到 Robert Mondavi 的酒味,而其他人能够鉴别出前往 High Sierras 路上的微红色沥青。因此,主题使得公园里的吸引物在丰富多彩的氛围里趋向一致性,个性特征放在被全新创造的新世界而不是存在于每一个人的情感里。

需要说明的是,尽管麦当劳的工作倾向于非人化和疏远性。然而,这并不意味着主题公园的工作都要迪士尼化。对顾客的服务质量的承诺和满意度的提升只能够通过让员工严格服从规定程序、主动地分配任务使得所有问题相关成员间的交流实现。因此,公园里人力资源的管理要比典型的福特制控制更重要,而且这种管理与在支持和承诺公司及游客认知过程中所使用的方法有关联。当然,主题公园应该鼓励员工通过机械和电子设备、园艺技术和安全设施等创造性地发挥主观能动性。

今天,主题化正主导着大都市人们的生活,这不仅可以在迪士尼或其他类似的公园里观察到,也可以通过全球化进程中对其他主题娱乐设施的总结考察中观察到,包括主题餐厅、主题酒吧、主题酒店、主题街区等主题消费空间。一些大型商场,甚至飞机场也开辟了主题区域,试图引入主题化的内容。传统的博物馆也试图发展清晰主题元素以吸引游客的到来。

13.3　主题公园与旅游地产

中国主题公园+房地产的开发模式被广泛应用,这其中有合理之处,也有投机的地方。

主题公园与房地产有着紧密的关系和共赢的利益,其中最重要的基础是临近效益。

13.3.1　临近效益

基于临近效益的增值作用一直是主题公园房地产开发的关键。然而,增值作用的性质(正向还是负向)、范围和程度并非一个常量,而是根据具体情况具体表现的。在美国,国家公园和州立公园远离城市,且面积很大,它们的经济来源主要依靠游客的消费而非周边房地产邻近价值的提升。在城市公园中,市政公园(公益性)也具有很好的外部经济效益。不同的是,中国城市公园的兴起与欧美城市化和工业化的原因不同,近代中国城市公园强调的是娱乐、卫生的生活方式以及教育教化的功效,体现精英公园理想,是一个促进人的"城市化""现代化"的场所。中华人民共和国成立后,政府对所有园林景点和私人花园进行了翻新、改造、扩建形成人民公园,向公众开放。显然,最初政府在建设城市公园时并不像欧美那样考虑成本收益问题,更不了解所谓邻近效应,政府的财政资金负担了大部分建设和管理费用。随着城市化进程的加快,市民对城市公园数量和质量都有了更高的要求,政府无力支付巨额的建设和管理费用。于是,私人建设的公园,尤其是高投入的游乐园(可以理解为主题公园的早期形式)在20世纪80年代出现了。

与传统的城市公园不同,主题公园的开发是一种完全的市场行为,开发不当,其经济损失很大(保继刚,1994)。因而,开发商特别注重主题公园开发的经济效益。由于主题公园开发的投入大、风险高、运营难度大,而房地产与主题公园联合开发可以部分平衡这些劣势,因而主题公园开发商非常重视对周边房地产价值影响的理解和运用。国外关于主题公园对周边房地产影响的研究由企业完成,而关于城市公园和其他类型开放空间的研究一直没有间断过,随着研究技术和方法的更新,成果越来越贴近实际。表13.6反映了部分相关研究的成果和结论。

表13.6　部分公园和其他开放空间对房地产价值的影响研究一览表

研究者及时间	案例地特征	数据	研究结论
David，1968	Wisconsin 由公园形成的区域	房屋售价	公园对房地产有正的影响。
Barron，Jansma，1970	Pennsylvania 由公园形成的区域	房产税	将原来住宅地用于建设公园对房产税没有负的影响。
Epp，1971	Pennsylvania 由15个州立公园形成的区域	房产税	建设公园征用土地而导致土地税收的减少得到了因公园而增值的周边房地产税收更多的补偿。
Lyon，1972	Philadelphia 3个公园和3所学校形成的区域	1 725个房屋售价	公园对房地产有正的影响,集中在距公园600~800英尺[①]。

---

① 　1英尺=0.304 8米,下同。

续表

研究者及时间	案例地特征	数据	研究结论
Hammer, Coughlin, Horn,1974	Philadelphia 包括 1 个 1 294 英亩的公园区域	土地价格	距离40 英尺,土地价格中有 33% 归功于公园;距离 1 000 英尺有 9%;距离 2 500 英尺只有 4.2% 。
Correll, Lillydahi, Singell,1978	Boulder, Colorado 包括 1 个 1 382 英亩绿化带的区域	10 年间的房屋销售价格	平均每远离绿化带 1 英尺,价格下降 4.2 美元, 3 200 英尺内的平均价格比 3 200 英尺外高 32% 。
Vrooman, 1978	New York 由一个州立公园形成的区域	土地价格	公园对周边房地产有积极的正效应。
Gamble, Downing,1982	New England 由州立公园形成的区域	房屋价格	远离公园的区域房地产价值逐渐下降。
Brown, Connelly,1983	New York,分别调查了 6 个州立公园周边区域	房屋价格	在 2 个案例中,远离公园的区域的房地产价值逐渐下降,其余 4 个案例没有发现相关性。
More, Stevens, Allen, 1982,1988	Worcester, Massachusetts 包含 4 个公园的区域	来源于 MLS 的房屋销售价格	距离公园 20 英尺的房屋价格比距离公园 2 000 英尺的房屋价格高 2 675 美元,公园对周边房地产的增值效应中 80% 集中在距离公园 500 英尺的范围内。
Kimmel, 1985	Dayton 和 Columbus, Ohio 分别包含一个 170 英亩和 152 英亩的公园区域	房屋销售价格	两个区域平均每远离公园 1 英尺,价格分别下降 3.83 美元和 4.87 美元,公园分别为两地房地产价格贡献了 5.1% 和 7.3% 的价值。
Nelson, 1986	Salem, Oregon 拥有开放空间的城市区域	土地价格	临近农田的土地价格平均每英亩比远离农田 1 000 英尺的土地价格高 1 200 美元。
Gartner, Chapelle, Girard,1996	Michigan 由公园形成的区域	房屋价格	公园对周边房地产具有负效应。
Sielski, 2002	Washington County 包含 2 个公园的区域	房屋价格	200 英尺内房屋价格中有 19.2% 归功于公园。
Cape Ann Economics,2003	Leon County, Florida 公园区域	2 年的房屋销售价格	距离公园 200 英尺范围内房屋增值 6 015 美元,位于 200 英尺到 1 320 英尺范围内的增值 1 773 美元。
Miller, 2001	Dallas-Fort Worth 包含 14 个相邻公园（面积在 2.5 ~ 7.3 英亩）的城郊区域	3 200 个房屋交易价格	公园对周边房地产的增值 75% 集中在 600 英尺的范围内,85% 集中在 800 英尺的范围内,总体影响范围在 1 300 英尺范围内。
Bolitzer, Netusil[1], 2000	多案例地分析 193 个公园区域	房屋价格	1 500 英尺内,房屋增值 1.2% ~ 3.5%;100 英尺内,增值 5.3% ~ 7.6%; 1 301 ~ 1 500 英尺内,增值 1.5% ~ 3.8% 。

---

[1]　作者分别采用两种统计模型计算,因而出现两个结果。

续表

研究者及时间	案例地特征	数据	研究结论
Lutzenhiser, Netusil,2001	多案例地分析将公园区域划分为城市公园、自然公园和特殊公园	房屋销售价格	1 500 英尺内 3 种公园对周边房屋价格的贡献分别为 16.1%（自然公园）、1.8%（城市公园）和 8.5%（特殊公园）。
Nicholls, Crompton,2005	Austin，Texas 包括一个直线形 171 英亩的自然景观的区域	房屋价格	3 个住宅区平均每远离绿化带 1 英尺，房屋价格分别下降 13.51 美元、3.97 美元和 10.61 美元。
Irwin，2002	Maryland 1 350 平方英里的城市近郊和远郊区域	5 年内，55 799 个房屋价格	私人开放空间给 400 米内的周边房屋价格贡献 2.6%，而政府开放空间只有 1.2% 的贡献。
Ready, Abdalla,2003	Berks County, Pennsylvania 城市近郊和远郊区域	4 年内，8 090 个房屋售价	邻近效应不明显
Ernst, Young,2003	New York 5 个城市公园区域	房屋价格	2 个更新后的公园对周边房地产产生明显的增值作用，另外 3 个对周边房地产增值作用适中。

注：据 Crompton（2005）；Nicholls，Crompton（2005）分析整理所得。

根据表 13.6 可知，第一，临近效益所产生的影响根据公园的规模、使用和设计不同而变化，一般公园会使周边房地产产生 20% 的增值，且这种影响集中在 600 英尺的范围内，这是一个合理的参考值（Crompton，2005）。通常，绝大多数人不愿意走超过 220 米的距离（大约步行 3 分钟的路程），因而 600 英尺是一个最佳范围。第二，公园类型的不同对周边房地产价值的影响也不同。公园和开放空间的所有权确实会影响邻近效应的实现效果，积极影响最大的是私人公园和保护区（Irwin，2002）。还有研究表明，以参与性活动为主的公园比以非参与性活动为主的公园对周边房地产的增长效应要小。主题公园多为私人公园，且大多喧嚣热闹，一方面它可能为周边社区带来可观的经济收益，另一方面也会影响社区的私密性和社会关系，影响的不确定性最终取决于居民的感知和价值取向。

13.3.2　主题公园+房地产开发的内在机制

中国主题公园+房地产开发具有一定的内在机制，主要表现在以下几个方面（保继刚，2015）：

1）迎合政治经济气候

2005 年以前开发的主题公园存在许多经营不善的项目，占用大量土地、资金、能源等城市稀缺资源，一些项目成为"烂尾工程"；一些项目建成后缺乏持续的更新投入和科学的运营管理，逐渐被市场淘汰；还有一些项目打着主题公园的名义开发房地产。因此，2004 年国务院出台的《国务院关于投资体制改革的决定》（国发〔2004〕20 号）中明确指出："大型主题公园由国务院核准"。2006 年国土资源部等部门发布实施的《限制用地项目目录(2006 年本)》和《禁止用地项目目录(2006 年本)》中将"大型游乐设施、主题公园(影视城)、仿古城项目"列入限制用地项目名录。从中央层面看,主题公园是一种高投入、低产出的项目,并不能带来非常多的税收和经济效益。从地方层面看,主题公园对周边房地产的增值作用以及带动作用在调整产业结构、改善城市形象、发展基础设施、吸引市场客流、发展现代商业、带动地区经济增长等方面受到极大关注。地方政府积极推动主题公园项目的开发,出台一系列优惠政策和便利措施,甚至不惜以土地换项目,推动主题公园项目落户。在许多地方政府新的土地开发政策中,明确要求房地产开发配套大型主题公园。一些地方政府对主题公园项目的支持已超出公园本身效益的考虑,往往出台各种优惠政策,更多的是强调主题公园在带动相关产业发展,拉动消费,提高城市品质的作用。房地产开发商为了满足地方政府的要求,获取巨额的房地产投资回报,不惜冒着巨大的投资风险,开发主题公园。

2)区位选择上的契合

从宏观区位和微观区位看,主题公园与房地产项目都存在较大的一致性。从宏观上看,主题公园一般选择城市人口规模大、流动人口数量多、经济发展水平高的大城市或城市群中心区域。保继刚曾引介美国城市土地研究所关于主题公园宏观区位选择的量化标准(保继刚,1994)。按照这一标准,目前我国一线城市,甚至许多二、三线城市都具备发展大型主题公园的条件。随着我国经济的快速发展和城市化进程的深入,将有更多的城市满足开发主题公园的条件。从微观区位看,大型主题公园一般选址在大城市边缘区,多位于环城游憩带上(保继刚,1994),属于城市化的拓展地带,用地条件限制小,地价相对便宜,拆迁成本低,不仅适合发展主题公园,更适合开发房地产。目前,我国主题公园房地产开发的项目主要集中在这一区域。主题公园与房地产在空间选择上契合为二者关联开发提供了客观基础。

3)长线投资与短线投资的互补

从投资的角度分析,公园与房地产的关联开发是一种能够创造巨额利润的模式。早在19 世纪初,英国伦敦的摄政公园及周围的高端住宅被认为是当时伦敦最美的住宅区,同时也是高利润的房地产投资项目。房地产开发利润较高、投资大、见效快,是典型的短线投资。然而,主题公园和高尔夫球场一样是长线投资(需要大量持续的更新投入),运营管理的技术难度也很高。在美国,开发商往往将建好的高尔夫球场或公园交给当地公园和游憩设施管理机构或者非营利性住户管理,而更为普遍的策略是将这些设施捐献给政府(Crompton,2000),但主要是公共公园而非主题公园。公园与周边房地产之间存在投资互补的可能。事实上,早在 19 世纪由公共资金建设,并面向公众开放的伯肯黑德公园就采用邻近效应,周边房地产项目不仅支付了公园的建设费用和土地成本,还能从房产税中获得持续的收入用以支付公园未来的发展(Tate,2001)。然而,以获取经济利益为核心目标的主题公园并不同于普通的市政公园,主题公园很难转嫁给政府管理。主题公园经营管理的技术门槛高,维持高游客量需要持续投入和精细管理,而周边房地产短期的收益并不能为主题公园后期的持续更新投入提供资金支持。主题公园长线投资与房地产短线投资的互补只是一种暂时性的互补,无法提供持续的资金、技术、管理等方面的支持。

4)主题公园对周边房地产的增值作用

对大多数中国人而言,主题公园代表了一种高品质的城市生活,是现代城市文明的象征。人们更愿意为临近公园的房子支付比其他地方类似房子更高的费用(Crompton,2004)。主题公园对周边房地产的影响主要体现在所产生的经济、社会和环境价值上。公园的开发能够招来人流,为社区吸引商业投资和为富裕人口提供相对优势。主题公园周边的社区人文环境要比普通社区更为"城市化"。公园和其他开放空间的社会效益是多元变化的,它涉及人们日常生活的方方面面。主题公园对周边房地产的影响,尤其是对房地产价值的提升表现为购买者对房地产价值的感知和认可。这种由主题公园创造,且不由主题公园本身享用的价值,通常被称为外部经济效益,这种效益可以被周边房地产部分吸收(房地产不可能完全吸收外部经济效益),并产生增值,这一过程称为邻近效应。不同类型的公园对周边房地产会有不同的增值作用,有时甚至是负的作用,国内外学者对此都做过较为详细的定量研究。一般的,公园会使周边房地产产生20%的增值,且这种影响集中在600英尺范围内(Crompton,2001)。主题公园创造的良好环境和带来的大量客源促进了房地产的开发和增值,美国华盛顿城市土地研究所的有关研究表明,主题公园可带动地价上涨3~4倍。主题公园对周边房地产的增值作用成为一些房地产追逐的目标,临近主题公园是新开发楼盘营销宣传上的亮点。

13.3.3 中国企业的主题公园+房地产开发

我国主题公园房地产主要以市场为开发主体,政府通常以下属企业的名义参与,并提供优惠政策、基础设施建设和旅游推介等支持。参与开发的企业主要有两大类:一类是专业的大型旅游集团,如中国旅游集团、华侨城集团、长隆集团、华强集团、宋城集团、锦江集团和海昌集团等。这些大型旅游企业集团基本都涉足房地产开发业务,见表13.7。

表13.7 七大旅游企业集团业务构成一览表

	旅游景区	旅行社	酒店	电子商务	住宅地产	商业地产	客运物流	物流贸易	电子	金融	实业投资
华侨城集团	√	√	√		√	√		√		√	√
中国旅游集团	√	√	√	√	√	√		√			√
华强集团	√		√	√	√	√			√		√
锦江国际集团	√	√	√		√		√			√	√
海昌集团	√		√	√	√	√		√			√

续表

	旅游景区	旅行社	酒店	电子商务	住宅地产	商业地产	客运物流	物流贸易	电子	金融	实业投资
长隆集团	√		√		√						
宋城集团	√		√		√						

资料来源：保继刚（2015）。

　　华侨城集团开发的主题公园的类型较为全面，既有早期静态微缩景观，又有现代主题游乐器械为主的主题公园。华侨城集团也是我国最早进行主题公园连锁经营的企业之一[①]，还是最早涉足主题公园周边房地产开发的企业之一，目前在全国各地开发的欢乐谷（除上海欢乐谷外）基本上都涉及周边房地产开发。中国旅游集团前身是港中旅集团，创立于 1928 年，是四大驻港中资企业之一，而华侨城集团也是源于港中旅集团。在早期与华侨城集团合作开发的锦绣中华、中国民俗文化村和世界之窗后，港中旅集团逐渐退出主题公园业务，重点开发海泉湾品牌度假区。目前中国旅游集团以旅游、房地产、钢铁和物流贸易为主营业务，其中高端度假地产是其主要的扩张模式。华强集团创建于 1979 年，原为广东省属国有企业，2003 年 9 月改制，政府转让 91% 的国有股权，成为由内部职工控股的民营企业。早期华强集团依靠物业和电子产品发展，擅长开发具有知识产权的智能游乐设备和产品，并成功将其运用到主题公园中，成为我国唯一具有影视技术和产品支撑的主题公园连锁品牌企业。华强旗下的芜湖方特欢乐世界是其最成功的主题公园，该公园依托华强集团自主研发的数字影视、数字动漫、数字游戏、文化产品进行开发，大规模使用多媒体技术（多媒体技术的应用规模和比例超过环球影城，但该技术设备老化快，更新成本高）。芜湖方特欢乐世界也进行周边房地产开发。长隆集团也是一家具有多类型主题公园开发经验的企业，旗下拥有长隆欢乐世界、长隆国际大马戏、长隆香江野生动物世界、长隆水上乐园、广州鳄鱼公园、长隆酒店、香江酒店、长隆高尔夫练习中心和香江酒家等 9 家子公司。近年来，长隆集团才开始涉足房地产开发，并在珠海布局了一个全新打造的主题公园目的地。海昌集团业务范围集中在华北地区，目前发展成为集石油贸易、船舶运输、房地产投资、商业旅游四大支柱产业为一体的综合性、跨行业、跨区域的企业集团。宋城集团和锦江集团是两家大型旅游企业集团，但涉足主题公园业务较少。宋城旗下拥有杭州宋城和杭州乐园等著名主题景区，而锦江集团拥有锦江乐园。尽管两家企业也都涉及房地产开发，但目前尚未采用主题公园房地产开发的模式，而近年来正积极与一些房地产开发企业合作尝试主题公园房地产开发。

---

　　① 1993 年 12 月底，由港中旅集团投资近 1 亿美元，占地 460 亩的锦绣中华在美国佛罗里达州克希尼开业，与中国深圳的"锦绣中华"一脉相承。然而，深圳锦绣中华这类主题公园是中国特定政治文化和社会的产物，其成功具有特殊性。美国锦绣中华并不符合美国民众的口味，缺乏竞争力，而且存在资金瓶颈，投资的政治外交目的大于经济考虑，一直亏损，于 2004 年 1 月倒闭。另一个尝试是 1997 年 10 月 1 日开业的长沙世界之窗。该公园占地 40 公顷，由湖南广电传媒股份有限公司、深圳华侨城控股股份有限公司和港中旅集团共同投资建设，主要借鉴深圳世界之窗的理念。长沙世界之窗的发展缺乏市场基础，经营表现一般，建成后进行了多次小规模的更新改造，增加了游乐器械。

　　另一类参与主题公园房地产开发的企业是大型专业房地产开发商,如万达集团、恒大集团、富力集团等。这类房地产开发商并没有开发主题公园的经验,他们通常都寻求与主题公园相关企业进行合作。在规划设计阶段,房地产开发商通常聘请国内外知名主题公园规划设计公司参与;在施工阶段,由于目前国内缺乏专业的主题公园建筑团队,而国际团队的成本过高,一般房地产开发商要么全部外包给规划设计单位全权建设,要么利用传统建筑团队建设(主题化的效果并不理想);在管理运营阶段,开发商要么通过从成功的主题公园企业猎取管理人才,组建管理团队,要么聘请旅游景区管理公司(大多数没有主题公园管理经验)进行管理。

13.4　主题公园的配套建设

　　主题公园配套建设是主题公园规划开发的一部分,主题公园目的地的项目配套的规模、种类和结构非常丰富,也很庞大。迪士尼乐园度假区是全球主题公园开发配套的重要参照,从加州迪士尼度假区到奥兰多的华特迪士尼度假区,乃至中国香港和上海的迪士尼度假区,都是主题公园与配套建设整体开发的典范。

13.4.1　加州迪士尼度假区配套建设

　　加州迪士尼度假区包括两个主题公园:迪士尼乐园和冒险乐园,配套建设了迪士尼小镇、迪士尼乐园酒店、迪士尼乐园太平洋酒店与迪士尼大加州人酒店。迪士尼小镇建设的目标是提供一种"真实的"城市体验,这不仅针对公园游客也是针对当地居民,主要内容包括了一系列迪士尼自有品牌的主力商店、游戏机店和影剧院。对于当地居民来说,迪士尼小镇是离该区域最接近城市中心的购物场所。迪士尼小镇的规划容量为每天 3 500 ~ 7 000 人(Clave,2007),设施包括 ESPN 地带、迪士尼公司运营的体育主题连锁餐厅、迪士尼世界游戏机,也包括一些与迪士尼品牌无关的设施,如 AMC 影院和蓝调。

　　会议中心是度假区的另外一个重要的配套。会议中心的设计容量超过 200 万人次,2001 年扩容后,容量增加 40%。会议中心包括一个有 8 000 个座位的礼堂,是美国西海岸最大的会议中心。度假区还投资 1 亿美元对阿纳海姆的体育场进行更新改造,体育场包括爱迪生国际棒球场,阿纳海姆天使队还曾在这里比赛,体育场步行道周边还有数个新开的餐厅。

13.4.2　奥兰多华特迪士尼度假区配套建设

　　奥兰多地区是北美乃至全球主题公园集聚最典型的地区。目前在奥兰多地区布局了主题公园的有迪士尼度假区,其旗下有魔幻王国、未来世界、好莱坞影城和动物王国;还有环球影城集团,其旗下主要有奥兰多环球影城、冒险岛和潮野水上乐园;以及布希娱乐集团,其旗下有冒险岛水公园、坦帕湾布希公园、发现角水公园、海洋世界等。目前奥兰多地区聚集的全球知名主题公园达到 15 家;全球排名前 25 的主题公园中,有 6 家位于奥兰多,北美前 20 位的主题公园,有 7 家集聚在奥兰多。

华特迪士尼世界度假区占地 30 080 英亩,约合 182 594 亩,包括 4 个大型主题公园:魔幻王国(1971)、迪士尼动物王国(1998)、迪士尼好莱坞影城(1989)和未来世界(1982);两个水公园:Blizzard Beach(1995)和 Typhoon Lagoon(1989),以及 ESPN 世界极限运动中心和迪士尼探索世界、一个商业娱乐综合体迪士尼小镇。由于游客游览华特迪士尼世界度假区通常都要停留数日,度假区配套建设了大量的酒店设施,主要以迪士尼集团自有品牌酒店为主,见表 13.8。

表 13.8　华特迪士尼度假区酒店配套情况

酒店名称	开业时间/年	主题	客房数/间
Disney's Animal Kingdom Lodge	2001	African Wildlife preserve	1 307
Disney's Beach Club Resort	1990	Newport Beach cottage	576
Disney's BoardWalk Inn	1996	Early 20th Century Atlantic and Ocean City	378
Disney's Contemporary Resort	1971	Modern	655
Disney's Grand Floridian Resort & Spa	1988	Early 20th century Florida	867
Disney's Polynesian Village Resort	1971	South Seas	492
Disney's Wilderness Lodge	1994	Pacific Northwest, National Park Service rustic	729
Disney's Yacht Club Resort	1990	Martha's Vineyard Resort	621
Disney's Caribbean Beach Resort	1988	Caribbean Islands	2 112
Disney's Coronado Springs Resort	1997	Mexico, American Southwest	1 915
Disney's Port Orleans Resort-French Quarter	1991	New Orleans French Quarter	1 008
Disney's Port Orleans Resort-Riverside	1992	Antebellum South	2 048
Disney's All-Star Movies Resort	1999	Disney films	1 920
Disney's All-Star Music Resort	1994	Music	1 604
Disney's All-Star Sports Resort	1994	Sports	1 920
Disney's Art of Animation Resort	2012	Disney and Pixar animated films	1 984
Disney's Pop Century Resort	2003	20th century American pop culture	2 880
Bay Lake Tower at Disney's Contemporary Resort	2009	Modern	428
Disney's Animal Kingdom Villas	2007	African safari lodge	708

续表

酒店名称	开业时间/年	主题	客房数/间
Disney's Beach Club Villas	2002	Newport resort	282
Disney's BoardWalk Villas	1996	Early 20th Century Atlantic City	530
Disney's Old Key West Resort	1991	Early 20th Century Key West	761
Disney's Polynesian Villas & Bungalows	2015	South Seas	380
Disney's Saratoga Springs Resort & Spa	2004	1 880 s Upstate New York resort	1 320
The Villas at Disney's Grand Floridian Resort & Spa	2013	Early 20th century Florida	147
The Villas at Disney's Wilderness Lodge	2000	Pacific Northwest	181
Disney's Fort Wilderness Resort and Campground	1971	Rustic Woods Camping	800+409
Golden Oak at Walt Disney World Resort	2011	Varies	450

注:一些客房为套房,可以住多人,数据来源于迪士尼集团网站。

2016 年,奥兰多旅游业共计创造就业岗位 257 300 个,其中,仅奥兰多环球影城就达 21 000 个、布希的海洋世界为 6 032 个。2016 年 9 月,奥兰多旅游业日人均收入已经增长到 99.95 美元。奥兰多地区的发展始于 20 世纪 70 年代的主题公园集聚,这种特征一直延续到现在。一方面直接带动了地区经济收入和就业的增长,另一方面通过基础设施和环境的提升,为后续的高科技产业的集聚,打下了坚实的基础。目前奥兰多地区的经济发展,呈现出以主题公园产业(旅游产业)、现代服务业和高新技术产业为支柱产业,多种产业并存且良性互动的格局。

本章小结

- 主题公园的规划,应该遵循 4 个阶段 11 个步骤。整个过程通常需要 5~8 年完成,在中国,只需要 3~5 年便可以完成。主题公园项目的成败取决于规划设计阶段,因此有一个"二八法则",即主题公园投资的 20% 用于规划设计(包括研究策划阶段),80% 的投资用于建设和运营管理。
- 在总体规划之前,需要对两类重要的问题进行详细研究:一是运营模式的策划,二是运营效果的预测。
- 总体规划是主题公园最重要的规划文件,为整个开发过程设定目标和指导方向。总体规划是一项包括规划、设计、实行和运营的多方面的总括性、方向性和控制性的规划,并且伴有其他详细规划技术参数和图纸作为补充资料,是主题公园从构想、研究、策划、规划、设计、建设到运营的整个规划过程的核心环节。

- 主题公园的总体规划必须确定主题公园区位的选址、市场细分和定位、空间布局与用地要求、功能选择和配套建设、项目选择和容量设计,投资匡算和开发节奏等问题。
- 主题公园开发的投资回收期通常设定为 7 年,中国的一些项目设定为 10 年。
- 美国主题公园的更新改造投入被设定为每 3 年总收入的 4% ~ 5%,3 年一更新。
- 主题公园已经逐渐转变为促进城市现代化和区域发展的有效工具。
- 一般公园会使周边房地产产生 20% 的增值,且这种影响集中在600 英尺的范围内。

复习思考题

1. 为什么主题公园在总体规划前要开展一系列可行性研究,研究的主要内容是什么?

2. 城市为什么要开发主题公园? 什么样的城市最适合开发主题公园? 思考一下,你家乡所在的城市适合开发主题公园吗?

3. 通过查阅相关信息,选择一个主题公园案例,了解该公园周边配套情况,并说明其配套的合理性和科学性。

4. 请根据你的生活经验,举例说明你身边的迪士尼化现象,并讨论它对生活的影响。

5. 讨论一下锦绣中华、世界之窗和深圳欢乐谷,哪一类公园对比房地产的增值作用最强? 并说明理由。

参考文献

[1] Barrado, D. El proyecto de parque tematico de San Martin de la Vega en el contexto de la periurbanizacion de los equipamientos de ocio en Madrid[J]. Roletin de la Asociacion de

Geografos Espanoles,1999(28):135-145.

[2] Bryman A. The Disneyization of Society[J]. The Sociological Review, 1999, 47(1): 25-47.

[3] Bryman A. The Disneyization of Society[M]. London: Sage, 2004.

[4] Castan, J. M. (coord.) Operacions i processes de produccio. Barcelona[M]. Spain: Universitat Oberta de Catalunya, 2004.

[5] Clave S A. The Global Theme Park Industry[R]. Cambridge: CABI, 2007.

[6] Conder, T. A., Kreher, W. C. Cedar Fair, LP. AC Edwards and Sons, Inc[M]. London, 2006.

[7] Crompton J L. Designing golf courses to optimize proximate property values[J]. Managing Leisure, 2000, 5(4): 192-199.

[8] Crompton J L. Perceptions of how the presence of greenway trails affects the value of proximate properties[J]. Journal of Park and Recreation Administration, 2001, 19(3): 114-132.

[9] Crompton J L. The Proximate Principle: The Impact of Parks, Open Space and Water Features on Residential Property Values and the Property Tax Base[M]. Ashburn: National Recreation and Park Association, 2004.

[10] Crompton J L. The impact of parks on property values: empirical evidence from the past two decades in the United States[J]. Managing Leisure, 2005, 10(4): 203-218.

[11] Formica S, Olsen M D. Trends in the Amusement Park Industry[J]. International Journal of Contemporary Hospitality Management, 1998, 10(7): 297-308.

[12] Garreau, J. Edge City. Life on the New Frontier[M]. New York: Anchor Books, 1991.

[13] Goldberger P. The Rise of the Private City. in Breaking Away: The Future of Cities. J. Vittullo Martin[M]. New York: The Twentieth Century Fund, 1996: 101-138.

[14] Hannigan J. Fantasy City: Pleasure and Profit in the Postmodern Metropolis[M]. London and New York: Routledge, 1998.

[15] Hsu, C. T. Master planning for successful theme park development[R]. In: Asia Pacific Theme Parks and Attractions '97 Conference. Singapore, 1997.

[16] Irwin E G. The effects of open space on residential property values[J]. Land economics, 2002, 78(4): 465.

[17] Klugman K. "Under the Influence". in Inside the Mouse: Work and Play at Disney World. The Project On Disney[M]. Durham and London: Duke University Press, 1995: 98-109.

[18] Nicholls S, Crompton J L, Impacts of regional parks on property values in Texas[J]. Journal of Park and Recreation Administration, 2005, 23(2): 87-108.

[19] Ritzer G. The Mcdonaldization of Society[M]. Thousand Oaks: Pine Forge Press, 2004.

[20] Sorkin M. Variations On a Theme Park: The New American City and the End of Public Space[M]. New York: Hill and Wang, 1992.

[21] Tate A. Great City Parks[M]. London：Spon Press，2001.

[22] Guidelines to project development and team building process. In：IAAPA 2000 Convention and Trade Show[C]. Atlanta；Georgia World Congress Center，2000.

[23] Walsh，D. J. The evolution of the Disneyland environs[J]. Tourism Recreation Research，1992，17（1），33-47.

[24] Warren S. Disneyfication of the Metropolis：Popular Resistance in Seattle[J]. Journal of Urban Affairs，1994，16（2）：89-107.

[25] 保继刚. 大型主题公园布局初步研究[J]. 地理研究，1994，13（3）：83-89.

[26] 保继刚. 深圳、珠海大型主题公园布局研究[J]. 热带地理，1994，14（3）：266-272.

[27] 保继刚，等. 中国主题公园研究[M]. 北京：科学出版社，2015.

[28] 封丹，Wissink Bart，Breitung Werner. 社会文化制度对门禁社区发展的影响——中国和荷兰的对比研究[J]. 世界地理研究，2010，19（4）：128-137.

[29] 梁增贤. 主题公园对城市社会空间的影响及其形成机制——以深圳华侨城和北京华侨城为例[D]. 广州：中山大学，2012.

第 14 章
主题公园的外部影响与调控

　　一个成功的主题公园会刺激地方经济增长、创造就业、增加政府财政收入、改善城市形象、提升基础设施水平、促进社区房地产增长,也会改变周边居民的日常生活习惯,与此同时,随着游客量的增长,噪声污染、垃圾增多、交通堵塞、外来人口侵入、社会经济秩序重构等问题也会随之凸显。一个失败的主题公园也会对地方的社会经济和文化变迁产生影响。总体上,主题公园的开发将会给地方带来积极和消极的双重影响。对于地方政府和开发商而言,主题公园的开发与管理必须考虑影响调控。本章基于国内外案例分析,试图阐述这个问题。

【本章学习目标】

　　1. 掌握主题公园社会经济影响的范围、程度和方面。
　　2. 了解主题公园对社会文化和社区生活的影响。
　　3. 熟悉主题公园对奥兰多、巴黎马恩河谷地区的影响。
　　4. 了解调控主题公园影响的基本方法。

14.1　主题公园的社会经济影响

　　一个运营成功的主题公园能够提高地方经济收入,创造就业并刺激周边区域经济增长(梁增贤,2012)。如巴黎迪士尼乐园的开发目的便是刺激马恩河谷镇的城镇化,创造地方就业(Clave,2007)。武汉欢乐谷一期也创造了超过1 000个工作岗位,其所在的武汉华侨城2013年共为2 000多人提供就业岗位,武汉华侨城全面开业后,将创造超过5 000个就业岗位,为武汉市拉动就业岗位将超过25 000个。①

①　华侨城牵手武汉正逢其时——武汉华侨城实业发展有限公司副总经理丁未明专访[N].湖北日报,2013-01-10.

14.1.1　主题公园对区域和城市的影响

迪士尼主题公园开发以及迪士尼化的城市规划受到诸多批判的同时,也获得了广泛的认同。主题公园,特别是迪士尼这样的目的地级主题公园开发比较容易获得敢于尝新的城市规划者的认同。主题公园的规划和开发思路,常常被众多城市规划者进行创新实验。批判的也大有人在,比如城市文化学者、社会学家,他们对迪士尼化城市可能的社会后果表示担忧,这种混乱的社会空间以及支离破碎的后现代城市让他们手足无措。迪士尼乐园是现代城市规划中最富有想象和最成功的城市规划项目。它不仅包括主题公园本身,也包括为此配套的道路基础设施、交通运输服务、湖泊、景观、高尔夫球场、购物街区、游戏中心、酒店群、餐饮店、影剧院等。它用主题化的手法完整且系统地构建了一个想象的城市空间。迪士尼所展现的城市新区,是人类对未来的想象,也是对现实的批判。它是一个方向,引领着区域和城市的发展。诚如 Zukin(1995)所说,奥兰多迪士尼的成功,让人们重新思考主题公园、城市规划、区域发展和符号经济的关系。

主题公园的开发,不仅是一个旅游项目的开发,它往往为城市和区域发展提供一个新的整体解决方案。如果仅仅将主题公园作为单一的旅游项目开发,那么对于一个城市而言,付出的代价(投资、土地)过高,对于一个企业来说,也不经济。迪士尼乐园的开发一开始就没有局限于构建一个虚拟现实的娱乐综合体,而是希望借由这样一种全新的休闲娱乐形态以改变人们对生活的态度,营造一种更舒适的生活体验。未来世界是迪士尼集团对未来城市发展和规划的又一个全新尝试,在未来世界公园里,迪士尼集团投入了更多城市发展的设想。开发未来世界之前,迪士尼集团就已经预见到,作为未来城市原型的未来世界公园,是一个城市的乌托邦,在那里它可以投入并去实践一个未来小镇的理想。

洛杉矶和迈阿密是两个美国城市的非典型例子。这两个城市广泛建设的高速公路将城市向外拓展,周边有密集的卫星城和小镇。由于没有传统的城市中心,这两个城市可以理解为是碎片化的,由一个一个卫星城和小镇拼接起来。每一个小市镇都有其特色,建筑和城市标识没有一致性,是非结构化的城市。这种第二次世界大战后兴起的城市规划理念深受迪士尼乐园规划的影响。公园由多个主题分区组成,没有明显的核心,每个分区都表达不同的主题文化,针对不同的市场。这种碎片拼接的方式,受到了城市规划者的欢迎。

今天美国现有的城市系列只不过是形成了一种连续的城市地区,没有相邻结构的相互关系或功能。城市和区域发展需要怎样的空间?主题公园提供了一种答案。主题公园对城市和区域的发展至少具有五个方面的贡献:第一,审美,指事物的视觉秩序,文化碎片拼接;第二,结构和要素,基于生活和消费的结构;第三,功能,指的是建筑物制作和城市的肌理;第四,社会,影响和需要创建安全的地方;第五,地方感,界定了身份。

迪士尼乐园的开发综合了这五方面的贡献。事实上,在传统美国城市大街是一个具有审美价值且可以直观了解其含义和功能的地方。从审美的角度看,迪士尼对美国城市的影响较为深刻(Clave,2007):一是许多城市没有良好的视觉秩序,充斥商业标牌和各种基础设施,视觉混乱,其结果是城市定位和形象模糊。但迪士尼化的城市有良好的视觉秩序,个人可获得信息,能够清晰地了解城市的形象和定位,知道如何找到自己想要的。二是迪士尼化的城市审美以人居生活的空间尺度重新界定城市空间。汽车的普及深刻地影响了美国的城市规划,中国亦如此。中国的城市规划更多地考虑汽车的尺度,设置更多的行车道,路宽得让人不敢穿行。迪士尼及其综合体开发,始终强调人居环境,以人的步行尺度来界定城市规划。城市是用来生活和消费的,而不是用来开车的。三是主题公园空间分区的结构广泛应用于城市规划,尤其是郊区的小镇规划。每个小镇都有独特的主题文化以提高其辨识度。四是主题公园的空间是可控制的,它不仅为顾客提供娱乐服务的引导,更为社会动力学提供了发展的基础。顾客本身也是他们消费的产品的组成部分之一。因此,主题公园必须细心地对游客的空间行为进行管控,以确保大家获得良好的体验。城市空间的规划也必须着眼于安全和稳定,缓和过度隔离,采取柔和的控制策略。五是主题公园采用的主题化手法赋予地方特殊的文化符号和地方意义,这种意义通常能够引起游客的共鸣。在城市规划中,符号系统被广泛使用,城市规划者挖空心思将本土文化元素应用到公共空间和建筑的设计中,试图借此获得居民的地方认同。有了地方认同,才有共同的情感,城市空间才有生命力。

迪士尼乐园的经验也有不完美的地方,但足以让城市规划者学习。在迪士尼化的城市空间中,尽管在任何时候,所有的参观者都不可能获得一致的集体记忆,但他们可能获得一种对生活的幻想和希望。主题公园是整个城市的参考点,最典型的例子是美国拉斯维加斯。在大部分主题公园案例中,地方经济的发展通常与多功能的娱乐吸引物的发展相联系,这意味着某些主题公园可能对促进地方经济增长具有积极作用。主题公园之间也有明显的区别,它们有自己的合作协议或者开发商的经营战略——无论是私有,如弗吉尼亚州詹姆斯城有限公司布希乐园;还是公有,如法国普瓦捷未来影视乐园。还有一些公园被严格限定在特定的范围内为本地居民提供基本的休闲娱乐,它们对地方经济的影响并不大。由于它们没有在其周围空间发展商业娱乐活动,这种公园对地方经济增长的推动力被大大地限制。

主题公园是推动区域发展的手段,不仅因为它们带来的新的活动,而且地方经济的其他部门也可能获得利益,如服务行业、旅游相关的工业活动、商业、研究甚至学校等。然而,这种外部带动效益的发挥,需要地方政府在更高层面决策,并依靠私人企业的投资和社区的参与方可实现。有时候,地方政府将主题公园当作一种发展工具的选择也可能阻碍了其他可供选择的机会,毕竟一旦开发主题公园,大量的城市资源将向其靠拢,城市很难再拿出其他资源给其他产业选择。从这个意义上,主题公园投资无论是对开发商还是对城市政府而言,都存在风险。

14.1.2　主题公园的经济影响

经济影响是主题公园被广泛接受并推广的基础。事实上,我们很难测度主题公园对周边地区的经济影响。一方面,由主题公园发展引导下的地方经济呈现多元化趋势,很难排除其他经济部门的影响;另一方面,主题公园自身条件的复杂性,尤其是区位条件变化也影响评价的准确性。主题公园的影响可以分为建设期间、运营期间的影响,其中建设期间的影响是短暂的、剧烈的,而运营期间的影响是持续的,相对稳定的,对城市空间的影响是深刻的。

因此,本文重点探讨运营期间的影响,其分为直接影响、间接影响和诱发影响(梁增贤,2012)。

直接的经济影响主要表现为主题公园自身所创造的收入和就业岗位。从收入的角度看,并不是所有主题公园都能够盈利,一些经营不善的主题公园往往需要政府或开发商长期的资金投入维系,而一个经营良好的主题公园不仅能够维持自身经营,还能够支付更新费用和创造巨额利润。香港迪士尼初始投资很大,沉淀了大量的固定资本,每年的折旧与摊销费用就超过 8 亿港元(2008 年为 8.08 亿港元,2010 年为 8.33 亿港元)。2005 年开业以来,游客量一直没有达到预期目标,处于亏损状态,2008 年收入为 25.68 亿港元,净亏损[①]高达15.74 亿港元,2009 年收入为 25.41 亿元港元,净亏损为 13.15 亿港元,2010 年有所好转,收入达到 30.13 亿港元,净亏损为 7.18 亿港元,较上一年减少亏损 45%。[②]尽管规模和知名度并没有香港迪士尼乐园那么高,但华侨城集团在中国内地的主题公园仍保持长期盈利,以深圳华侨城三个主题公园为例,三个主题公园都维持相对稳定的利润和收入水平,并呈现逐年上升趋势。2007 年,三个主题公园给地方创造了 8.62 亿元的收入,利润为 2.92 亿元。近年来(2007 年以后),三个公园创造的收入都超过 8 亿元,其中利润在 3 亿元左右。以深圳华侨城开业时间最长的锦绣中华·民俗村(两园合并后)为例,从 1989 年 8 月(锦绣中华开业)到 2009 年年底,锦绣中华·民俗村共计接待 5 000 万人次,创造营业收入 33 亿元,实现利润总额 10.5 亿元[③](梁增贤,2012)。

从就业的角度看,尽管大多数人认为主题公园能够给地方创造大量的就业岗位,但许多岗位都是低层次的就业岗位,低工资、季节性、低技能(学历),由此产生的低收入阶层在主题公园周边聚集。根据 IAAPA 的调查,41.9% 的主题公园员工是 19 岁及以下的年轻人,61.3% 的员工是第一次就业者,而季节性员工高达 31.3%。[④]欧洲主题公园 1 个固定岗位对应 16 个季节性临时岗位,美国主题公园 1 个固定岗位对应 8~12 个季节性临时岗位(梁增贤,保继刚,2014)。中国的情况与欧美国家不同,2010 年,香港迪士尼乐园雇用员工超过 5 500 人,其中全职员工为 4 300 名左右,兼职员工达到 1 400 名,1 个固定岗位对应 3 个临时岗位,而将近 50% 的全职员工为开园时的员工,员工较为稳定。[⑤] 在中国内地,人力成本相对较小,用工制度较为宽松,流失率较高,且多为合同工。华侨城集团作为央企有更严格的用工制度,旗下主题公园 90% 左右的员工都为合同工(多为一年制),而临时工、实习生等临时工不到 10%。以各地欢乐谷为例,每个公园雇用的员工的数量在 1 000~1 500 人,世界之窗和锦绣中华·民俗村的员工数量分别有 700~800 名。由此估计深圳华侨城主题公园群创造的直接就业岗位约为 2 500 个(梁增贤,保继刚,2014)。

间接和诱发的经济影响较难评估,要根据具体的案例具体分析。香港迪士尼配套有香港迪士尼乐园酒店和迪士尼好莱坞酒店,两个酒店的客房数量分别为 400 间和 600 间,而周

---

① 净亏损为总收入扣除成本和费用、折旧与摊销、纯财务成本后的剩余。
② 数据来源于香港迪士尼乐园 2009—2010 财政年度业绩概要。
③ 数据来源于深圳锦绣中华发展有限公司,为锦绣中华和中国民俗文化村两园合并的数据。
④ 转引自 CLAVE S A. The Global Theme Park Industry[R]. Cambridge, MA: CABI, 2007:235.
⑤ 数据来源于香港迪士尼乐园 2010 财政年度业绩概要。

边的商业设施规模和数量难以估算,更为重要的是周边高端社区作为间接影响很难评估。从诱发影响的角度看,主题公园能够刺激经济增长、促进产业多样化、更新城市空间、激活地方经济、吸引新的投资、创造就业岗位和地方收入,并带动区域相关产业的发展,形成增长极。更重要的是,围绕主题公园可以建立其相关产业的集聚区,如高端零售业、酒店业、高端社区等。主题公园成为城市扩张或更新的引擎,如法国巴黎迪士尼乐园。在我国,香港迪士尼、上海迪士尼都作为激活城市区域经济的重点项目打造。从这个意义上说,主题公园的直接经济影响只占其经济影响很小的部分。主题公园对一个城市的现代化具有更为重要的意义。

ACFCI(1993)认为主题公园会对一个地区和国家产生三种类型的经济影响:建设阶段产生的影响,运营阶段产生的影响,以及形象方面产生的影响。第一个影响是建设公园时期的影响,由于时间限制,不同国家和地区在项目建设阶段的管控不同,要求不一,影响差异较大,很难用统一模型测算。第二个影响来自游客以及游客的消费对主题公园及周边消费空间的影响。第三种影响是定性的、难以量化的,这种影响是从公园作为一种催化剂在短期或中期看对地方经济产生的影响。例如,1995年,游客在冒险港乐园周边的五个城市(萨卢、比拉-塞卡、坎布里尔斯、塔拉戈纳和雷乌斯)的总花费为20.755亿比塞塔,这些区域的旅游贡献了总花费的15%。这个研究也计算出,虽然冒险港主题公园的游客中只有50%的人会因为游览公园而在公园或附近区域过夜,因此,公园为这些区域(主要是酒店)带来了160多万美元的额外收益。

表 14.1　西班牙冒险港乐园第一年运营时对当地经济产生的影响(1995)

行业＼经济影响	估算价值/百万比塞塔	百分比/%
农业和渔业	781.5	3.8
工业和建筑业	4 328.5	20.9
贸易和维修	1 580.6	7.6
住宿与餐饮	6 584.3	31.7
其他服务	7 480.4	36.0
总计	20 755.3	100

资料来源:COCIN,1996。

经典经济理论区分了三类影响:直接影响、间接影响和诱发性影响。最终的影响是三类影响的总和。最常用的测量影响程度的工具是投入产出模型。它的主要优势是可能获得不同部门间在特定区域内相联系的量化关系。但当实际使用投入产出法计算直接影响时,也存在一些缺点,那就是数据的可获得性。事实上,在中国,这类统计数据要么不全,要么分散在不同的部门和企业手上,很难收集。尽管投入产出模型被广泛应用于区域经济的研究和旅游以及娱乐活动对城市、区域以及特定国家的影响的研究,但是投入产出模型很少用于主题公园经济影响的评估。这种方法高度依赖于统计数据,而对于城市和区域而言,许多主题公园以外的影响因素很难剥离,这导致了即使可以计算出结果,结果的可信度也不高。

Sasaki 等(1997)以日本太空世界为例,使用投入产出模型,计算从施工建造到投入运营期间,日本太空世界乐园对经济的影响。日本太空世界乐园由日本新日铁公司投资建造,占地 33 公顷,选址于日本北九州一个废弃的工业岛上。乐园以娱乐和教育的视角看宇宙为主题,每年接待超过 200 万游客。这项研究之所以成功,是因为它选择在一个相对封闭的岛屿上,所有进出统计的数据皆可获得,相关的限制进出措施也相当严格,并且还把 1990 年作为它的参照年。这个研究为主题公园的经济影响提供了有利的证据。表 14.2 显示日本太空世界乐园的经济影响。从表中可知,在建造阶段,收入的影响更为重要,但收入在运营阶段占的比例更大。另一方面,在建造阶段,诱发影响比间接影响更少,而在运营阶段却恰恰相反。

表 14.2　日本太空世界的经济影响

单位:千英镑

发展过程　影响	建造阶段		运营阶段	
	收入	职位	收入	职位
初始投资/直接效应	177 360	1 711	95 220	3 968
间接效应	76 689	573	35 928	1 318
诱发效应	69 156	462	47 796	1 921
总计	323 205	2 746	178 944	7 207

资料来源:Sasaki 等,1997。

这项研究表明,建筑物、房地产、能源、服务和乘骑器械等在公园建造时期更重要,而服务、贸易、运输则在运营阶段更重要。即使间接效应和诱发效应综合考虑,在建造阶段,服务活动受益仍然最大。这项研究的结果清晰地表明,为了能从一个主题公园的发展过程中获得最大的优势利益,不但要将重点放在有形活动的部分(如建筑部分),而且还要放在无形活动的部分,例如管理、组织和劳动力的培训。在北九州的案例中,这种无形的活动被转移到区域的大学中,目的是为未来主题公园所需的人才做准备。

尽管综合的经济评估可能无法完成,但个别经济指标的评估却可以尝试。一份关于法国格雷文公园的经济影响评估表明,每 1 欧元的公园初始投资在当地企业中最终会产生总共 1.4 欧元的总投资和 65% 的投资费用。另一份环球影城的内部报告估计,环球影城从 1988 年建造之时到 2001 年,对佛罗里达中部地区经济的贡献达到 513.7 亿美元(Clave,2007)。这份评估也包含了电影电视产品所产生的经济影响。这份报告显示,每位游客在园区外支出 267 美元。表 14.3 总结了环球影城的经济影响。

表 14.3　环球影城对佛罗里达中部地区经济影响的估算(1988—2001)

经济影响　项目	估算价值/百万美元	百分比/%
佛罗里达环球影城的施工	3 970	7.7
佛罗里达环球影城的工资、维护费和基础设施	5 870	11.4

续表

项目 ＼ 经济影响	估算价值/百万美元	百分比/%
电影产品	2 980	5.8
游客花费	38 550	75.1
总计	51 370	100

资料来源:Blair & Rush,1998。

14.2　主题公园的社会文化影响

旅游发展对当地社会文化的影响逐渐受到重视。例如《马尼拉宣言》中的《旅游的社会影响》(1997)和世界旅游组织推行的关于旅游的《世界道德规范》(1999)中都明确指出旅游的发展要将其对社会文化产生的负面影响最小化。主题公园必须在实现人与自然和谐发展的基础上发展,避免对当地社会和文化产生过多影响。事实上,这样的共识早在20世纪60年代就早已被列入北美国家环境政策法中。然而,实际的情况是,主题公园的发展,不可避免地会对社会文化产生影响,关键是如何实现最小化。

14.2.1　主题公园的社会影响

主题公园的发展不可避免地会对地方社区产生社会文化影响,这取决于主题公园的特性,开发商和运营商的意图和措施以及当地的社会文化背景。根据 Swarbrooke(2002)的观点,主题公园的发展可能会对社会产生一系列影响,包括:确保主题公园经营利润的公平分配;创造本地就业机会(提供更多低层次的就业机会);刺激本地相关企业的发展,促进地方产业链的形成;促进社区居民广泛直接或间接地参与旅游发展;为当地社区谋取更多的利益(包括直接和间接利益),并为当地提供更好的设施和服务;为旅游者提供环境教育机会,为当地居民提供致富机会。

旅游流是季节性波动的,这意味着影响可能也是波动的。主题公园运营商和地方政府应该最大限度地减少相关成本(特别是受季节性因素和工人工资与其他经济活动有关的工人工资差异的影响),向当地居民尤其是不赞成旅游的部分人传播其好处。获得社区居民的认同其实很难,关键在于主题公园的开发在多大程度上符合当地居民的需求和意愿。在一些地方,主题公园开发被认为是不符合当地居民发展需要的,当地居民对此抱有反对态度,其结果可能是导致居民对到访游客的怨恨,产生激烈的主客矛盾,这样不利于主题公园的长期发展。为此,主题公园在立项之初,必须征求社区居民的意见。

由于主题公园是消费较高的休闲娱乐项目,对于社区居民而言,如果没有针对性的优惠,他们很难重复游玩,公园对于他们而言,旅游价值并不大,也不会带来太多的好处。相反,由于公园的发展,大量的外来人口流入,对当地的社会治安、交通秩序、生活物价等产生负面影响。这同样会引起当地居民的反对。因此,主题公园的开发必须考虑当地居民的发展需要。迪士尼乐园原本计划在弗吉尼亚州建立一个度假区。1993 年迪士尼单方面宣布项目立项,该项目计划占地 1 200 公顷,非常巨大(Clave,2007)。该地块涉及一个与南北战争有关的纪念场所,距离马纳萨斯国家战地公园的车程不足 1 小时。这个地块拥有壮丽的景色和良好的自然风光。然而,由于迪士尼方面事先没有与社区沟通,该计划遭到了来自环保主义者和历史学家的强烈反对。历史学家甚至认为迪士尼项目在此落地,简直是对南北战争历史的亵渎。迪士尼在这一项目的失败,主要是因为没有诚挚地邀请当地社区居民参与项目规划和设计过程,社区居民在项目中没有话语权,他们的社会权益得不到保障,他们的意见得不到尊重。显然,有效的沟通是一种尊重,也可以有效减少社会冲突带来的开发阻碍。弗吉尼亚的案例在美国引发了强烈争议,说明主题公园的发展不仅需要考虑当地居民的发展期望,也需要评估其影响的重要性及游客对当地社会的影响。在影响评估方面,最可靠的办法是通过测算主题公园开发和运营的外部社会效益,然而对于一个新的主题公园,显然并不存在这样的基础数据。

当然,在中国(不包括港、澳、台地区),开发主题公园面临的社会冲突可能较小。地方政府总是在企业和地方社区之间扮演协调者的角色。

14.2.2　主题公园的文化影响

主题公园带来了全球化的消费文化和后现代的生活方式。大规模的文化表征和符号应用使得主题公园本身就带有强烈的文化属性。更为重要的是,消费主题公园的旅游者本身也是特定的群体,有着特殊的生活方式和文化偏好,他们对当地社区文化的认同较低,往往还秉持自身文化优先主义,对当地文化抱有某种不友好的态度。有时主题公园游客不经意的消费行为和习惯,可能会改变社区居民对生活的看法,甚至对自己文化的否定。从这个意义上说,主题公园的文化影响是广泛的、多样的。

主题公园作为一种全球化的文化产品,是通过文化符号创造出来的。因为流行,所以被人们所接受,并标榜为先进文化。因此,消费主题公园的游客天然地被认为先进文化者。事实上,这是不科学的,任何一种文化都有其地方性,都有其先进性。如果当代社会完全被主题公园这样的文化填满,这将是人类文化的末日。

与此同时,尽管国家之间存在关于某些消费习惯的共通和消费信息的融合,各个地方之间在全球化时代交流密切,文化之间差异被缩小,文化冲突的可能性会降低。例如,迪士尼乐园不仅在北美、亚洲和欧洲受到认同,也拥有一大批忠实的"粉丝"。这说明主题公园所选择以及所表征的文化,往往就是各国各地的文化精粹,拥有不同的文化元素,看起来似曾相识。地方和区域的传统和信仰仍然存在,但文化的交流已经让距离缩短。随着大众媒体时代的到来,传统媒体加上社交媒体已经不断分享了主题公园文化,人们对主题公园文化有了一定的认识。现在,最关键的是,如何在不同地区的主题公园加入地方文化元素,以获取当地居民的文化认同。

天然气研究所加入了这个项目,将蔬菜废弃物转化为了乙醇和其他产品。同样,其他问题也会引起生态足迹的增长,如废物的产生,排放到大气中的污染和噪声的产生,可能都有技术解决方案。然而,技术上的解决方案意味着主题公园又要投入大规模的研发经费和建设运营经费,管理成本增加。实际上,最有效的方法,就是尽可能减少使用环境资源。

【案例】

迪士尼乐园与奥兰多发展

迪士尼乐园的开发使得奥兰多从一个默默无名的小城变成世界级的旅游目的地。在迪士尼进驻之前,奥兰多只是一个沉睡的城市,除了气候条件较好,生态环境优越外,没有太多的旅游吸引力,人们几乎找不到去奥兰多旅游的理由。然而,迪士尼乐园的到来改变了这一切。随之而来的环球影城和六旗乐园也加快了城市的发展。当然,这并不意味着离开了迪士尼乐园,奥兰多就无法发展。事实上,奥兰多早在20世纪60年代就开始计划发展主题公园和旅游业。20世纪60年代初,美国城市土地研究所就通过研究提出美国高速1~4号连接带的奥兰多及周边区域将成为美国的六大城市群。奥兰多的发展本来就在美国国家发展战略框架内,只是这时候,华特迪士尼也看上了奥兰多。

在华特迪士尼决定将第二家迪士尼主题公园选址在佛罗里达之前,奥兰多是一个农业城市,以种植柑橘类水果为主。此类种植活动开始于1870年前后。1880年佛罗里达的南佛罗里达铁路建成,这极大促进了奥兰多种植业的发展。华特迪士尼决定在奥兰多建设迪士尼的前几年,奥兰多发生了一次重大的转型。1956年,巴尔的摩的格伦·马丁公司(Glenn L. Martin Company),即现在的洛克希德马丁公司,将奥兰治县17平方千米的土地买下,用于建立一个导弹制造厂。这是奥兰多通过发展军用航空工业进行产业结构多样化改革。位于卡纳维拉尔角的美国国家航空航天局肯尼迪航天中心的发展持续拉动奥兰多军用航空工业的发展。因此,虽然1971年迪士尼在奥兰多已经建成和营业了主题公园,但高科技产业早已在奥兰多持续发展。到20世纪70年代末期,高科技产业和主题公园产业的发展将传统的柑橘水果种植业转移到了城市的南部。今天,农业在奥兰多的现代化进程中仍扮演着重要的角色,著名的美汁源果汁就产自这里。

因此,在城市的经济发展中,高科技产业、航空产业、电子产业和通信产业发挥了关键作用,这一点在评价奥兰多经济结构竞争性时常常被忽视。这是因为奥兰多主题公园的发展太显眼,形象太强烈。当然,迪士尼乐园也为当地企业创造大量的商业机会,推动了其他生产部门的发展,创造出的价值甚至远超旅游和娱乐产业本身。实际上,在高度可观的娱乐业和世界闻名的奥兰多品牌背后,与迪士尼主题公园相关的各种幻想、故事和顾客服务已经催生了100亿美元的科技产业。一系列强大的,有一定基础的工业部门都在立足于奥兰多发展,如高级制造业、农业、航空业、用户支持和行政办公室、数字媒体、能源和可替代燃料、电影电视产业、国际商务、生命科学和生物技术、仓储配送业、仿真训练、光电产业及硬件软件产业等。

如今,奥兰多既是许多大公司的总部基地,例如达顿饭店(Darden Restaurants)、三菱重工(Mitsubishi Heavy Industries)、穿越航空公司(Air Tran Airways)、特百惠公司(Tupperware Brands Corporation),又是大公司的重要客户区域,如甲骨文有限公司(Oracle)、美国国际集团(AIG)、翰威特公司(Hewitt Associates)、西门子公司(Siemens)、纽约银行(Bank of New York)、美国在线服务中心(America Online)、迪士尼乐园(Walt Disney World Resort)等。奥兰多有超过25所高校和50所以上的职业技术学校,保证了熟练劳动力的供应,大量的科研机构为这些公司提供研发能力和专业知识,见表14.4。

表14.4　奥兰多的主要行业

	机构		雇员	
	数量	百分比/%	数量	百分比/%
服务业	32 118	42.15	357 042	40.17
零售贸易	15 911	20.88	199 125	22.40
金融、保险和房地产	7 901	10.37	56 810	6.39
建筑业	6 346	8.33	48 274	5.43
批发贸易	4 070	5.34	44 053	4.96
运输与通信	2 797	3.67	45 726	5.14
制造业	2 341	3.07	51 938	5.84
农业、林业和渔业	1 669	2.19	37 124	4.18
公共行政	1 518	1.99	40 746	4.58
其他	1 532	2.01	7 930	0.90

资料来源:Metro Orlando Economic Development Commission,2005。

得益于此,奥兰多的发展速度惊人。1960年,奥兰多的市区人口(包括奥兰治县、奥西奥拉县、塞米诺尔县和湖县)只有337 516人;1990年的人口普查显示20年间人口翻了1番,达到699 904人。15年后奥兰多的市区人口又翻了1番,达到1 410 877人。1995—2005年,增长率达到34.7%,人口突破1 900万(其中仅有20万人口居住在城市内部)。如同预期所见,过去40年大规模的高速发展导致了一系列相应结果。其中最主要的是不断上升的土地成本和生活成本(2005年,奥兰多的生活成本综合指数为107.3,住房成本综合指数为115.6),以及交通堵塞和过多的基础设施。最明显的好处体现在就业率的提升。2005年,奥兰多有100多万人口就业,失业率为2.8%,远低于4.8%的美国平均失业率水平。到2015年,奥兰多全年接待游客6 000万人次,旅游收入高达330亿美元,奥兰多"三县地区"创造了超过45万个就业岗位,约占总就业人数的31%,累计创造工资收入144亿美元。

本章小结

- 主题公园会刺激地方经济增长、创造就业、增加政府财政收入、改善城市形象、提升基础设施水平、促进社区房地产增长，也会改变周边居民的日常生活习惯，与此同时，随着游客量的增长，噪声污染、垃圾增多、交通堵塞、外来人口侵入、社会经济秩序重构等问题也会随之凸显。主题公园存在正负两方面影响。
- 主题公园的开发，不仅是一个旅游项目的开发，它往往还为城市和区域发展提供一个新的整体解决方案。
- 主题公园的影响可以分为建设期间的影响、运营期间的影响，两种影响都是可以控制的。其中建设期间的影响是短暂的、剧烈的，而运营期间的影响是持续的、相对稳定的，对城市空间的影响是深刻的。
- 主题公园能够给地方创造大量的就业岗位，但许多岗位都是低层次的就业岗位，低工资、季节性、低技能（学历），由此产生的低收入阶层在主题公园周边聚集。
- 主题公园的发展不可避免地对地方社区产生社会文化影响，这取决于主题公园的特性、开发商与运营商的意图和措施以及当地的社会文化背景。
- 主题公园带来全球化的消费文化和后现代的生活方式。主题公园的文化影响是广泛的、多样的。

复习思考题

1. 迪士尼化的城市规划会给城市带来怎样的影响？

2. 主题公园的发展会给当地社区居民的日常生活带来怎样的影响？

3. 为什么大多数地方的民俗文化村主题公园都难以为继？

4. 通过仔细观察，了解一名游客在主题公园游玩时会产生何种垃圾？大约有多重？

5. 如果一个城市高度依赖于主题公园，这个城市的经济发展会面临怎样的挑战和威胁？

参考文献

［1］ ACFCI （Association des Chambres Francaises de Commerce et Industrie）． Les Pares de Loisirs en France［R］． Paris：ACFCI，1993．

［2］ Blair，R. D. and Rush，M. Economic impact statement of Universal Studios Florida on the Central Florida Region［D］． Orlando，Florida：Universal Studios Florida，1998．

［3］ Clave S A. The Global Theme Park Industry［R］． Cambridge：CABI，2007．

［4］ COCIN （Cambra Oficial de Comerc，Industria i Navegacio）． El turisme I 1'impacte de PortAventura． Analisi economics［R］． Cambra Oficial de Comerc，Industria i Navegacio de Tarragona，Tarragona，1996．

［5］ Lanquar，R. Les Pares de Loisirs［R］． Paris：PUF，1991．

［6］ Sasaki，K.，Harada，M. and Morino，S. Economic impacts of theme-park development by input-output analysis：a process toward local industrialization of leisure services ［J］． Managing Leisure 1997（2）：29-38．

［7］ Swarbrooke，J. The Development and Management of Visitor Attractions［M］． Oxford，UK：Butterworth-Heinemann，2002．

［8］ Zukin S. The Cultures of Cities［M］． Cambridge：Blackwell，1995．

［9］ 梁增贤．主题公园对城市社会空间的影响及其形成机制——以深圳华侨城和北京华侨城为例［D］．广州：中山大学，2012．

［10］ 梁增贤，保继刚.大型主题公园发展与城市居民就业——对华侨城主题公园就业分配的考察［J］.旅游学刊，2014，29（8）：62-69．